财政部规划教材
全国财政职业教育教学指导委员会推荐教材
全国高职高专院校会计专业新课标立体化教材

成本核算与管理实训与练习

主　编　耿聪慧
副主编　王金鑫　雷亢亢
参　编　刘泽华　刘军丽　周丽媛　郭冠群

中国财经出版传媒集团
中国财政经济出版社

图书在版编目（CIP）数据

成本核算与管理实训与练习/耿聪慧主编．—北京：中国财政经济出版社，2019.7（2023.2重印）
财政部规划教材　全国财政职业教育教学指导委员会推荐教材　全国高职高专院校会计专业新课标立体化教材
ISBN 978－7－5095－9052－2

Ⅰ.①成…　Ⅱ.①耿…　Ⅲ.①成本计算－高等职业教育－教学参考资料　Ⅳ.①F231.2

中国版本图书馆 CIP 数据核字（2019）第 115238 号

责任编辑：王佳欣　　　　特邀核对：卓文娟
封面设计：育林华夏

中国财政经济出版社出版
URL：http：//www.cfeph.cn
E－mail：cfeph@cfeph.cn

社址：北京市海淀区阜成路甲 28 号　邮政编码：100142
营销中心电话：010－88191537　北京财经书店电话：64033436　84041336
北京鑫海金澳胶印有限公司印刷　　各地新华书店经销
787×1092 毫米　16 开　12.5 印张　300 000 字
2019 年 8 月第 1 版　2023 年 2 月北京第 4 次印刷
定价：33.00 元
ISBN 978－7－5095－9052－2
（图书出现印装问题，本社负责调换）
本社质量投诉电话：010－88190744
打击盗版举报热线：010－88191661　QQ：2242791300

编写说明

本书是财政部规划教材、全国财政职业教育教学指导委员会推荐教材，由财政部教材编审委员会组织编写并审定，作为全国高职高专院校会计专业新课标立体化教材使用。

“成本会计”课程是财经类专业的核心课程，该课程不仅要求学生掌握成本核算的基本理论和方法，更需要学生在实践中学会针对不同企业的生产特点及管理要求，进行成本核算与分析，以便具体掌握成本的具体核算内容。因此，该课程具有很强的实用性和可操作性。为贯彻落实《国家中长期教育改革和发展规划纲要(2010—2020年)》和《国务院办公厅关于深化高等学校创新创业教育改革的实施意见》(国办发【2015】36号) 等文件的精神，更好地推进高等职业教育的发展，我们依据教育部最新颁发的《高等职业学校专业标准（试行)》，参照《国家职业教育改革实施方案》(国发【2019】4号) 和《国务院办公厅关于深化产教融合的若干意见》(国办发【2017】95号) 精神，我们组织编写了《成本核算与管理实训与练习》一书，作为《成本核算与管理》教材的教学辅助用书。

本书在内容上与《成本核算与管理》教材保持一致，即包括成本核算与管理基础工作、产品成本构成要素的归集与分配、生产费用在完工产品与在产品之间的分配、产品成本核算的方法、产品成本核算的品种法、产品成本核算的分批法、产品成本核算的分步法、产品成本核算的分类法、产品成本核算的定额法、产品成本核算的作业成本法、产品成本核算的标准成本法、成本报表与成本分析12个项目。

本书的内容设计分为两部分：第一部分是针对理论知识的回顾和总结；第二部分是思考练习题。理论知识回顾与总结具体包括项目培养目标、课前回顾和本项目的要点精讲，方便学生在进行实训与练习前对理论知识进行复习；第二部分思考练习包括单项选择题、多项选择题、判断题、讨论题、计算题和业务处理题6种题型，全方位考查学生对知识点的掌握情况，在实训与练习中突出教学重难点，辅助教学。

本书由郑州财税金融职业学院耿聪慧担任主编，郑州财税金融职业学院王金鑫、雷亢亢担任副主编，郑州财税金融职业学院刘泽华、刘军丽、周丽媛、郭冠群参编。

本书是科研与教学的有机结合，是编者科研项目研究成果的展示，科研项目为2018年财政部规划教材、全国高职高专院校会计专业新课标立体化教材数字化资源库建设；同时本书也是校企深度融合的结晶，为2018年教育部产学合作协同育人项目成本会计教学内容和课程改革的阶段性成果。根据“2018年教育部产学合作协同育人项目”的精神，从会计专业教学实际角度出发，在智能化财务共享基础上结合成本会计教学内容和课程改革的需要，更新教学内容与教学方法，完善课程体系，建成满足行业发展需要、教学资源丰富并且可以共享的成本会计课程。

在编写过程中，本教材参阅了许多优秀的教材和论著，同时也走访了多家企业，在此一并致谢。由于编者水平有限，教材中难免存在不足之处，恳请读者批评指正。

本书为用书学校任课老师提供了实训与练习的参考答案，如有需要，请以电子邮件形式向中国财政经济出版社索取（请注明：学校、全书名、版次），E－mail：caijingjiaocai@163.com。

编　者

2019年7月

目　录

项目一　成本核算与管理基础工作 …………（1）
　模块一　认知成本会计 …………（1）
　　思考练习 1－1 …………（4）
　模块二　明晰费用的分类 …………（7）
　　思考练习 1－2 …………（9）
　模块三　熟悉成本核算的要求和程序 …………（11）
　　思考练习 1－3 …………（14）

项目二　产品成本构成要素的归集与分配 …………（17）
　模块一　归集与分配材料费用 …………（17）
　　思考练习 2－1 …………（19）
　模块二　归集与分配燃料、外购动力费用 …………（23）
　　思考练习 2－2 …………（25）
　模块三　归集与分配人工费用 …………（29）
　　思考练习 2－3 …………（33）
　模块四　归集与分配折旧费用 …………（37）
　　思考练习 2－4 …………（39）
　模块五　归集与分配辅助生产费用 …………（42）
　　思考练习 2－5 …………（46）
　模块六　归集与分配制造费用 …………（52）
　　思考练习 2－6 …………（55）
　模块七　归集与分配损失性费用 …………（58）
　　思考练习 2－7 …………（61）

项目三　生产费用在完工产品与在产品之间的分配 …………（65）
　模块一　核算在产品数量 …………（65）
　　思考练习 3－1 …………（67）
　模块二　分配完工产品和在产品之间费用的方法 …………（69）
　　思考练习 3－2 …………（72）

模块三　结转完工产品成本 …………………………………………………………（79）
思考练习 3－3 ………………………………………………………………………（80）

项目四　产品成本核算的方法 ………………………………………………………（82）
模块一　熟悉生产特点和管理要求对产品成本核算的影响 …………………………（82）
思考练习 4－1 ………………………………………………………………………（86）
模块二　认知产品成本核算的基本方法和辅助方法 ………………………………（87）
思考练习 4－2 ………………………………………………………………………（89）

项目五　产品成本核算的品种法 ……………………………………………………（92）
模块一　品种法的工作原理 …………………………………………………………（92）
思考练习 5－1 ………………………………………………………………………（94）
模块二　应用品种法核算产品成本 …………………………………………………（96）
思考练习 5－2 ………………………………………………………………………（98）

项目六　产品成本核算的分批法 ……………………………………………………（101）
模块一　分批法的工作原理 …………………………………………………………（101）
思考练习 6－1 ………………………………………………………………………（102）
模块二　应用分批法核算产品成本 …………………………………………………（105）
思考练习 6－2 ………………………………………………………………………（106）

项目七　产品成本核算的分步法 ……………………………………………………（114）
模块一　分步法的工作原理 …………………………………………………………（114）
思考练习 7－1 ………………………………………………………………………（118）
模块二　应用分步法核算产品成本 …………………………………………………（121）
思考练习 7－2 ………………………………………………………………………（123）

项目八　产品成本核算的分类法 ……………………………………………………（134）
模块一　分类法的工作原理 …………………………………………………………（134）
思考练习 8－1 ………………………………………………………………………（135）
模块二　应用分类法核算产品成本 …………………………………………………（138）
思考练习 8－2 ………………………………………………………………………（139）
模块三　核算联产品和副产品的成本 ………………………………………………（143）
思考练习 8－3 ………………………………………………………………………（144）

项目九　产品成本核算的定额法 ……………………………………………………（148）
模块一　定额法的工作原理 …………………………………………………………（148）
思考练习 9－1 ………………………………………………………………………（150）
模块二　应用定额法核算产品成本 …………………………………………………（153）

思考练习 9－2 …………………………………………………………………………（154）

项目十　产品成本核算的作业成本法 ……………………………………………………（158）
模块一　作业成本法的工作原理 …………………………………………………………（158）
思考练习 10－1 …………………………………………………………………………（159）
模块二　应用作业成本法核算产品成本 ……………………………………………………（162）
思考练习 10－2 …………………………………………………………………………（165）

项目十一　产品成本核算的标准成本法 …………………………………………………（169）
模块一　标准成本法的工作原理 …………………………………………………………（169）
思考练习 11－1 …………………………………………………………………………（171）
模块二　应用标准成本法核算产品成本 ……………………………………………………（174）
思考练习 11－2 …………………………………………………………………………（177）

项目十二　成本报表与成本分析 …………………………………………………………（182）
模块一　编制成本报表 ……………………………………………………………………（182）
思考练习 12－1 …………………………………………………………………………（184）
模块二　进行成本分析 ……………………………………………………………………（187）
思考练习 12－2 …………………………………………………………………………（189）

项目一

成本核算与管理基础工作

模块一　认知成本会计

培养目标

- □ 认知成本
- □ 理解成本会计的含义和对象
- □ 掌握成本会计的职能

要点精讲

一、成本的内涵

（一）成本的概念

成本是商品经济的价值范畴，是商品价值的组成部分，是企业进行生产经营活动或为达到一定的经济目的，而耗费一定的资源（人力、物力和财力），其所耗费资源的货币表现及其对象化称之为成本。

（1）成本属于商品经济的价值范畴。

（2）成本具有补偿的性质。

（3）成本本质上是一种价值牺牲。

【例题1－1·判断题】成本是商品经济的价值范畴，它是生产过程中所耗费的生产资料转移价值和劳动者为自己劳动所创造价值的货币表现。（　　）

【答案】√

【解析】成本是商品经济的价值范畴，是商品价值的组成部分，是企业进行生产经营活动或为达到一定的经济目的，而耗费一定的资源（人力、物力和财力），其所耗费资源的货币表现及其对象化称之为成本。

（二）产品成本的概念及核算对象

1. 产品成本的概念

产品成本，是指企业在生产产品（包括提供劳务）过程中所发生的材料费用、职工薪酬等，以及不能直接计入而按一定标准分配计入的各种间接费用。

2. 产品成本的核算对象

（1）产品成本核算对象的概念。产品成本核算对象，是指确定归集和分配生产费用的具体对象，即生产费用承担的客体。成本核算对象的确定，是设立成本明细分类账户、归集和分配生产费用以及正确计算产品成本的前提。

（2）成本核算对象的确定。由于产品工艺、生产方式、成本管理等要求不同，产品项目不等同于成本核算对象，企业应当根据生产经营特点和管理要求来确定成本核算对象。

二、成本会计的产生与发展

（一）早期成本会计阶段（1880—1920 年）

成本会计起源于英国，后来传入美国及其他国家。这个时期的成本会计是初创阶段，属于记录型成本会计。具体表现在以下几个方面：

（1）建立了材料核算和管理办法。

（2）建立了工时记录和人工成本核算方法。

（3）确立了间接费用的分配方法。

（4）利用分批成本核算法和分步成本核算法计算产品成本。

（5）出现了专门的成本会计组织。

（二）近代成本会计阶段（1921—1945 年）

19 世纪末 20 世纪初，在制造业中发展起来的以泰勒为代表的科学管理，对成本会计的发展产生了深刻的影响。美国会计学家提出的标准成本制度，标准成本法的出现，使成本管理方法和成本核算方法发生了巨大的变化，使成本会计进入了一个新的发展阶段，这一阶段的主要进展是：

（1）产生了标准成本制度，形成了管理成本会计的雏形；

（2）完善了预算控制方法，弹性预算的出现标志着近代成本会计的重大进步；

（3）成本会计的应用范围从工业扩大到各行各业，得到广泛的应用；

（4）芝加哥大学教授麦金斯出版的《预算控制》等大量成本会计名著的出版，使成本会计形成了完全独立的学科。

（三）现代成本会计阶段（1946—1980 年）

第二次世界大战以后，随着科学技术的迅速发展，生产自动化程度大大提高，市场竞争愈演愈烈。成本会计发展到了一个新阶段，这一阶段成本会计的发展重点是趋向预测、规划和决策，实现最优化控制。由传统的成本核算系统到现代的以作业为基础的成本核算系统，是成本会计发展的必然趋势。现代成本会计系统的形成和发展，是成本会计的第三次革命，是一场真正的成本会计革命。

（四）战略成本会计阶段（1981 年以后）

20 世纪 80 年代以来，英国学者西蒙首先提出战略成本管理，从 20 世纪 90 年代开始，实务界和学术界开始致力于战略成本管理研究，建立成本管理的新理论和新方法。要求成本管理的视角应从单纯的生产经营管理过程，扩展到与顾客需求及利益直接相关的、包括产品设计和产品使用环节的产品生命周期管理，同时要求企业应更加注重内部组织管理，尽可能消除各种内耗，以获取市场竞争优势。

三、成本会计的含义和对象

成本会计是运用会计的基本原理和一般原则，采用一定的技术方法，对企业生产经营过程中各项资金耗费的发生，以及产品成本和劳务成本的形成，进行连续、系统、全面、综合的核算和监督的一种管理活动。

成本会计的对象是指成本会计核算和监督的内容。制造业企业成本会计的对象是制造业企业在产品制造过程中的生产成本（或制造成本）和期间费用。成本会计是以成本费用为对象的一种专业会计。

【例题1－2·单选题】成本会计是会计的一个分支，是一种专业会计，其对象是（　　）。

A. 企业　　　　B. 成本费用

C. 资金　　　　D. 会计主体

【答案】B

【解析】成本会计是以成本费用为对象的一种专业会计。

四、成本会计的职能

成本会计作为企业的一项重要管理活动，包括成本预测、成本决策、成本计划、成本控制、成本核算、成本分析和成本考核等职能。

成本会计的各项职能互相配合、相互依存，构成一个有机整体。成本预测是成本决策的前提，成本决策是成本预测的结果；成本计划是成本决策所确定目标的具体化；成本控制是对成本计划的实施进行监督，保证决策目标的实现；成本核算，通过对企业各项生产经营费用的发生和产品成本的形成进行核算，可以反映成本计划的实施结果，检验成本决策目标是否实现；成本核算和成本计划资料是企业进行成本分析的依据，成本分析则可以查明企业成本计划的完成程度和实际脱离计划的原因；成本考核依据企业成本计划、成本核算和成本分析的资料对责任者进行考核和评价，是实现成本决策目标，强化成本核算作用的重要手段。

【例题1－3·多选题】成本会计的职能包括（　　）。

A. 成本预测与决策　　　　B. 成本计划和控制

C. 成本核算　　　　D. 成本分析与考核

【答案】ABCD

【解析】成本会计作为企业的一项重要管理活动，包括成本预测、成本决策、成本计划、成本控制、成本核算、成本分析和成本考核等职能。

五、成本会计的工作组织

（一）设置成本会计机构

成本会计机构是企业负责组织领导和直接从事成本会计工作的职能部门，它是企业会计机构的重要组成部分。成本会计机构的组织分工，应当根据企业的特点和成本会计的职能来划分。

（二）配备成本会计人员

在企业成本会计机构中应当配备优秀的成本会计人员，高素质的成本会计人员，是做好成本会计工作的前提。也就是说，每一项成本会计工作要有人负责，每一个成本会计人员都要明确自己的责任。

（三）建立企业内部成本会计制度

企业成本会计机构和会计人员必须依法、依规组织成本核算。

【例题1－4·多选题】 成本会计工作的组织包括（　　）。

A. 成本会计制度　　　　B. 成本会计人员

C. 成本会计机构　　　　D. 成本会计准则

【答案】ABC

【解析】成本会计工作的组织包括建立企业成本会计制度、设置成本会计机构、配备成本会计人员。

六、成本会计的基础工作

①原始记录制度；②定额管理制度；③计量验收制度；④内部结算价格制度。

思考练习1－1

一、单项选择题

1. 工业企业的产品成本是指（　　）。

A. 生产费用、销售费用、管理费用、财务费用之和

B. 生产一定种类、一定数量的产品所支出的各种生产费用之和

C. 生产费用与管理费用之和

D. 生产费用与管理费用、财务费用之和

2. 下列支出不应计入产品成本的有（　　）。

A. 产品生产耗用材料　　　　B. 车间设备的折旧费

C. 财务部门的人员工资　　　　D. 生产单位管理人员的工资

3. 计入产品成本的费用是（　　）。

A. 生产费用　　　　B. 销售费用

C. 财务费用　　　　D. 管理费用

4. 下列项目中应计入产品成本的有（　　）。

A. 借款利息费用　　　　B. 专设销售机构人员工资

C. 生产成品领用的原材料　　　　D. 车间管理人员工资

5. 1880—1920年是成本会计的（　　）阶段。

A. 早期成本会计　　　　B. 近代成本会计

C. 中期成本会计　　　　D. 战略成本会计

6. 成本会计起源于（　　）。

A. 英国　　B. 美国

C. 意大利　　D. 中国

7. 下列不属于成本会计发展阶段的是（　　）。

A. 早期成本会计阶段　　B. 近代成本会计阶段

C. 中期成本会计阶段　　D. 战略成本会计阶段

8. 成本会计最基本的职能是（　　）。

A. 成本决策　　B. 成本核算

C. 成本预测　　D. 成本控制

9. 既是成本预测的结果，又是制订成本计划的依据，且在成本会计中居中心地位的职能是（　　）。

A. 成本预测　　B. 成本决策

C. 成本核算　　D. 成本分析

10. 企业产品成本，是通过设置（　　）账户组织核算的。

A. 基本生产成本　　B. 财务费用

C. 生产费用　　D. 销售费用

二、多项选择题

1. 现代成本会计的主要内容包括（　　）。

A. 成本决策　　B. 成本核算

C. 成本预测　　D. 成本控制和成本核算

E. 成本分析和考核

2. 成本会计机构的设置，应考虑（　　）。

A. 财务报告的要求　　B. 往来业务的需求

C. 企业管理体制　　D. 企业规模大小

E. 业务量的多少

3. 成本会计的职能包括（　　）。

A. 成本预测　　B. 成本计划

C. 成本决策　　D. 成本控制

4. 与成本会计有关的法律有（　　）。

A. 《中华人民共和国会计法》　　B. 《企业会计准则》

C. 企业内部会计制度　　D. 《企业会计准则——基本准则》

5. 下列各项中属于现代成本会计对象的是（　　）。

A. 产品生产成本　　B. 管理费用

C. 机会成本　　D. 财务费用

6. 成本会计的基础工作中，要建立健全的原始记录主要包括（　　）。

A. 材料采购的原始记录　　B. 人事劳资方面的原始记录

C. 设备动力方面的原始记录　　D. 产品生产方面的原始记录

7. 成本具有的作用主要表现在（　　）。

A. 是补偿生产耗费的价值尺度

B. 是综合反映企业生产技术经营管理水平的重要指标

C. 是制定商品价格和进行经营决策的重要依据

D. 是企业对外报告的主要内容

三、判断题

1. 早期成本会计阶段，成本会计仅限于对生产过程的生产消耗进行计算，因此称为记录性成本会计。（　　）

2. 任何一个会计主体只要发生经济行为，就要发生耗费，在会计上就要核算其成本。（　　）

3. 产品成本项目是由国家统一制定的，任何企业不能变动。（　　）

4. 1981 年以后被称为战略成本会计阶段。（　　）

5. 成本会计起源于英国。（　　）

6. 工业企业为生产一定数量、一定种类的产品所发生的各种生产费用的总和称为产品生产成本。（　　）

7. 成本会计的决策职能是预测职能的前提。（　　）

8. 工业企业发生的各项费用都应计入产品成本。（　　）

9. 成本预测职能是成本会计最基本的职能。（　　）

10. 产品成本是生产产品时发生的各种制造费用之和。（　　）

四、讨论题

1. 讨论成本的含义。

2. 简述成本会计发展历史。

3. 成本会计的职能有哪些，简述其关系。

模块二　明晰费用的分类

培养目标

□　了解费用的分类

□　掌握费用按经济用途分类方法

课前回顾

【例题1－5·多选题】 工业企业成本会计的对象是（　　）。

A. 生产成本　　　　B. 期间费用

C. 机会成本　　　　D. 沉没成本

【答案】AB

【例题1－6·多选题】 成本会计的职能包括（　　）。

A. 成本预测与决策　　　　B. 成本计划和控制

C. 成本核算　　　　D. 成本分析与考核

【答案】ABCD

要点精讲

一、费用按经济内容分类

（1）外购材料；

（2）外购燃料；

（3）外购动力；

（4）职工薪酬；

（5）折旧费；

（6）利息支出；

（7）税金；

（8）其他支出。

【例题1－7·判断题】 费用要素是指工业企业费用按其经济用途的分类。（　　）

【答案】×

【解析】费用要素是指工业企业费用按其经济内容的分类。

二、费用按经济用途分类

费用按经济用途可分为计入产品成本的生产费用和不计入产品成本的期间费用。按照计入产品成本的生产费用的各种用途，可进一步划分为若干项目即产品成本项目，简称成本项目。一般可分为以下几项：①直接材料；②燃料及动力；③直接人工；④制造费用。

【例题1-8·多选题】 一般情况下，将生产成本的成本项目划分为（　　）。

A. 直接材料　　B. 直接人工

C. 制造费用　　D. 管理费用

【答案】ABC

【解析】费用按照计入产品成本的生产费用的各种用途，可进一步划分为若干项目即产品成本项目，简称成本项目。一般可分为以下几项：直接材料、燃料及动力、直接人工、制造费用。

三、费用按计入产品成本的方法分类

费用按其计入产品成本的方法，可以分为直接费用和间接费用。

直接计入费用，简称直接费用，是指费用发生时就能明确归属于某一成本核算对象，并能直接计入该成本核算对象的费用。

间接计入费用，简称间接费用，是指费用发生时无法明确归属于某一成本核算对象，必须先按地点或用途进行归集，然后通过分配间接计入各成本核算对象的费用。

【例题1-9·单选题】 下列各项中，不属于间接费用的是（　　）。

A. 生产工人工资　　B. 机器设备耗用电费

C. 机器设备折旧费用　　D. 车间厂房折旧费用

【答案】A

【解析】间接计入费用，简称间接费用，是指费用发生时无法明确归属于某一成本核算对象，必须先按地点或用途进行归集，然后通过分配间接计入各成本核算对象的费用。故选项A不属于间接费用。

四、费用按其与产品产量的关系分类

按与产品产量的关系，可将费用划分为变动费用和固定费用。变动费用是指费用总额随着产品产量的增减变动而成比例的增减变动的费用。固定费用是指与产品产量无直接关系、相对固定的费用。即产品产量在一定相关范围内增加或减少时，固定费用总额基本稳定不变，但单位产品中所包含的固定费用则会随之降低或升高。

【例题1-10·单选题】 费用按其与产品产量的关系分为（　　）。

A. 直接费用和间接费用　　B. 变动费用和固定费用

C. 可控成本和不可控成本　　D. 机会成本和沉没成本

【答案】B

【解析】费用按其与产品产量的关系分类，可分为变动费用和固定费用。

思考练习 1－2

一、单项选择题

1. 费用按经济用途可分为计入产品成本的生产费用和不计入产品成本的（　　）。

A. 材料费用　　B. 制造费用

C. 期间费用　　D. 工资和提取的职工福利费

2. 下列各项中应计入管理费用的是（　　）。

A. 企业专设销售机构人员的工资　　B. 销售产品发生的广告费

C. 企业的职工教育经费　　D. 生产单位管理和组织生产发生的各项费用

3. 下列各项中属于直接生产成本的是（　　）。

A. 辅助生产工人的工资及福利费　　B. 基本生产工人的工资及福利费

C. 车间管理人员的工资及福利费　　D. 生产车间的办公费用

4. 下列各项费用中，计入产品成本的是（　　）。

A. 管理费用　　B. 制造费用

C. 销售费用　　D. 财务费用

5. 按照与生产工艺的关系不同，可将生产费用分为（　　）。

A. 燃料及动力费用　　B. 销售和管理费用

C. 制造和销售费用　　D. 基本费用和一般费用

6. 属于费用要素的是（　　）。

A. 直接材料　　B. 直接人工

C. 外购材料　　D. 废品损失

7. 属于产品成本项目的是（　　）。

A. 废品损失　　B. 财务费用

C. 管理费用　　D. 销售费用

8. 应计入制造费用的是（　　）。

A. 构成产品实体的原材料费用　　B. 产品生产工人工资

C. 车间管理人员工资　　D. 工艺用燃料费用

9. 属于直接生产费用的是（　　）。

A. 车间厂房的折旧费　　B. 车间生产用设备的折旧费

C. 行政管理部门用固定资产的折旧费　　D. 生产车间管理人员的工资

10. 属于间接生产费用的是（　　）。

A. 构成产品实体的原材料费用　　B. 有助于产品形成的辅助材料费用

C. 工艺用燃料费用　　D. 生产车间一般消耗性材料费用

二、多项选择题

1. 下列项目中，属于产品成本项目的有（　　）。

A. 直接材料　　B. 直接人工
C. 制造费用　　D. 管理费用
E. 税金
2. 费用按经济用途分为（　　）。
A. 直接材料　　B. 直接人工
C. 燃料及动力　　D. 废品损失
E. 预提费用
3. 工业企业的生产费用，一般包括的构成要素有（　　）。
A. 外购材料　　B. 外购动力
C. 职工薪酬　　D. 折旧费
4. 按费用计入产品成本的方式分类，可以分为（　　）。
A. 直接计入费用　　B. 间接计入费用
C. 固定费用　　D. 变动费用
5. 生产费用按其与产品产量的关系，可以分为（　　）。
A. 直接计入费用　　B. 间接计入费用
C. 固定费用　　D. 变动费用
6. 属于费用要素的是（　　）。
A. 外购材料　　B. 外购动力
C. 生产工人工资　　D. 制造费用
7. 属于产品成本项目的是（　　）。
A. 废品损失　　B. 制造费用
C. 直接人工　　D. 工资
8. 属于直接生产费用的有（　　）。
A. 机器设备的折旧费　　B. 车间厂房的折旧费
C. 几种产品共同消耗的原材料费用　　D. 车间的机物料消耗
9. 企业根据费用支出的比重和成本管理要求，可对制造成本增设（　　）等成本项目。
A. 燃料及动力　　B. 外部加工费
C. 废品损失　　D. 停工损失
10. 期间费用又称为非制造成本，主要包括（　　）。
A. 管理费用　　B. 财务费用
C. 销售费用　　D. 制造费用

三、判断题

1. 随着企业自主权的扩大，成本开支范围可由企业自行确定。（　　）
2. 费用是指某一时期（月、季、年）内实际发生的生产费用，而产品成本反映的是某一时期某种产品所应负担的费用，是对象化了的生产费用。（　　）
3. 对企业生产费用进行分类的最基本方法是按照经济内容和经济用途划分。（　　）
4. 违约金、滞纳金不应计入产品成本而应由利润开支。（　　）
5. 企业的成本项目是按生产费用的经济用途划分的。（　　）

6. 将企业制造费用按照经济用途划分为若干个不同项目，称为产品成本项目。（　　）

7. 变动成本是指成本总额随着业务量的增减变化而成正比例变化的成本。（　　）

8. 固定成本是指在一定期间和一定业务量范围内，成本总额不随业务量的变动而变动的成本，而单位产品的固定成本是随着业务量的增减变化而成反比例变化的。（　　）

9. 产品成本项目是指工业企业生产费用按其经济内容的分类。（　　）

10. 在实际工作中对于不形成商品价值的废品损失、停工损失都列入产品成本。（　　）

四、讨论题

1. 费用按其经济内容可以分为哪几类？

2. 费用按其经济用途可以分为哪几类？

3. 费用按计入产品成本的方法分为哪几类？

4. 费用按其与产品产量的关系分为哪几类？

模块三　熟悉成本核算的要求和程序

培养目标

□　了解成本核算的基本要求

□　掌握成本核算的一般程序

课前回顾

【例题 1－11 · 多选题】 一般情况下，将生产成本的成本项目划分为（　　）。

A. 直接材料　　　　B. 直接人工

C. 制造费用　　　　D. 管理费用

【答案】ABC

【例题 1－12 · 判断题】 费用要素是指工业企业费用按其经济内容的分类。（　　）

【答案】√

要点精讲

一、成本核算的基本要求

（一）坚持成本核算与成本管理相结合的原则

（二）正确划分各种费用的界限

（1）正确划分收益性支出与资本性支出的界限；

（2）正确划分产品成本和期间费用；

（3）正确划分各月份的费用界限；

（4）正确划分各种产品成本的界限；

（5）正确划分本月完工产品与在产品的费用界限。

（三）按照企业内部需要进行成本核算

（四）编制产品成本报表的要求

【例题 1－13 · 多选题】 下列属于成本核算基本要求的是（　　）。

A. 坚持成本核算与成本管理相结合的原则

B. 正确划分收益性支出与资本性支出的界限

C. 正确划分产品成本和期间费用

D. 按照企业内部需要进行成本核算

【答案】ABCD

【解析】成本核算的基本要求包括：坚持成本核算与成本管理相结合的原则；正确划分各种费用的界限；按照企业内部需要进行成本核算。

二、成本核算程序

（一）成本核算科目设置

1. 核算各项要素费用的会计科目

为了核算各项要素费用的发生、归集和分配，应设置“原材料”“材料成本差异”“周转材料”等反映劳动对象耗费的科目；设置“应付职工薪酬”等反映劳动力耗费的科目；设置“累计折旧”等反映劳动资料耗费的科目。

2. 核算产品成本的会计科目

为了便于归集和分配生产费用，核算产品成本，企业应设置“生产成本”“劳务成本”“制造费用”等成本会计科目。

【例题 1－14·单选题】下列不属于核算产品成本的会计科目是（　　）。

A. 原材料　　　　B. 劳务成本

C. 制造费用　　　　D. 生产成本

【答案】A

【解析】“生产成本”“劳务成本”“制造费用”均属于核算产品成本的会计科目。

（二）成本核算的一般程序

（1）确定成本核算对象。

（2）正确处理费用的跨期预提工作。

（3）将应计入本月产品成本的各项生产费用，在各种产品之间按照成本项目进行分配和归集，核算出按成本项目反映的各种产品的成本。

（4）对于月末既有完工产品又有在产品的情况，应将月初在产品费用与本月生产费用之和在完工产品和在产品之间进行分配，核算出完工产品和期末在产品成本。

根据成本核算的基本步骤，结合企业设置的成本、费用会计科目体系，设计出产品成本的一般程序图，如图 1－1 所示。

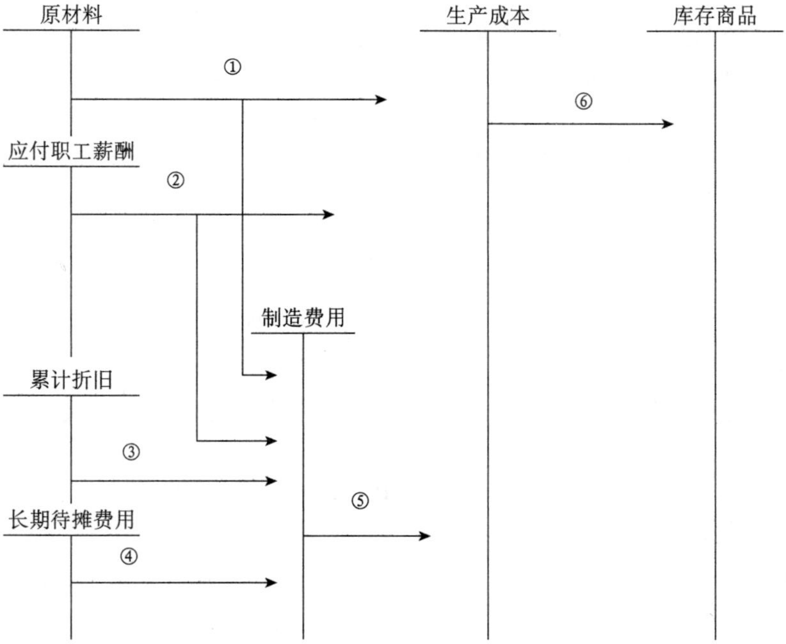

图 1－1　产品成本核算的一般程序

说明：①生产产品发生的直接材料费用和发生在制造费用中的消耗性材料费用；

②生产产品发生的直接人工费用和发生在制造费用中的职工薪酬费用；

③发生的生产用固定资产的折旧费用；

④发生的长期待摊费用摊销；

⑤分配的制造费用；

⑥结转完工产品的实际成本。

【例题1－15·判断题】对于月末既有完工产品又有在产品的情况，不需要将月初在产品费用与本月生产费用之和在完工产品和在产品之间进行分配。（　　）

【答案】×

【解析】对于月末既有完工产品又有在产品的情况，应将月初在产品费用与本月生产费用之和在完工产品和在产品之间进行分配，核算出完工产品和期末在产品成本。

思考练习1－3

一、单项选择题

1. 在一级成本核算体制下，“制造费用明细账”一般是按（　　）设置专栏。

A. 车间　　B. 成本项目

C. 费用明细项目　　D. 费用发生的时间顺序

2. 下列会计科目中，属于进行成本总分类核算时使用的是（　　）。

A. 库存商品　　B. 主营业务成本

C. 管理费用　　D. 生产成本

3. 正确核算产品成本，应做好的基础工作是（　　）。

A. 正确划分各种费用界限　　B. 确定成本核算对象

C. 建立和健全原始记录　　D. 各种费用的分配

4. 以下哪个科目属于核算各项要素费用的科目（　　）。

A. 生产成本　　B. 劳务成本

C. 原材料　　D. 制造费用

5. 以下哪个科目属于核算产品成本的会计科目（　　）。

A. 原材料　　B. 周转材料

C. 材料成本差异　　D. 生产成本

6. 对于本月支付，但属于以后各期受益，并且受益期超过一年的成本、费用，应记入（　　）账户。

A. 制造费用　　B. 其他应付款

C. 长期待摊费用　　D. 期间费用

7. 属于收益性支出的项目是（　　）。

A. 支付的水电费　　B. 建造固定资产支出

C. 固定资产的改良支出　　D. 支付的开办费

8. 正确划分企业各个会计期间的费用界限适用原则的是（　　）。

A. 实际成本原则　　B. 可比性原则

C. 谨慎性原则　　D. 权责发生制原则

9. 下列各项中属于产品成本项目的是（　　）。

A. 制造费用　　B. 财务费用

C. 管理费用　　D. 办公费

10. 下列项目中，属于成本类的有（　　）。
A. 制造费用　　B. 财务费用
C. 管理费用　　D. 销售费用

二、多项选择题

1. 为了正确核算产品成本，必须划分（　　）的费用界限。
A. 资本性支出与收益性支出　　B. 产品成本与期间费用
C. 各个会计期间　　D. 各种产品之间
E. 完工产品与月末在产品
2. 成本核算的要求有（　　）。
A. 加强对费用的审核和控制　　B. 正确划分各种费用的支出界限
C. 正确划分产品的期间费用与产品成本　　D. 正确划分各种产品成本的界限
3. 成本核算设置的科目有（　　）。
A. 制造费用　　B. 生产成本
C. 管理费用　　D. 财务费用
4. 生产成本科目下面设置的二级科目有（　　）。
A. 基本生产成本　　B. 辅助生产成本
C. 管理费用　　D. 劳务成本
5. 成本核算的一般程序有（　　）。
A. 确定成本核算对象　　B. 正确处理费用的跨期预提工作
C. 对各项费用进行归集和分配　　D. 设置成本项目
6. 期间费用又称为非制造成本，主要包括（　　）。
A. 管理费用　　B. 财务费用
C. 销售费用　　D. 制造费用
7. 为了进行产品成本的总分类核算，工业企业可以根据不同的情况，设立不同的总账科目，一般可以（　　）。
A. 设立“生产成本”科目
B. 设立“生产费用”科目
C. 设立“基本生产成本”和“辅助生产成本”科目
D. 设立“制造费用”科目
8. 应计入工业企业的生产费用的项目有（　　）。
A. 财务费用　　B. 用于产品生产的原材料费用
C. 生产工人职工薪酬　　D. 制造费用

三、判断题

1. 工业企业的基本业务活动是以成本核算为核心的。（　　）
2. 周转材料科目是核算产品成本的会计科目。（　　）
3. 制造费用科目是核算各项要素费用的会计科目。（　　）
4. 企业为购建固定资产的支出，属于企业的资本性支出。（　　）

5. 产品规格繁多，可以将产品结构、耗用原材料和工艺过程基本相同的产品，适当合并为成本核算对象。（　　）

6. “制造费用”账户属于损益类账户。（　　）

7. 企业赞助、捐赠支出不能计入成本，也不能计入费用。（　　）

8. 为了简化会计核算工作，数额较小的应该待摊和预提的费用，也可以不作为待摊、预提费用处理，而全部计入支付月份的成本、费用。（　　）

9. 费用界限的划分，应贯彻受益原则，即谁受益谁负担费用，何时受益何时负担费用。（　　）

10. 为了正确核算产品成本，必须正确划分完工产品与在产品的费用界限。（　　）

四、讨论题

1. 成本核算的基本要求有哪些？

2. 成本核算的一般程序包括什么？

3. 核算产品成本需要开设哪些账户？其账户特点是什么？

项目二

产品成本构成要素的归集与分配

模块一　归集与分配材料费用

培养目标

□　理解材料费用的分配原则

□　掌握材料费用分配的标准与方法

课前回顾

【例题 2 –1 · 多选题】 发出材料的计价方法有（　　）。

A. 先进先出法　　B. 后进先出法

C. 个别计价法　　D. 加权平均法

【答案】ACD

【例题 2 –2 · 多选题】 实际成本法下，核算原材料涉及的会计科目有（　　）。

A. 原材料　　B. 在途物资

C. 材料采购　　D. 材料成本差异

【答案】AB

要点精讲

一、材料费用的概述

材料费用包括企业在生产经营过程中因耗费原材料、燃料、低值易耗品、包装物等而发生的费用。

二、材料费用的分配

（一）材料的用途及费用列支的一般渠道

（1）生产单一产品直接领用→直接计入→生产成本——基本生产成本（A 产品）。

（2）生产多种产品共同领用→分配计入→生产成本——基本生产成本（A 产品 ）。

（3）辅助生产车间共同耗用→分配计入→生产成本——辅助生产成本（B 车间）。

（4）车间一般耗用→计入→制造费用。

（5）销售机构耗用→计入→销售费用。

（6）行政管理部门耗用→计入→管理费用。

（7）工程领用→计入→在建工程。

【例题 2－3·单选题】企业为生产产品发生的原料及主要材料的耗费，应通过（　　）账户核算。

A. 基本生产成本　　　　B. 辅助生产成本

C. 管理费用　　　　D. 制造费用

【答案】A

【解析】按照材料的用途及费用列支的一般渠道，直接用于基本生产产品的材料费用，应记入“生产成本——基本生产成本”账户。

（二）材料费用分配的原则

由一种产品负担的费用可直接计入产品成本，由几种产品共同耗用的各种费用都需要采用适当的方法分配计入成本对象。

（三）材料费用分配的标准与方法

1. 材料定额消耗量比例法（见表 2－1）

表 2－1　　材料定额消耗量比例法计算公式

材料费用计算步骤	计算公式
（1）确定待分配材料消耗量	几种产品共同实际消耗材料总量
（2）确定分配的标准（各种产品材料定额消耗量）	各种产品材料定额消耗量之和 = Σ（某种产品实际产量 × 单位产品材料消耗定额）
（3）计算材料消耗量分配率	$材料消耗量分配率 = \frac{材料实际消耗总量}{各种产品材料定额消耗量之和}$
（4）计算各种产品应分摊的材料数量	各种产品应分摊的材料数量 = 该种产品材料定额消耗量 × 材料消耗量分配率
（5）计算各种产品应分摊的材料费用	各种产品应分摊的材料费用 = 该种产品应分摊的材料数量 × 材料单价

【例题 2－4·计算题】某企业生产甲、乙两种产品，共同耗用 A 材料 6 300 千克，每千克 5 元。甲产品实际产量 60 件，单位产品材料消耗量定额 25 千克/件；乙产品实际产量 150 件，单位产品材料消耗量定额 50 千克/件。

要求：采用按产品定额消耗量比例分配法分配甲、乙两种产品的材料费用。

【答案】待分配A材料的耗用数量：6 300千克

分配标准：甲产品定额耗用量 = 60 × 25 = 1 500（千克）

　　　　　乙产品定额耗用量 = 150 × 50 = 7 500（千克）

分配率：6 300 ÷ (1 500 + 7 500) = 0.7

分配结果：甲产品材料费用 = 0.7 × 1 500 × 5 = 5 250（元）

　　　　　乙产品材料费用 = 0.7 × 7 500 × 5 = 26 250（元）

2. 材料定额费用比例法（见表2－2）

表2－2　　材料定额费用比例法计算步骤及公式

材料费用计算步骤	计算公式
（1）确定待分配原材料费用	几种产品共同耗用的实际材料费用总额
（2）确定分配的标准（各种产品原材料定额费用）	各种产品原材料定额费用之和 = Σ（某种产品实际产量 × 单位产品原材料定额费用）
（3）计算原材料费用分配率	$原材料费用分配率=\frac{各种产品原材料实际费用总额}{各种产品原材料定额费用之和}$
（4）计算各种产品应分配的实际原材料费用	各种产品应分配的实际原材料费用 = 某种产品原材料定额费用 × 原材料费用分配率

【例题2－5·计算题】某企业生产A、B两种产品，共同耗用甲、乙两种材料，共计21 600元。本月生产A产品100件，B产品50件。A产品原材料消耗定额费用为：甲材料5元/件，乙材料6元/件；B产品原材料单位消耗定额费用为：甲材料8元/件，乙材料6元/件。

要求：采用按产品定额费用比例分配法分配甲、乙两种产品的材料费用。

【答案】待分配甲、乙材料的总金额：21 600元

分配标准：A产品材料定额费用 = 100 × 5 + 100 × 6 = 1 100（元）

　　　　　B产品材料定额费用 = 50 × 8 + 50 × 6 = 700（元）

分配率：21 600 ÷ (1 100 + 700) = 12

分配结果：A产品材料费用 = 12 × 1 100 = 13 200（元）

　　　　　B产品材料费用 = 12 × 700 = 8 400（元）

思考练习2－1

一、单项选择题

1. 用于生产产品、构成产品实体的原材料费用，应记入（　　）账户。

A. 生产成本　　B. 制造费用

C. 废品损失　　D. 销售费用

2. 管理部门耗用的材料，应计入（　　）账户。

A. 制造费用　　B. 管理费用

C. 财务费用　　D. 生产成本

3. 生产车间一般耗用的材料，应计入（　　）账户。

A. 制造费用　　B. 管理费用

C. 财务费用　　D. 生产成本

4. 辅助生产部门所耗用的燃料费用，应计入（　　）账户。

A. 制造费用　　B. 管理费用

C. 财务费用　　D. 辅助生产成本

5. 用来核算企业为生产产品和提供劳务而发生的各项间接费用的账户是（　　）。

A. 生产成本　　B. 制造费用

C. 财务费用　　D. 管理费用

6. 下列各项中，属于直接生产费用的是（　　）。

A. 生产车间厂房的折旧费　　B. 产品生产专用设备的折旧费

C. 企业行政管理部门固定资产的折旧费　　D. 生产车间的办公费用

7. 下列会计账户，不属于期间费用的是（　　）。

A. 制造费用　　B. 管理费用

C. 财务费用　　D. 销售费用

8. 材料费用不包括企业在生产经营过程中耗费的（　　）。

A. 原材料　　B. 低值易耗品

C. 机器设备　　D. 包装物

9. 直接用于基本生产产品的材料费用，应计入（　　）账户。

A. 生产成本　　B. 制造费用

C. 财务费用　　D. 管理费用

10. 生产产品领用的低值易耗品，应计入（　　）账户。

A. 生产成本　　B. 制造费用

C. 财务费用　　D. 管理费用

二、多项选择题

1. 企业生产经营过程中领用的材料，若按照用途进行归类，则生产产品耗用、生产车间耗用、企业行政管理部门耗用的部分，应分别记入（　　）账户。

A. 生产成本　　B. 制造费用

C. 管理费用　　D. 销售费用

2. 用于几种产品生产的共同耗用材料费用的分配，常用的分配标准有（　　）。

A. 材料定额消耗量　　B. 材料定额费用

C. 产品体积　　D. 产品工时定额

3. 计入产品成本的各种材料费用，按照其用途分配，应记入（　　）账户的借方。

A. 管理费用　　B. 销售费用

C. 制造费用　　D. 生产成本

4. 下列可以列在“原材料”总账科目中核算的有（　　）。

A. 原料及主要材料　　B. 低值易耗品

C. 包装物材料　　D. 机器设备

5. 计入产品成本的各项材料费用，按其用途，应记入（　　）账户的借方。

A. 制造费用　　B. 基本生产成本

C. 管理费用　　D. 辅助生产成本

6. 直接计入产品成本的各项材料费用，按其用途，应记入（　　）账户的借方。

A. 制造费用　　B. 基本生产成本

C. 管理费用　　D. 辅助生产成本

7. 以下各账户归集的支出，最终可能由产品成本负担的是（　　）。

A. 辅助生产成本　　B. 待摊费用

C. 制造费用　　D. 预提费用

8. 低值易耗品的摊销方法有（　　）。

A. 一次摊销法　　B. 分次摊销法

C. 工作量法　　D. 五五摊销法

9. 原材料发出的计价方法有（　　）。

A. 先进先出法　　B. 后进先出法

C. 个别计价法　　D. 加权平均法

10. 材料的实际成本包括（　　）。

A. 买价　　B. 增值税

C. 运杂费　　D. 入库前挑选整理费

三、判断题

1. 用于几种产品生产共同耗用的、构成产品实体的原材料费用，可以直接计入各种产品成本。（　　）

2. 基本生产车间生产产品领用的材料，应直接记入各成本核算对象的产品成本明细账。（　　）

3. 在实际工作中，材料费用的分配是通过“材料费用分配表”进行的。（　　）

4. 定额耗用量比例分配法的分配标准是单位产品的消耗定额。（　　）

5. 对于直接用于某种产品生产的材料费用，要先通过“制造费用”账户进行归集，期末再同其他间接费用一起按照一定的标准分配计入有关产品成本。（　　）

6. 需要分配计入产品成本的直接材料费用，一般选用生产工时比例分配。（　　）

7. 外购材料的实际成本包括材料购买过程中所有的支出。（　　）

8. 车间管理部门领用的原材料，应计入“管理费用”账户。（　　）

9. 企业生产产品所耗用的材料费用，应计入“生产成本——基本生产成本”账户。（　　）

10. 生产产品领用的低值易耗品，应计入“管理费用”账户。（　　）

四、讨论题

1. 材料分配过程中定额消耗量比例法与定额费用比例法适用条件有何不同？

2. 定额消耗量比例法的步骤是什么?

3. 定额费用比例法的步骤是什么?

五、业务处理题

1. 河南红山仪表制造厂生产车间201×年8月生产A、B两种产品，共同领用丙材料54 000千克，每千克成本为5元，共计270 000元。本月实际生产A产品6 000件，单位消耗定额为8千克/件；本月实际生产B产品4 000件，单位消耗定额为3千克/件。

[要求] 采用材料定额消耗量比例分配法编制“共同耗用材料费用分配表”(见表2-3)，并根据分配表编制有关的会计分录。

表2-3　共同耗用材料费用分配表

201×年8月

产品名称	产量(件)	单位消耗定额(千克/件)	定额耗用量(千克)	分配率	应分配材料数量(千克)	单价(元/千克)	原材料费用(元)
A产品							
B产品							
合计							

2. 河南红山仪表制造厂201×年6月的部分费用发生情况如下：生产A、B两种产品，共同耗用甲材料21万元。单件产品原材料消耗定额分别为：A产品15元/千克，B产品12元/千克。实际产量分别为：A产品1 000件，B产品500件。

[要求] 按原材料定额消耗量比例分配，计算A、B产品实际耗用原材料费用，并编制会计分录。

模块二　归集与分配燃料、外购动力费用

培养目标

- □ 理解燃料费用的列支渠道
- □ 理解燃料费用的分配原则
- □ 掌握燃料费用的分配方法
- □ 掌握外购动力的分配方法

课前回顾

【例题 2-6·多选题】 下列说法正确的有（　　）。

A. 生产产品直接领用的材料计入“生产成本”账户

B. 生产车间领用的材料计入“生产成本”账户

C. 车间管理部门领用的材料计入“管理费用”账户

D. 销售部门领用的材料计入“销售费用”账户

【答案】AD

【例题 2-7·判断题】 企业生产几种产品共同耗用一种材料，则材料费用应按生产工时分配到不同产品成本。（　　）

【答案】×

要点精讲

一、燃料费用的分配

（一）燃料的用途及费用列支的一般渠道

（1）当燃料在产品成本中所占比重不大时，可以将其并入“直接材料”成本项目。

（2）如果燃料费用在产品成本中所占较大比例，可在产品成本中专设“燃料及动力”成本项目，对燃料和动力进行单独核算。

【例题 2-8·判断题】 企业耗用的燃料费用，必须通过专设“燃料及动力”成本项目，对燃料和动力进行单独核算。（　　）

【答案】×

【解析】当燃料在产品成本中所占比重不大时，可以将其并入“直接材料”成本项目。

（二）燃料费用分配的原则

（1）生产单一产品直接领用→直接计入→生产成本——基本生产成本（A 产品）。

（2）生产多种产品共同领用→分配计入→生产成本——基本生产成本（A 产品 ）。
（3）辅助生产车间共同耗用→分配计入→生产成本——辅助生产成本（B 车间）。
（4）车间一般耗用→计入→制造费用。
（5）销售机构耗用→计入→销售费用。
（6）行政管理部门耗用→计入→管理费用。
（7）工程领用→计入→在建工程。

【例题 2－9·单选题】基本生产车间一般耗用的燃料，应通过（　　）账户进行核算。

A. 生产成本　　B. 制造费用
C. 管理费用　　D. 销售费用

【答案】B

【解析】基本生产车间一般耗用的燃料，应列入“制造费用”总账所属明细账的有关费用项目。

（三）燃料费用分配的标准与方法

分配多种产品共同耗用的燃料费用时，采用的分配标准一般为产品的重量、体积、所耗原材料的数量和费用，也可以采用燃料的定额耗用量或定额费用等。

二、外购动力费用的分配

（一）外购动力的用途及费用列支的一般渠道

外购动力费用是指企业生产经营过程中从外部购入各种动力所支付的各项费用，包括外购电力费、蒸汽费、燃气费等。

（二）外购动力费用分配的原则

分配外购动力费时，应由财会部门根据所支付的外购动力费用额以及各部门耗用外购动力的数量，通过编制“动力费用分配表”进行分配。

（三）外购动力费用分配的标准与方法

当企业生产多种产品时，外购动力费用需要在各种产品之间进行分配，分配时可按计量仪器记录的耗用数量及单价计算，也可按生产工时（实际或定额）比例、定额消耗量比例、机器工时数比例分配。

外购动力费用分配的计算步骤及公式如表 2－4 所示。

表 2－4　外购动力费用分配的计算步骤及公式（如以生产工时为标准）

材料费用计算步骤	计算公式
（1）确定待分配外购动力费用	几种产品共同耗用的外购动力费用总额
（2）确定分配的标准（如生产工时）	各种产品生产工时之和 = Σ（某种产品实际产量 × 单位产品生产工时）
（3）计算动力费用分配率	$费用分配率 = \dfrac{各种产品共同耗用的外购动力费用总额}{各种产品生产工时之和}$
（4）计算各种产品应分配的动力费用	某种产品应分配的外购动力费用 = 该种产品生产工时 × 费用分配率

【例题2－10·多选题】 企业生产多种产品时，外购动力的分配标准包括（　　）。

A. 计量仪器记录的耗用数量　　B. 生产工时

C. 定额消耗量　　D. 机器工时

【答案】ABCD

【解析】当企业生产多种产品时，外购动力费用需要在各种产品之间进行分配，分配时可按计量仪器记录的耗用数量及单价计算，也可按生产工时（实际或定额）比例、定额消耗量比例、机器工时数比例分配。

思考练习2－2

一、单项选择题

1. 基本生产车间生产产品本期应负担照明电费1 500元，应记入（　　）账户。

A. 基本生产成本　　B. 制造费用

C. 辅助生产成本　　D. 管理费用

2. 在企业成本明细账中设置“燃料及动力”成本项目下，发生的直接用于产品生产的动力费用，应借记（　　）。

A. “基本生产成本”账户的“燃料及动力”成本项目

B. “基本生产成本”账户的“制造费用”成本项目

C. “制造费用”账户

D. “辅助生产成本”账户

3. 在不设“直接燃料和动力”成本项目的情况下，直接用于产品生产的动力费用发生时，应记入的账户是（　　）。

A. 制造费用　　B. 管理费用

C. 销售费用　　D. 生产成本

4. 基本生产车间一般耗用的燃料费用，应记入（　　）账户。

A. 制造费用　　B. 管理费用

C. 销售费用　　D. 生产成本

5. 直接用于产品生产的燃料费用，应直接计入或者分配计入（　　）账户。

A. 制造费用　　B. 管理费用

C. 财务费用　　D. 生产成本

6. 车间管理部门耗用的电费应计入（　　）账户。

A. 制造费用　　B. 管理费用

C. 财务费用　　D. 生产成本

7. 某企业直接用于产品生产，但为多种产品共同耗用的燃料费用应计入（　　）账户。

A. 制造费用　　B. 管理费用

C. 财务费用　　D. 生产成本

8. 行政管理部门耗用的燃料，应计入（　　）账户。

A. 制造费用　　B. 管理费用

C. 财务费用　　D. 生产成本

9. 车间管理部门耗用的燃料费用应计入（　　）账户。

A. 制造费用　　B. 管理费用

C. 财务费用　　D. 生产成本

10. 企业的外购动力费用，在付款时根据外购动力的用途，直接借记各个成本费用账户，贷记“银行存款”，但在实际工作中一般通过（　　）账户核算。

A. 应收账款　　B. 库存现金

C. 应付账款　　D. 应收票据

二、多项选择题

1. “燃料和动力”成本项目，可以核算（　　）内容。

A. 用于产品生产动力费　　B. 照明动力费

C. 取暖的动力费　　D. 发生的原材料

2. 外购动力的分配方法有（　　）

A. 根据各部门耗用动力的数量及单价计算分配

B. 根据生产工时比例进行分配

C. 根据定额的消耗量比例进行分配

D. 根据机器工时比例进行分配

3. 企业的外购动力费用，在付款时根据外购动力的用途，可以借记（　　）账户。

A. 生产成本　　B. 制造费用

C. 管理费用　　D. 销售费用

4. 燃料费用的分配标准包括（　　）。

A. 产品的重量　　B. 机器工时

C. 定额耗用量　　D. 定额费用

5. 企业生产经营过程中领用的燃料，若按照用途进行归类，则生产产品耗用、生产车间耗用、企业行政管理部门耗用的部分，应分别记入（　　）账户。

A. 生产成本　　B. 制造费用

C. 管理费用　　D. 销售费用

6. 企业可以通过下列（　　）项目列支燃料费用。

A. 直接材料　　B. 直接人工

C. 燃料及动力　　D. 制造费用

7. 企业分配燃料费用，可能涉及的账户有（　　）。

A. 生产成本　　B. 制造费用

C. 管理费用　　D. 销售费用

8. 下列项目，属于企业外购动力的有（　　）。

A. 电力费　　B. 材料费

C. 蒸汽费　　D. 燃气费

9. 车间管理部门耗用的燃料，在进行账务处理时，涉及的账户有（ ）。

A. 生产成本　　B. 制造费用

C. 原材料　　D. 管理费用

10. 行政管理部门耗用的燃料，在进行账务处理时，涉及的账户有（ ）。

A. 生产成本　　B. 制造费用

C. 原材料　　D. 管理费用

三、判断题

1. 用于产品生产的动力费用，应记入各种产品成本明细账的“燃料和动力”成本项目。（ ）

2. 如果企业的生产工艺用的燃料和动力没有专门设置“燃料及动力”成本项目，这些费用则可以分别计入“直接材料”成本项目和“制造费用”成本项目。（ ）

3. 直接用于产品生产的燃料费用，如果分产品领用，根据领料凭证直接计入各产品“生产成本”总账和所属明细账“燃料和动力”成本项目。（ ）

4. 动力费用如果不能分产品领用，则应采用适当的分配方法，分配记入各有关产品的成本项目。（ ）

5. 多种产品共同耗用的燃料费用，应计入“制造费用”账户。（ ）

6. 基本生产车间一般耗用的燃料，应列入“生产成本”账户。（ ）

7. 分配多种产品共同耗用的燃料费用时，应采用机器工时作为分配标准。（ ）

8. 外购动力费用是指企业生产经营过程中从外部购入各种动力所支付的各项费用，包括外购电力费、蒸汽费、燃气费、材料费等。（ ）

9. 外购动力费用需要在各种产品之间进行分配，分配时可按计量仪器记录的耗用数量及单价计算，也可按生产工时（实际或定额）比例、定额消耗量比例、机器工时数比例分配。（ ）

10. 车间管理用的动力费用，应记入“制造费用”账户。（ ）

四、讨论题

1. 燃料费用列支的项目有哪些？

2. 多种产品共同耗用的燃料费用分配标准是什么？

3. 外购动力的分配标准是什么？

五、业务处理题

1. 河南红山仪表制造厂201×年5月各车间、部门实际用电量为：基本生产车间动力用电12 500千瓦时，辅助生产车间动力用电5 300千瓦时，基本生产车间照明用电2 700千瓦时，辅助生产车间照明用电1 200千瓦时，企业管理部门照明用电2 400千瓦时。该月应付外购电力费用共计7 230元。该企业设有“生产成本——基本生产成本”“生产成本——辅助生产成本”和“制造费用”等账户。

［要求］按照用电量分配计算各车间、部门动力和照明用电费，编制“电力费用分配表”（见表2－5），并根据分配表编制会计分录。

表2－5 **电力费用分配表**

201×年5月

部门	用电量（千瓦时）	分配率（元/千瓦时）	分配电费（元）
基本生产车间动力用			
辅助生产车间动力用			
基本生产车间照明用			
辅助生产车间照明用			
企业管理部门用			
合计			

2. 河南红山仪表制造厂201×年6月耗电60 000千瓦时，电价0.4元/千瓦时，此款未付。该企业基本生产车间用电50 000千瓦时，其中：生产产品用电40 000千瓦时，车间照明用电10 000千瓦时；企业行政管理部门用电10 000千瓦时。企业基本生产车间生产A、B两种产品，A产品生产工时8 000小时，B产品生产工时6 000小时。

［要求］按用电量分配电力费用，A、B产品按生产工时分配电费，并编制会计分录。

模块三　归集与分配人工费用

培养目标

□ 理解职工薪酬的内涵
□ 掌握工资的计算方法
□ 掌握人工费用的分配渠道
□ 掌握工资费用的分配方法

课前回顾

【例题 2－11・单选题】 直接用于产品生产但为多种产品共同耗用的燃料费用，应计入（　　）账户。

A. 生产成本　　　B. 制造费用
C. 管理费用　　　D. 销售费用

【答案】A

【例题 2－12・判断题】 分配多种产品共同耗用的燃料费用时，采用的分配标准一般为产品的重量、体积、机器工时，也可以采用燃料的定额耗用量或定额费用等。（　　）

【答案】×

【例题 2－13・判断题】 产品生产用的动力费用，应记入“制造费用”账户。（　　）

【答案】×

要点精讲

一、职工薪酬概述

职工，是指与企业订立劳动合同的所有人员，含全职、兼职和临时职工，也包括虽未与企业订立劳动合同但由企业正式任命的人员。计入产品成本的工资薪酬包括以下内容：

（1）工资、奖金、津补贴。

①计时工资；②计件工资；③奖金；④津贴和补贴；⑤加班加点工资；⑥在特殊情况下支付的工资。

（2）社会保险费。

（3）设定提存计划。

（4）职工福利费。

（5）工会经费和职工教育经费。

（6）非货币性福利。

（7）其他与获得职工提供的服务相关的支出。

【例题 2－14·多选题】 下列属于职工薪酬组成项目的有（　　）。

A. 计时工资　　　　B. 计件工资

C. 住房公积金　　　　D. 工会经费

【答案】ABCD

【解析】职工薪酬包括以下内容：工资、奖金、津补贴、社会保险费、设定提存计划、职工福利费、工会经费和职工教育经费、非货币性福利和其他与获得职工提供的服务相关的支出。

二、工资的计算

（一）工资薪酬核算的基础工作

1. 考勤记录

2. 产量和工时记录

（二）工资、奖金、津补贴的计算

1. 计时工资的计算

（1）月薪制下计时工资的计算。在职工有缺勤的情况下，计算有缺勤的职工的计时工资有两种方法：

方法一：按月工资标准扣除缺勤天数应扣工资额计算得到；

方法二：直接根据职工的出勤天数计算。

具体计算步骤如表 2－6 所示。

表 2－6　　计时工资下直接根据职工出勤天数计算公式

步骤	计时工资
（1）日标准工资	日标准工资＝月标准工资÷平均每月工作日数
（2）某职工应得计时工资	某职工应得计时工资＝该职工月标准工资－（事假、旷工天数×日标准工资）－（病假天数×日标准工资×病假扣款率）

计算应付月工资的方法比较见表 2－7。

表 2－7　　计算应付月工资的三种方法比较

名称	计算方法	计算公式
日标准工资	计算月工资	月应付计时工资计算公式
按 30 日计算日标准工资	按出勤日数算	日标准工资＝月标准工资÷30 应付计时工资＝本月出勤天数×日标准工资＋病假天数×日标准工资×（1－病假扣款率）
	按扣除缺勤日数算	日标准工资＝月标准工资÷30 应付计时工资＝月标准工资－（事假天数×日标准工资）－（病假天数×日标准工资×病假扣款率）

续表

名称	计算方法	计算公式
按20.83日计算日标准工资	按出勤日数算	日标准工资 = 月标准工资 ÷ 20.83 应付计时工资 = 本月出勤天数 × 日标准工资 + 病假天数 × 日标准工资 × (1 − 病假扣款率)
	按扣除缺勤日数算	日标准工资 = 月标准工资 ÷ 20.83 应付计时工资 = 月标准工资 − (事假天数 × 日标准工资) − (病假天数 × 日标准工资 × 病假扣款率)

(2) 日薪制下计时工资的计算。

应付计时工资 = 出勤日数 × 日标准工资（日标准工资的计算方法同前所述）

2. 计件工资的计算

计件工资的计算公式为：

应付计件工资 = (合格品数量 + 废品数量) × 计件单价

注意：生产中产生的废品，如果是因材料缺陷造成的，应按计件单价照付工资；如果是由加工失误造成的，则不付计件工资。

(1) 个人计件工资的计算。

应付个人计件工资 = 月内每种产品的产量之和 × 该产品计件单价

【例题2－15·单选题】核算每个职工的应得计件工资，主要依据（　　）的记录。

A. 工资卡片　　　　B. 考勤

C. 产量工时　　　　D. 工资单

【答案】C

【解析】应付个人计件工资 = 月内每种产品的产量之和 × 该产品计件单价。

(2) 集体计件工资的计算（见表2－8）。

表2－8　　集体计件工资计算表

工资分配步骤	计算公式
(1) 计算集体应付工资的总额	集体应付工资 = $\sum$(计件工资 × 完工产品件数)
(2) 计算工资分配率	工资分配率 = 集体应付工资 ÷ 集体出勤工资
(3) 个人的应得工资	个人的应得工资 = 工资分配率 × 个人出勤工资

(三) 社会保险费、设定提存计划、福利费、非货币性福利的计算

1. 社会保险费、设定提存计划、住房公积金的计算

2. 职工福利费

3. 非货币性福利

(四) 工资计算依据、部门与工资计算单

三、人工费用的分配

(一) 职工种类及工资费用分配的一般渠道

(1) 从事主要产品生产的生产工人的职工薪酬，计入“生产成本——基本生产成本”

账户及所属明细账中的“直接人工”成本项目。

（2）生产车间管理人员和技术人员的职工薪酬属间接生产费用，计入“制造费用”账户。

（3）辅助生产车间人员的职工薪酬，计入“生产成本——辅助生产成本”账户。

（4）行政管理部门人员的职工薪酬，计入“管理费用”账户。

（5）专设销售机构人员的职工薪酬，计入“销售费用”账户。

【例题 2－16·单选题】 从事产品生产的生产工人的职工薪酬，应计入（　　）账户。

A. 制造费用　　B. 生产成本

C. 管理费用　　D. 销售费用

【答案】B

【解析】从事主要产品生产的生产工人的职工薪酬，计入“生产成本——基本生产成本”账户及所属明细账中的“直接人工”成本项目。

（二）工资费用分配的方法

（1）在计件工资形式下，生产工人的薪酬属直接计入费用，应直接记入产品成本明细账。

（2）在计时工资形式下，如果只生产一种产品，生产工人薪酬可以直接计入该产品生产成本明细账的“直接人工”成本项目中；如果生产多种产品，生产工人的薪酬属于间接计入费用，应按照一定的分配方法进行分配后，计入各种产品成本明细账的“直接人工”成本项目中。

分配标准通常是按各种产品的生产工时（实际或定额工时）比例进行分配。

生产工时比例法分配人工费用的步骤及公式如表 2－9 所示。

表 2－9　　生产工时比例法分配人工费用的步骤及公式

工资及福利费用分配步骤	计算公式
（1）确定待分配的生产工人工资总额	各生产工人工资合计数
（2）计算各产品的生产总工时（实际或定额）	产品生产总工时 ＝ $\sum$［某种产品的实际产量 × 该产品生产工时（实际或定额）］
（3）计算生产工人工资分配率	生产工人工资分配率 ＝ 生产工人工资总额 ÷ 产品的生产总工时（实际或定额）
（4）计算各种产品应分配的工资额	各种产品应分配的工资额 ＝ 各产品生产工时（实际或定额）× 生产工人工资分配率

【例题 2－17·判断题】 企业生产多种产品，生产工人的薪酬可按机器工时进行分配后，计入各种产品成本明细账中。（　　）

【答案】√

【解析】职工薪酬分配标准通常是按各种产品的生产工时（实际或定额工时）比例进行分配。

（三）工资费用分配表（结算汇总表）

（四）社会保险费、设定提存计划、福利费、工会经费、职工教育经费及非货币性福利的分配工会经费、职工教育经费的提取，应根据国家规定的基准，从成本费用中提取的金额，其提取比例分别为应付职工工资总额的2%和2.5%。

思考练习2－3

一、单项选择题

1. 企业分配薪酬费用时，基本生产车间管理人员的薪酬，应借记（　　）账户。

A. 基本生产成本　　B. 制造费用
C. 辅助生产成本　　D. 管理费用

2. 应由生产产品负担的职工薪酬，应计入（　　）账户。

A. 产品成本　　B. 在建工程
C. 当期损益　　D. 无形资产

3. 车间管理人员的工资应计入（　　）账户。

A. 基本生产成本　　B. 制造费用
C. 辅助生产成本　　D. 管理费用

4. 销售部门人员的工资计入（　　）账户。

A. 基本生产成本　　B. 制造费用
C. 销售费用　　D. 管理费用

5. 下列人员中，其工资应计入产品成本中直接人工项目的有（　　）。

A. 产品生产工人　　B. 车间技术人员
C. 厂部管理人员　　D. 车间管理人员

6. 某职工9月生产合格品150件，料废3件，工废8件，计件单价15元/件，则该企业应付给该职工的计件工资为（　　）元。

A. 2 250　　B. 2 295
C. 2 370　　D. 2 415

7. 下列各项费用中，不能直接借记“基本生产成本”账户的是（　　）。

A. 车间生产工人计时工资　　B. 车间生产工人保险费
C. 车间管理人员工资　　D. 构成产品实体的原材料费用

8. 在企业生产产品成本中，“直接人工”项目不包括（　　）。

A. 直接参加生产的工人的工资　　B. 按生产工人工资计提的福利费
C. 直接参加生产的工人的计件工资　　D. 企业行政管理人员工资

9. 在计件工资形式下，生产工人的薪酬应直接记入（　　）账户。

A. 生产成本　　B. 制造费用
C. 销售费用　　D. 管理费用

10. 行政管理部门人员的工资计入（　　）账户。

A. 基本生产成本　　B. 制造费用
C. 销售费用　　D. 管理费用

二、多项选择题

1. 计入产品成本的各种职工薪酬，按其用途应分别借记（　　）账户。
A. 销售费用　　B. 生产成本
C. 制造费用　　D. 管理费用
2. “直接人工费用”成本项目包括的内容主要有（　　）。
A. 产品生产工人的计时工资和计件工资　　B. 产品生产工人的奖金、津贴和补贴
C. 产品生产工人的加班加点工资　　D. 产品生产工人的住房公积金
3. 企业为员工计提的福利费，借记的账户有（　　）。
A. 基本生产成本　　B. 制造费用
C. 辅助生产成本　　D. 管理费用
4. 下列属于通过职工薪酬核算的有（　　）。
A. 计时工资　　B. 奖金
C. 医疗保险费　　D. 工会经费
5. 做好工资费用核算的基础工作，包括做好（　　）工作。
A. 考勤记录　　B. 产量记录
C. 工时记录　　D. 材料定额记录
6. 在按20.83天计算日工资率的企业中，（　　）。
A. 节假日计发工资　　B. 节假日不计发工资
C. 缺勤期间的节假日不扣工资　　D. 缺勤期间的节假日扣工资
7. 生产工人职工薪酬作为共同消耗的间接计入费用，在各种产品之间进行分配，一般以（　　）作为标准进行分配。
A. 产品产量　　B. 机器工时
C. 定额工时　　D. 产品生产工时
8. 职工的计件工资，可能计入（　　）账户。
A. 基本生产成本　　B. 辅助生产成本
C. 制造费用　　D. 管理费用
9. 根据有关规定，下列不属于工资总额内容的是（　　）。
A. 退休工资　　B. 差旅费
C. 福利人员工资　　D. 长病假人员工资
10. 企业发生的职工工资，可能计入（　　）账户。
A. 基本生产成本　　B. 辅助生产成本
C. 制造费用　　D. 管理费用

三、判断题

1. 生产人员、车间管理人员和技术人员的职工薪酬，是产品成本的重要组成部分，应该直接计入各种产品成本。（　　）

2. 企业全部人员的职工薪酬都应该计入产品成本，因为职工薪酬是产品成本的组成部分。（　　）

3. 在计件工资形式下，如果是生产多种产品，则应采用一定的分配标准分配工资后再计入各种产品成本明细账的“工资及福利费”项目。（　）

4. 在采用计时工资的情况下，只生产一种产品，生产人员的工资及福利费直接计入该种产品成本。（　）

5. 计件工资计算生产工人薪酬，只要出现废品，就需扣工资。（　）

6. 凡是支付给企业职工的货币，均作为工资总额的组成部分。（　）

7. 从事产品生产的生产工人的职工薪酬，计入“制造费用”账户。（　）

8. 企业以30天作为月工作天数计算职工薪酬时，缺勤期间的节假日不算工资。（　）

9. 企业以20.83天作为月工作天数计算职工薪酬时，缺勤期间的节假日不算工资。（　）

10. 工会经费不属于职工薪酬的核算范围。（　）

四、讨论题

1. 职工薪酬的核算范围是什么？

2. 工资薪酬核算的基础工作是什么？

3. 在职工有缺勤的情况下，计算有缺勤的职工的计时工资的方法是什么？

4. 在计时工资形式下，按生产工时比例法分配人工费用的步骤及公式是什么？

五、计算题

1. 孙老师月标准工资6 000元，6月份事假4天，病假1天，病假发放比例为40%。

［要求］（1）按照30天计算，孙老师6月份工资是多少？

（2）按照20.83天计算，孙老师6月份工资是多少？

（分别按照出勤和缺勤两种方法计算）

2. 假设某技工的小时工资率为5元/小时。8月，该技工生产甲产品500件，生产乙产品400件，甲产品每件产品工时定额30分钟，乙产品每件产品工时定额45分钟。

［要求］核算该技工8月份的计件工资是多少？

六、业务处理题

河南红山仪表制造厂201×年6月仅生产A、B两种产品，本月职工薪酬结算凭证汇总的职工薪酬费用为：基本生产车间生产产品的工人职工薪酬6万元，其中，A产品的生产工时为36 000小时，B产品的生产工时为24 000小时；车间管理人员职工薪酬1万元；企业行政管理人员职工薪酬1.2万元；专设销售机构人员职工薪酬1万元。

［要求］按生产工时分配职工薪酬费用，并编制会计分录。

模块四　归集与分配折旧费用

培养目标

- □ 理解折旧的定义
- □ 掌握计提折旧的范围
- □ 掌握计提折旧的时间
- □ 掌握计提折旧的方法
- □ 理解折旧的列支渠道

课前回顾

【例题 2－18·单选题】 某职工 6 月份生产合格品 110 件，料废 2 件，工废 3 件，计件单价 15 元/件，则该企业应付给该职工的计件工资为（　　）元。

A. 1 650　　　　B. 1 695

C. 1 680　　　　D. 1 725

【答案】C

【例题 2－19·判断题】 在计件工资形式下，如果是生产多种产品，则应采用一定的分配标准分配工资后再计入各种产品成本明细账的“工资及福利费”项目。（　　）

【答案】×

【例题 2－20·多选题】 职工的计件工资，可能计入（　　）账户。

A. 基本生产成本　　　　B. 辅助生产成本

C. 制造费用　　　　D. 管理费用

【答案】AB

要点精讲

一、固定资产折旧费用概述

（一）折旧的定义

固定资产由于使用而发生损耗，其价值也要逐渐减少，直至报废。因为使用时间长，使用中损耗的价值就逐渐地、部分地转移到成本、费用中去。这部分转移到成本、费用中去的价值就是固定资产折旧，折旧分期计入成本、费用，称为折旧费用。

《企业会计准则第 4 号——固定资产》规定，企业应对所有固定资产按月计提折旧，除非是已经提足折旧仍然继续使用的固定资产和单独计价入账的土地。

【例题 2－21·判断题】 企业应对所有固定资产按月计提折旧。（　　）

【答案】×

【解析】企业应对所有固定资产按月计提折旧，除非是已经提足折旧仍然继续使用的固定资产和单独计价入账的土地。

（二）计提折旧的范围

计提折旧的固定资产包括：房屋和建筑物、机器设备、仪器仪表、运输车辆、工具器具、以经营租赁方式租出的固定资产、以融资租赁方式租入的固定资产。

不可以计提折旧的固定资产包括：以经营租赁方式租入的固定资产、已提足折旧继续使用的固定资产、未提足折旧提前报废的固定资产、破产（关停）企业的固定资产、在建工程项目在交付使用前的固定资产以及以前已经估价单独入账的土地等。

【例题 2－22·多选题】 企业应当对下列（　　）计提折旧。

A. 机器设备　　B. 以经营租赁方式租出的固定资产

C. 以融资租赁方式租入的固定资产　　D. 以经营租赁方式租入的固定资产

【答案】ABC

【解析】计提折旧的固定资产包括：房屋和建筑物、机器设备、仪器仪表、运输车辆、工具器具、以经营租赁方式租出的固定资产、以融资租赁方式租入的固定资产；不可以计提折旧的固定资产包括：以经营租赁方式租入的固定资产、已提足折旧继续使用的固定资产、未提足折旧提前报废的固定资产、破产（关停）企业的固定资产、在建工程项目在交付使用前的固定资产以及以前已经估价单独入账的土地等。

（三）计提折旧的时间

根据规定，月份内开始使用的固定资产，当月不提折旧，从下月起开始计提；月份内减少或者停用的固定资产，当月仍然计提折旧，从下月起停止计提。

【例题 2－23·判断题】 某企业 5 月份购买机器设备一台，则应从 5 月份开始对该机器设备计提折旧。（　　）

【答案】×

【解析】根据规定，月份内开始使用的固定资产，当月不提折旧，从下月起开始计提；月份内减少或者停用的固定资产，当月仍然计提折旧，从下月起停止计提。

（四）折旧的方法

我国会计准则中可选用的折旧方法包括年限平均法、工作量法、双倍余额递减法和年数总和法。

（五）折旧的列支渠道

（1）生产车间固定资产的折旧，计入“制造费用”账户；

（2）管理部门固定资产的折旧，计入“管理费用”账户；

（3）销售部门固定资产的折旧，计入“销售费用”账户。

【例题 2－24·单选题】 生产车间固定资产计提的折旧费用，应计入（　　）账户。

A. 生产成本　　B. 制造费用

C. 管理费用　　D. 销售费用

【答案】B

【解析】生产车间固定资产的折旧，计入“制造费用”账户；管理部门固定资产的折旧，计入“管理费用”账户；销售部门固定资产的折旧，计入“销售费用”账户。

二、固定资产折旧费用的核算

折旧费用的分配是通过编制“折旧费用分配表”进行的，据此编制会计分录，登记有关总账及其所属明细账。

思考练习2－4

一、单项选择题

1. 对于基本生产车间计提的固定资产折旧费，应借记（　　）账户。

A. 生产成本　　B. 管理费用

C. 制造费用　　D. 销售费用

2. 对于企业行政管理部门计提的固定资产折旧费，应借记（　　）账户。

A. 生产成本　　B. 财务费用

C. 管理费用　　D. 制造费用

3. 下列固定资产中，应计提折旧的有（　　）。

A. 已提足折旧仍继续使用的固定资产

B. 处于更新改造过程而停止使用的符合资产确认条件的固定资产

C. 提前报废的固定资产

D. 对固定资产进行日常修理而停止使用的固定资产

4. 下列各项中，应计提固定资产折旧的是（　　）。

A. 当月出售的施工机械　　B. 当月购置的设备

C. 未提足折旧提前报废的设备　　D. 已提足折旧继续使用的建筑物

5. 企业专设的销售部门的固定资产计提的折旧应计入（　　）账户。

A. 销售费用　　B. 财务费用

C. 管理费用　　D. 制造费用

6. 某企业6月购买机器设备一台，则开始对该机器设备计提折旧的时间为（　　）。

A. 5月　　B. 6月

C. 7月　　D. 8月

7. 某企业6月出售机器设备一台，则停止对该机器设备计提折旧的时间为（　　）。

A. 5月　　B. 6月

C. 7月　　D. 8月

8. 下列项目，企业无须计提折旧的是（　　）。

A. 机器设备　　B. 以经营租赁方式租出的固定资产

C. 以融资租赁方式租入的固定资产　　D. 以经营租赁方式租入的固定资产

9. 对于辅助生产车间计提的固定资产折旧费，应借记（　　）账户。

A. 辅助生产成本　　B. 管理费用

C. 制造费用　　D. 销售费用

10. 下列项目中，应计入本月折旧费用的是（　　）。

A. 本月增加的设备　　B. 上月购入的设备

C. 超龄使用、已提足折旧的设备　　D. 提前报废的设备

二、多项选择题

1. 对固定资产计提折旧，编制会计分录时，可能借记的账户有（　　）。

A. 生产成本　　B. 制造费用

C. 管理费用　　D. 销售费用

2. 下列选项中说法正确的是（　　）。

A. 当月增加的固定资产，当月不计提折旧

B. 提足折旧的固定资产，如果继续适用，还需要继续计提折旧

C. 提前报废的固定资产，不再补提折旧

D. 当月减少的固定资产，当月需要计提折旧

3. 下列资产中，不需要计提折旧的有（　　）。

A. 已提足折旧仍继续使用的固定资产

B. 处于更新改造过程而停止使用的符合资产确认条件的固定资产

C. 提前报废的固定资产

D. 对固定资产进行日常修理而停止使用的固定资产

4. 下列属于固定资产计提折旧方法的有（　　）。

A. 年限平均法　　B. 先进先出法

C. 加权平均法　　D. 年数总和法

5. 下列属于固定资产加速折旧方法的有（　　）。

A. 年限平均法　　B. 工作量法

C. 双倍余额递减法　　D. 年数总和法

6. 下列固定资产中，其折旧额应作为产品成本构成内容的是（　　）。

A. 生产车间房屋　　B. 企业管理部门房屋

C. 生产用设备　　D. 专设销售机构用卡车

7. 下列资产中，需要计提折旧的有（　　）。

A. 已提足折旧仍继续使用的固定资产

B. 以经营租赁方式租出的固定资产

C. 以融资租赁方式租入的固定资产

D. 对固定资产进行日常修理而停止使用的固定资产

8. 下列应计入管理费用的有（　　）。

A. 公司总部大楼的折旧　　B. 销售部门使用的固定资产的折旧

C. 生产车间使用的固定资产的折旧　　D. 管理部门使用的固定资产的折旧

9. 下列应计入制造费用的有（　　）。

A. 生产车间的机器设备折旧费　　B. 生产车间发生的水电费

C. 管理部门的人员工资　　D. 车间管理人员的工资

10. 企业计算固定资产计提折旧额的主要依据有（　　）。

A. 固定资产取得时的原始价值　　B. 固定资产的净残值

C. 固定资产的使用部门　　D. 固定资产的预计使用年限

三、判断题

1. 固定资产折旧费是产品成本的组成部分，应该全部计入产品成本。（　　）
2. 基本生产车间机器设备折旧费计入"生产成本"账户。（　　）
3. 当月增加的固定资产当月计提折旧，当月减少的固定资产当月不计提折旧。（　　）
4. 固定资产折旧费是通过按月编制"折旧计算表"或"折旧费用分配表"，确定本期折旧费并据以编制会计分录，登记有关总账及所属明细账。（　　）
5. 辅助生产车间机器设备折旧费计入"辅助生产成本"账户。（　　）
6. 企业应当对以经营租赁方式租入的固定资产计提折旧。（　　）
7. 单独计价入账的土地应当单独计提折旧。（　　）
8. 工作量法属于加速折旧法。（　　）
9. 固定资产的折旧方法一经确定，不得变更。（　　）
10. 产品生产车间计提的折旧费用应计入"制造费用"账户。（　　）

四、讨论题

1. 折旧的计提范围有哪些？

2. 折旧的计提方法有哪些？

3. 折旧的计提时间是什么？

五、业务处理题

某工业企业201×年4月30日，计提本月基本生产车间生产设备折旧23 000元，辅助生产部门设备折旧12 000元，行政管理部门设备折旧6 000元，销售机构折旧4 000元。

［要求］编制折旧计提会计分录。

模块五　归集与分配辅助生产费用

培养目标

- □ 理解辅助生产费用的归集与分配程序
- □ 掌握直接分配法分配辅助生产费用
- □ 掌握交互分配法分配辅助生产费用
- □ 理解计划成本分配法分配辅助生产费用
- □ 理解代数分配法分配辅助生产费用
- □ 掌握顺序分配法分配辅助生产费用

课前回顾

【例题 2－25・单选题】 对于基本生产车间计提的固定资产折旧费，应借记（　　）账户。

A. 生产成本　　　　B. 管理费用

C. 制造费用　　　　D. 销售费用

【答案】C

【例题 2－26・多选题】 下列固定资产中，其折旧额应作为产品成本构成内容的是（　　）。

A. 生产车间房屋　　　　B. 企业管理部门房屋

C. 生产用设备　　　　D. 销售部门的设备

【答案】AC

【例题 2－27・判断题】 某企业 8 月份购置机器设备一台，则应从 8 月份开始对该机器设备计提折旧。（　　）

【答案】×

要点精讲

一、辅助生产费用的归集

（一）辅助生产费用的概念

1. 辅助生产车间的概念

辅助生产车间是为基本生产车间、管理部门等提供各种辅助产品或劳务的服务部门，如为基本生产车间和企业其他部门提供劳务的供电车间、供水车间、运输车间、锅炉车间等，辅助生产车间是企业的辅助生产单位。

2. 辅助生产费用的概念

辅助生产费用是指辅助生产车间为开展生产活动而发生的费用，其实质就是辅助生产车间生产的产品或提供劳务的成本。

（二）辅助生产费用的归集与分配程序（见图 2－1）

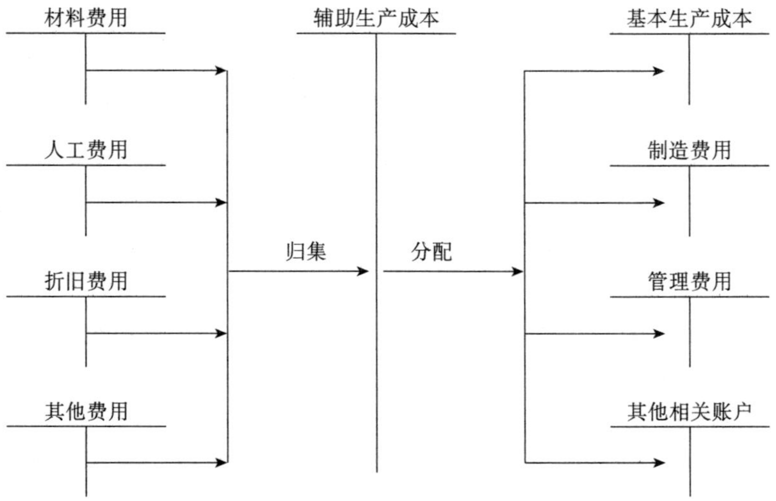

图 2－1　辅助生产费用的归集与分配程序

（三）辅助生产费用的归集设置的账户与归集方法

1. 辅助生产费用归集设置的账户

辅助生产费用应通过“生产成本——辅助生产成本”账户进行归集。

【例题 2－28·判断题】企业通过“制造费用”账户对辅助生产费用进行归集。（　　）

【答案】×

【解析】辅助生产费用应通过“生产成本——辅助生产成本”账户进行归集。

2. 辅助生产成本费用归集的方法

按照辅助生产车间发生的间接费用的不同归集方法，辅助生产费用的归集主要有以下两种方法。

（1）辅助生产车间不单独设置“制造费用”明细账。

（2）辅助生产车间单独设置“制造费用”明细账。

二、辅助生产费用的分配

（一）直接分配法

直接分配法是指不考虑辅助生产车间相互提供产品或劳务，而将所发生的费用全部分配至辅助生产车间以外的各受益对象的分配方法。

直接分配法的计算步骤及公式见表 2－10。

表 2－10　　直接分配法的计算步骤及公式

直接分配法计算步骤	计算公式
（1）确定待分配费用总额	某辅助生产车间归集的费用总额
（2）确定辅助生产车间以外的各受益单位耗用的劳务总量	辅助生产车间以外的各受益单位耗用的劳务总量＝该车间提供的劳务总量－其他辅助车间耗用的劳务量
（3）计算费用分配率	$费用分配率=\frac{该辅助车间待分配的费用总额}{辅助生产车间以外的受益单位耗用的劳务(或产品)总量}$
（4）计算辅助生产车间以外的各受益单位应分配的费用	辅助生产车间以外的各受益单位应分配的费用＝该车间、部门（或产品）耗用劳各总量×分配率

【例题 2－29·判断题】 直接分配法是考虑辅助生产车间相互提供产品或劳务，将所发生的费用全部分配至各受益对象的分配方法。（　　）

【答案】×

【解析】直接分配法是指不考虑辅助生产车间相互提供产品或劳务，而将所发生的费用全部分配至辅助生产车间以外的各受益对象的分配方法。

（二）交互分配法

交互分配法，是指辅助生产费用先在各辅助生产车间之间进行交互分配，然后再将辅助生产车间交互分配后的实际费用（交互分配前的费用加上交互分配转入的费用减去交互分配转出的费用），向辅助生产车间以外的各受益对象之间进行分配的一种方法。

交互分配法的计算步骤及公式如表 2－11、表 2－12 所示。

表 2－11　　交互分配法（辅助生产内部之间的分配）的计算步骤及公式

交互分配法计算步骤	计算公式
（1）确定交互分配前待分配的费用	某辅助生产车间交互分配前归集的费用
（2）确定该辅助车间提供的劳务总量	该辅助车间提供的劳务总量
（3）计算交互费用分配率	$费用分配率=\frac{某辅助生产车间(部门)交互分配前的费用总额}{该辅助生产车间(部门)提供的劳务(或产品)总量}$
（4）计算某辅助生产车间（部门）应分配的费用	某辅助生产车间（部门）应分配的费用＝该辅助生产车间（部门）耗用数量×费用分配率

表 2－12　　交互分配（辅助生产外部之间的分配）的计算步骤及公式

外部分配计算步骤	计算公式
（1）确定交互分配后待分配的费用	某辅助生产车间（部门）交互分配后的费用总额＝该辅助车间（部门）交互分配前的费用总额＋从其他辅助生产车间分配转入的费用－交互分配转出的费用
（2）确定该辅助生产车间（部门）提供给外部受益对象的劳务总量	该辅助生产车间（部门）提供给外部受益对象的劳务总量＝该车间提供的劳务总量－其他辅助车间耗用的劳务量

续表

外部分配计算步骤	计算公式
（3）计算外部分配费用分配率	$费用分配率=\frac{某辅助生产车间(部门)交互分配后的费用总额}{该辅助生产车间(部门)提供给外部受益对象的劳务(或产品)总量}$
（4）计算辅助生产外部某受益对象应分配的费用	辅助生产外部某受益对象应分配的费用＝该受益对象接受的产品（劳务）总量×费用分配率

【例题 2－30·判断题】 交互分配法，是指辅助生产费用先在各辅助生产车间之间进行交互分配，然后再将辅助生产车间交互分配后的实际费用，向辅助生产车间以外的各受益对象之间进行分配的一种方法。（　　）

【答案】√

【解析】交互分配法，是指辅助生产费用先在各辅助生产车间之间进行交互分配，然后再将辅助生产车间交互分配后的实际费用（交互分配前的费用加上交互分配转入的费用减去交互分配转出的费用），向辅助生产车间以外的各受益对象之间进行分配的一种方法。

（三）计划成本分配法

计划成本分配法，是指按辅助生产费用的计划单位成本和各受益单位耗用的劳务数量分配辅助生产费用的一种方法。

计划成本分配法的计算步骤及公式如表 2－13 所示。

表 2－13　　计划成本分配法的计算步骤及公式

计算步骤	计算公式
（1）确定某车间计划单位成本	该辅助生产车间的计划单价
（2）计算某辅助生产车间对外分配计划总成本	某辅助生产车间对外分配计划总成本＝该辅助生产车间提供的劳务总量×该车间计划单位成本
（3）计算该辅助生产车间耗用其他辅助生产车间的费用	该辅助生产车间耗用其他辅助生产车间的费用＝该辅助生产车间实际耗用量×其他辅助生产车间的计划单位成本
（4）计算某辅助生产车间实际总成本	某辅助生产车间实际总成本＝该辅助生产车间归集的生产费用＋其他辅助车间分配转入的计划成本
（5）计算某辅助生产车间成本差异	某辅助生产车间成本差异＝该辅助车间实际总成本－该辅助车间对外分配的计划成本

（四）代数分配法

代数分配法，是指运用辅助生产费用成本与业务量之间的数量关系以及代数中解多元方程的基本原理，首先计算各辅助生产车间的单位成本，再对全部受益对象进行分配的方法。

代数分配法依据的原理如下：

某辅助生产产品或劳务实际总成本＝辅助生产部门能够分出去的费用

即：辅助生产产品或劳务实际总成本＝某辅助生产在费用分配前直接归集的产品或劳务总成本＋该辅助生产消耗其他辅助生产产品或劳务应分入的费用

（五）顺序分配法

顺序分配法，是按各辅助生产车间相互之间受益的多少确定辅助生产费用的分配顺序，受益少的排在前面，受益多的排在后面。每个辅助生产车间的费用只对排在其后的辅助生产车间及其他受益单位进行分配，而不考虑排在其前面的各辅助生产车间相互耗用劳务的因素。

其计算公式为：

$$单位成本=\frac{分配前费用+从排在前面的辅助生产车间分进的费用}{劳务总量-提供给排在前面的辅助生产车间的劳务量}$$

【例题2-31·判断题】顺序分配法是按各辅助生产车间相互之间受益的多少确定辅助生产费用的分配顺序，受益多的排在前面，受益少的排在后面。 （ ）

【答案】×

【解析】顺序分配法是按各辅助生产车间相互之间受益的多少确定辅助生产费用的分配顺序，受益少的排在前面，受益多的排在后面。

思考练习2-5

一、单项选择题

1. 辅助生产费用的交互分配法，第一次交互分配时是在（ ）。

A. 各受益单位间进行分配

B. 各受益的辅助生产车间之间进行分配

C. 辅助生产以外的受益单位之间进行分配

D. 各受益的基本车间之间进行分配

2. 采用计划成本分配法分配辅助生产费用时，某辅助生产车间实际总成本的计算方法是（ ）。

A. 该车间待分配费用加上分配转入的费用

B. 该车间待分配费用减去分配转出的费用

C. 该车间待分配费用加上分配转出的费用，再减去分配转入的费用

D. 该车间待分配费用加上分配转入的费用，再减去分配转出的费用

3. 为了简化辅助生产费用的分配，在采用计划成本分配法的情况下，辅助生产成本差异一般全部记入（ ）账户。

A. 制造费用　　B. 管理费用

C. 营业外支出　　D. 基本生产成本

4. 辅助生产交互分配后的实际费用，应再在（ ）进行分配。

A. 各基本生产车间　　B. 各受益单位之间

C. 辅助生产以外的收益单位之间　　D. 各辅助生产车间

5. 采用交互分配法，某一辅助生产车间对外分配的费用总额是（ ）。

A. 交互分配前的费用

B. 交互分配前的费用加上交互分配转入的费用

C. 交互分配前的费用减去交互分配转入的费用

D. 交互分配前的费用加上交互分配转入的费用，再减去交互分配转出的费用

6. 辅助生产费用直接分配法的特点是将辅助生产费用（　　）。

A. 直接分配给受益的车间、部门　　B. 直接分配给辅助生产以外的各受益车间、部门

C. 直接记入“辅助生产成本”账户　　D. 直接分配给受益多的车间、部门

7. 下列关于辅助生产费用按计划成本分配法分配的说法中，错误的是（　　）。

A. 不必单独计算费用分配率　　B. 各种辅助生产费用只分配一次

C. 简化了计算工作　　D. 不利于分清企业内部各单位的经济责任

8. 代数分配法是将辅助生产费用根据联立方程的原理，（　　）进行分配的方法。

A. 在辅助生产车间以外各受益单位之间直接

B. 先在各辅助生产车间内部进行分配，然后对外

C. 先在企业各车间、部门之间进行分配，然后对外

D. 计算辅助生产劳务的单位成本，然后根据各受益单位耗用的数量和单位成本

9. 辅助生产车间生产的产品或提供的劳务最主要的服务单位是（　　）。

A. 行政管理部门　　B. 基本生产车间

C. 销售机构　　D. 另一辅助生产车间

10. 各辅助生产费用分配法中，（　　）的结果最精确。

A. 直接分配法　　B. 顺序分配法

C. 交互分配法　　D. 代数分配法

二、多项选择题

1. 下列方法中，属于辅助生产费用分配方法的有（　　）。

A. 直接分配法　　B. 交互分配法

C. 顺序分配法　　D. 代数分配法

2. 采用交互分配法分配辅助生产费用时，应该（　　）。

A. 先在企业内部各受益单位之间进行一次交互分配

B. 先在辅助生产车间内部各受益单位之间进行一次交互分配

C. 根据交互分配后的实际费用向企业外部单位进行分配

D. 根据交互分配后的实际费用向辅助生产以外各受益单位进行一次对外分配

3. 按计划成本分配法分配辅助生产费用时，（　　）。

A. 简化了成本核算工作　　B. 便于考核辅助生产成本计划完成情况

C. 便于考核各受益单位的成本　　D. 分配结果最准确

4. 采用代数分配法分配辅助生产费用（　　）。

A. 能够简化费用的分配计算工作　　B. 能够提供正确的分配计算结果

C. 便于分析考核　　D. 适用于实现电算化的企业

5. 月份终了，辅助生产费用按一定标准分配给各受益对象，可以借记（　　）账户。

A. 生产成本　　B. 管理费用

C. 待摊费用　　D. 制造费用

6. 采用顺序分配法分配辅助生产费用时，应该（　　）。

A. 按各辅助生产车间相互之间受益的多少确定辅助生产费用的分配顺序

B. 受益多的排在前面，受益少的排在后面
C. 受益少的排在前面，受益多的排在后面
D. 适用于辅助生产车间较多，相互耗用的劳务金额相差较大的企业

7. 采用直接分配法分配辅助生产费用时，应该（　　）。
A. 不考虑辅助生产车间相互提供产品或劳务
B. 考虑辅助生产车间相互提供产品或劳务
C. 不利于考核辅助生产成本费用水平
D. 适用于辅助生产车间提供产品或劳务较少的企业

8. 分配或结转辅助生产费用，可能涉及的账户有（　　）。
A. 基本生产成本　　B. 低值易耗品
C. 管理费用　　D. 制造费用

9. 按计划成本分配法分配辅助生产费用的企业（　　）。
A. 制定的计划单位成本比较准确
B. 按计划成本分配费用
C. 成本差异可以全部记入“管理费用”账户
D. 分配给辅助生产车间以外的部门

10. 采用交互分配法分配辅助生产费用的企业（　　）。
A. 分配给辅助生产车间以外的部门
B. 在所有受益部门之间进行分配
C. 进行两次分配
D. 适用于各辅助生产车间相互提供产品或劳务较多的企业

三、判断题

1. 采用交互分配法分配辅助生产费用，交互分配后的辅助生产费用应在除辅助生产以外的各受益部门和车间之间进行分配。（　　）

2. 采用代数分配法分配辅助生产费用时，应用代数中解联立方程的原理，直接分配各受益车间、部门应负担的费用，无须计算辅助生产产品或劳务的单位成本。（　　）

3. 采用顺序分配法进行辅助生产费用分配，应按照辅助生产车间受益多少的顺序排列，受益多的排列在前，受益少的排列在后。（　　）

4. 在辅助生产车间的制造费用不通过“制造费用”账户核算的情况下，辅助生产车间发生的各项生产费用均可直接记入“辅助生产成本”账户。（　　）

5. 采用计划成本分配法分配辅助生产费用，不必在辅助生产车间之间进行交互分配。（　　）

6. 采用直接分配法时，费用分配率计算公式的分子是待分配的辅助生产费用，分母是该辅助生产提供的劳务总量。（　　）

7. 工业企业的辅助生产，是指只为基本生产车间提供服务而进行的产品生产和劳务供应。（　　）

8. 辅助生产车间生产的产品和提供的劳务有时也对外销售。（　　）

9. 辅助生产产品和劳务成本的高低，影响着基本生产产品成本和经营管理费用。（　　）

10. 采用交互分配法分配辅助生产费用时，对外分配的辅助生产费用，应为交互分配前的费用，加上交互分配时分配转入的费用。（　　）

四、讨论题

1. 辅助生产费用的分配方法有哪些?

2. 直接分配法的特点及适用条件是什么?

3. 交互分配法的特点及适用条件是什么?

五、业务处理题

河南红山仪表制造厂有供水和供电两个辅助生产车间，辅助生产车间的制造费用不通过“制造费用”账户核算。10 月份发生的辅助生产费用、提供劳务量及计划单位成本如表 2－14 所示（各受益部门的水、电均为一般耗用）。

表 2－14　　劳务供应及费用分配表

项目		供电车间	供水车间
待分配费用		12 000（元）	1 840（元）
劳务供应量		50 000（千瓦时）	8 000（吨）
计划单位成本		0.30（元/千瓦时）	0.5（元/吨）
劳务耗用量	供电车间		2 000（吨）
	供水车间	10 000（千瓦时）	
	基本生产车间	28 000（千瓦时）	5 000（吨）
	管理部门	12 000（千瓦时）	1 000（吨）

［要求］分别采用直接分配法、交互分配法、计划成本分配法、代数分配法和顺序分配

法分配辅助生产费用（通过“辅助生产费用分配表”进行，见表2－15至表2－19），并编制相应的会计分录，分配率精确到小数点后四位。

1. 直接分配法

表2－15　辅助生产费用分配表（直接分配法）

201×年10月　金额单位：元

<table>
<tr><td colspan="3">辅助生产车间名称</td><td>供电车间</td><td>供水车间</td><td>合计</td></tr>
<tr><td colspan="3">待分配费用</td><td></td><td></td><td></td></tr>
<tr><td colspan="3">对外供应劳务数量</td><td></td><td></td><td></td></tr>
<tr><td colspan="3">费用分配率（单位成本）</td><td></td><td></td><td></td></tr>
<tr><td rowspan="2">基本车间</td><td rowspan="2">应借记“制造费用”账户</td><td>耗用数量</td><td></td><td></td><td></td></tr>
<tr><td>分配金额</td><td></td><td></td><td></td></tr>
<tr><td rowspan="2">管理部门</td><td rowspan="2">应借记“管理费用”账户</td><td>耗用数量</td><td></td><td></td><td></td></tr>
<tr><td>分配金额</td><td></td><td></td><td></td></tr>
<tr><td colspan="3">分配金额合计</td><td></td><td></td><td></td></tr>
</table>

2. 交互分配法

表2－16　辅助生产费用分配表（交互分配法）

201×年10月　金额单位：元

<table>
<tr><td colspan="4">项目</td><td colspan="3">交互分配</td><td colspan="3">对外分配</td></tr>
<tr><td colspan="4">辅助生产车间名称</td><td>供电</td><td>供水</td><td>合计</td><td>供电</td><td>供水</td><td>合计</td></tr>
<tr><td colspan="4">待分配费用</td><td></td><td></td><td></td><td></td><td></td><td></td></tr>
<tr><td colspan="4">供应劳务数量</td><td></td><td></td><td></td><td></td><td></td><td></td></tr>
<tr><td colspan="4">费用分配率</td><td></td><td></td><td></td><td></td><td></td><td></td></tr>
<tr><td rowspan="4">辅助生产车间</td><td rowspan="4">应借记“辅助生产成本”账户</td><td rowspan="2">供电车间</td><td>耗用数量</td><td></td><td></td><td></td><td></td><td></td><td></td></tr>
<tr><td>分配金额</td><td></td><td></td><td></td><td></td><td></td><td></td></tr>
<tr><td rowspan="2">供水车间</td><td>耗用数量</td><td></td><td></td><td></td><td></td><td></td><td></td></tr>
<tr><td>分配金额</td><td></td><td></td><td></td><td></td><td></td><td></td></tr>
<tr><td rowspan="2">基本生产车间</td><td rowspan="2">应借记“制造费用”账户</td><td colspan="2">耗用数量</td><td></td><td></td><td></td><td></td><td></td><td></td></tr>
<tr><td colspan="2">分配金额</td><td></td><td></td><td></td><td></td><td></td><td></td></tr>
<tr><td rowspan="2">管理部门耗用</td><td rowspan="2">应借记“管理费用”账户</td><td colspan="2">耗用数量</td><td></td><td></td><td></td><td></td><td></td><td></td></tr>
<tr><td colspan="2">分配金额</td><td></td><td></td><td></td><td></td><td></td><td></td></tr>
<tr><td colspan="4">分配金额合计</td><td></td><td></td><td></td><td></td><td></td><td></td></tr>
</table>

3. 计划成本分配法

表2－17　辅助生产费用分配表（计划成本分配法）

201×年10月　金额单位：元

辅助生产车间名称	供电车间	供水车间	合　计
待分配费用			

续表

辅助生产车间名称				供电车间	供水车间	合　计
供应劳务数量						
计划单位成本						
辅助生产车间耗用	应借记“辅助生产成本”账户	供电车间	耗用数量			
			分配金额			
		供水车间	耗用数量			
			分配金额			
基本生产车间耗用	应借记“制造费用”账户	耗用数量				
		分配金额				
管理部门耗用	应借记“管理费用”账户	耗用数量				
		分配金额				
按计划成本分配金额合计						
辅助生产实际成本						
辅助生产成本差异						

4. 代数分配法

表 2－18　　　　**辅助生产费用分配表（代数分配法）**

201×年 10 月　　　　金额单位：元

辅助生产车间名称				供电车间	供水车间	合计
待分配费用						
供应劳务数量						
用代数计算出的实际单位成本						
辅助生产车间耗用	应借记“辅助生产成本”账户	供电车间	耗用数量			
			分配金额			
		供水车间	耗用数量			
			分配金额			
基本生产车间耗用	应借记“制造费用”账户	耗用数量				
		分配金额				
管理部门耗用	应借记“管理费用”账户	耗用数量				
		分配金额				
分配金额合计						

5. 顺序分配法

表 2－19　　　　**辅助生产费用分配表（顺序分配法）**

201×年 7 月　　　　金额单位：元

项目	供电车间		供水车间		合计
	供应数量（千瓦时）	分配金额	供应数量（小时）	分配金额	

续表

项目		供电车间		供水车间		合计
		供应数量（千瓦时）	分配金额	供应数量（小时）	分配金额	
直接发生的费用						
分配转入的费用						
待分配的费用						
劳务总量						
费用分配率						
受益对象	供电车间					
	供水车间					
	基本生产车间					
	管理部门					

模块六　归集与分配制造费用

培养目标

- □ 理解制造费用的含义
- □ 掌握生产工人工时比例分配法分配制造费用
- □ 掌握工人工资比例分配法分配制造费用
- □ 掌握机器工时比例分配法分配制造费用
- □ 掌握年度计划分配率分配法分配制造费用

课前回顾

【例题 2－32·多选题】 下列方法中，属于辅助生产费用分配方法的有（　　）。

A. 直接分配法　　B. 交互分配法

C. 顺序分配法　　D. 代数分配法

【答案】ABCD

【例题 2－33·判断题】 直接分配法是指将所发生的费用全部分配至各受益对象的分配方法。（　　）

【答案】×

【例题 2－34·判断题】 采用交互分配法，在辅助生产车间以外的车间进行分配时，各个辅助生产车间应在直接费用的基础上，加上交互分配来的费用。（　　）

【答案】×

【例题2－35·判断题】顺序分配法是按各辅助生产车间相互之间受益的多少确定辅助生产费用的分配顺序，受益多的排在前面，受益少的排在后面。（　　）

【答案】×

要点精讲

一、制造费用的含义及内容

制造费用主要包括以下几个方面：

（1）间接用于产品生产的各种费用。

（2）直接用于产品生产，但管理上不要求或核算上不便于单独核算，因而没有专设成本项目的各项费用。

（3）生产车间为组织和管理生产而发生的费用。

【例题2－36·多选题】企业发生的下列支出，应计入“制造费用”账户的有（　　）。

A. 车间管理人员工资　　B. 行政管理人员工资

C. 车间设备计提的折旧　　D. 管理部门设备计提的折旧

【答案】AC

【解析】制造费用主要包括以下几个方面：间接用于产品生产的各种费用；直接用于产品生产，但管理上不要求或核算上不便于单独核算，因而没有专设成本项目的各项费用；生产车间为组织和管理生产而发生的费用。

二、制造费用的归集和列支渠道

制造费用发生时，根据前述的各项费用分配表及有关的付款凭证、转账凭证，借记“制造费用”账户，贷记“原材料”“应付职工薪酬”“银行存款”“累计折旧”等账户。

期末，将制造费用分配计入有关的成本核算对象，借记“生产成本——基本生产成本”账户，贷记“制造费用”账户。

除季节性生产企业外，期末结转以后“制造费用”账户应无余额。

三、制造费用的分配标准与方法

（一）生产工人工时比例分配法（见表2－20）

表2－20　　生产工人工时比例分配法的计算步骤及公式

计算步骤	计算公式
（1）确定待分的制造费用	某车间归集的制造费用总额
（2）计算该车间产品生产工时总额	该车间生产的各种产品生产工时之和
（3）计算制造费用分配率	制造费用分配率＝制造费用总额÷车间各种产品生产工时总额
（4）计算某种产品应分配的制造费用	某种产品应分配的制造费用＝该种产品生产工时×制造费用分配率

按生产工时比例分配制造费用是较为常用的一种分配方法，它能将劳动生产率的高低与产品负担费用的多少联系起来，分配结果比较合理。但是，必须组织好产品生产工时的记录

和核算工作，以保证生产工时的正确、可靠。

（二）生产工人工资比例分配法（见表2－21）

表2－21　生产工人工资比例分配法的计算步骤及公式

计算步骤	计算公式
（1）确定待分的制造费用	某车间归集的制造费用总额
（2）计算该车间产品生产工人工资总额	该车间生产的各种产品生产工人工资之和
（3）计算制造费用分配率	制造费用分配率＝制造费用总额÷各产品生产工人工资总额
（4）计算某种产品应分配的制造费用	某种产品应分配的制造费用＝该种产品生产工人工资×制造费用分配率

采用该种分配方法，核算工作很简便，但是这种方法适于各种产品生产机械化程度大致相同的企业，否则会影响费用分配的合理性。

（三）机器工时比例分配法（见表2－22）

表2－22　机器工时比例分配法的计算步骤及公式

计算步骤	计算公式
（1）确定待分的制造费用	某车间归集的制造费用总额
（2）计算该车间各种产品机器工时总额	该车间各种产品所耗用的机器工时之和
（3）计算制造费用分配率	制造费用分配率＝制造费用总额÷各产品机器工时之和
（4）计算某种产品应分配的制造费用	某产品应分配的制造费用＝该产品所耗机器工时×制造费用分配率

采用这种方法，必须正确组织各种产品所耗用机器工时的记录工作，以保证生产工时的准确性。该方法的计算程序、原理与生产工人工时比例分配法基本相同。

（四）年度计划分配率分配法（见表2－23）

表2－23　年度计划分配率分配法的计算步骤及公式

计算步骤	计算公式
（1）确定待分的年度制造费用计划总额	本年度制造费用计划总额
（2）年度各种产品计划产量定额总工时	年度各种产品计划产量定额总工时 ＝ $\sum$（某产品全年计划产量×单位产品的工时定额）
（3）计算年度计划分配率	年度计划分配率＝$\frac{\text{年度制造费用计划总额}}{\text{年度各种产品计划定额总工时}}$
（4）确定各月某产品实际产量定额工时	各月某产品实际产量定额工时＝该月该产品实际产量×单位产品的工时定额
（5）计算各月某种产品应分配的制造费用	各月某种产品应分配的制造费用＝该月该种产品实际产量定额工时×年度计划分配率

按年度计划分配率分配制造费用，核算工作较为简便，特别适用于季节性生产的企业。

【例题2－37·多选题】下列属于制造费用分配方法的有（　　）。

A. 生产工人工时比例分配法　　B. 生产工人工资比例分配法

C. 机器工时比例分配法　　D. 年度计划分配率分配法

【答案】ABCD

【解析】制造费用的分配方法有很多，主要包括生产工人工时（实耗工时或定额工时）比例分配法、生产工人工资比例分配法、机器工时比例分配法、年度计划分配率分配法等。

【例题2－38·判断题】按机器工时比例分配制造费用，核算工作较为简便，特别适用于季节性生产的企业。（　　）

【答案】×

【解析】按年度计划分配率分配制造费用，核算工作较为简便，特别适用于季节性生产的企业。

思考练习2－6

一、单项选择题

1. 基本生产车间管理人员的职工薪酬，记入（　　）账户的借方。

A. 生产成本　　B. 制造费用

C. 应付职工薪酬　　D. 管理费用

2. 适用于季节性生产的车间分配制造费用的方法是（　　）。

A. 生产工人工时比例分配法　　B. 生产工人工资比例分配法

C. 机器工时比例分配法　　D. 年度计划分配率分配法

3. 制造费用绝大部分是由企业的（　　）发生。

A. 行政管理部门　　B. 车间或分厂

C. 销售部门　　D. 财务部门

4. 能将劳动生产率和产品负担的费用水平联系起来，使分配结果比较合理的制造费用分配方法是（　　）。

A. 生产工人工时比例分配法　　B. 生产工人工资比例分配法

C. 按年度计划分配率分配法　　D. 机器工时比例分配法

5. 机器工时比例分配法适用于（　　）。

A 季节性生产的车间　　B. 制造费用较多的车间

C. 机械化程度较高的车间　　D. 机械化程度大致相同的各种产品

6. 以下哪种分配方法适于各种产品生产机械化程度大致相同的企业（　　）。

A. 生产工人工时比例分配法　　B. 生产工人工资比例分配法

C. 机器工时比例分配法　　D. 年度计划分配率分配法

7. 下列（　　）的水电费，应记入“制造费用”账户。

A. 基本生产车间生产甲产品　　B. 基本生产车间日常耗用

C. 企业行政管理部门耗用　　D. 销售部门耗用

8. 制造费用分配以后一般无余额，如有余额则是在（　　）。

A. 季节性生产的车间　　B. 工时定额准确的产品

C. 机械化程度较高的车间
D. 各种产品生产机械化程度大致相同时

9. 基本生产车间计提固定资产折旧应记入的账户是（　　）。
A. 基本生产成本
B. 制造费用
C. 管理费用
D. 销售费用

10. 除了按年度计划分配率分配制造费用，“制造费用”账户月末（　　）。
A. 没有余额
B. 一定有借方余额
C. 一定有贷方余额
D. 有借方或贷方余额

二、多项选择题

1. 制造费用是企业为生产产品和提供劳务而发生的各项间接费用，包括（　　）。
A. 生产车间管理人员职工薪酬
B. 生产车间固定资产折旧费
C. 行政管理部门人员职工薪酬
D. 行政管理部门固定资产折旧费

2. 制造费用的分配方法有（　　）。
A. 计划成本分配法
B. 直接分配法
C. 生产工人工时比例分配法
D. 机器工时比例分配法

3. 下列哪些费用可以计入产品成本（　　）。
A. 直接人工
B. 制造费用
C. 销售费用
D. 管理费用

4. 按年度计划分配率法分配制造费用后，“制造费用”账户（　　）。
A. 月末无余额
B. 月末可能有余额
C. 月末可能有借方余额
D. 月末可能有贷方余额

5. 下列采用制造费用分配方法，分配后制造费用一般无余额的有（　　）。
A. 生产工人工时比例分配法
B. 生产工人工资比例分配法
C. 机器工时比例分配法
D. 年度计划分配率分配法

6. 制造费用的分配，不应该（　　）。
A. 在企业范围内统一分配
B. 按车间分别进行分配
C. 平均分配
D. 在所有车间范围内统一分配

7. 在计算制造费用的年度计划分配率时，其分配标准可以是（　　）。
A. 定额工时
B. 产品产量
C. 定额人工费用
D. 定额机器工时

8. 对制造费用进行分配，可采用（　　）方法。
A. 生产工人工时比例分配法
B. 约当产量法
C. 机器工时比例分配法
D. 年度计划分配率分配法

9. 下列应记入“制造费用”账户的是（　　）。
A. 生产车间工人工资
B. 厂部管理人员工资
C. 销售部门人员工资
D. 车间固定资产折旧

10. 制造企业一般设置的三项产品成本项目是（　　）。
A. 直接材料
B. 直接人工
C. 燃料及动力
D. 制造费用

三、判断题

1. 制造费用大部分是间接用于产品生产的费用，也有一部分直接用于产品生产，但管理上不要求单独核算，又不专设成本项目，因此可以直接计入产品生产成本。（　）
2. 期间费用包括管理费用、财务费用和制造费用。（　）
3. 期末，制造费用分配转入生产成本，因此账户期末一定无余额。（　）
4. 企业制造费用分配方法一经确定、不得变更。（　）
5. 企业可采用约当产量法分配制造费用。（　）
6. 对于季节性生产的企业，企业应采用年度计划分配率分配法分配制造费用。（　）
7. 机器工时比例分配法适用于机械化、自动化程度较高的生产。（　）
8. 制造费用的分配方法有很多，主要包括生产工人工时比例分配法、生产工人工资比例分配法、机器工时比例分配法、年度计划分配率分配法。（　）
9. 企业车间管理人员的工资应记入“制造费用”账户。（　）
10. “制造费用”账户是用来核算企业行政管理部门为组织和管理生产所发生的费用。（　）

四、讨论题

1. 制造费用的内涵是什么？

2. 制造费用的分配方法是什么？

3. 年度计划分配率分配法的特点及适用范围是什么？

五、业务处理题

河南红山仪表制造厂有两个基本生产车间，第一车间生产 A、B 两种产品，共发生制造费用 25 200 元；第二车间生产 C 产品，发生制造费用 9 600 元。三种产品实际耗用生产工时的统计资料如表 2－24 所示。

表 2－24 河南红山仪表制造厂工时统计资料

201×年 7 月

车间	项目	实际耗用工时（小时）
一车间	A 产品	50 000
	B 产品	100 000
	小计	150 000
二车间	C 产品	30 000
	合计	180 000

［要求］根据上述资料，编制“制造费用分配表”（见表 2－25），并做出有关会计分录。

表 2－25

编制单位：河南红山仪表制造厂　　201×年 7 月

账户	明细科目	生产工时（小时）	分配率（元/小时）	分配金额（元）
生产成本——基本生产成本	A 产品			
	B 产品			
	小计			
	C 产品			
	合计			

模块七　归集与分配损失性费用

培养目标

- □ 理解废品的含义及分类
- □ 理解废品损失的核算程序
- □ 掌握不可修复废品损失的核算
- □ 掌握可修复废品损失的核算
- □ 掌握停工损失的核算

课前回顾

【例题 2－39·多选题】 下列方法中，属于制造费用分配方法的有（　　）。

A. 直接分配法　　B. 生产工人工时比例分配法

C. 按年度计划分配率分配法　　D. 机器工时比例分配法

【答案】BCD

【例题2－40·判断题】年度计划分配率分配法适用于季节性生产企业。　(　　)

【答案】√

【例题2－41·判断题】生产工人工资比例分配法适用于机械化、自动化程度较高的企业的生产。　(　　)

【答案】×

要点精讲

一、废品的含义及分类

废品是指质量不符合规定的技术标准，不能按原定用途使用，或者需要加工修理后才能按原定用途使用的在产品、半成品和产成品。

废品按其能否和是否需要修复可分为可修复废品和不可修复废品。

废品按其产生的原因不同可分为料废品和工废品。

凡质量不符合规定的技术标准，但经检验部门检验不需要返修即可降价出售的产品，在实际工作中称为次品，不属于废品的范畴，其降价损失体现为销售损益，不作为废品损失处理。

【例题2－42·判断题】凡质量不符合规定的技术标准，但经检验部门检验不需要返修即可降价出售的产品，也称为废品。　(　　)

【答案】×

【解析】凡质量不符合规定的技术标准，但经检验部门检验不需要返修即可降价出售的产品，在实际工作中称为次品，不属于废品的范畴，其降价损失体现为销售损益，不作为废品损失处理。

二、废品损失的含义及列支渠道

废品损失是指生产过程中因产生废品所形成的损失，包括可修复废品的修复费用和不可修复废品的生产成本扣除废品残值及过失人赔款后的净损失。

产品销售以后发生的废品属于产品“三包”损失，计入销售费用，不作为废品损失核算。

【例题2－43·判断题】产品销售以后发生的废品属于产品“三包”损失，应作为废品损失核算。　(　　)

【答案】×

【解析】产品销售以后发生的废品属于产品“三包”损失，计入销售费用，不作为废品损失核算。

三、废品损失的核算

废品损失核算程序见图2－2。

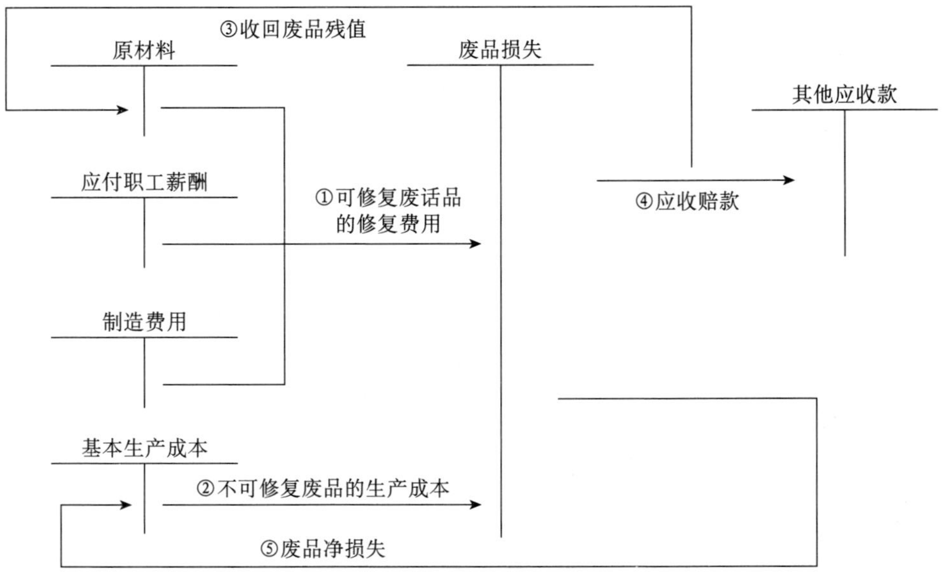

图 2－2　废品损失核算程序

说明：

①归集修复废品发生的料、工、费，记入“废品损失”账户；

②结转不可修复废品的生产成本，将其转入“废品损失”账户；

③回收残料价值，冲减废品损失；

④确定责任赔款，冲减废品损失；

⑤结转废品净损失，将其转入基本生产成本账户“废品损失”专栏。

（一）不可修复废品损失的核算

废品成本＝废品应负担的材料费＋废品应负担的人工费＋废品应负担的制造费用

上述公式中的各项应负担的费用是采用一定的分配方法从生产总费用中分离出来的，通常有以下两种方法：

（1）按废品所耗用实际费用计算；

（2）按废品所耗用定额费用计算。

（二）可修复废品损失的核算

可修复废品损失是指在废品修复过程中所发生的修复费用，包括为修复废品所耗用的直接材料、直接人工、制造费用等。

四、停工损失的核算

停工损失是指企业或生产车间、班组在停工期间内（非季节性停工期间）发生的各项费用。包括停工期内支付的生产工人的工资和所耗用的燃料和动力费，以及应负担的制造费用等。

在单独核算废品损失和停工损失的企业中，将应计入本月产品成本的生产费用全部归集在“基本生产成本”账户的借方，并在各产品成本明细账本月发生额中按“直接材料”“直接人工”“制造费用”“废品损失”“停工损失”等成本项目分别反映。

思考练习 2 –7

一、单项选择题

1. 生产过程中发生的、入库后发现的各种产品的废品损失应包括（　　）。
A. 不可修复废品报废损失　　B. 废品过失人的赔偿款
C. 实行“三包”损失　　D. 因管理不善损坏变质损失
2. 不可修复废品成本可以按废品的（　　）计算。
A. 计划成本　　B. 制造费用
C. 所耗定额费用　　D. 先进先出法
3. 对于季节性停工企业在停工期间所发生的费用，应记入（　　）账户。
A. 制造费用　　B. 停工损失
C. 管理费用　　D. 营业外支出
4. 对于自然灾害造成的非正常停工损失，应计入（　　）账户。
A. 营业外收入　　B. 营业外支出
C. 管理费用　　D. 制造费用
5. 产品的三包损失，应计入（　　）账户。
A. 管理费用　　B. 制造费用
C. 销售费用　　D. 废品损失
6. 下列各项中，不属于废品损失的是（　　）。
A. 可以降价出售的不合格产品的降价损失
B. 可修复废品的修复费用
C. 不可修复废品的生产成本扣除回收残料价值以后的损失
D. 生产过程中发现的和入库后发现的不可修复废品的生产成本
7. 下列关于停工损失的说法中，不正确的是（　　）。
A. 停工损失中的原材料、水电费、人工费等，一般可根据有关原始凭证确认后直接计入停工损失
B. 停工不满一个工作日的，一般不计算停工损失
C. 由于自然灾害等引起的非正常停工损失，计入营业外支出
D. 应取得赔偿的停工损失，计入管理费用
8. 不可修复废品是指（　　）。
A. 技术上不可修复的废品
B. 修复费用过高的废品
C. 虽然技术上可修复，但所花费的修复费用在经济上不合算的废品
D. 包括 A 和 C
9. 以下属于废品损失核算范围的是（　　）。
A. 产品入库后由于管理不善造成的损失　B. 生产过程中发现的废品

C. 可降价出售的次等品　　D. 产品售后返修品

10. 可修复废品是指（　　）。

A. 技术上不可修复的废品

B. 修复费用过高的废品

C. 技术上可以修复且修复费用的支出是经济合算的

D. 修复费用较低的废品

二、多项选择题

1. 废品损失应该包括（　　）。

A. 不可修复废品的报废损失　　B. 可修复废品的修复费用

C. 不合格品的降价损失　　D. 产品保管不善的损坏变质损失

2. 不可修复废品的成本，可以按（　　）。

A. 废品所耗用的实际费用计算　　B. 废品所耗定额费用计算

C. 废品售价计算　　D. 废品残值计算

3. 可修复废品的修复费用应该包括（　　）。

A. 修复废品的材料费用　　B. 修复废品的工资费用

C. 修复废品的动力费用　　D. 修复废品的销售费用

4. 计算不可修复废品的净损失应包括（　　）。

A. 不可修复废品的成本　　B. 废品的残值

C. 废品的应收赔款　　D. 废品的材料费

5. "废品损失"账户的借方应反映的项目有（　　）。

A. 可修复废品的修复费用　　B. 应收的赔偿款

C. 不可修复废品的生产成本　　D. 结转的废品净损失

6. 结转废品净损失应做的会计分录是（　　）。

A. 借记"制造费用"账户　　B. 借记"基本生产成本"账户

C. 贷记"废品损失"账户　　D. 贷记"基本生产成本"账户

7. 可修复废品应具备的条件是（　　）。

A. 只要能修复就行　　B. 在技术上可以修复

C. 在经济上合算　　D. 不必考虑修复费用的多少

8. 过失单位、过失人或保险公司应支付的赔偿款会计分录是（　　）。

A. 借记"停工损失"账户　　B. 借记"其他应收款"账户

C. 贷记"停工损失"账户　　D. 贷记"其他应收款"账户

9. 下列关于"停工损失"账户的说法中，正确的是（　　）。

A. 借方登记生产单位发生的各项停工损失

B. 贷方登记生产单位发生的各项停工损失

C. 贷方登记应由过失人或过失单位缴纳的赔偿款

D. 该账户一般无余额

10. 企业结转属于自然灾害原因造成的停工损失，会计分录为（　　）。

A. 借记"停工损失"账户　　B. 借记"营业外支出"账户

C. 借记“基本生产成本”账户　　　　D. 贷记“停工损失”账户

三、判断题

1. 可修复废品是指该废品在技术上可以修复且修复费用的支出是经济合算的。(　　)
2. 废品损失是指废品的报废损失，即不可修复废品的生产成本扣除回收材料、废料价值后的净损失。(　　)
3. 企业季节性停工和大修理停工其损失应计入产品生产成本。(　　)
4. 损失性费用没有创造价值，不应计入产品成本。(　　)
5. 销售后发现的废品，包括废品的生产成本和运输费用等，都应列作废品损失。(　　)
6. 产品入库以后由于保管不善等原因产生的废品损失，应作为管理费用处理。(　　)
7. 停工损失包括停工期内所支付的生产工人工资和提取的应付福利费、所耗用燃料和动力费，以及应负担的制造费用等。(　　)
8. 质量虽不符合规定标准，但经检验，可以不需要返修即可降价出售的产品，其损失计入废品损失。(　　)
9. 废品损失会造成合格产品的单位成本提高。(　　)
10. 产品销售以后发生的废品属于产品“三包”损失，计入管理费用，不作为废品损失核算。(　　)

四、讨论题

1. 什么是废品损失？

2. 不可修复废品生产成本的核算方法是什么？

3. 什么是停工损失？

五、业务处理题

河南红山仪表制造厂第一生产车间生产乙产品本月完工400件，验收入库发现废品12件；合格品生产工时为5 820小时，废品生产工时为180小时。乙产品成本明细账所记合格品和废品的全部生产费用为：原材料 16 000 元；燃料和动力 7 800 元；工资和福利费 9 000 元；制造费用 4 200 元。原材料是生产开始时一次投入，废品残料入库作价 100 元。

［要求］根据以上资料，编制“不可修复废品损失计算表”（见表 2 – 26），并编制有关废品损失的会计分录（“生产成本”“废品损失”科目列示明细科目）。

表 2 – 26　　不可修复废品损失计算表（按实际费用计算）　　金额单位：元

项目	数量（件）	原材料	生产工时	燃料和动力	工资和福利费	制造费用	成本合计
合格品和废品生产费用							
费用分配率							
废品生产成本							
减：废品残料							
废品报废损失							

项目三

生产费用在完工产品与在产品之间的分配

模块一　核算在产品数量

培养目标

□　能够准确区分在产品的类型
□　掌握在产品清查的核算

课前回顾

【例题3－1·单选题】下列各项中，不应计入废品损失的是（　　）。

A. 不可修复废品的生产成本　　B. 可修复废品的生产成本

C. 用于修复废品的人工费用　　D. 用于修复废品的材料费用

【答案】B

【解析】废品的核算统一通过“废品损失”账户进行。其中，可修复废品的修复损失等于“修复费用－残料价值－应收过失人的赔款”；不可修复废品的净损失等于“不可修复废品的生产成本－不可修复废品的残值－应收过失人的赔款”。

【例题3－2·多选题】在辅助生产费用分配方法中，考虑了辅助生产单位之间交互分配费用的方法有（　　）。

A. 直接分配法　　B. 一次交互分配法

C. 代数分配法　　D. 计划成本法

【答案】BCD

【例题3－3·判断题】产品入库后，由于保管不善等原因而损坏变质的损失，也应当作为废品损失处理。（　　）

【答案】×

【解析】如果产品入库时是合格的，但由于保管不善、运输不当等原因导致产品损失、变质而发生的损失，不包括在“废品损失”中。

要点精讲

一、在产品的内涵

在产品有广义和狭义之分，广义的在产品是对于整个企业而言的，是指没有完成全部生产过程，不能作为产品销售的产品。狭义的在产品是对某一生产单位和某一生产步骤而言的，仅指本单位或本步骤正在加工的在制品。

广义在产品与狭义在产品的类型如表3－1所示。

表3－1　　广义在产品与狭义在产品的类型

广义在产品	狭义在产品
正在各生产单位（分厂、车间）加工的在制品 已经完成一个或多个步骤，尚未最终加工完成的且需要继续加工的自制半成品	本单位正在加工的在制品 本步骤正在加工的在制品

二、在产品数量和完工产品成本核算的联系

月初在产品成本、本月发生生产成本、本月完工产品成本和月末在产品成本之间的关系，可用下列公式表示：

月初在产品成本＋本月发生的生产成本＝本月完工产品成本＋月末在产品成本

同时也可以先确定月末在产品成本，然后倒挤出本月完工产品的成本。这种方法可以表示如下：

本月完工产品成本＝月初在产品成本＋本月发生的生产成本－月末在产品成本

从上述两个公式可以看出，月末在产品数量的核算都影响着本月完工产品成本的计算，所以正确组织核算在产品的数量，取得在产品收发和结存的数量资料对于正确核算完工产品成本十分重要。

三、在产品数量的日常核算

制造业企业产品品种规格较多，所以在产品品种也较多，并且都处于不断的流动之中。为组织做好在产品收发结存的日常核算，要求制造业企业应同时具备账目核算资料和实际盘点资料。这样既可以从账面上随时掌握在产品的动态，又可以查清在产品的实存数量，为正确核算产品成本和在产品的实物管理打下基础。

四、在产品清查的核算

清查后，应根据实际盘点数和账面资料编制在产品盘存表，列明在产品的账面数、实际数、盘盈盘亏数及其原因和处理意见等，对于报废和损毁的在产品还要登记残值。成本核算人员应对在产品盘存进行认真审核，并报有关部门审批，同时对在产品盘盈、盘亏进行账务处理。

在产品发生盘盈时，按照计划成本或定额成本计入“生产成本——基本生产成本”账户的借方，“待处理财产损溢”账户的贷方；经批准进行处理时，则计入“待处理财产损溢”账户的借方，“制造费用”账户的贷方。

在产品发生盘亏和损毁时，计入“待处理财产损溢”账户的借方，“生产成本——基本生产成本”账户的贷方，冲减在产品的账面价值。损毁的在产品残值，计入“原材料”“银行存款”等账户的借方，“待处理财产损溢”账户的贷方，冲减其损失。按规定核销时，应根据不同的情况处理，盘亏、损毁的在产品，扣除过失人或者保险公司赔款和残料价值后，计入制造费用；在产品损毁属于非正常损失造成的，应扣除保险公司赔款和残料价值后，计入营业外支出某企业“财产清查报告单”。

思考练习 3 –1

一、单项选择题

1. 盘亏时做账务处理不涉及的账户有（　　）。

A. 销售费用　　　　B. 管理费用

C. 营业外支出　　　　D. 待处理财产损溢

2. 下列哪一个选项不属于在产品（　　）。

A. 正在车间加工的半成品　　　　B. 需要继续加工的半成品

C. 等待验收入库的半成品　　　　D. 对外销售的自制半成品

3. 发生盘盈时，按计划或者定额成本计入（　　）账户的借方。

A. 待处理财产损溢　　　　B. 营业外收入

C. 基本生产成本　　　　D. 辅助生产成本

4. 在产品发生盘盈时，贷方账户是（　　）。

A. 待处理财产损溢　　　　B. 营业外收入

C. 基本生产成本　　　　D. 辅助生产成本

5. 狭义的在产品是指（　　）。

A. 自制半成品　　　　B. 产成品

C. 进行加工的在产品　　　　D. 正在车间返修的产品

二、多项选择题

1. 完工产品和月末在产品成本的核算模式有（　　）。

A. 先核算完工产品，再核算在产品成本

B. 先核算在产品成本，再核算完工产品成本

C. 先核算月初在产品成本，再核算月末在产品成本

D. 将费用在完工产品与在产品之间按照一定的比例分配

2. 在产品成本核算的方法有（　　）。

A. 约当产量法　　　　B. 定额比例法

C. 定额成本法　　D. 工时比例法

3. 扣除过失人赔款的会计处理可能涉及的会计账户有（　　）。

A. 其他应收款　　B. 各营业外支出

C. 待处理财产损溢　　D. 管理费用

4. 产品发生盘亏和损毁时会涉及的会计账户有（　　）。

A. 待处理财产损溢　　B. 原材料

C. 资产减值损失　　D. 管理费用

5. 盘盈会计处理时会涉及的会计账户有（　　）。

A. 生产成本　　B. 资产减值损失

C. 管理费用　　D. 待处理财产损溢

三、判断题

1. 在产品盘盈盘亏处理的核算，应在制造费用结账前进行。（　　）

2. 在产品是指没有完成全部生产过程，不能作为商品销售的产品。（　　）

3. 在产品包括对外销售的自制半成品。（　　）

4. 广义的在产品是指从原材料、外购货物投入生产到制成成品前，存在于生产过程的各个阶段、各个环节需要继续加工的产品，包括存在于车间之间的半成品和存在于车间内部的在制品。（　　）

5. 对于盘盈的在产品，应于批准后，冲减“制造费用”账户。（　　）

四、讨论题

1. 简述在产品的类型。

2. 简述在产品清查时盘盈和盘亏时的账务处理。

五、业务处理题

某企业月末对在产品进行清查，发现在产品盘亏及毁损数量是100件，每件产品的定额成本是30元。经核实上述盘亏及毁损的在产品，其中500元由责任人赔偿，500元属于自然灾害，另外有100元的材料入库，净损失作为管理费用。

［要求］试写出如下会计分录：

（1）批准前的会计分录；（2）批准后的会计分录。

模块二　分配完工产品和在产品之间费用的方法

培养目标

□　掌握并能够灵活运用约当产量法
□　掌握并能够灵活运用定额成本法
□　掌握并能够灵活运用定额比例法

课前回顾

【例题3-4·单选题】在产品数量的日常核算应设置（　　）。
A. 生产成本明细账　　B. 在产品台账
C. 制造费用明细账　　D. 原材料明细账
【答案】B
【例题3-5·判断题】自制半成品属于广义的在产品。（　　）
【答案】√

要点精讲

企业常用的完工产品成本和在产品成本的分配方法有：不核算在产品成本法、在产品成本按其年初固定数计算法、在产品成本按所耗原材料费用计算法、约当产量法、在产品成本按定额成本核算法、定额比例法等。

一、不核算在产品成本法

企业如果期末在产品很少或者没有在产品，是否核算在产品成本对完工产品成本影响不大时，可以不核算期末在产品成本。即当期发生的生产费用全部由完工产品负担。这种方法适用于月末在产品数量少，占用的费用金额不大的情况。如食品行业、煤炭行业。

二、在产品成本按年初固定数计算法

企业如果期末在产品数量虽然大但是各月之间在产品数量变化不大，可以用年初在产品成本作为每月月末在产品成本。即当月发生的生产费用全部由完工产品成本负担。每年年末在产品成本必须根据实地盘存数重新核算，以免影响成本核算的正确性。这种方法一般适用于在产品数量较多，占用的费用也较大，但是各月份之间变化不大的情况，如炼铁厂、化工厂、炼油厂。

三、在产品成本按所耗原材料费用计算法

企业如果期末在产品数量较大，各月之间在产品数量变化大，同时原材料费用在产品成本中所占的比重较大时，在产品成本可只按所耗用原材料费用核算，而直接人工和制造费用以及其他各项费用全部作为完工产品成本。这种方法适用于在产品成本项目中材料费用比重最大，而加工费用比重较小的情况。如纺织、造纸和酿酒行业。该方法的计算公式如下：

单位产品直接材料成本 = 直接材料费用总额 ÷ (完工产品产量 + 在产品产量)

月末在产品成本 = 月末在产品数量 × 单位产品直接材料成本

本月完工产品成本 = 月初在产品成本 + 本月生产成本 − 月末在产品成本

四、约当产量法

(一) 约当产量法的工作原理

约当产量法，首先计算在产品的约当产量，然后把产品成本核算单中，生产费用月初和本月合计数，按照完工产品产量与月末在产品约当产量的比例进行分配的一种方法。计算步骤如表 3 −2 所示。

表 3 −2　　约当产量法的计算步骤

步骤	内　容
第一步：计算在产品约当产量	在产品约当产量 = 月末在产品数量 × 投料程度(或完工程度)
第二步：计算费用分配率	费用分配率 = (月初在产品费用 + 本月发生的费用) ÷ (完工产品产量 + 月末在产品约当产量)
第三步：核算完工产品成本和月末在产品成本	完工产品成本 = 完工产品产量 × 费用分配率 月末在产品成本 = 月末在产品约当产量 × 费用分配率

从计算流程可以看出，约当产量比例分配法的关键是约当产量的计算，而月末在产品约当产量计算的关键在于合理确定在产品的投料程度和完工程度。

约当产量法适用于月末在产品数量较多，各月末在产品数量变化较大，而且产品成本中，直接材料、直接人工和制造费用比重相当的情况。

(二) 在产品投料程度的计算

投料程度是指在产品已投材料占完工产品应投材料的百分比。其计算分以下三种情况，如表 3 −3 所示。

表 3 −3　　投料程度计算表

投料类型	投料程度
(1) 原材料在生产开始时一次性投入，在产品和完工产品负担的材料费用相同	100%
(2) 原材料在每道工序开始时一次性投入，应计算原材料的投料程度，将在产品折算为约当产量	某工序在产品的投料程度 = 到本工序为止的投料定额 ÷ 单位完工产品原材料应投入的成本 ×100%
(3) 原材料随着产品生产进度陆续投料时，且投入量与加工进度不一致	某工序在产品的投料程度 = (前面各工序投料定额之和 + 本工序投料定额 ×50%) ÷ 完工产品投料定额 ×100%

（三）在产品加工程度的计算

在产品的加工程度是指在产品实耗（或定额）工时占完工产品应耗（或定额）工时的百分比。其计算公式分以下两种情况，如表 3－4 所示。

表 3－4　　加工程度计算表

加工类型	加工程度
(1) 在产品生产一般是陆续加工，在各道工序的产品数量和加工量比较均衡时	50%
(2) 如果各道工序的加工程度不均衡，或者各工序在产品数量不均衡，就应分工序计算在产品加工程度	某工序在产品的加工程度＝(前面各道工序工时定额之和＋本工序工时定额×50%)÷完工产品工时定额

【例题 3－6·单选题】 某公司 A 产品单位工时定额为 400 小时，经过两道工序制成。各工序单位工时定额为：第一道工序 160 小时，第二道工序 240 小时。第一道工序的在产品数量为 30 件，第二道工序的在产品数量为 70 件，为简化核算，假定各工序内在产品完工程度平均为 50%，则第二道工序的在产品约当量为（　　）件。

A. 49　　B. 50

C. 70　　D. 35

【答案】A

【解析】第二道工序的在产品完工程度＝(160＋240×50%)/400×100%＝70%；

第二道工序的在产品约当量＝70×70%＝49（件）。

五、在产品成本按定额成本核算法

定额成本核算法，是指月末在产品按定额成本核算，该产品的全部生产费用（月初在产品费用加上本月发生的费用），减去按定额成本核算的月末在产品成本后的余额，作为完工产品的成本。

该方法的计算步骤如表 3－5 所示。

表 3－5　　在产品按定额成本核算法的步骤

步　骤	内　容
第一步：核算月末在产品定额成本	月末在产品某成本项目的定额费用＝在产品数量×在产品的费用定额
第二步：核算月末在产品的定额成本	月末在产品定额成本＝月末在产品各个成本项目的定额费用之和
第三步：核算完工产品成本	完工产品成本＝月初在产品成本＋本月发生的成本－月末在产品定额成本

这种方法适用于消耗定额完整、精确、稳定，且月末在产品变化不大的情况。采用这种方法，由于月末在产品成本不负担实际生产费用脱离定额的差异，而全部由完工产品成本负担，所以在实际生产费用脱离定额差异比较大的情况下，就会影响产品成本核算的准确性。

六、定额比例法

定额比例法是将产品成本核算单中，月初和本月生产费用合计数，按照完工产品和月末在产品的定额耗用量或定额费用的比例，分别核算完工产品成本和月末在产品成本的方法。这种方法适用于定额管理基础较好，各项消耗定额或者费用定额比较准确、稳定，各月末在产品数量变动较大的产品。

其计算程序及公式如表3－6所示。

表3－6　　定额比例法的步骤及公式

步　骤	内　容
第一步：计算月末完工产品和在产品定额消耗量、定额工时	（1）完工产品定额消耗量（定额成本）＝完工产品产量×单位产品定额消耗量（定额成本） （2）月末在产品定额消耗量（定额成本）＝月末在产品数量×投料程度×单位产品消耗定额（定额成本） （3）完工产品定额工时＝完工产品数量×单位产品定额工时 （4）月末在产品定额工时＝月末在产品数量×在产品完工程度×单位产品工时定额
第二步：计算各成本项目的分配率	（1）直接材料分配率＝（月初在产品直接材料费用＋本月发生直接材料费用）÷［完工产品定额消耗量（定额成本）＋月末在产品定额消耗量（定额成本）］ （2）直接人工、制造费用分配率＝［月初在产品直接人工费用（制造费用）＋本月发生直接人工费用（制造费用）］÷（完工产品定额工时＋月末在产品定额工时）
第三步：计算完工产品与月末在产品的成本	（1）完工产品成本＝完工产品定额×费用分配率 （2）在产品成本＝月末在产品定额×费用分配率

思考练习3－2

一、单项选择题

1. 某企业生产产品经过2道工序，各工序的工时定额分别为50小时和100小时，那么第二道工序的完工率是（　　）。

A. 60%　　B. 70%

C. 50%　　D. 66.7%

2. 采用约当产量法核算完工产品和在产品成本时，若原材料不是开始时一次性投入的，而是随着生产进度陆续投入，但是在每道工序是一次性投入的，原材料消耗定额第一道工序是30千克，第二道工序是70千克，则第二道工序在产品的完工率是（　　）。

A. 100%　　B. 70%

C. 50%　　D. 78%

3. 定额管理基础较好，各项消耗定额或费用定额比较准确、稳定，但各月末在产品数量变化较大的产品，其在成本核算时通常采用（　　）。

A. 定额成本法　　B. 约当产量法

C. 定额比例法　　D. 不核算在产品成本法

4. 不核算在产品成本法适用于（　　）。

A. 各月末在产品数量很大　　B. 各月末在产品数量很小

C. 各月末在产品数量变化很大　　D. 各月末在产品数量变化不大

5. 企业产品成本中原材料费用所占比重较大时，月末可采用在产品和完工产品之间分配的方法是（　　）。

A. 定额成本法　　B. 在产品按所耗原材料成本核算法

C. 定额比例法　　D. 不核算在产品成本法

6. 甲产品经过两道工序加工完成，采用约当产量比例法将直接人工成本在完工产品和月末在产品之间进行分配。甲产品月初在产品和本月发生的直接人工成本总计是 23 200 元。本月完工产品 200 件，月末第一工序在产品 20 件，完工率是 40%；第二工序在产品 40 件，完工率是 60%。月末在产品的直接人工成本是（　　）元。

A. 3 200　　B. 6 000

C. 4 000　　D. 10 000

7. 某公司 C 产品本月完工产品产量是 3 000 件，在产品数量是 400 件；在产品单位定额成本为：直接材料 400 元，直接人工 100 元，制造费用 150 元。C 产品本月月初在产品和本月耗用直接材料成本共计 1 360 000 元，直接人工成本 640 000 元，制造费用 960 000 元。C 产品完工产品总成本是（　　）元。

A. 2 500 000　　B. 3 600 000

C. 2 700 000　　D. 2 800 000

8. 某企业 A 产品经过两道工序加工完成。A 产品耗用的原材料在生产开始时一次性投入。生产成本在完工产品和月末在产品之间采用约当产量法。2017 年 9 月生产 A 产品有关的资料如下：①A 产品的单位定额工时 100 小时，其中第一道工序 60 小时，第二道工序 40 小时，假定各工序内在产品完工程度平均是 50%。②本月完工产品 600 件，累计发生产品费用 900 000 元。月末在产品数量为：第一道工序 200 件，第二道工序 300 件。2017 年 9 月第一道工序和第二道工序的完工率分别是（　　）。

A. 60%，40%　　B. 30%，80%

C. 40%，60%　　D. 50%，50%

9. 某工业企业甲产品的原材料在生产开始时一次性投入，产品成本中原材料费用所占比重较大，月末在产品按其所耗原材料费用计价，其 2017 年 9 月初在产品费用是 8 000 元，该月生产费用为：直接材料 16 000 元，直接人工 3 000 元，制造费用 4 000 元，该月完工产品 500 件，月末在产品 300 件，完工产品成本是（　　）元。

A. 22 000　　B. 15 000

C. 9 000　　D. 65 000

10. 某种产品月末在产品数量较大，各月末在产品数量变化也较大，产品成本中原材料费用和工资等其他费用所占比重相差不多，应该采用（　　）。

A. 定额成本法　　B. 在产品按所耗原材料成本核算法

C. 定额比例法　　D. 约当产量法

二、多项选择题

1. 采用定额比例法核算产品成本时，所使用的定额主要有（　　）。

A. 材料定额消耗量　　B. 材料定额费用

C. 工时定额消耗量　　D. 材料计划单位成本

2. 采用定额成本法核算在产品成本时，应具备以下条件（　　）。

A. 定额管理基础较好　　B. 消耗定额比较准确

C. 各月末在产品数量变化不大　　D. 产品产量大

3. 在产品成本按所耗原材料费用核算，应具备的条件有（　　）。

A. 在产品成本中材料费用所占的比重较大

B. 在产品成本中材料费用所占的比重较小

C. 加工费用比重小

D. 加工费用比重大

4. 月末生产费用在完工产品与在产品之间的分配方法有（　　）。

A. 约当产量法　　B. 定额比例法

C. 在产品按定额成本计价法　　D. 原材料扣除法

5. 采用约当产量法核算完工产品的成本，在产品约当产量应按（　　）计算。

A. 完工程度　　B. 投料程度

C. 废品率　　D. 完工入库程度

6. 选择完工产品与月末在产品之间费用分配方法时，应考虑的条件是（　　）。

A. 月末在产品数量的多少　　B. 各月末在产品数量变化的多少

C. 各项费用比重的大小　　D. 定额管理基础的好坏

7. 约当产量适用于（　　）的产品。

A. 月末在产品接近完工　　B. 月末在产品数量较大

C. 各月末在产品数量变化不大　　D. 产品成本中原材料费用和工资等其他费用比重相差不大

8. 在完工产品与月末在产品之间分配费用时，采用定额成本法，不适用于（　　）的产品。

A. 各月末在产品数量变化较大，各月末之间变化也较大

B. 各月末在产品数量很小

C. 各月末在产品数量变化较大

D. 各月末在产品数量较大，但各月之间变化不大

9. 约当产量法适用于（　　）的分配。

A. 在生产开始时一次性投料的直接材料费用

B. 随生产进度陆续投料的直接材料费用

C. 直接人工费用

D. 制造费用

10. 在完工产品与月末在产品之间分配费用，采用不核算在产品成本法，不适用于（　　）产品。

A. 各月末在产品数量变化较大，各月末之间变化也较大

B. 各月末在产品数量很小

C. 没有在产品

D. 各月末在产品数量较大，但各月之间变化不大

三、判断题

1. 企业应该根据在产品数量的多少、各月在产品数量变化的大小，各项成本比重的大小，以及定额管理基础的好坏等具体条件，采用适当的分配方法将生产成本在完工产品和在产品之间进行分配。 ( )

2. 约当产量法只适用于加工费用的分配，不适用于原材料费用的分配。 ( )

3. 在产品按定额成本计价时，在产品费用脱离实际成本之间的差异额全部由完工产品负担。 ( )

4. 在产品按所耗原材料计价时，都应按完工产品与月末在产品的数量比例分配它们的原材料费用。 ( )

5. 采用定额比例法核算完工产品和在产品成本时，各种费用应采用相同的分配标准。 ( )

6. 各月末在产品数量变化不大的产品，可以不核算月末在产品成本。 ( )

7. 采用在产品只核算材料成本法时，各种产品月末在产品只计算所耗的原材料费用，不计算工资等费用，产品的其他费用全部计入完工产品成本。 ( )

8. 约当产量法适用于月末在产品数量较小、各月末在产品数量变化也较小、产品成本中原材料费用和工资等其他费用比重相当的产品。 ( )

9. 某工序在产品的完工率为该工序累计的工时定额占完工产品工时定额的比率。 ( )

10. 采用定额比例法时，月末在产品的定额成本与实际成本的差异，由完工产品与月末在产品共同承担。 ( )

四、讨论题

1. 分别简述生产费用在完工产品与在产品之间几种分配方法的特点和适用范围。

2. 简述约当产量法的计算步骤。

3. 简述定额比例法的计算步骤。

4. 简述在产品按定额成本核算法的计算步骤。

五、计算题

某公司生产甲产品，原材料随着生产进度陆续投入且投入量和加工进度不一致。生产该产品月初和本月发生的费用合计为：直接材料 40 320 元，直接人工 3 160 元，制造费用 2 528 元。本月完工产品 110 件。核算月末完工产品和在产品的成本。有关资料如表 3－7 所示。

表 3－7

工序	本工序原材料消耗定额	工时消耗定额	在产品数量
第 1 工序	50	40	30
第 2 工序	30	60	60
合计	80	100	90

［要求］核算月末完工产品和在产品的成本。

六、业务处理题

1. 某产品月初在产品的直接材料 3 110 元，直接人工和制造费用 7 500 元；本月发生的直接材料 5 210 元，直接人工和制造费用 10 500 元；本月完工产品 120 件，单件产品的材料消耗定额 4 千克，工时消耗定额 50 小时，月末在产品的定额材料消耗量共计 800 千克，定额工时共计 3 000 小时。

［要求］根据上述资料采用定额比例法分配完工产品成本和期末在产品成本。

2. 某公司生产甲产品，该产品直接材料费用在产品成本中所占的比重较大，完工产品与在产品之间的费用分配采用在产品按所耗直接材料费用计价法。甲产品月初在产品直接材料为40 000元。本月发生直接材料费用210 000元，直接人工8 000元，制造费用2 000元。完工产品850件，月末在产品150件。直接材料为一次性投入。

［要求］核算完工产品成本并编制会计分录。

3. 某企业生产A产品，每月末在产品的数量较少，不核算在产品成本。5月份发生的生产费用为：直接材料费用7 200元，直接燃料和动力费用2 400元，直接人工1 800元，制造费用800元。本月完工产品200件，月末在产品2件。

［要求］核算5月份A产品完工产品的总成本和单位成本。

4. 某企业生产甲产品，月末在产品的数量较大，但各月末在产品数量变化不大，在产品按年初数固定成本计价。在产品年初固定成本为：直接材料费用3 600元，直接燃料和动力费用2 400元，直接人工1 400元，制造费用1 200元。5月份生产费用：直接材料费用7 600元，直接燃料和动力费用6 400元，直接人工3 800元，制造费用2 020元。本月完工产品200件，月末在产品100件。

［要求］核算本月甲产品完工产品的总成本和单位成本。

5. 某企业生产甲产品，经过三道工序加工，原材料随生产进度陆续投入，且在每道工序开始时是一次投入的，各工序的有关资料如表3－8所示。

表3－8　　在产品数量及定额资料

工序	1	2	3	合计
直接材料定额（千克）	280	168	112	560
工时定额（小时）	80	160	60	300
在产品数量（台）	60	70	30	160

［要求］根据表3－8所示的资料，采用约当产量法计算各道工序在产品投料率和完工率以及约当产量。

6. 某企业生产的甲产品需经过两道工序制造完成。原材料在生产开始时一次投入，该产品各工序的工时定额和月末在产品数量如表3－9所示。

表3－9

工序	各工序工时定额（小时）	月末在产品数量（台）
1	90	500
2	60	400
合计	150	900

该企业12月份完工600件，12月份产品费用如表3－10所示。

表3－10

成本项目	月初在产品成本（元）	本月产品费用（元）	合计（元）
直接材料	20 972	0	20 972
直接人工	4 010	3 801	7 811
制造费用	2 035	1 603	3 638
合计	27 017	5 404	32 421

［要求］根据资料，采用约当产量比例法分配核算完工产品和月末在产品的成本。

7. 某厂所生产的D产品月初在产品成本和本月发生生产费用如表3－11所示，D产品本月完工1 000件，月末在产品400件，其中第一道工序150件，第二道工序140件，第三道工序110件。单位在产品直接材料定额成本为第一道工序600元，第二道工序700元，第三道工序800元。D产品单位工时定额90小时，其中第一道工序20小时，第二道工序50小时，第三道工序20小时。月末在产品在各工序的完工程度为50%。D产品定额工时人工费用分配率为3元/小时，定额工时制造费用分配率为2元/小时。

表3－11　　D产品月初在产品成本和本月发生的生产费用　　单位：元

摘要	直接材料	直接人工	制造费用	合计
月初在产品定额成本	103 296	25 584	15 350	144 230
本月生产费用	929 664	294 216	176 530	1 400 410
生产费用合计	1 032 960	319 800	191 880	1 544 640
本月完工产品成本				
月末在产品定额成本				

［要求］根据资料，采用在产品按定额成本计价法，核算月末完工产品与在产品的成本。

模块三　结转完工产品成本

培养目标

☐ 掌握产品完工入库的账务处理

☐ 准确把握产品成本核算的基本程序

课前回顾

【例题3-7·单选题】 下列方法中属于完工产品与月末在产品之间分配费用的方法是（　　）。

A. 直接分配法　　B. 计划成本分配法

C. 生产工时比例法　　D. 定额比例法

【答案】D

【例题3-8·多选题】 约当产量法适用于（　　）的分配。

A. 在生产开始时一次性投料的直接材料费用

B. 随生产进度陆续投料的直接材料费用

C. 直接人工费用

D. 制造费用

【答案】ABCD

【例题3-9·判断题】 采用月末在产品按定额成本核算法时，定额成本与实际成本的差异，由完工产品与月末在产品共同分担。（　　）

【答案】×

要点精讲

一、完工产品结转

完工产品是指完成全部生产过程，符合技术与质量要求，验收入库，具备对外销售条件的完工产品，为了反映完工产品入库情况，需要设置“库存商品”账户进行核算。制造业企业生产产品发生的各项生产费用，已经在各个产品之间进行分配。在此基础上又在同种产品的完工产品和月末在产品之间进行分配，核算出各种完工产品的成本，从“生产成本——基本生产成本”账户及所属明细账户贷方转出，计入有关账户的借方。完工入库产成品的成本，借记“库存商品”账户；完工的自制材料、工具、模具等的成本，分别借记“原材料”“低值易耗品”等账户，贷记“生产成本——基本生产成本”账户。“生产成本——基本生产成本”账户期末借方余额就是基本生产在产品的成本，即占用在基本生产过程中的生产资金。

二、产品成本核算的基本程序

产品成本核算是一个极为复杂的过程，包括各种要素费用的审核、控制、归集与分配，待摊和预提费用的归集与分配，辅助生产费用的归集与分配，制造费用的归集与分配，生产费用在各种产品之间的归集与分配以及生产费用在完工产品和月末在产品之间的归集与分配。产品生产从原材料地投入到产成品完工入库，经过许多加工环节，最终完工入库。

思考练习 3 – 3

一、单项选择题

1. 通过对在产品成本的核算，从而核算出完工产品的生产成本，然后将其转入（　　）。

A. “库存商品”账户　　B. “原材料”账户

C. “生产成本”账户　　D. “主营业务成本”账户

2. 核算出来的完工产品成本，应从“基本生产成本”账户的贷方转入（　　）账户的借方。

A. “库存商品”账户　　B. “原材料”账户

C. “生产成本”账户　　D. “主营业务成本”账户

3. 某企业只生产和销售甲产品，2019 年 4 月 1 日期初在产品成本 3.5 万元。4 月份发生如下费用：领用原材料 6 万元，生产工人工资 2 万元，制造费用 1 万元，行政管理部门材料消耗 1.5 万元，专设销售机构固定资产折旧费 0.8 万元。月末在产品成本 3 万元。该企业 4 月份甲产品的生产成本是（　　）万元。

A. 9　　B. 10

C. 9.5　　D. 8.3

二、多项选择题

“库存商品”账户的账户结构是（　　）。

A. 借方登记入库产品的成本　　B. 借方登记发出产品的成本

C. 期末余额为库存商品的成本　　D. 贷方登记发出商品的成本

三、判断题

1. “生产成本——基本生产成本”账户的月末余额，就是基本生产在产品的成本。（　　）

2. 企业完工产品经产成品仓库验收入库后，其成本应从“基本生产成本”所属账户产品成本明细账的贷方转出，转入到“库存商品”账户的借方。（　　）

3. 企业月末在产品成本在“基本生产成本”账户的借方，也需要进行结转，转入到“库存商品”账户中。 ( )

4. 如果月末某种产品全部未完工，该种产品生产成本明细账所归集的费用总额就是该种产品在产品的总成本。 ( )

5. 企业应该设置产品生产成本明细账，用来归集应计入各种产品的生产费用。 ( )

四、讨论题

简述完工产品结转入库的账务处理。

五、业务处理题

工业企业的完工产品，包括产成品、自制材料、工具、磨具等。产品成本汇总表如表 3－12 所示。

表 3－12 **产品成本汇总表**

2019 年 1 月 11 日

单位：元

产品名称	直接材料	直接燃料和动力	直接人工	制造费用	废品损失	合计
甲产品	460 000	1 100	348 600	112 888		
乙产品	250 000	21 999	192 000	236 666	9 877	
合计						

［要求］根据上述资料编制完工入库的会计分录。

项目四

产品成本核算的方法

模块一　熟悉生产特点和管理要求对产品成本核算的影响

培养目标

□　了解生产按工艺过程特点和按生产组织特点的分类

□　掌握生产特点和成本管理的要求对成本核算对象、成本核算期和完工产品与在产品之间费用分配的影响

课前回顾

【例题4－1·单选题】 某企业只生产和销售甲产品，2017年4月1日期初在产品成本3.5万元。4月份发生如下费用：领用原材料6万元，生产工人工资2万元，制造费用1万元，行政管理部门材料消耗1.5万元，专设销售机构固定资产折旧费0.8万元。月末在产品成本3万元。该企业4月份甲产品的生产成本是（　　）万元。

A. 9　　　　B. 10

C. 9.5　　　　D. 8.3

【答案】C

【解析】期初在产品成本＋本月发生的生产费用＝本月完工产品的成本＋月末在产品的成本。因此，甲产品的成本＝3.5＋6＋2＋1－3＝9.5（万元）。

【例题4－2·判断题】 企业月末在产品成本在“基本生产成本”账户的借方，也需要进行结转，转入到“库存商品”账户中。（　　）

【答案】×

【解析】如果期末存在尚未完工的在产品，月末在产品成本在“基本生产成本”账户的借方反映，不需要进行结转。

要点精讲

一、按工艺过程特点分类

制造业企业的生产，按其生产工艺过程的特点，可分为单步骤生产和多步骤生产两种类型。

（一）单步骤生产

单步骤生产，亦称简单生产，是指生产工艺过程不能间断或不能分散在不同地点进行的生产，这类生产工艺技术简单，生产周期较短，生产品种较少，且相对稳定，这类企业生产由于技术上的不可间断性（如发电），或由于工作地点上的限制（如采掘），通常由一个企业整体进行，而不能由几个车间协作进行。

（二）多步骤生产

多步骤生产，亦称复杂生产，是指生产工艺过程由若干个可以间断的、分散在不同地点，分别在不同时间进行的生产步骤所组成的生产，如纺织、钢铁、机械、造纸、服装等工业生产。

多步骤生产，按其产品的加工方式又可分为连续式生产和装配式生产。连续式生产是指原材料投入生产后，要依次经过若干个生产步骤，连续加工才能成为产品的生产，如纺织、钢铁等工业生产。装配式生产是指先将原材料分别在各个加工车间平行加工为零件、部件，然后再将零件、部件装配为产品的生产，如机械、车辆、仪表制造等生产。

生产按其工艺过程特点不同可按图 4－1 分类。

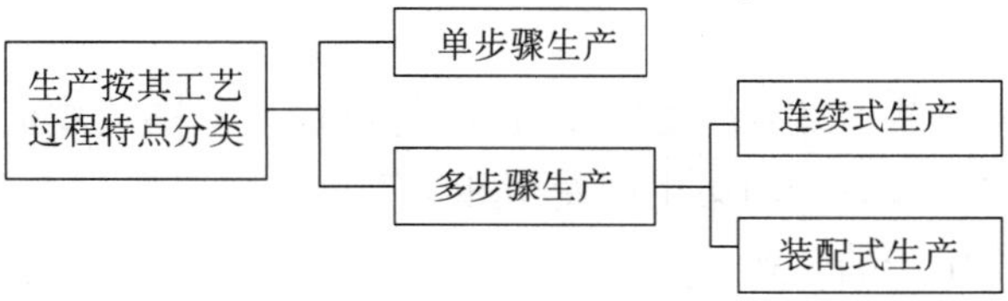

图 4－1　生产按其工艺工程特点不同的分类

二、按生产组织方式特点分类

生产组织方式是指企业生产的专业化程度，保证生产过程各个环节各个因素相互协调的生产工作方式，具体是指在一定时期内生产产品品种的多少，同类产品的数量及生产的重复程度，按生产组织方式的特点，制造业企业生产可分为大量生产、成批生产和单件生产三种。

（一）大量生产

大量生产是指不断地重复生产相同产品的生产。在进行这种生产的企业或车间中，产品的品种较少而且比较稳定，如采掘、纺织、面粉、化肥的生产。

（二）成批生产

成批生产是指按照事先规定的产品批别和数量进行的生产，在进行这种生产的企业或车间中，产品品种较多而且具有一定的重复性，如服装、机械的成批生产，按照产品批量的大小，又可以分为大批生产和小批生产。大批生产，由于产品批量大，往往在几个月内不断地重复生产一种或几种产品，因而其性质近似于大量生产；小批生产，由于生产产品的批量小，一批产品一般可以同时完工，因而其性质近似于单件生产。

（三）单件生产

单价生产类似小批生产，是指根据订货单位的要求，生产个别的性质特殊的产品，其主要特点是：产品品种较多，每一种产品的数量较少，生产周期长，很少进行重复生产，例如船舶、重型机器、新产品试制等生产。生产按组织方式分类，如图 4－2 所示。

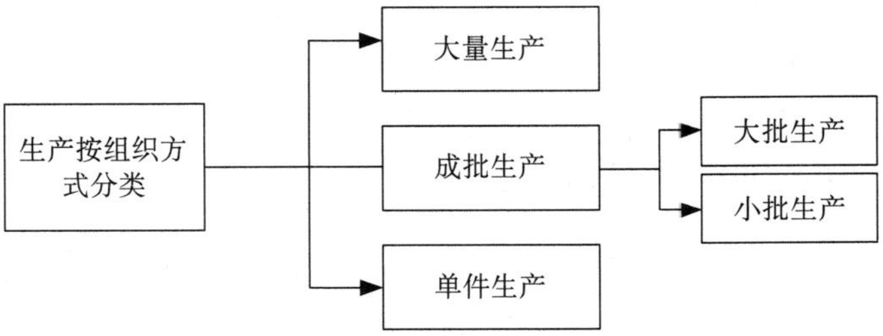

图 4－2　生产按组织方式分类

三、生产类型特点对产品成本核算的影响

企业采用什么成本核算方法，在很大程度上是由产品的生产类型特点所决定的。主要表现在三个方面，即成本核算对象、成本核算期、生产费用在完工产品与在产品之间的分配。这三个方面的有机结合，决定了特定成本核算方法的主要特点。

（一）成本核算对象

所谓成本核算对象是指归集和分配生产费用的目标、范围或中心，是生产费用的承担者，也是设置产品成本核算单，归集生产费用和核算成本的前提。由于生产特点不同，成本核算对象也不同。简单生产的企业，由于生产过程简单，大量重复生产某种产品，如发电、采煤、采矿等，直接以该种产品为对象进行成本核算。复杂生产的企业，如果是大量大批生产，如纺织、冶金等，不仅要求以最后步骤的完工产品为对象，还要求以各步骤的半成品为成本核算对象。如果是单件小批生产，以每一订单或每批产品作为成本核算对象。如果是封闭式车间，还可以以车间产品作为成本核算对象。

（二）成本核算期

所谓成本核算期是指核算产品成本时，对发生的费用计入产品（劳务或作业）所规定的起讫期，它是随着生产组织特点的不同而各有所异的。例如，大量大批生产，由于原材料不断地投入，产品不断地制成完工，必须按月核算产品成本，所以，成本核算期和月度会计报表的期间是一致的，而与生产周期不一致；单件小批生产则不同，由于按件按批组织生产，势必造成该件该批产品制造完工后，才能核算其总成本和单位成本，成本核算期具有不定期的特点，这就和生产周期相一致，而与会计报告期不一致。

（三）生产费用在完工产品与在产品之间的分配

对于单步骤大量大批生产的企业，由于生产周期较短，一般没有在产品；有的企业虽然有在产品，但数量很少并且比较稳定。在核算产品成本时，一般不需要核算在产品成本，当月发生的生产费用全部由完工产品负担。因此，生产费用就不需要在本期完工产品和期末在产品之间进行分配。但如果在产品数量较大，且管理上要求计算在产品成本，那么生产费用就需要在本期完工产品和期末在产品之间进行分配。

对于多步骤大量大批生产的企业，由于各步骤经常存在一定数量的在产品，在这种情况下，成本管理上一般要求核算在产品成本。因此，生产费用需要在本期完工产品和期末在产品之间进行分配。

对于小批单件生产的企业，在每批或每件产品完工之间，产品成本核算单中所归集的生产费用都是在产品成本，在产品完工以后，成本核算单中归集的生产费用就是完工产品的成本，即成本核算期与生产周期一致。因此，一般不需要将生产费用在本期完工产品和期末在产品之间进行分配。

四、管理要求对产品成本核算的影响

生产特点和产品成本核算方法有密切联系，企业经营管理的要求也对成本核算方法造成一定的影响，由于制造业企业性质和规模不同，企业管理的要求不同，采用的成本核算方法也就有所区别。为了核算各个步骤的生产成本，加强各步骤的生产管理，往往不仅要求按照产品的品种或批次核算成本，还要求按照生产的步骤核算成本，但是如果企业的规模较小，管理上又不要求按照生产的步骤考核生产耗费、核算产品成本，也可以不按照生产的步骤核算成本，而只按照产品的品种和批次核算产品成本。

生产类型特点和管理要求都会对成本核算产生一定的影响，生产特点和管理要求与成本核算对象及方法的关系如表 4－1 所示。

表 4－1　　生产特点和管理要求与成本核算对象及方法的关系

生产特点和管理要求		成本核算对象	成本核算方法
生产组织	生产工艺过程和管理要求		
大量大批生产	单步骤生产或管理上不要求分步骤核算产品成本的多步骤生产	产品品种	品种法
单件小批生产	单步骤生产或管理上不要求分步骤核算产品成本的多步骤生产	产品批别	分批法
大量大批生产	管理上要求分步骤核算产品成本的多步骤生产	生产步骤	分步法

【例题 4－3・单选题】 各种产品成本核算方法的最大区别主要在于（　　）。

A. 企业生产类型　　B. 成本核算对象

C. 企业管理要求　　D. 成本核算程序

【答案】B

【解析】所谓成本核算对象是指归集和分配生产费用的目标、范围或中心，是生产费用的承担者，也是设置产品成本核算单，归集生产费用和核算成本的前提。由于生产特点不同，成本核算对象也不同。因此，各种产品成本核算方法的最大区别就是成本核算对象不同。

【例题4-4·多选题】工业企业的生产按照生产工艺过程的不同划分为（　　）。

A. 大量生产　　B. 单步骤生产

C. 单件生产　　D. 多步骤生产

【答案】BD

【解析】制造业企业的生产，按其生产工艺过程的特点不同，可分为单步骤生产和多步骤生产两种类型。

思考练习4-1

一、单项选择题

1. 工业企业的（　　），是按照生产组织方式的特点来划分的。

A. 单步骤生产　　B. 复杂生产

C. 多步骤生产　　D. 大量生产

2. 生产特点和管理要求对产品成本核算的影响主要表现在（　　）。

A. 生产组织方式的特点　　B. 生产工艺过程的特点

C. 生产管理的要求　　D. 产品成本核算对象的确定

3. 下列哪些工业企业属于单步骤生产（　　）。

A. 发电厂　　B. 纺织厂

C. 冶金厂　　D. 造纸厂

4. 决定成本核算对象的因素是生产特点和（　　）。

A. 成本核算实体　　B. 成本核算期

C. 成本管理要求　　D. 成本核算方法

5. 单步骤生产也称为（　　）。

A. 简单生产　　B. 复杂生产

C. 标准生产　　D. 单项生产

二、多项选择题

1. 制造业的生产，按照生产工艺过程划分，可以分为（　　）。

A. 大批生产　　B. 小批生产

C. 单步骤生产　　D. 多步骤生产

E. 单件生产

2. 受生产类型特点和管理要求的影响，产品成本的计算对象有（　　）。

A. 产品品种　　B. 产品类别

C. 产品批别　　D. 产品生产步骤

E. 产品定额

3. 制造企业的生产按照生产组织方式划分，可分为（　　）。

A. 大量生产　　B. 小批生产

C. 成批生产　　D. 单件生产

E. 复杂生产

4. 在品种规格繁多且可按一定标准划分为若干类别的企业或者车间中，能够应用分类法核算成本的产品生产类型有（　　）。

A. 大批量单步骤生产　　B. 大批量多步骤生产

C. 成批生产　　D. 单件生产

5. 以下各项，哪些因素会对成本核算方法产生影响（　　）。

A. 管理要求　　B. 生产类型

C. 产品企业　　D. 产品所在的行业

三、判断题

1. 制造业的生产，按其生产组织方式的特点划分，可分为大量生产、成批生产和单件生产三大类。（　　）

2. 生产类型不同，管理要求不同，产品成本核算对象也应不同。（　　）

3. 产品成本核算对象，包括产品品种、产品批别和产品类别三种。（　　）

4. 在大量、大批生产的情况下，由于各批产品的生产周期不同，因此，成本核算期是非定期的。（　　）

5. 成本核算对象是区分不同成本核算方法的主要标志。（　　）

四、讨论题

简述生产特点对产品成本核算方法有哪些影响？

模块二　认知产品成本核算的基本方法和辅助方法

培养目标

□　了解成本核算的方法

□　熟练掌握成本核算的基本方法和辅助方法的适用范围

课前回顾

【例题4－5·多选题】企业在确定成本核算方法时，必须从企业的具体情况出发，同时考虑（　　）。

A. 企业的生产特点　　B. 月末有没有在产品

C. 企业生产规模的大小　　D. 成本管理的要求

【答案】AD

【例题4－6·判断题】在大量、大批生产的情况下，由于各批产品的生产周期不同，因此，成本核算期是非定期的。（　　）

【答案】√

要点精讲

成本核算的基本方法有品种法、分批法、分步法，以及为了简化成本核算工作而采用的分类法和为了加强定额管理而采用的定额法，是五种典型的成本核算方法。

一、产品成本核算的基本方法

如前所述，生产特点和管理要求决定着成本核算对象、成本核算期和成本费用在完工产品与在产品之间的分配，而成本核算对象、成本核算期和生产费用在完工产品与在产品之间的分配，三者有机地结合在一起，就构成了不同的成本核算方法。由于成本核算方法是以成本核算对象命名的，所以在实际工作中就形成了三种基本的成本核算方法，即品种法，分批法和分步法。

三种不同成本核算方法的特点，如表4－2所示。

表4－2　　产品成本核算基本方法的特点

成本核算方法	成本核算对象	成本核算期	在产品成本	生产类型	管理要求
品种法	产品品种	定期于月末	一般不核算	大量大批单步骤生产	
			需要核算	大量大批多步骤生产	管理上不要求分步核算成本
分批法	产品批别	不定期核算	一般不核算	单件小批单步骤生产	
				单件小批多步骤生产	管理上不要求分步核算成本
分步法	产品及生产步骤	定期于月末	需要核算	大量大批多步骤生产	管理上要求分步核算成本

二、产品成本核算的辅助方法

在实际工作中，除了上述三种成本核算的基本方法外，企业还采用一些其他的成本核算方法，如分类法和定额法等，但是这些成本核算方法都不是一种独立的成本核算方法，他们必须与三种成本核算的基本方法结合起来才能使用。

【例题4－7·多选题】成本核算的基本方法有（　　）。

A. 品种法　　　　　　　　　　B. 分类法

C. 分批法　　　　　　　　　　D. 分步法

【答案】ACD

【解析】因为这三种方法和企业的生产类型紧密联系，比如品种法用在大量大批单步骤生产，分批法用在小批单件生产，而分步法适用于大量大批多步骤生产的企业，而且一个企业要核算产品的成本，必须从这三种方法中做出选择，所以它是核算产品实际成本必不可少的，因此品种法、分批法和分步法称为产品成本核算的基本方法。

【例题4－8·多选题】品种法适用于（　　）。

A. 大量大批单步骤生产企业

B. 大量大批多步骤生产但管理上不要求分步核算成本的企业

C. 大量大批多步骤生产且管理上要求分步骤核算成本的企业

D. 小批单件生产

【答案】AB

【解析】品种法是以产品的品种为核算对象的一种方法，比如某企业生产甲乙两种产品，如果该企业采用产品的品种为核算对象，分别核算甲产品的成本和乙产品的成本，而不需要去区分甲产品和乙产品在生产过程中需要经过几个步骤，也不需要去关注产品的生产批次。品种法主要是用在大量大批单步骤的生产，大量大批单步骤的生产过程是采用品种法的典型，那么，大量大批多步骤的企业生产过程能不能采用品种法呢？一般来说，大量大批多步骤的企业生产管理上是要求按照产品的生产步骤分步核算产品成本的，但是，有的企业不要求分步核算产品的成本，那么这样的企业我们也可以采用品种法。换句话说，大量大批多步骤的生产既可以采用以产品的生产步骤为核算对象的分步法，也可以采用以产品的品种为核算对象的品种法，关键取决于管理上的要求。

【例题4－9·判断题】成本核算的辅助方法可以单独使用。　　　　（　　）

【答案】×

【解析】产品成本核算方法的辅助方法是相对于基本方法而言的，辅助方法是为了解决成本核算或成本管理中出现的某一方面的问题而采用的。比如分类法和定额法等，但是这些成本核算方法都不是一种独立的成本核算方法，它们必须与前面三种成本核算的基本方法结合起来才能使用。分类法通常是在产品品种、规格比较繁多的工业企业中，为了简化成本核算工作，往往采用分类法。换句话说，分类法的产生就是为了解决成本核算过程中工作量的问题，当产品规格繁多的时候，如果再采用品种法，成本核算的工作量就特别大，这时我们采用分类法，按照产品类别而不是产品的品种进行核算。

思考练习4－2

一、单项选择题

1. 下列方法中属于产品成本核算辅助方法的有（　　）。

A. 品种法　　　　　　　　　　B. 定额法

C. 分批法　　D. 分步法

2. 产品成本核算方法中最基本的方法是（　　）。

A. 分类法　　B. 品种法

C. 分批法　　D. 分步法

3. 下列成本核算方法中不属于成本核算基本方法的是（　　）。

A. 分类法　　B. 品种法

C. 分批法　　D. 分步法

4. 在大量生产的企业里，要求连续不断地重复生产一种或若干种产品，因而管理上只要求而且也只能按照（　　）核算成本。

A. 产品的批别　　B. 产品的品种

C. 产品的类别　　D. 分步法

5. 在大量大批管理上不要求分步骤核算成本的多步骤生产的企业里应采用的成本核算方法是（　　）。

A. 品种法　　B. 分批法

C. 分类法　　D. 分步法

6. 工业企业产品成本的核算最终是通过（　　）账户进行的。

A. “制造成本”　　B. “基本生产成本”

C. “制造费用”　　D. “辅助生产成本”

7. 生产特点和管理要求对产品成本核算的影响，主要表现在（　　）。

A. 产品生产的品种　　B. 成本核算程序

C. 产品生产的批次　　D. 成本核算对象的确定

8. 在小批单件多步骤生产的情况下，如果管理上不要求分步核算产品成本，采用的成本核算方法是（　　）。

A. 品种法　　B. 分批法

C. 分类法　　D. 分步法

二、多项选择题

1. 产品成本核算的辅助方法包括（　　）。

A. 品种法　　B. 分批法

C. 分类法　　D. 分步法

E. 定额法

2. 产品成本核算的基本方法有（　　）。

A. 品种法　　B. 分批法

C. 分类法　　D. 分步法

E. 定额法

3. 影响产品成本核算方法的因素有（　　）。

A. 生产费用的归集方法　　B. 成本核算对象的确定

C. 间接费用的分配方法　　D. 在产品成本的核算

E. 成本核算期的确定

4. 以下哪些方法的成本核算期和会计报告期一致（　　）。

A. 品种法　　　　B. 分批法

C. 分类法　　　　D. 分步法

5. 成批生产按照产品批量的大小，可分为（　　）。

A. 单件生产　　　　B. 大批生产

C. 小批生产　　　　D. 复杂生产

三、判断题

1. 辅助生产车间如供水、供电车间，通常采用分批法核算产品成本。（　　）
2. 品种法适用于大量大批生产的工业企业。（　　）
3. 采掘、发电企业一般采用分步法核算产品成本。（　　）
4. 分批法的成本核算对象是产品批别，成本核算期和产品的生产周期一致。（　　）
5. 生产按组织方式分类，可以分为大量生产、成批生产和单件生产。（　　）

四、讨论题

为了适应不同类型生产特点和成本管理要求，产品成本核算的基本方法与辅助方法有哪些？这些方法各适应什么样的生产类型？

项目五

产品成本核算的品种法

模块一　品种法的工作原理

培养目标

□　了解品种法的含义和适用范围
□　掌握品种法的成本核算程序

课前回顾

【例题5-1·单选题】 区别各种成本核算基本方法的主要标志是（　　）。

A. 成本核算期　　B. 成本核算对象
C. 间接费用的分配方法　　D. 完工产品与在产品之间分配费用的方法

【答案】B

【例题5-2·多选题】 企业确定的成本核算对象，主要有（　　）。

A. 产品品种　　B. 产品生产计划
C. 产品批次　　D. 产品品种及其所生产的步骤

【答案】ACD

【例题5-3·判断题】 在实际工作中，由于生产特点和成本管理要求不完全相同，有可能在同一个企业或同一个车间同时采用几种成本核算方法进行成本核算。（　　）

【答案】√

要点精讲

一、品种法的适用范围

产品成本核算的品种法，亦称简单法，是以产品品种为对象归集生产费用，核算产品成本的一种方法。品种法广泛适用于大量、大批单步骤生产的企业，如发电业、供水业、采掘业等。在这种类型的生产中，产品的生产工艺过程不可能或者不需要划分为几个生产步骤，因而也就不可能或者不需要按照生产步骤核算产品成本。在大量、大批的多步骤生产中，如果企业或车间的规模较小，或者车间是封闭式的（即从原材料投入到产品产出的全过程，都是在一个车间内进行的），或者生产是按流水线组织的，管理上不要求按照生产步骤核算产品成本，也可以采用品种法核算产品成本，如水泥厂、砖瓦厂、糖果厂、织布厂和造纸厂等。企业的辅助生产车间，如供水车间、供电车间、供汽车间等，也可以采用品种法计算其产品（劳务）的成本。

二、品种法的特点

（一）以产品品种为成本核算对象，设置产品成本核算单（产品成本明细账）

在采用品种法核算产品成本时，成本核算对象就是产品品种。如果只生产一种产品，核算产品成本时，只需要为这种产品开设一本产品成本核算单，账内按成本项目设立专栏或专行。在这种情况下，所发生的全部生产费用都是直接计入产品成本，可以直接记入该产品成本核算单的有关成本项目，而不需要在各成本核算对象之间分配费用；如果是生产多种产品，产品成本核算单就要按照产品品种分别设置，发生的生产费用中能分得清是哪种产品耗用的，可以直接计入各产品成本核算单的有关成本项目，分不清的则要采用适当的分配方法，在各成本核算对象之间进行分配，然后分别记入各产品成本核算单的有关成本项目。

（二）成本核算定期按月进行

在大量、大批的单步骤生产中，由于是不断地重复生产一种或几种产品，不能在产品制造完工时立即核算成本，因而成本核算一般是定期于每月月末进行。在多步骤生产企业中，如采用品种法核算成本，成本核算一般也都是定期于每月月末进行。即如果采用品种法核算产品成本，成本核算期与会计报告期一致，与产品生产周期不一致。

（三）有期末在产品时需要在完工产品和月末在产品之间分配费用

（1）在单步骤生产中，月末核算成本时，一般不存在尚未完工的在产品，或者在产品数量很小，因而可以不核算在产品成本。在这种情况下，产品成本核算单中按成本项目归集的生产费用，就是该产品的总成本，除以该产品的产量，即可求得该产品的平均单位成本。

（2）在一些规模较小，而且管理上又不要求按照生产步骤核算成本的大量、大批的多步骤生产中，月末一般都有在产品，而且数量较多，这就需要将产品成本核算单中归集的生产费用，选择适当的分配方法，在完工产品与月末在产品之间进行分配，以便核算完工产品成本和月末在产品成本。

【例题 5－4·单选题】 品种法是产品成本核算的（　　）。

A. 主要方法　　B. 重要方法

C. 最一般的方法　　D. 最基本的方法

【答案】D

【解析】因为品种法计算简单，应用最广泛。无论什么类型的企业，采用什么成本核算方法，最终都必须按照产品品种核算出产品的成本。因此，按照产品品种核算产品的成本是产品成本核算的基本的方法。

【例题 5－5·多选题】 下列企业中，适合采用品种法核算其产品成本的有（　　）。

A. 采掘厂　　B. 汽车制造厂
C. 供水供电厂　　D. 小型水泥厂
【答案】ACD
【解析】品种法广泛适用于大量、大批单步骤生产的行业，如发电业、供水业、采掘业等。在这种类型的生产中，产品的生产工艺过程不可能或者不需要划分为几个生产步骤，因而也就不可能或者不需要按照生产步骤核算产品成本。

【例题5-6·判断题】品种法只适用于大量大批单步骤生产。(　　)。
【答案】×
【解析】在大量、大批的多步骤生产中，如果企业或车间的规模较小，或者车间是封闭式的（即从原材料投入到产品产出的全过程，都是在一个车间内进行的），或者生产是按流水线组织的，管理上不要求按照生产步骤核算产品成本，也可以采用品种法核算产品成本，如水泥厂、砖瓦厂、糖果厂、织布厂和造纸厂等。企业的辅助生产车间，如供水车间、供电车间、供汽车间等，也可以采用品种法核算其产品（劳务）的成本。

思考练习5-1

一、单项选择题

1. 产品单步骤、大批量生产，应采用的成本核算方法是（　　）。
A. 品种法　　B. 分步法
C. 分批法　　D. 分类法
2. 下列各项中，属于品种法特点的是（　　）。
A. 分品种、分批别、分步骤核算产品成本
B. 分品种、分批别、不分步骤核算产品成本
C. 分品种、不分批别、不分步骤核算产品成本
D. 不分品种、分批别、分步骤核算产品成本
3. 区分各种产品成本核算基本方法的标志是（　　）。
A. 成本核算期　　B. 完工产品和在产品成本划分
C. 成本核算对象　　D. 间接计入费用的分配方法
4. 品种法的核算对象是（　　）。
A. 产品类别　　B. 产品步骤
C. 产品批别　　D. 产品品种
5. 企业提供劳务的辅助生产单位，适宜采用（　　）核算其产品的成本。
A. 分步法　　B. 分批法
C. 品种法　　D. 定额法
6. 品种法的成本核算期一般是（　　）。
A. 生产周期　　B. 每月月末
C. 生产周期或者每月月末　　D. 都不对

7. 下列企业中，最常采用品种法核算产品成本的是（　　）。
A. 纺织厂　　B. 发电厂
C. 制衣厂　　D. 钢铁厂
8. 采用品种法，产品成本核算单应当按（　　）分别开设。
A. 生产步骤　　B. 生产单位
C. 产品品种　　D. 产品类别
9. 若企业只生产一种产品，则发生的费用（　　）。
A. 全部直接计入费用　　B. 全部间接计入费用
C. 部分直接计入费用　　D. 部分间接计入费用
10. 在多步骤生产中，如果采用品种法核算产品成本，成本核算一般在（　　）进行。
A. 产品生产周期结束时　　B. 季末
C. 年终　　D. 定期于每月月末

二、多项选择题

1. 品种法适用于（　　）。
A. 大量大批的单步骤生产的企业
B. 管理上不需要提供各步骤成本资料的大量大批多步骤生产的企业
C. 按产品生产步骤核算产品成本的企业
D. 按产品批别核算产品成本的企业
2. 企业成本核算基本方法有（　　）。
A. 品种法　　B. 分步法
C. 分批法　　D. 分类法
E. 定额法
3. 品种法是（　　）。
A. 最基本的成本核算方法　　B. 要求按批别核算产品成本
C. 成本核算期和生产周期一致　　D. 以产品品种作为成本核算对象的方法
4. 品种法一般适用于（　　）。
A. 大量大批单步骤生产的企业
B. 大量大批多步骤生产，但管理上不要求分步核算产品成本的企业
C. 企业供气、供水等单步骤生产的辅助生产成本的核算
D. 小批量生产的企业
5. 下列企业中，适合用品种法核算产品成本的是（　　）。
A. 发电厂　　B. 拖拉机厂
C. 汽车装配厂　　D. 糖果厂
6. 品种法的特点是（　　）。
A. 按产品品种核算成本　　B. 不分步核算产品成本
C. 分步核算产品成本　　D. 定期核算产品成本
7. 品种法下的成本核算期（　　）。
A. 一般是定期于每月月末进行　　B. 与会计报告期一致

C. 与产品生产周期一致　　　　　　　　D. 每月月末或与产品周期一致

8. 品种法是成本核算最基本的方法，这是因为（　　）。

A. 品种法不要求对发生的费用进行分配

B. 各种法最终都要核算各种产品品种的成本

C. 品种法定期按月核算成本

D. 品种法的成本核算程序是成本核算的最基本的程序

9. 下列对品种法的正确表述有（　　）。

A. 以产品的品种作为成本核算对象

B. 成本核算程序较为复杂

C. 是大量大批多步骤生产企业必须采用的成本核算方法

D. 简单品种法一般不需要将生产费用在完工产品和在产品之间进行分配

三、判断题

1. 企业按照客户订单组织产品生产的情况下，应当采用品种法核算产品成本。（　　）
2. 成本核算方法一经选定，一般不得随意变动。（　　）
3. 大量大批多步骤生产的企业均应采用分步法核算产品成本。（　　）
4. 品种法是最基本的产品成本核算方法。（　　）
5. 大量大批多步骤生产的企业，管理上要求分步核算产品成本的企业采用品种法。（　　）

四、讨论题

简述品种法的主要特点和适用范围。

模块二　应用品种法核算产品成本

培养目标

☐ 掌握品种法的适用范围和成本核算程序

☐ 能够熟练运用品种法核算产品成本，并进行相应的账务处理

课前回顾

【例题5-7·单选题】下列企业中，最常用品种法核算产品成本的是（　　）。

A. 纺织厂　　B. 发电厂

C. 制衣厂　　D. 钢铁厂

【答案】B

【例题5－8·多选题】下列企业中，适合采用品种法核算其产品成本的有（　　）。

A. 糖果厂　　B. 饼干厂

C. 造船厂　　D. 化肥厂

【答案】ABD

【例题5－9·判断题】在大量大批生产的企业里，其成本核算一般是在产品完工时进行的。（　　）

【答案】×

【解析】在大量、大批的单步骤生产中，由于是不断地重复生产一种或几种产品，不能在产品制造完工时立即核算成本，因而成本核算一般是定期于每月月末进行。在多步骤生产企业中，如采用品种法核算成本，成本核算一般也都是定期于每月月末进行。即如果采用品种法核算产品成本，成本核算期与会计报告期一致，与产品生产周期不一致。

要点精讲

一、品种法的核算程序

（一）标准品种法成本核算程序

品种法是产品成本核算方法中的最基本方法，因而品种法的核算程序，体现着产品成本核算的一般程序。在标准品种法下，产品生产成本核算的程序如下：

1. 按产品品种设置和登记生产成本核算单

如果一个企业只生产一种产品，则只需设置一个生产成本核算单；如果企业生产多种产品，则应为不同的产品分别设置生产成本核算单。

2. 归集与分配本月发生的各项生产费用

如直接材料可根据领料单、限额领料单等凭证，并按照其用途编制“发料凭证汇总表”；生产工人工资可根据考勤记录或产量记录编制“工资结算汇总表”；其他生产费用也应根据具体的费用项目编制有关汇总计算表，如固定资产折旧汇总计算表等，归集与分配各项生产费用。

3. 分配辅助生产成本

月末，根据辅助生产成本明细账归集的本月辅助生产成本总额，按照企业确定的辅助生产成本分配方法，编制各辅助生产单位的“辅助生产成本分配表”，分配辅助生产成本。

4. 分配基本生产车间制造费用

月末，根据各基本生产车间制造费用明细账归集的制造费用，按照企业确定的制造费用分配方法，分别编制各基本生产车间的“制造费用分配表”，分配制造费用。

5. 核算本月完工产品实际总成本和单位成本

如果企业月末没有在产品，或虽然有在产品，但在产品的数量较少或较均匀，则可将生产成本明细账所归集的生产费用全部计入本月完工产品的成本，并根据本月完工产品的产量核算出各种产品的单位成本；如果企业有月末在产品，而且月末在产品的数量比较大，各月不均衡，那么，就必须将生产成本明细账所归集的生产费用按照一定的方法在本月完工产品与月末在产品之间进行分配。对于计入本期完工产品的成本，应编制“成本核算表”，分别计算本月完工产品的总成本和单位成本。

（二）简单品种法成本核算程序

简单品种法的成本核算程序相对简化，主要体现在成本核算对象品种单一，费用无须分配，只需要按费用项目直接归集。月初、月末通常没有在产品，所以本月发生的生产费用，即为本月完工产品的总成本。基于上述特点，在简单品种法下，按照发生的费用设置“生产成本明细账”；各生产单位发生的全部费用都为直接费用；根据原始凭证或各费用分配表编制记账凭证，直接登记“生产成本明细账”的相应项目；月末汇总“生产成本明细账”，编制产品成本核算单，并结转完工产品成本。

二、品种法的优缺点

按照产品品种核算产品成本，是产品成本核算最一般、最起码的要求。因为无论何种组织方式的制造企业，无论何种生产类型的产品，也无论成本管理要求如何，最终都必须按照产品品种核算出产品成本。品种法成本核算程序简单、适用性强。但如果企业生产的产品品种繁多，就会增加成本核算的工作量。

【例题5－10·判断题】品种法一般不需要将生产费用在完工产品和在产品之间进行分配。（　　）

【答案】×

【解析】如果企业月末没有在产品，或虽然有在产品，但在产品的数量较少或较均匀，则可将生产成本明细账所归集的生产费用全部计入本月完工产品的成本，并根据本月完工产品的产量核算出各种产品的单位成本。

如果企业有月末在产品，而且月末在产品的数量比较大，各月不均衡，那么，就必须将生产成本明细账所归集的生产费用按照一定的方法在本月完工产品与月末在产品之间进行分配。

思考练习5－2

一、单项选择题

1. 下列方法中，属于产品成本核算最基本方法的是（　　）。

A. 品种法　　B. 分步法

C. 分类法　　D. 分批法

E. 成本核算期与生产周期一致

2. 吉林造纸厂设有两个基本生产车间，即制浆、制纸车间，管理上各车间均不要求核算自制半成品的成本，企业成本核算方法适宜选择（　　）。

A. 分类法　　B. 分步法

C. 分批法　　D. 品种法

3. 山西大同煤矿有限责任公司，应以（　　）作为成本核算对象。

A. 产品批号　　B. 产品品种

C. 产品的生产步骤　　D. 产品的类别

4. 品种法适用的生产组织是（　　）。

A. 大量成批生产　　B. 大量大批生产

C. 分批生产　　D. 单件生产

5. 发电厂采用的成本核算方法是（　　）。

A. 品种法　　B. 分步法

C. 分类法　　D. 分批法

二、多项选择题

1. 下列企业中，适合运用品种法核算产品成本的有（　　）。

A. 糖果厂　　B. 饼干厂

C. 拖拉机厂　　D. 造船厂

E. 发电厂

2. 对于品种法，下列说法正确的是（　　）。

A. 如果企业生产的产品属于多步骤，则应采用品种法核算产品成本

B. 如果是单步骤、大量生产型企业，则应采用品种法核算产品成本

C. 品种法是以产品品种作为成本核算对象，归集和分配生产成本，核算产品成本的一种方法

D. 品种法成本核算按月进行，成本核算期与会计报告期一致，与生产周期不一致

3. 品种法的特点是（　　）。

A. 以产品的品种作为成本核算对象　　B. 按月定期核算产品成本

C. 简单品种法一般要核算在产品成本　　D. 一般适用于大量大批生产

4. 成本核算期和会计报告期一致的方法有（　　）。

A. 品种法　　B. 分批法

C. 分步法　　D. 定额法

5. 常见的品种法有（　　）。

A. 简单品种法　　B. 复杂品种法

C. 分类法　　D. 标准品种法

三、判断题

1. 因为采用品种法可以核算出每一种产品的成本，所以就不需要核算在产品成本。（　　）

2. 按品种法核算产品成本，其成本核算期与会计报告期是一致的，与生产周期不一致。（　　）

3. 无论什么组织方式的制造企业，无论生产什么类型的产品，也无论成本管理要求如何，最终都必须按照产品品种核算出产品成本。（　　）

4. 品种法的成本核算期和会计报告期不一致。 ( )
5. 机械制造企业通常采用品种法进行产品成本的核算。 ( )

四、讨论题

1. 简述标准品种法的成本核算程序。

2. 品种法的优缺点有哪些?

五、业务处理题

某企业基本生产车间生产甲、乙两种产品，成本核算采用品种法，成本核算资料如下：
(1) 本月产量、工时记录、在产品完工程度（原材料陆续投入）如表5－1所示。

表5－1

产品名称	月初在产品（件）	本月完工产品（件）	月末在产品（件）	月末在产品完工程度（%）	耗用工时（小时）
甲产品	30	200	40	50	600
乙产品	10	80	40	50	400

(2) 月初在产品成本：甲产品为6 820元，其中：直接材料2 460元，直接人工3 080元，制造费用1 280元；乙产品为2 360元，其中：直接材料1 200元，直接人工500元，制造费用660元。本月发生生产成本如表5－2所示。

表5－2

单位：元

产品名称	直接材料	直接人工	制造费用
甲产品	16 240		
乙产品	7 800		
合计	24 040	11 000	9 600

[要求] (1) 按工时比例将本月的直接人工、制造费用在甲、乙产品间分配。
(2) 按约当产量法将生产成本在完工产品与月末在产品之间进行分配。
(3) 核算甲产品及乙产品本月完工产品的单位成本。

项目六

产品成本核算的分批法

模块一　分批法的工作原理

培养目标

□　掌握分批法的概念

□　掌握分批法的适用范围

□　了解一般分批法和简化分批法的区别

课前回顾

【例题 6－1·单选题】 品种法的核算对象是（　　）。

A. 产品品种　　B. 产品批别

C. 产品生产步骤　　D. 产品的种类

【答案】A

【例题 6－2·多选题】 品种法的适用范围是（　　）。

A. 大量大批单步骤生产

B. 单件生产

C. 大量大批多步骤生产，管理上不要求分步骤核算产品成本的企业

D. 小批生产

【答案】AC

【例题 6－3·判断题】 由于每个工业企业最终都必须按照产品品种核算出成本，因而品种法适用于所有工业企业。（　　）

【答案】×

要点精讲

一、分批法的概念及其适用范围

分批法又称为订单法，是指按照产品的批别或购货单位的订单来归集生产费用，核算产品成本的一种方法。

分批法主要适用于以下几种情况：

（1）根据购买者订单组织生产的企业；

（2）产品种类经常变动的小规模制造企业；

（3）承揽修理业务的工厂；

（4）新产品试制车间。

二、分批法的特点

（一）产品成本核算对象

在单件小批生产类型的企业中，成本核算对象就是产品的批别。在这种生产类型的企业中，产品的种类和每批产品的批量，大多是根据购货单位的订单确定的，按批按件核算产品成本，往往也就是按照订单核算产品成本，因此，分批法也称为订单法。

（二）产品成本核算期

产品成本核算期和产品的生产周期一致，和会计报告期不一致。

（三）费用在完工产品与在产品之间的分配

如果批内产品有跨月陆续完工并交付购货单位，月末核算产品成本时，一部分产品已经完工；另一部分产品尚未完工，这时需要采用一定的方法将生产费用在完工产品与在产品之间进行分配，核算出本月完工产品成本。

【例题6－4·多选题】 分批法的特点是（　　）。

A. 按产品的批别核算成本　　B. 核算产品的生产步骤成本

C. 成本核算期与会计报告期不同　　D. 间接费用月末必须全部进行分配

【答案】AC

思考练习6－1

一、单项选择题

1. 分批法又称作（　　）。

A. 分次法　　B. 分类法

C. 顺序法　　D. 订单法

2. 分批法适用于以下哪种情况（　　）。

A. 发电厂　　B. 承揽修理业务的修理厂

C. 制鞋厂　　D. 采掘厂

3. 分批法的核算对象是（　　）。

A. 产品的批别　　B. 产品的品种

C. 产品的生产步骤　　D. 产品的作业

4. 分批法的产品成本核算期是（　　）

A. 产品的生产周期　　B. 会计报告期

C. 会计部门规定的日期　　D. 计划的生产期间

5. 如果一张订单只有一件大型复杂的产品，且价值较大生产周期较长，如大型船舶制造企业，这种情况适用（　　）。

A. 分步法　　B. 分类法

C. 分批法　　D. 品种法

6. 新产品试制车间适用的产品成本核算方法是（　　）。

A. 分类法　　B. 分步法

C. 分批法　　D. 品种法

7. 小型五金厂适用的产品成本核算方法是（　　）。

A. 分类法　　B. 分步法

C. 品种法　　D. 分批法

8. 服装厂适用的产品成本核算方法是（　　）。

A. 分类法　　B. 分步法

C. 作业成本法　　D. 分批法

9. 以下不是分批法基本特点的衡量维度的是（　　）。

A. 产品成本核算对象　　B. 产品成本核算期

C. 费用在完工产品与在产品之间的分配　　D. 分批法的适用范围

10. 有些企业专门根据购买者的要求，生产一定数量和特殊规格、型号的产品，如根据订货者要求生产的有专门用途的仪器、设备、大型锅炉等，这类企业适用的核算方法是（　　）。

A. 标准成本法　　B. 分批法

C. 作业成本法　　D. 品种法

二、多项选择题

1. 分批法是按照产品的（　　）来归集生产费用，核算产品成本的方法。

A. 批别　　B. 种类

C. 生产步骤　　D. 订单

2. 分批法一般适用于（　　）生产企业。

A. 单件　　B. 小批

C. 复杂式　　D. 大量大批

3. 以下哪些企业可以采用分批法核算产品成本（　　）。

A. 新产品试制　　B. 船舶生产

C. 修理企业　　D. 发电厂

4. 分批法的特点有（　　）。

A. 以产品的生产步骤为成本核算对象　　B. 成本核算期和会计报告期一致

C. 以产品的批别为成本核算对象　　D. 成本核算期和生产周期一致

5. 分批法主要适用的情况有（　　）。

A. 根据购买者订单组织生产的企业　　B. 产品种类经常变动的小规模制造企业

C. 承揽修理业务的工厂　　D. 新产品试制车间

6. 分批法下，月末费用不需要进行分配的情况有（　　）。

A. 月末有跨越陆续完工的情况　　B. 月末产品全部完工

C. 月末产品全部没有完工　　D. 小批生产，批内产品月末同时完工

7. 分批法下，生产通知单的情况有（　　）。

A. 一张订单分为几张生产通知单　　B. 将几张订单合并为一张生产通知单

C. 不同产品的订单合成一张生产通知单　D. 一张订单，一张生产通知单

8. 下列选项中产品的制造适用分批法的有（　　）。

A. 轮船　　B. 游艇

C. 汽车　　D. 高级订制礼服

9. 如果批内产品跨月陆续完工的数量不多，为了简化核算工作，对于部分完工产品成本，可以按照（　　）方法进行核算。

A. 计划成本　　B. 约当产量成本

C. 定额成本　　D. 以前同样产品的实际成本

10. 新产品试制车间的哪些特点使得它适用分批法（　　）。

A. 新产品数量少　　B. 大量生产

C. 重复性差　　D. 种类多

三、判断题

1. 分批法的成本核算对象是产品的种类。（　　）
2. 分批法适用于大量大批的生产企业。（　　）
3. 分批法适用于小批单件复杂式生产的企业。（　　）
4. 分批法又称为订单法。（　　）
5. 新产品试制车间适用分批法。（　　）
6. 分批法的产品成本核算期和会计报告期一致。（　　）
7. 分批法的产品成本核算期和生产周期一致。（　　）
8. 汽车修理厂、船舶修理厂适用于分批法。（　　）
9. 分批法下，产品成本的批次和客户订单完全保持一致。（　　）
10. 分批法的成本核算对象是产品的批次。（　　）

四、讨论题

1. 分批法的特点有哪些？

2. 分批法的适用情况有哪几类？

3. 分批法下，费用在完工产品与在产品之间是如何进行分配的？

模块二　应用分批法核算产品成本

培养目标

□　了解分批法的核算程序
□　掌握分批法核算产品成本
□　熟练运用一般分批法和简化分批法

课前回顾

【例题 6－5 · 多选题】 分批法的特点有（　　）。

A. 以产品的生产步骤为成本核算对象　　B. 成本核算期和会计报告期一致
C. 以产品的批别为成本核算对象　　D. 成本核算期和生产周期一致

【答案】CD

【例题 6－6 · 多选题】 如果批内产品跨月陆续完工的数量不多，为了简化核算工作，对于部分完工产品成本，可以按照（　　）方法进行核算。

A. 计划成本　　B. 约当产量成本
C. 定额成本　　D. 以前同样产品的实际成本

【答案】ACD

【例题 6－7 · 判断题】 新产品试制车间适用分批法。（　　）

【答案】√

要点精讲

一、一般分批法的核算程序

（1）按产品批别设置产品成本核算单。
（2）按产品批别归集和分配本月发生的各种费用。
（3）核算完工产品成本。
一般分批法的成本核算基本程序如图 6－1 所示。

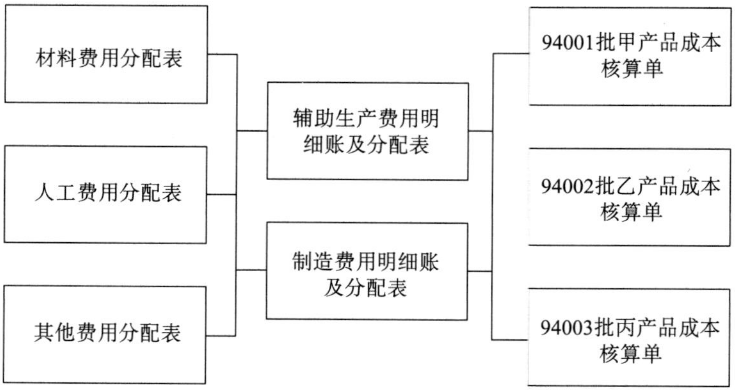

图 6－1　一般分批法的成本核算基本程序图

二、简化分批法的核算程序

（1）按产品批别设置生产成本明细账。
（2）设置基本生产成本明细账。
（3）核算完工产品的总成本和单位成本。
间接费用分配计算公式如下：
全部产品累计间接费用分配率＝全部产品累计间接费用÷全部产品累计工时
某批完工产品应负担的间接费用＝该批完工产品累计工时×间接费用分配率

思考练习 6－2

一、单项选择题

1. 产品生产成本明细账按（　　）设置专栏。
A. 产品种类　　B. 成本项目
C. 产品批别　　D. 产品的生产步骤
2. 采用简化分批法，在产品完工之前，产品成本明细账（　　）。

A. 不登记任何费用

B. 只登记直接材料

C. 只登记生产工时

D. 仅登记直接计入费用（如直接材料）和生产工时

3. 简化分批法下，间接费用是如何进行分配的？（　　）

A. 按月在各批产品之间进行分配

B. 间接费用分别累积起来，到产品完工时按照产品累计工时的比例，在各批完工产品之间进行分配

C. 每个月不分配，到年底进行分配

D. 每个月都需要进行分配

4. 下列情况，不适宜采用简化分批法的是（　　）。

A. 同一月份投产的批数多　　B. 月末未完工批数多

C. 各月间接费用计入水平相差不多　　D. 各月间接费用计入水平相差多

5. 间接费用分配计算公式正确的是（　　）。

A. 全部产品累计间接费用分配率 = 全部产品累计间接费用 ÷ 全部产品累计工时

B. 全部产品累计间接费用分配率 = 材料费用 ÷ 全部产品累计工时

C. 全部产品累计间接费用分配率 = 全部生产费用 ÷ 全部产品累计工时

D. 全部产品累计间接费用分配率 = 直接费用 ÷ 全部产品累计工时

6. 一般分批法又被称为（　　）。

A. 间接费用当月分配　　B. 简化分批法

C. 标准分批法　　D. 复杂分批法

7. 简化分批法又被称作（　　）。

A. 复杂分批法　　B. 标准分批法

C. 一般分批法　　D. 间接费用累计分配法

8. 简化分批法下，各批间接费用的累计数按照（　　）进行分配。

A. 累计工时数　　B. 直接材料耗用量

C. 定额费用　　D. 计划费用

9. 简化分批法下，（　　）核算完工产品的成本。

A. 月末全部批次未完工时　　B. 间接费用较多时

C. 月末有批别产品完工时　　D. 间接费用较少时

10. 一般分批法下，制造费用月内按（　　）进行归集。

A. 产品品种　　B. 批次

C. 时间　　D. 发生的地点

二、多项选择题

1. 分批法适用于（　　）。

A. 小批生产

B. 大批大量、管理上不要求分步骤核算产品成本的多步骤生产企业

C. 单件生产

D. 大量大批生产

2. 采用分批法核算产品成本时，如果批内跨月陆续完工的情况不多，完工产品数量占全部批量的比重很小，完工的产品可以（　　）从产品成本明细账中转出。

A. 按计划单位成本计价　　B. 按定额单位成本计价

C. 按近期相同产品的实际单位成本计价　　D. 按公允价值

3. 采用简化分批法核算产品成本需要具备的条件是（　　）。

A. 同一月份投产的产品批数多　　B. 月末完工产品批数少

C. 各月间接费用水平相差不多　　D. 各月间接费用水平相差多

4. 采用简化分批法，在产品完工以前，产品成本明细账中（　　）。

A. 直接计入费用

B. 只登记间接计入费用，不登记直接计入费用

C. 不登记任何费用

D. 登记生产工时

5. 采用简化分批法，各月（　　）。

A. 只分批核算完工产品成本

B. 只对完工产品计算间接计入费用

C. 不分批核算在产品成本

D. 月末在产品成本只以总额形式反映在基本生产成本二级账中

6. 采用简化分批法，（　　）。

A. 必须设立基本生产成本二级账

B. 在产品完工以前，产品成本明细账中只登记直接计入费用和生产工时

C. 在基本生产成本二级账中累计登记间接计入费用

D. 不核算完工产品成本

7. 分批法按照间接计入费用的方法又可以分为（　　）。

A. 标准分批法　　B. 一般分批法

C. 简化分批法　　D. 单一分批法

8. 分批法下批内完工产品多，完工产品成本的核算可以选择的方法有（　　）。

A. 直接分配法　　B. 年度计划分配法

C. 约当产量法　　D. 定额比例法

9. 一般分批法下，产品生产成本明细账成本项目有（　　）。

A. 直接材料　　B. 制造费用

C. 直接人工　　D. 产品成本

10. 一般分批法的核算程序有（　　）。

A. 按照产品批别设置产品成本核算单

B. 按产品批别归集和分配本月发生的各种费用

C. 计算间接费用的分配率

D. 核算完工产品成本

三、判断题

1. 分批法分为间接费用当月分配法和间接费用累计分配法。 (　　)
2. 简化分批法适用于批次内产品的间接计入费用水平相差大的情况。 (　　)
3. 简化分批法又称作间接费用累计分配法。 (　　)
4. 简化分批法必须设置产品成本明细账和基本生产成本二级账。 (　　)
5. 简化分批法适用于同一月份投产批次较多的企业。 (　　)
6. 简化分批法下，成本核算单中登记直接计入费用和生产工时。 (　　)
7. 简化分批法下，基本生产成本二级账中登记各个批次累计的间接费用。 (　　)
8. 简化分批法下，月末不需要核算完工产品成本。 (　　)
9. 简化分批法下，只有在有完工产品出现的时候才需要分配间接费用。 (　　)
10. 简化分批法下，产品成本核算需要每个月进行。 (　　)

四、讨论题

1. 一般分批法的核算程序有哪些？

2. 简化分批法的适用范围是什么？

3. 一般分批法和简化分批法的区别是什么？

五、计算题

1. 某企业生产甲和乙两种产品，生产组织属于小批生产，采用分批法核算成本，产品跨月陆续完工。

（1）5 月份投产的批号。

2018 批号：甲产品 10 台，本月投产，本月完工 6 台，6 月份全部完工。

2019 批号：乙产品 10 台，本月投产，本月完工 2 台，6 月份全部完工。

（2）5 月份和 6 月份各批号生产费用资料见表 6 – 1。

表 6－1　　生产费用分配表　　单位：元

月份	批号	直接材料	直接人工	制造费用
5 月	2018	3 360	2 350	2 800
	2019	4 600	3 050	1 980
6 月	2018	——	685.5	600
	2019	——	5 510	4 880

2018 批 5 月份完工数量占全部批量比重大，原材料在生产开始时一次性投入，其他费用在完工产品与在产品之间采用约当产量法分配，在产品完工程度 50%。

2019 批乙产品 5 月份完工数量少，完工产品按计划成本结转。每台计划成本：直接材料 460 元，直接人工 350 元，制造费用 240 元。

［要求］（1）根据上述资料，采用一般分批法，登记产品成本明细账（填表 6－2 和表 6－3）。

（2）核算各批产品 5 月份完工产品成本。

（3）6 月份两批产品全部完工，核算两批产品的实际总成本和单位成本。

表 6－2　　产品成本明细账

产品批次：2018　　投产日期：5 月

产品名称：甲产品　　完工日期：5 月完工 6 台，6 月全部完工

批量：10 台　　金额单位：元

月	日	摘要	直接材料	直接人工	制造费用	合计
5	31	本月生产费用				
5	31	完工产品成本				
5	31	完工 6 台产品单位成本（元/台）				
5	31	本月生产费用				
6	30	本月生产费用				
6	30	完工产品成本				
6	30	完工 4 台产品单位成本（元/台）				

表 6－3　　　　**产品成本明细账**

产品批次：2019　　　　投产日期：5 月

产品名称：乙产品　　　　完工日期：5 月完工 2 台，6 月全部完工

批量：10 台　　　　金额单位：元

月	日	摘要	直接材料	直接人工	制造费用	合计
5	31	本月生产费用				
5	31	单台计划成本（元/台）				
5	31	完工 2 台计划成本				
5	31	月末在产品费用				
6	30	本月生产费用				
6	30	该批产品实际总成本				
6	30	完工 10 台产品单位成本（元/台）				

2. 某企业采用简化分批法核算产品成本。3 月份各批甲产品成本明细账中有关资料如下：

101 批号：1 月份投产 22 件，本月全部完工，累计直接材料费用 79 750 元，累计耗用工时 8 750 小时。

102 批号：2 月份投产 30 件，本月完工 20 件，累计直接材料费用 108 750 元，累计耗用工时 12 152 小时，原材料在生产开始时一次性投入，月末在产品完工程度为 80%，采用约当产量比例法分配所耗工时。

103 批号：本月投产 5 件，全部未完工，累计直接材料费用 18 125 元，累计耗用工时 2 028 小时。

基本生产成本二级账归集的累计间接计入费用为直接人工费用 183 440 元，制造费用 55 032元。

［要求］：根据以上资料，计算累计间接计入费用分配率，并据以对完工产品分配累计间接计入费用，核算甲产品各批完工产品成本。

3. 某工业企业生产组织属于小批生产，产品数量多，而且月末有许多批号未完工，因而采用简化分批法核算产品成本。

（1）9 月份生产批号有：

1990 批号：甲产品 5 件，8 月投产，9 月 20 日全部完工。

1991 批号：乙产品 10 件，8 月投产，9 月完工 6 件。

1992 批号：丙产品 5 件，8 月投产，尚未完工。

1993 批号：丁产品 6 件，9 月投产，尚未完工。

（2）各批号 9 月末累计直接材料费用（原材料在生产开始时一次性投入）和工时为：

1990 批号：直接材料 18 000 元，工时 902 小时。

1991 批号：直接材料 24 000 元，工时 2 150 小时。

1992 批号：直接材料 15 800 元，工时 830 小时。

1993 批号：直接材料 11 080 元，工时 822 小时。

（3）9 月末，该厂全部产品累计直接材料费用 68 880 元，工时 4 704 小时，直接人工费用 18 816 元，制造费用 28 224 元。

（4）9 月末，完工产品工时 2 302 个小时，其中乙产品 1 400 个小时。

［要求］（1）根据上述资料，登记基本生产成本二级账和各批产品成本明细账（见表 6－4 至表 6－8）。

（2）计算累计间接费用分配率。

（3）核算各批完工产品成本。

表 6－4　　基本生产成本二级账　　金额单位：元

月	日	摘要	直接材料	工时（小时）	直接人工	制造费用	合计
9	30	生产费用累计数					
9	30	累计间接费用分配率	——	——			——
9	30	完工产品成本					
9	30	在产品					

表 6－5　　产品成本明细账

产品批号：1990　　投产日期：8 月

产品名称：甲产品　产品批量：5 件　　完工日期：9 月　金额单位：元

月	日	摘要	直接材料	工时（小时）	直接人工	制造费用	合计
9	30	生产费用累计数			——	——	——
9	30	完工产品成本（5 件）					
9	30	完工产品单位成本					

表 6－6　　产品成本明细账

产品批号：1991　　投产日期：8 月

产品名称：乙产品　产品批量：10 件　　完工日期：9 月完工 6 件　金额单位：元

月	日	摘要	直接材料	工时（小时）	直接人工	制造费用	合计
9	30	生产费用累计数			——	——	——
9	30	完工产品成本（5 件）					
9	30	完工产品单位成本					
9	30	在产品成本			——	——	——

表 6－7　　　　产品成本明细账

产品批号：1992　　　　投产日期：8 月

产品名称：丙产品　　　　完工日期：尚未完工

产品批量：5 件　　　　金额单位：元

月	日	摘要	直接材料	工时（小时）	直接人工	制造费用	合计
9	30	生产费用累计数			——	——	——

表 6－8　　　　产品成本明细账

产品批号：1993　　　　投产日期：9 月

产品名称：丁产品　　　　完工日期：尚未完工

产品批量：6 件　　　　金额单位：元

月	日	摘要	直接材料	工时（小时）	直接人工	制造费用	合计
9	30	生产费用累计数			——	——	——

六、业务处理题

某工业企业小批生产多种产品，同期投产的产品批数较多，采用简化分批法核算成本。

本月有关各批产品中有关工时的资料如下：

8001 批产品的总工时为 5 000 小时，该批产品全部完工；8002 批产品的总工时为 12 000 小时，完工产品工时是 4 500 小时；8003 批产品的总工时为 2 000 小时，完工产品工时为 1 200 小时；8004 批产品的总工时为 1 000 小时，产品均未完工。

［要求］(1) 核算全部产品累计间接计入费用分配率以及完工产品和在产品的总成本，填写表 6－9。

(2) 写出完工产品会计分录。

表 6－9　　　　基本生产成本二级账（全部产品总成本）

金额单位：元

摘要	直接材料	工时（小时）	直接燃料和动力	直接人工	制造费用	合计
月初在产品	60 000	7 000	10 000	90 000	120 000	
本月发生	50 000	13 000	20 000	150 000	150 000	
累计	110 000	20 000	30 000	240 000	270 000	
全部产品累计间接计入费用分配率	——	——				——
本月完工产品转出						
月末在产品						

项目七

产品成本核算的分步法

模块一 分步法的工作原理

培养目标

□ 了解分步法的概念

□ 了解分步法的适用范围

□ 了解分步法的特点

课前回顾

【例题 7－1·单选题】 分批法的核算对象是（　　）。

A. 产品品种　　B. 产品批别

C. 产品生产步骤　　D. 产品种类

【答案】B

【例题 7－2·单选题】 某车间采用简化分批法核算产品成本，这个月有完工的批次，基本生产二级账中累计生产工时是 92 000 小时，累计的直接人工是 69 920 元，累计的制造费用是 47 840 元，基本生产明细账中显示完工批次的工时是 1 000 小时。制造费用的分配率是（　　）。

A. 0.76　　B. 0.52

C. 69.92　　D. 47.84

【答案】B

【例题 7－3·判断题】 简化分批法又称作间接费用当月分配法。（　　）

【答案】×

要点精讲

一、分步法的概念及其适用范围

产品成本核算的分步法，是以产品的生产步骤作为产品成本核算对象，其成本核算期与会计报告期保持一致，按月核算产品成本的一种方法。分步法一般适用于大量大批多步骤生产，并且管理上要求分步骤核算产品成本的企业，这些企业包括大量大批的连续式生产和大量大批装配式生产企业，例如纺织厂、造纸厂、冶金厂、化工厂、机械制造厂等。

二、分步法的特点

（一）产品成本核算对象

采用分步法核算产品成本时，应以各种产品及其生产步骤的半成品作为成本核算对象，设置产品成本核算单，按成本项目开设专栏，归集生产费用。如果只生产一种产品，成本核算对象就是该种产成品及其所经过的各种生产步骤，产品成本核算单应按照产品的生产步骤开设；如果生产多种产品，成本核算对象则应是各种产成品及其所经过的各生产步骤，产品成本核算单应按照每种产品的各个步骤开设。

（二）产品成本核算期

产品成本核算期和产品的生产周期不一致，和会计报告期一致。

（三）费用在完工产品与在产品之间的分配

由于分步法适用于大量大批多步骤生产，成本核算按月进行，而多步骤生产产品需经若干步骤加工才能完成，月末通常都有较多数量的在产品，因此，应按照加工步骤归集在产品明细账中的生产费用。大多要采用适当的分配方法，在完工产品与月末在产品之间进行分配，核算该产品各步骤的完工产品成本和月末在产品成本。

（四）各步骤之间成本的结转

由于产品生产是分步骤进行的，上一步骤生产的半成品是下一步骤的加工对象，因此为了核算各种产品的产成品成本，还需要按照产品品种结转各步骤成本。也就是说，与其他成本核算方法不同，在采用分步法核算产品成本时，在各个步骤之间还有个成本结转问题，这是分步法的一个重点。

【例题 7－4・计算题（应用分批法）】某工业企业小批生产多种产品，由于批数多，为了简化成本核算工作，采用简化分批法核算产品成本。该企业 9 月份生产的批号有：

101 批号：甲产品 6 件，7 月投产，本月完工；

102 批号：甲产品 8 件，8 月投产，尚未完工；

103 批号：乙产品 12 件，8 月投产，本月完工 2 件；

104 批号：丙产品 5 件，9 月投产，尚未完工。

该企业设置的产品基本生产成本二级账如表 7－1 所示。

表7－1　　基本生产成本二级账（各批产品总成本）　　金额单位：元

月	日	摘要	直接材料	生产工时（小时）	直接人工	制造费用	合计
9	30	余额	30 120	62 000	23 850	36 060	90 030
9	30	本月发生	24 100	101 500	41 550	45 690	111 340
9	30	累计	54 220	163 500	65 400	81 750	201 370
9	30	累计间接费用分配率	——	——			——
9	30	本月完工产品转出					
9	30	余额					

该企业各批产品的产品明细账如表7－2至表7－5所示。

表7－2　　产品成本明细账

产品批号：101　　投产日期：7月份

产品名称：甲产品　　批量：6件　　完工月份：9月份　金额单位：元

月	日	摘要	直接材料	生产工时（小时）	直接人工	制造费用	合计
7	31	本月发生	5 800	5 430	——	——	——
8	31	本月发生	1 130	8 870	——	——	——
9	30	本月发生	1 210	16 700	——	——	——
9	30	累计数及累计间接费用分配率					——
9	30	本月完工产品转出					
9	30	完工单位产品成本		——			

表7－3　　产品成本明细账

产品批号：102　　投产日期：8月份

产品名称：甲产品　　批量：8件　　完工月份：尚未完工　金额单位：元

月	日	摘要	直接材料	生产工时（小时）	直接人工	制造费用	合计
8	31	本月发生	9 840	19 070	——	——	——
9	30	本月发生	2 980	42 080	——	——	——

表7－4　　产品成本明细账

产品批号：103　　投产日期：8月份

产品名称：乙产品　　批量：12件　　完工月份：9月完工2件　金额单位：元

月	日	摘要	直接材料	生产工时（小时）	直接人工	制造费用	合计
8	31	本月发生	13 350	28 630	——	——	——
9	30	本月发生	——	14 140	——	——	——
9	30	累计数及累计间接费用分配率					——
9	30	本月完工产品转出（2件）		10 460			
9	30	完工单位产品成本		——			
9	30	余额			——	——	——

表 7 –5　　产品成本明细账

产品批号：104　　投产日期：9 月份

产品名称：丙产品　　批量：5 件　　完工月份：尚未完工　金额单位：元

月	日	摘要	直接材料	生产工时（小时）	直接人工	制造费用	合计
9	30	本月发生	19 910	28 580	——	——	——

103 乙产品原材料在生产开始时一次性投入。

［要求］计算累计间接费用分配率并填写表 7 –1、表 7 –2、表 7 –4 中空白处的数据。

【答案】直接人工费用分配率 =65 400 ÷163 500 =0. 4

制造费用分配率 =81 750 ÷163 500 =0. 5

表 7 –1、表 7 –2 和表 7 –4 中空白数据的填写如表 7 –6 至表 7 –8 所示。

表 7 –6　　基本生产成本二级账（各批产品总成本）　　金额单位：元

月	日	摘要	直接材料	生产工时（小时）	直接人工	制造费用	合计
9	30	余额	30 120	62 000	23 850	36 060	90 030
9	30	本月发生	24 100	101 500	41 550	45 690	111 340
9	30	累计	54 220	163 500	65 400	81 750	201 370
9	30	累计间接费用分配率	——	——	0. 4	0. 5	——
9	30	本月完工产品转出	10 365	41 460	16 584	20 730	47 679
9	30	余额	43 855	122 040	48 816	61 020	153 691

表 7 –7　　产品成本明细账

产品批号：101　　投产日期：7 月份

产品名称：甲产品　　批量：6 件　　完工月份：9 月份　金额单位：元

月	日	摘要	直接材料	生产工时（小时）	直接人工	制造费用	合计
7	31	本月发生	5 800	5 430	——	——	——
8	31	本月发生	1 130	8 870	——	——	——
9	30	本月发生	1 210	16 700	——	——	——
9	30	累计数及累计间接费用分配率	8 140	31 000	0. 4	0. 5	——
9	30	本月完工产品转出	8 140	31 000	12 400	15 500	36 040
9	30	完工单位产品成本	1 356. 67	——	2 066. 67	2 583. 33	6 006. 67

表 7 –8　　产品成本明细账

产品批号：103　　投产日期：8 月份

产品名称：乙产品　　批量：12 件　　完工月份：9 月完工 2 件　金额单位：元

月	日	摘要	直接材料	生产工时（小时）	直接人工	制造费用	合计
8	31	本月发生	13 350	28 630	——	——	——
9	30	本月发生	——	14 140	——	——	——

续表

月	日	摘要	直接材料	生产工时（小时）	直接人工	制造费用	合计
9	30	累计数及累计间接费用分配率	13 350	42 770	0.4	0.5	——
9	30	本月完工产品转出（2件）	2 225	10 460	4 184	5 230	11 639
9	30	完工单位产品成本	1 112.5	——	2 092	2 615	5 819.5
9	30	余额	11 125	32 310	——	——	——

思考练习7－1

一、单项选择题

1. 分步法的成本核算对象是（　　）。

A. 产品的种类　　B. 产品的品种及其所经过的步骤

C. 产品的品种　　D. 产品的订单

2. 分步法一般适用于（　　）。

A. 大量大批多步骤生产且管理上要求分步骤核算产品成本的企业

B. 单步骤生产

C. 大量大批多步骤生产，但是管理上不要求分步骤核算产品成本的企业

D. 小批单件生产

3. 平行结转分步法又被称作（　　）。

A. 逐步结转分步法　　B. 综合结转分步法

C. 不核算半成品成本分步法　　D. 核算半成品成本分步法

4. 逐步结转分步法又被称作（　　）

A. 平行结转分步法　　B. 成本还原法

C. 不核算半成品成本分步法　　D. 核算半成品成本分步法

5. 分步法下，产品成本核算单是按（　　）设置的。

A. 订单的种类　　B. 产品的品种

C. 产品的批次　　D. 产品的品种及其生产步骤

6. 分步法的成本核算期间和（　　）一致。

A. 会计报告期　　B. 产品的生产周期

C. 每种产品的完工期　　D. 每个步骤的完工期间

7. 以下哪种企业适用于分步法（　　）。

A. 纺织厂　　B. 发电厂

C. 供水厂　　D. 服装厂

8. 逐步结转分步法的特点是（　　）。

A. 计算简单　　B. 不用进行结转

C. 能够提供各个步骤半成品的成本资料　D. 不能够提供各个步骤半成品的成本资料

9. 平行结转分步法下，以下哪个说法错误（　　）。

A. 平行结转分步法是将各生产步骤应计入相同产成品成本的份额平行汇总，以求得产成品成本的方法

B. 平行结转分步法按照生产步骤归集费用

C. 不核算和结转各生产步骤的半成品成本

D. 核算和结转各生产步骤的半成品成本

10. 造纸厂适用于（　　）核算成本。

A. 定额法　　B. 分批法

C. 品种法　　D. 分步法

二、多项选择题

1. 适用于分步法的企业可以分为哪两类（　　）。

A. 大量大批连续式　　B. 单件小批

C. 单步骤　　D. 大量大批装配式

2. 分步法一般适用于（　　）生产企业。

A. 大量大批　　B. 管理上要求分步骤生产产品

C. 复杂式　　D. 单件小批

3. 产品成本核算的分步法分为（　　）。

A. 分项结转　　B. 综合结转

C. 逐步结转分步法　　D. 平行结转分步法

4. 平行结转的特点有（　　）。

A. 将各生产步骤应计入相同产成品成本的份额平行汇总

B. 成本核算期和会计报告期一致

C. 以产品的生产步骤为成本核算对象

D. 不核算和结转各生产步骤的半成品成本

5. 逐步结转分步法的特点有（　　）。

A. 按照产品生产步骤的先后顺序归集生产费用

B. 逐步核算并结转各步骤半成品成本

C. 逐步结转分步法的显著特点是能够提供各个步骤半成品的成本资料

D. 不核算产品成本

6. 可以用分步法核算产品成本的企业有（　　）。

A. 造纸厂　　B. 冶金厂

C. 发电厂　　D. 汽车制造厂

7. 下列方法中，成本核算期间和会计报告期一致的有（　　）。

A. 分批法　　B. 品种法

C. 分步法　　D. 标准成本法

8. 产品成本核算的基本方法有（　　）。

A. 分步法　　B. 定额法

C. 分批法　　D. 品种法

9. 分步法不适用哪些企业（　　）。

A. 发电厂　　B. 服装厂

C. 供水厂　　D. 机械制造厂

10. 分步法和分批法的区别有（　　）。

A. 成本核算期不一致　　B. 适用范围不一样

C. 成本核算对象不一样　　D. 结转方法的分类不一样

三、判断题

1. 分步法的成本核算对象是产品的种类。（　　）
2. 分步法适用于大量大批多步骤生产企业。（　　）
3. 分步法适用于小批单件复杂式生产的企业。（　　）
4. 逐步结转分步法又叫顺序结转分步法。（　　）
5. 发电厂适用分步法。（　　）
6. 分步法的产品成本核算期和会计报告期一致。（　　）
7. 分步法的产品成本核算期和品种法一致。（　　）
8. 汽车组装厂适用于分步法。（　　）
9. 在实际工作中产品成本核算的分步法与产品生产步骤的划分不一定完全一致。（　　）
10. 平行结转分步法是将各生产步骤应计入相同产成品成本的份额平行汇总。（　　）

四、讨论题

1. 分步法的特点有哪些？

2. 分步法的适用企业有哪几类？

3. 按分步法结转方式的不同分为哪几种？每种的特点是什么？

模块二　应用分步法核算产品成本

培养目标

☐ 了解分步法的核算程序
☐ 掌握分步法核算产品成本
☐ 熟练运用成本还原

课前回顾

【例题 7－5·多选题】 分步法的特点有（　　）。

A. 以产品的生产步骤为成本核算对象　　B. 成本核算期和会计报告期一致

C. 以产品的批别为成本核算对象　　D. 成本核算期和生产周期一致

【答案】AB

【例题 7－6·判断题】 分步法按照成本结转的顺序分为逐步结转分步法和平行结转分步法。（　　）

【答案】√

要点精讲

一、分步法的成本核算基本程序

（1）按照各生产步骤，为每种产品（半成品或产成品）设立产品成本核算单，据以归集该步骤产品发生的各项费用。

（2）归集费用登记产品成本核算单。每月按生产步骤进行产品归集和分配生产费用，编制各种费用汇总分配表，登记成本明细账。

（3）核算各步骤完工产品成本和在产品成本。月末，将各生产步骤中各成本明细账上归集的全部生产费用，在各完工产品和在产品之间进行分配，核算出各步骤的完工产品成本和在产品成本。

（4）结转各步骤半成品成本，核算产品总成本和单位成本。月末，应采用适当的方法，按产品品种结转各步骤成本，核算出每种产品的总成本和单位成本。

二、逐步结转分步法的特点和成本核算程序

（一）逐步结转分步法的特点

成本核算对象是各生产步骤半成品和最后步骤的产成品。各加工步骤的半成品随实物的

转移在各生产步骤之间顺序结转。

（二）逐步结转分步法的成本核算程序（见图7－1）

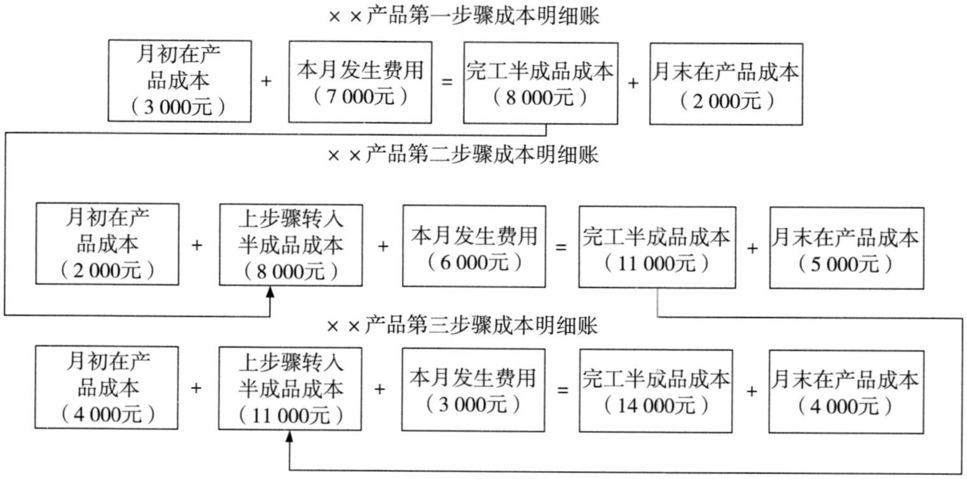

图7－1　逐步结转分步法程序图

（三）逐步结转分步法下各步骤半成品成本结转方式

逐步结转分步法按照结转的半成品成本在下一生产步骤产品成本核算单中的反映方式不同，可以分为分项结转和综合结转。

1. 分项结转

分项结转是将各生产步骤所耗用的半成品成本，按照实际发生的原始成本项目分项转入各步骤产品成本核算单的各个相应的成本项目中。

2. 综合结转

综合结转是指各步骤的半成品成本不分成本项目以总额形式结转到下一步骤成本明细账中的“直接材料”成本项目或专设的“自制半成品”成本项目中。

这种方法不能反映产成品的原始成本构成，不便于按照产品成本项目分析产品成本的升降原因，为了解决这个问题，还需要进行成本还原。

三、平行结转分步法的特点和成本核算程序

（一）平行结转分步法的特点

1. 产品成本核算对象

2. 产品成本核算期

3. 费用在完工产品与在产品之间进行分配

（1）本步骤正在加工的在制品（狭义在产品）。

（2）本步骤已经加工完成转入半成品仓库的半成品。

（3）已经转入以后各生产步骤继续加工，但尚未最终制成产成品的自制半成品。

（二）平行结转分步法的成本核算程序

（1）按产品的生产步骤和产品品种设置产品成本核算单。各步骤成本明细账按成本项目归集本步骤发生的生产费用，不包括耗用上一步骤半成品成本。

（2）月末，将各步骤归集的生产费用在完工产品与广义在产品之间进行分配，计算各步骤应计入库存商品成本的“份额”。

（3）将各步骤应计入库存商品成本的“份额”从各步骤产品成本核算单中平行结转汇总，即可核算出该种产成品的总成本和单位成本。

思考练习 7－2

一、单项选择题

1. 下列方法中，属于不核算半成品成本的分步法是（　　）。

A. 逐步结转法　　B. 综合结转法

C. 平行结转法　　D. 分项结转法

2. 在平行结转分步法下，完工产品与在产品之间的费用分配，是指（　　）之间的费用分配。

A. 产成品与月末在产品　　B. 完工半成品与月末加工中的在产品

C. 产成品与月末广义在产品　　D. 产成品与上一步骤半成品

3. 采用逐步结转分步法，按照各步骤结转方式不同，可以分为（　　）。

A. 综合结转和分项结转　　B. 平行结转和分项结转

C. 综合结转和平行结转　　D. 实际成本结转和计划成本结转

4. 下列哪种方法下，需要进行成本还原（　　）。

A. 平行结转分步法　　B. 逐步综合结转分步法

C. 逐步分项结转分步法　　D. 简化分批法

5. 成本还原的对象是（　　）。

A. 产成品成本　　B. 各步骤半成品成本

C. 各步骤完工产品成本　　D. 产成品成本中所耗用上步骤半成品成本

6. 逐步分项结转法下，半成品按照实际单位成本结转有利于（　　）。

A. 直接准确地提供原始成本项目反映的产品成本资料

B. 简化核算工作

C. 简化结转的计算过程

D. 各个步骤进行产品成本分析

7. 逐步分项结转法下，半成品按计划单位成本结转有利于（　　）。

A. 直接准确地提供原始成本项目反映的产品成本资料

B. 简化产成品成本核算工作

C. 从整个企业角度考核和分析产品成本构成和成本水平

D. 产成品成本资料准备

8. 逐步综合结转分步法的缺点是（　　）。

A. 不能更好地分析各步骤的产品成本　　B. 不能核算出产成品成本

C. 不能反映产成品的原始成本构成　　D. 不能核算出半成品成本

9. 首先核算出第一步骤的半成品成本，然后随着半成品的（　　）转移，将其成本转入第二步骤产品生产成本明细账。

A. 数量　　B. 实物

C. 车间　　D. 地点

10. 各步骤产品生产成本明细账中的“期末在产品成本”反映的是该步骤的（　　）。

A. 产品成本　　B. 完工产品成本

C. 广义在产品成本　　D. 狭义在产品成本

二、多项选择题

1. 逐步分项结转分步法下，可以按半成品的（　　）结转。

A. 计划单位成本　　B. 定额成本

C. 实际单位成本　　D. 原始成本

2. 逐步分项结转分步法下，按照计划单位成本结转半成品成本的优点有（　　）。

A. 各步骤的成本核算工作可以同时进行

B. 便于进行成本的分析和考核

C. 简化和加速了半成品、产成品成本的核算工作

D. 剔除了前步骤半成品成本变动对本步骤成本的影响

3. 采用逐步综合结转分步法核算产品成本的优点有（　　）。

A. 不必进行成本还原

B. 计算简便

C. 便于分析各步骤的产品成本

D. 能考核各步骤所耗半成品成本的综合指标

4. 分步法按照核算和结转方式的不同，可以分为（　　）。

A. 综合结转　　B. 分项结转

C. 逐步结转　　D. 平行结转

5. 逐步结转分步法按照结转的半成品成本在下一生产步骤产品成本核算单中的反映方式，可以分为（　　）。

A. 综合结转　　B. 分项结转

C. 逐步结转　　D. 平行结转

6. 在下列产品成本核算方法中，成本核算期和会计报告期一致的有（　　）。

A. 分批法　　B. 逐步结转分步法

C. 平行结转分步法　　D. 品种法

7. 平行结转分步法下，在产品是指广义在产品，广义在产品包括（　　）。

A. 本步骤正在加工的在制品（狭义在产品）

B. 最终完工产品

C. 本步骤已经加工完成转入半成品仓库的半成品

D. 已经转入以后各生产步骤继续加工，但尚未最终制成产成品的自制半成品

8. 逐步综合结转分步法下，转入下一步骤的半成品成本中可能包括（　　）。

A. 直接材料　　B. 制造费用

C. 直接人工　　D. 燃料及动力

9. 为了（　　），需要进行成本还原。

A. 分析产品成本的升降原因

B. 便于反映产成品的原始成本构成

C. 考核各步骤所耗半成品成本的综合指标

D. 核算产品成本的原始成本

10. 逐步结转分步法特点中成本核算对象是（　　）。

A. 产品的种类　　B. 产品的批次

C. 各步骤半成品成本　　D. 最后步骤的产成品

三、判断题

1. 逐步分步法分为综合结转法和分项结转法。（　　）

2. 采用平行结转分步法，其成本核算期与会计报告期一致，按月定期核算产品成本。（　　）

3. 综合结转法是将各生产步骤所耗用的半成品成本，按照实际发生的原始成本项目分项转入各步骤产品成本核算单的各个相应的成本项目中。（　　）

4. 简化分批法必须设置产品成本明细账和基本生产成本二级账。（　　）

5. 分步法是按照产品的品种设置产品成本核算单。（　　）

6. 逐步结转分步法首先核算出第一步骤的半成品成本，然后随着半成品的实物转移，将其成本转入第二步骤产品生产成本明细账。（　　）

7. 在分项结转法下，可以按半成品的实际单位成本结转，也可以按照半成品的计划单位成本结转。（　　）

8. 综合结转法下，需要进行成本还原。（　　）

9. 分项结转法下，不需要进行成本还原。（　　）

10. 分项结转法是指各步骤的半成品成本不分成本项目以总额形式结转到下一步骤成本明细账中的“直接材料”成本项目或专设的“自制半成品”成本项目中。（　　）

四、讨论题

1. 逐步结转分步法的主要特点是什么？具体分为哪两类？

2. 什么是成本还原？为什么要进行成本还原？

3. 平行结转分步法的主要特点是什么？

五、计算题

1. 逐步结转分步法（综合结转，半成品不通过半成品仓库收发）

假设某企业设有三个基本生产车间，连续生产甲产品，一车间生产A半成品，直接转入二车间，二车间将A半成品加工成B半成品，直接转入三车间，三车间将B半成品加工成甲产成品，材料在生产开始时一次性投入，加工费用陆续发生比较均衡，各步骤在产品的完工程度均按50%计算，完工产品与在产品的生产费用分配采用约当产量法计算，该厂6月份有关成本核算资料如表7－9至表7－11所示。

表7－9　　6月份各车间产量资料　　单位：件

项目	一车间	二车间	三车间
月初在产品数量	——	20	40
本月投入或者上车间转入	220	200	210
本月完工产品数量	200	210	220
月末在产品数量	20	10	30

表7－10　　6月份各车间在产品期初余额　　单位：元

项目	一车间	二车间	三车间	合计
直接材料	——	——	——	——
自制半成品	——	2 360	5 560	7 920
直接人工	——	100	300	400
制造费用	——	110	360	470
合计	——	2 570	6 220	8 790

表7－11　　6月份各车间费用发生资料　　单位：元

项目	一车间	二车间	三车间	合计
直接材料	22 000	——	——	22 000
直接人工	1 680	2 050	3 225	6 955
制造费用	2 100	2 255	3 870	8 225
合计	25 780	4 305	7 095	37 180

［要求］根据以上资料，填写A半成品成本核算单（见表7－12），B半成品成本核算单（见表7－13）和甲产品成本核算单（见表7－14）。

表 7－12　　**A 半成品成本核算单**

产品名称：A 半成品　　20××年6月　　完工产量：200 件

单位：元

日期	凭证号	摘要	直接材料	直接人工	制造费用	合计
略	略	月初在产品成本	——	——	——	——
略	略	本月发生费用				
略	略	合计				
略	略	完工结转下一车间				
略	略	月末在产品成本				

表 7－13　　**B 半成品成本核算单**

产品名称：B 半成品　　20××年6月　　完工产量：210 件

单位：元

日期	凭证号	摘要	直接材料/自制半成品	直接人工	制造费用	合计
略	略	月初在产品成本				
略	略	本步骤发生费用	——			
略	略	上步骤转入费用		——	——	
略	略	合计				
略	略	完工结转下一车间				
略	略	月末在产品成本				

表 7－14　　**甲产品成本核算单**

产品名称：甲产品　　20××年6月　　完工产量：220 件

单位：元

日期	凭证号	摘要	直接材料/自制半成品	直接人工	制造费用	合计
略	略	月初在产品成本				
略	略	本步骤发生费用	——			
略	略	上步骤转入费用		——	——	
略	略	合计				
略	略	完工产品成本				
略	略	月末在产品成本				

2. 成本还原

根据计算题第1题的资料用两种方法进行成本还原，并把结果填写到表7－15和表7－16中。

表 7－15　　**产品成本还原计算表**　　单位：元

成本项目	还原前总成本	第二步骤半成品成本	第一次还原率	第一次还原额	第一步骤半成品成本	第二次还原率	第二次还原额	还原后总成本
栏目	①	②		③			④	
直接材料（半成品）								
直接人工								
制造费用								
合计								

表 7－16　　**产品成本还原计算表**　　单位：元

成本项目	还原前总成本	第二步骤半成品成本	第一次还原率	第一次还原额	第一步骤半成品成本	第二次还原率	第二次还原额	还原后总成本
栏目	⑤	⑥		⑦			⑧	
直接材料（半成品）								
直接人工								
制造费用								
合计								

3. 逐步结转分步法（综合结转，半成品通过半成品库收发）

某公司有两个生产车间，第一生产车间生产 A 半成品，第二生产车间再将 A 半成品加工为 B 产成品，半成品通过半成品库收发。产品成本核算方法采用逐步结转分步法。201×年 4 月份有关资料如下：

（1）第一生产车间本月份完工 A 半成品 55 件（其中 50 件交第二生产车间继续加工，5 件交成品仓库），期末在产品 20 件，加工程度 75%，第一生产车间的生产是逐步投料、逐步加工。投料程度和加工程度一致。

（2）第二生产车间本月份完工 B 产品 30 件，期末在产品 20 件，加工程度 50%。第二生产车间的生产是一次投料。

（3）两个生产车间发生的生产费用，如表 7－17 所示。

表 7－17　　**车间发生生产费用**　　单位：元

摘要	直接材料	直接人工	制造费用
第一车间期初在产品成本	6 068	1 626	1 652
第一车间本月发生成本	22 450	4 310	3 640
第二车间本期发生成本	—	3 960	4 860

［要求］（1）采用综合结转法填写第一生产车间成本核算单（见表 7－18），第二车间成本核算单（见表 7－19）。

（2）采用各步骤耗用半成品的总成本占上一步骤完工半成品总成本的比重还原并填写成本还原计算表（见表 7－20）。

表 7－18　　**第一车间成本核算单**　　单位：元

项目	直接材料	直接人工	制造费用	合计
期初在产品成本				
本月费用				
合计				
完工 A 半成品成本				
期末在产品成本				

表 7－19　　　　第二车间成本核算单　　　　单位：元

项目	半成品	直接人工	制造费用	合计
期初在产品成本				
本月费用				
合计				
完工产品成本				
期末在产品成本				

表 7－20　　　　成本还原计算表　　　　单位：元

项目	还原分配率	直接材料	直接人工	制造费用	合计
还原前产成品成本					
本月所产半成品成本					
产成品成本中半成品成本还原					
还原额					
还原后总成本					

4. 逐步结转分步法（按照实际成本综合结转，半成品通过半成品库收发）

某企业大量生产甲产品。生产分为两个步骤，分别由第一和第二车间进行。第一车间为第二车间提供半成品，第二车间将半成品加工成产成品。该企业为了加强成本管理，采用分步法核算产品成本。各车间完工产品成本按照在产品定额成本核算法核算。

该企业 10 月份第一车间和第二车间发生的生产费用（不包括所耗半成品费用）为：

第一车间：直接材料费用 63 000 元，直接人工费用 30 000 元，制造费用 61 000 元。

第二车间：直接人工费用 37 000 元，制造费用 88 500 元。

本月初半成品库结存半成品 400 件，其实际总成本为 103 000 元。本月第一车间完工入库半成品 500 件，第二车间从半成品库领用本成品 700 件。出库半成品按加权平均法计算。本月完工入库产成品 350 件。在产品按定额成本计价。

月初在产品定额总成本为：

第一车间：直接材料费用 19 000 元，直接人工费用 11 000 元，制造费用 23 000 元，合计 53 000 元。

第二车间：直接材料费用/半成品费用 61 000 元，直接人工费用 12 000 元，制造费用 25 000 元，合计 98 000 元。

月末在产品定额总成本为：

第一车间：直接材料费用 28 000 元，直接人工费用 13 000 元，制造费用 26 000 元，合计 67 000 元。

第二车间：直接材料/半成品费用 26 000 元，直接人工费用 13 000 元，制造费用 14 000 元，合计 53 000 元。

［要求］（1）根据上述资料，填写表 7－21 至表 7－23。

（2）写出产成品成本核算的会计分录。

表 7－21 **产品成本明细账**

车间名称：第一车间 本产品名称：甲半成品

产量：500 件 单位：元

摘要	直接材料	直接人工	制造费用	合计
月初在产品定额费用				
本月费用				
生产费用合计				
完工半成品成本				
月末在产品定额费用				

表 7－22 **自制半成品明细账**

半成品名称：甲半成品 金额单位：元

月份	月初余额		本月增加		合计		本月减少		
	数量（件）	实际成本	数量（件）	实际成本	数量（件）	实际成本	单位成本	数量（件）	实际成本
10									
11			——	——	——	——	——	——	——

表 7－23 **产品成本明细账**

车间名称：第二车间 本产品名称：甲产成品

产量：350 件 单位：元

摘要	直接材料/半成品	直接人工	制造费用	合计
月初在产品定额费用				
本月费用				
生产费用合计				
完工产品成本				
完工产品单位成本				
月末在产品定额费用				

5. 平行结转分步法

某企业生产甲产品，经过三个步骤，原材料在开始生产时一次性投入，月末在产品按约当产量法计算，各步骤产品完工程度均为 50%。有关产量记录和生产费用资料如表 7－24 与表 7－25 所示。

表 7－24 **产量记录**

金额单位：件

项目	一步骤	二步骤	三步骤
月初在产	80	60	30
本月投产	120	160	120
本月完工	160	120	100
月末在产	40	100	50

表 7-25　　生产费用资料　　金额单位：元

成本项目		直接材料	燃料及动力	直接人工	制造费用	合计
月初在产品成本	一步骤	12 000	2 400	3 500	2 200	20 100
	二步骤		2 200	3 210	2 000	7 410
	三步骤		650	890	600	2 140
本月生产费用	一步骤	31 500	6 240	8 650	5 900	52 290
	二步骤		5 800	7 280	5 800	18 800
	三步骤		2 350	3 235	2 400	7 985

［要求］根据上述资料，采用平行结转分步法核算产品成本，并把计算结果填入表 7-26 中。

表 7-26　　甲产品成本核算汇总表　　单位：元

项目	直接材料	燃料及动力	直接人工	制造费用	合计
第一步骤计入份额					
第二步骤计入份额	——				
第三步骤计入份额	——				
库存商品总成本					
库存商品单位成本					

六、业务处理题

甲公司有第一、第二两个基本生产车间，生产 A、B 两种产品，A 产品在第一车间完成后直接对外出售；B 产品需经过第一、第二两个车间分步完成，第一车间加工 B 半成品后转入半成品库，第二车间领用 B 半成品并将每 2 件 B 半成品继续加工成一件产成品。

第一车间原材料由 A、B 两种产品直接领用，其他各项费用均为两种产品共同耗用，生产工人的工资及其他职工薪酬按产品实用人工工时比例分配，制造费用按产品实用机器工时比例分配。

B 半成品仅用于第二车间生产，不对外出售，半成品发出采用加权平均法计价，第二车间从半成品库领用 B 半成品继续加工，不再耗用其他原材料。公司采用逐步结转分步法核算 B 产品成本，第二车间不设“半成品”成本项目，耗用的 B 半成品成本直接计入“直接材料费用”成本项目，为分析产品成本的构成和水平，按本月 B 半成品成本构成对 B 产成品进行成本还原。A 产品的在产品数量流动不大，定额成本比较准确，月末在产品成本按定额成本法计算，B 产品采用约当产量法在完工产品和在产品之间分配生产费用，第一车间原材料陆续投入，其他费用陆续发生，在产品平均完工程度为 50%，第二车间半成品一次投入，其他费用陆续发生，在产品平均完工程度为 40%。

1. 甲公司 2018 年 9 月份的成本核算资料（见表 7-27 和表 7-28）

表 7-27　　产量信息

项目		月初在产品（件）	本月投产（件）	月末在产品（件）	本月完工（件）
第一车间	A 产品	250	450	200	500
	B 半成品	400	1 400	600	1 200
第二车间	B 产品	50	550	100	500

表 7－28　　月初在产品　　单位：元

项目		直接材料	直接人工	制造费用
第一车间	A 产品	175 000	75 000	75 000
	B 半成品	30 000	75 000	75 000
第二车间	B 产品	48 250	14 000	56 500

2. 本月基本生产费用

第一车间发生材料费用 740 000 元，其中 A 产品领用材料 320 000 元，B 半成品领用材料 420 000 元，生产工人工资及其他职工薪酬 900 000 元，A 产品实用人工工时 20 000 小时，B 半成品实用人工工时 40 000 小时；制造费用 600 000 元，A 产品实用机器工时 1 000 小时，B 半成品实用机器工时 1 000 小时。

第二车间发生生产工人工资及其他职工薪酬 580 000 元，制造费用 483 500 元。

3. A 产品的在产品单位定额成本

A 产品的在产品单位定额成本 1 300 元，其中直接材料费用 700 元/件，直接人工费用 300 元/件，制造费用 300 元/件。

4. B 半成品收发结存情况

B 半成品月初结存 400 件，成本 388 000 元，本月入库 1 200 件，本月出库 1 100 件，月末结存 500 件。

[要求]（1）编制 A 产品的成本核算单（见表 7－29）。

（2）编制 B 半成品、B 产成品的成本核算单（见表 7－30、表 7－31）。

（3）编制 B 产成品成本还原计算表（见表 7－32）。

表 7－29　　A 产品成本核算单

第一车间　　单位：元

项目	产品数量	直接材料	直接人工	制造费用	合计
月初在产品成本					
本月发生费用					
合计					
月末在产品成本					
本月完工产品成本					

表 7－30　　B 半成品成本核算单

第一车间　　单位：元

项目	产品数量	直接材料	直接人工	制造费用	合计
月初在产品成本					
本月发生费用					
合计					
月末在产品成本					
本月完工产品成本					

表 7-31　　**B 产成品成本核算单**

第二车间　　单位：元

项目	产品数量	直接材料	直接人工	制造费用	合计
月初在产品成本					
本月发生费用					
合计					
月末在产品成本					
本月完工产品成本					

注：半成品加权平均单位成本 =（388 000 + 1 200 000）/（400 + 1 200）= 992.5（元/件）

表 7-32　　**B 产成品成本还原计算表**　　单位：元

项目	半成品	直接材料	直接人工	制造费用	成本合计
还原前产成品成本					
本月所产半成品成本					
成本还原					
还原后产成品成本					

项目八

产品成本核算的分类法

模块一 分类法的工作原理

培养目标

☐ 掌握分类法的概念
☐ 掌握分类法的适用范围
☐ 掌握分类法的特点

课前回顾

【例题 8－1・单选题】 需要进行成本还原的是（　　）。

A. 平行结转分步法　　B. 逐步结转分步法
C. 综合结转分步法　　D. 分项结转分步法

【答案】C

【例题 8－2・多选题】 逐步结转分步法的特点有（　　）。

A. 半成品成本随着实物的转移而转移　　B. 可以核算出半成品成本
C. 期末在产品是指广义在产品　　D. 期末在产品是指狭义在产品

【答案】ABD

【例题 8－3・判断题】 分步法的成本核算期与会计报告期一致，与生产周期不一致。（　　）

【答案】√

要点精讲

一、分类法的含义

产品成本核算的分类法就是将生产的产品分为若干类别，以产品的类别作为成本核算对象，归集生产费用，先核算出各类完工产品总成本，再按一定标准分配计算类内各种产品成本的一种成本核算的辅助方法，如电子元件制造厂、鞋厂、服装厂、针织厂、食品厂等。另外，分类法还可以用于联产品、副产品的成本核算。

二、分类法的特点

（一）以产品类别作为成本核算对象

分类法以产品的类别作为成本核算对象，设置成本明细账，归集该类产品的生产费用，核算各类产品成本。

（二）成本核算期由产品成本核算的基本方法决定

分类法以各产品类别作为成本核算对象，是产品成本核算方法的一种辅助方法，适用于任何生产类型的企业，它必须与品种法、分批法和分步法结合运用。

（三）生产费用是否在完工产品与在产品之间进行分配由产品成本核算的基本方法决定

采用分类法核算产品成本时，如果月末在产品数量较多，结合品种法或分步法，应该将该类产品归集的生产费用在完工产品与月末在产品之间进行分配。

三、分类法的适用范围

分类法可以在各种生产类型的企业中运用，只要是企业生产的产品可以按照性质、用途、生产工艺过程等特点划分为一定类别，就可以采用分类法。因此，分类法适用于产品品种、规格较多，并且可以按照一定要求和标准将产品划分为不同类别的企业或车间，如各种服装厂、制鞋厂、食品厂、化妆品生产企业等。

思考练习 8－1

一、单项选择题

1. 分类法又称为（　　）。

A. 品种法　　B. 分批法

C. 系数法　　D. 定额法

2. 分类法适用于（　　）。

A. 产品消耗定额稳定且管理基础较好的企业

B. 产品品种规格繁多，每类产品所用原材料、生产工艺过程基本相同

C. 简单生产

D. 管理上要求按批次生产的企业

3. 下列企业中，适合采用分类法的企业是（　　）。

A. 制鞋厂　　B. 发电厂

C. 机械制造企业　　D. 汽车装配厂

4. 在实际生产中，适宜再用分类法核算产品成本的是（　　）。

A. 企业生产的产品可按一定的标准分类

B. 企业产品的品种、规格繁多

C. 产品品种、规格繁多，但可以按照一定标准分类

D. 大量大批单步骤生产的企业生产的多品种产品

5. 属于产品成本核算辅助方法的是（　　）。

A. 分批法　　B. 分步法

C. 分类法　　D. 品种法

6. 分类法的成本核算对象为（　　）。

A. 产品品种　　B. 产品类别

C. 产品规格　　D. 产品加工步骤

7. 分类法是按照（　　）归集费用、核算成本的。

A. 批别　　B. 品种

C. 步骤　　D. 类别

8. 糖果厂适用的产品成本核算方法是（　　）。

A. 分类法　　B. 分步法

C. 作业成本法　　D. 分批法

9. 以下是产品成本辅助核算方法的是（　　）。

A. 品种法　　B. 分步法

C. 分类法　　D. 分批法

10. 食品厂适用的产品成本核算方法是（　　）。

A. 分类法　　B. 分步法

C. 作业成本法　　D. 分批法

二、多项选择题

1. 采用分类法，可将（　　）等方面相同或相似的产品归为一类。

A. 产品结构和耗用原材料　　C. 产品的性质和用途

B. 产品生产工艺技术过程　　D. 产品的售价

E. 产品的毛利

2. 分类法主要适用于产品品种较多的企业或车间，可以采用分类法核算产品成本的下列企业是（　　）。

A. 电子元件厂　　B. 针织厂

C. 造船厂　　D. 机床厂

E. 砖瓦厂

3. 分类法的优点有（　　）。

A. 简化成本的核算工作　　B. 成本核算精确

C. 分类掌握成本的水平　　D. 产品品种明确

4. 分类法的核算程序有（　　）。

A. 根据产品的性质、结构、所用原材料、工艺流程等特点将产品划分为不同的类别

B. 将每种产品的费用总额在该类完工产品和在产品之间进行分配

C. 选择合理的分配方法，核算出每类产品类内各种产品的成本

D. 按照产品的种类和步骤开设明细账

5. 以下说法正确的是（　　）。

A. 分类法以各产品的类别作为成本核算对象

B. 成本核算期由产品成本核算的基本方法确定

C. 如果是大批量生产企业，要结合品种法或分步法进行成本核算，那么成本核算一般是在月末定期进行

D. 如果是单件小批生产企业，则应与分批法结合运用，那么成本核算期是不固定的，但与产品的生产周期是一致的

6. 下列可采用分类法进行产品成本核算的有（　　）。

A. 联产品　　B. 等级产品

C. 标准产品　　D. 产品品种规格繁多，但可按照一定标准分类

7. 糖果厂可以采用（　　）方法来进行产品的成本核算。

A. 品种法　　B. 分步法

C. 分类法　　D. 分批法

8. 对于分类法，以下说法错误的是（　　）。

A. 可以简化成本工作　　B. 成本核算期是固定的

C. 可以分品种掌握产品的成本情况　　D. 可以使类内的各种产品成本核算结果更为准确

9. 产品成本核算的辅助方法有（　　）。

A. 品种法　　B. 分步法

C. 定额法　　D. 分类法

10. 采用分类法核算产品成本时应注意的问题有（　　）。

A. 类内产品品种不能过多　　B. 类内产品品种不能太少

C. 成本核算期是固定的　　D. 分类标准可以由企业自行选择

三、判断题

1. 分类法是成本核算的基本方法，它与企业生产类型没有直接关系。（　　）

2. 联产品成本的核算，可以采用分类法。（　　）

3. 分类法是产品核算的一种辅助方法。（　　）

4. 分类法可以单独核算产品成本。（　　）

5. 分类法又被称为系数法。（　　）

6. 分类法与品种法、分批法、分步法一起构成基本的成本核算方法。（　　）

7. 分类法是以成本项目为成本核算对象，归集生产费用，核算产品成本的一种方法。（　　）

8. 采用分类法核算成本，不仅能简化成本核算工作量，而且能在产品品种、规格较多的情况下，分类掌握产品成本水平。 ( )

9. 分类法下，产品成本的成本核算期是固定的。 ( )

10. 分类法下，产品成本的生产费用需要在完工产品与在产品之间进行分配。 ( )

四、讨论题

1. 分类法的特点有哪些？

2. 分类法的适用情况有哪些？

3. 分类法下，费用在完工产品与在产品之间是如何进行分配的？

模块二　应用分类法核算产品成本

培养目标

☐ 了解分类法的核算程序

☐ 掌握分类法核算产品成本

☐ 熟练运用系数分配法和定额比例法

课前回顾

【例题 8 –4 · 单选题】 分类法适用于（ ）。

A. 产品消耗定额稳定且管理基础较好的企业

B. 产品品种规格繁多，每类产品所用原材料、生产工艺过程基本相同的企业

C. 简单生产的企业

D. 管理上要求按批次生产的企业

【答案】B

【例题8-5·多选题】 分类法的优点有（　　）。

A. 简化成本的核算工作　　B. 成本核算精确

C. 分类掌握成本的水平　　D. 产品品种明确

【答案】AC

【例题8-6·判断题】 分类法是成本核算的基本方法，它与企业生产类型没有直接关系。（　　）

【答案】×

要点精讲

一、分类法的核算程序

（1）合理确定产品类别，根据产品结构、生产工艺过程等，将产品划分为若干类别，按照产品类别设置产品成本核算单。

（2）按产品类别归集生产费用。根据企业的生产类型和管理要求，选择适当的方法并与品种法、分批法和分步法相结合，核算出各类产品成本。

（3）核算类内各种产品的总成本和单位成本。选择合理的方法，将每类产品的成本在类内各种产品之间进行分配，核算出类内各种产品的总成本和单位成本。

二、类内各种产品成本的分配方法

（一）系数分配法

（二）定额比例法

思考练习8-2

一、单项选择题

1. 适合采用分类法核算产品成本的企业有（　　）。

A. 机械制造厂　　B. 发电厂

C. 造纸厂　　D. 衬衫厂

2. 系数分配法是运用（　　）分配计算类内各规格产品成本的一种方法。

A. 重量　　B. 系数

C. 长度　　D. 体积

3. 分类法的成本核算对象是（　　）。

A. 产品的品种　　B. 产品的步骤

C. 产品的类别　　D. 产品的批次

4. 分类法与生产的类型（　　），它可以在各种类型的生产中运用。

A. 无直接关系　　B. 有直接关系

C. 有一定的关系　　D. 不确定

5. 下列选项中不能作为分类法分配标准的是（　　）。

A. 产品重量　　B. 产品的体积

C. 产品的长度　　D. 产品的品种

6. 在核算类内各种产品成本时，分配标准应选择与产品成本高低有着直接联系的项目，通常采用的分配标准是（　　）。

A. 定额成本　　B. 约当产量

C. 标准产量　　D. 固定成本

7. 采用分类法按系数分配法核算类内各种产品的成本时，对于系数的确定方法是（　　）。

A. 选择产量大的产品作为标准产品，将其分配标准数确定为1

B. 选择产量大、生产稳定的产品作为标准产品，将其分配标准数确定为1

C. 选择产量大、生产稳定或者规格折中的产品作为标准产品，将其分配标准数确定为1

D. 自行选择一种产品作为标准产品，将其分配标准数确定为1

8. 某企业将甲、乙两种产品作为一类，采用分类法核算产品成本，甲、乙两种产品共同耗用A材料，消耗定额分别为16千克和20千克，每千克A材料的单位成本为5元，该企业将甲产品作为标准产品，则乙产品的原材料费用系数为（　　）。

A. 1.25　　B. 0.8

C. 6.25　　D. 4

9. 系数分配法下，以下说法不正确的是（　　）。

A. 标准产品的系数确定为1

B. 标准产品可以任意选择

C. 类内某种产品的系数 = 该单位产品的分配标准 ÷ 单位标准产品的分配标准

D. 一般情况下，选择与耗用费用关系最为密切的因素作为分配标准

10. 分类法下，下列选项说法错误的是（　　）。

A. 分类法核算出来的结果具有一定的假定性

B. 分类法核算出来的结果具有准确性

C. 分类法核算成本时，需要按照一定的分配标准按比例进行分配

D. 分类法下核算产品的关键在于产品的分类和分配标准的确定

二、多项选择题

1. 分类法的成本核算过程是（　　）。

A. 在同类产品中选择一种产量大、生产稳定或规格折中的产品作为标准产品

B. 把标准产品的分配标准系数确定为1

C. 以其他产品的单位分配标准数据与标准产品相比，求出其他产品的系数

D. 用各种产品的实际产量乘上系数，计算出总系数

E. 按各种产品总系数比例分配计算类内各种产品成本

2. 确定类内不同规格、型号产品系数的依据有（　　）。

A. 产品的定额消耗量　　B. 产品的定额费用

C. 产品的售价　　D. 产品的生产工时

E. 产品的种类

3. 分类法的特点有（　　）。

A. 分类法需要和品种法、分批法、分步法结合使用

B. 以产品的类别作为成本核算对象

C. 分类法的成本核算期应视产品生产类型及管理要求而定

D. 产品的批次为成本核算对象

4. 分类法下，对于类内产品成本的核算，一般可以采用的方法有（　　）。

A. 系数分配法　　B. 定额比例法

C. 分批法　　D. 约当产量法

5. 系数分配法选择标准产品时，一般情况下，（　　）因素可以作为分配标准。

A. 定额消耗量　　B. 定额成本

C. 计划成本　　D. 售价

6. 分类法下核算产品成本的关键在于确定（　　）。

A. 产品的品种　　B. 产品的分类

C. 产品的分配标准　　D. 产品的批次

7. 如果按系数分配法进行类内产品成本分配，当直接材料成本项目按定额成本作为分配标准时，则在核算直接材料成本项目的系数时应考虑的因素有（　　）。

A. 标准产品的直接材料定额成本　　B. 某种产品的直接材料定额成本

C. 标准产品的其他项目定额成本　　D. 某种产品的其他项目定额成本

8. 按定额比例法进行类内产品成本分配时的具体做法有（　　）。

A. 材料费用可采用定额工时比例分配

B. 加工费用可采用材料定额消耗量比例分配

C. 材料费用可采用材料定额耗用量比例分配

D. 加工费用可采用定额工时比例分配

9. 系数分配法的核算步骤有（　　）。

A. 确定分配标准，选择标准产品

B. 计算类内各种产品的系数

C. 计算各类产品的标准产量

D. 计算出全部产品相当于标准产品的总产量，以此为标准分配类内各产品的成本

10. 定额比例法的核算步骤有（　　）。

A. 计算类内各种产品的原材料定额消耗量或原材料定额费用、工时定额消耗量或者直接人工定额费用、定额制造费用

B. 按成本项目计算分配率

C. 核算各种产品的实际成本

D. 核算月末在产品的定额成本

三、判断题

1. 针织厂采用系数法核算成本，选定的标准产品依据是占企业产品成本比重最大的产品。（　）
2. 分类法是成本核算的一种辅助方法。（　）
3. 分类法适用于产品品种较多，且可以按照一定要求和标准将产品划分为不同类别的企业。（　）
4. 制鞋厂适用于分类法。（　）
5. 分类法是以产品的类别作为成本核算对象。（　）
6. 系数分配法是应用分类法核算类内产品成本的分配方法。（　）
7. 是否选用分类法核算产品成本与产品的生产类型无直接关系。（　）
8. 分类法可以合理、准确地核算类内各种产品的实际成本。（　）
9. 分类法下，采用系数分配法在类内产品之间分配费用，所选择的标准产品必定是产量最高的产品。（　）
10. 分类法下，采用定额比例法在类内产品之间分配费用，最终可以核算出类内各种产品的实际成本。（　）

四、讨论题

1. 分类法的核算程序是什么？

2. 核算类内产品的成本时，系数分配法的核算步骤有哪些？

3. 核算类内产品的成本时，定额比例法的核算步骤有哪些？

模块三　核算联产品和副产品的成本

培养目标

- □ 掌握联产品的成本核算
- □ 掌握副产品的成本核算
- □ 熟练区分联产品与副产品的特点

课前回顾

【例题8－7·单选题】 在核算类内各种产品成本时，分配标准应选择与产品成本高低有着直接联系的项目，通常采用的分配标准是（　　）。

A. 定额成本　　　　B. 约当产量

C. 标准产量　　　　D. 固定成本

【答案】A

【例题8－8·多选题】 系数分配法的核算步骤有（　　）。

A. 确定分配标准，选择标准产品

B. 计算类内各种产品的系数

C. 计算各类产品的标准产量

D. 计算出全部产品相当于标准产品的总产量，依次为标准分配类内各产品的成本

【答案】ABCD

【例题8－9·判断题】 分类法下，采用系数分配法在类内产品之间分配费用，所选择的标准产品必定是产量最高的产品。（　　）

【答案】×

要点精讲

一、联产品的成本核算

（一）联产品的含义

联产品是指使用同样的原材料，经过同一生产过程，同时生产出来的两种或两种以上的地位相同但用途不同的主要产品。如炼油厂从原油中提炼出来的汽油、柴油和煤油等各种燃料油，这些都是炼油厂的主要产品，可以把它们称为联产品。

（二）联产品联合成本的分配方法

1. 系数分配法

2. 实物量分配法

二、副产品的成本核算

副产品是指使用同一种原材料，在同一生产过程中生产主要产品时，附带生产出来的非主要产品，如肥皂厂生产出来的甘油，炼油厂生产的渣油等。

副产品的成本核算主要有以下几种方法：

（1）分离后不再加工的副产品，价值较低，可以按企业的计划成本或定额成本计价。

（2）分离后不再加工但价值较高的副产品，则按副产品的售价减去销售税金、销售费用和销售利润以后的余额计价。

（3）分离后还需进行加工的副产品，如果价值较低，可以只按加工成本计价；如果价值较高，应该按分离前的联合成本和加工成本计价。

思考练习 8 -3

一、单项选择题

1. 副产品成本从联合成本中扣除的方法可以是（　　）。

A. 从“直接材料”成本项目中扣除

B. 从“直接人工”成本项目中扣除

C. 从“制造费用”成本项目中扣除

D. 由企业自行决定

2. 副产品的成本核算（　　）开设成本核算单。

A. 由副产品　　B. 由主产品

C. 将主产品和副产品归为一类　　D. 按产品的批次

3. 下列选项中属于联产品的联合成本方法有（　　）。

A. 系数分配法　　B. 直接分配法

C. 计划分配法　　D. 交互分配法

4. 在副产品的加工处理所需时间不长，费用不大的情况下，副产品也可以（　　）。

A. 按固定成本计价　　B. 按计划成本计价

C. 不计价　　D. 按已售价扣除税金和销售费用后的余额计价

5. 关于联产品，下列说法中正确的是（　　）。

A. 联产品中各种产品的成本应该相等

B. 可以按联产品中的每种产品归集和分配生产费用

C. 联产品的成本应包括其所应负担的联合成本

D. 联产品的成本应包括其所应负担的联合成本和分离后的继续加工成本

6. 联产品分离前联合成本的核算，可采用分类法的原理进行，联合成本在各种联产品之间分配的常用方法是（　　）。

A. 实际产量分配法　　B. 约当产量分配法

C. 标准产量分配法　　D. 计划产量分配法

7. 副产品的计价可以根据不同情况分别采用不同方法，常见的方法是（　　）。

A. 按上期成本计价法　　B. 按固定成本计价法

C. 按定额成本计价法　　D. 按实际成本计价法

8. 在进行联产品成本核算时，关键要核算出（　　）的成本。

A. 分离前　　B. 分离点

C. 分离后　　D. 继续加工

9. 在企业生产过程中，使用相同的原材料，经过共同的生产工艺，进行相同的加工过程，生产出来的具有同等地位，不同用途的几种主要产品，是（　　）。

A. 联产品　　B. 副产品

C. 等级产品　　D. 主要产品

10. 如果企业在生产过程中生产的副产品种类较多，可以（　　）核算副产品成本。

A. 按照企业规定的计划成本　　B. 按照企业规定的固定成本

C. 不计价　　D. 以售价扣除税金和销售费用的余额计价

二、多项选择题

1. 联产品分离前的联合成本的计算，可采用分类法的原理进行。联合成本在各种联产品之间分配的常用方法是（　　）。

A. 实物量分配法　　B. 约当产量分配法

C. 系数分配法　　D. 计划产量分配法

2. 副产品是指企业在生产主要产品的过程中附带生产出来的一些非主要产品，企业副产品的实际计价方法通常是（　　）。

A. 副产品按主产品计价

B. 按销售价格扣除销售税金、销售费用后的余额计算

C. 副产品按加工成本计价

D. 按计划成本计价

3. 下列产品中，可以采用分类法核算成本的有（　　）。

A. 等级产品　　B. 主、副产品

C. 联产品　　D. 不同类型的糖果产品

4. 联产品的生产特点有（　　）。

A. 经过同一生产过程　　B. 利用同一种原材料加工生产

C. 都是企业的主要产品　　D. 有的是主要产品，有的是非主要产品

5. 副产品的生产特点有（　　）。

A. 经过同一生产过程　　B. 利用同一种原材料加工生产

C. 都是企业的主要产品　　D. 有的是主要产品，有的是非主要产品

6. 联产品的成本核算中，实物分配法的分配标准可以为各联产品的（　　）。

A. 重量　　B. 长度

C. 容积　　D. 高度

7. 联产品成本核算的步骤有（　　）。

A. 联产品分离点前的联合成本的核算　　B. 分离点的联合成本的分配
C. 分离点后继续加工成本的核算　　D. 主要产品的核算

8. 以下说法正确的是（　　）。
A. 副产品分离前，可以将副产品的成本从联合成本的直接材料项目中扣除
B. 副产品分离前，可以将副产品的成本从联合成本的制造费用项目中扣除
C. 副产品分离前，可以按照副产品的计价额与其总成本的比例分别从联合成本中扣除
D. 副产品分离前，可以按照副产品的计价额直接从联合成本中扣除

9. 联产品的成本由（　　）之和组成。
A. 联合成本　　B. 可归属成本
C. 制造成本　　D. 销售成本

10. 以下说法正确的是（　　）。
A. 炼油厂从原油中提炼出的汽油、柴油和煤油都是联产品
B. 肥皂厂生产出来的甘油是副产品
C. 炼油厂产生的渣油是副产品
D. 乳品厂生产脱脂奶过程中生产的奶油是副产品

三、判断题

1. 企业联产品的成本应该包括其所应负担的联合成本和分离后的继续加工成本。（　　）
2. 主产品、副产品在分离前应合为一类成本明细账，归集生产费用、核算成本。（　　）
3. 对于联产品来说，必须采用分类法核算各种产品的成本。（　　）
4. 交互分配法是联产品成本分配的方法之一。（　　）
5. 系数分配法是联产品分配的方法。（　　）
6. 实物分配法是联产品分配的方法。（　　）
7. 副产品是非主要产品。（　　）
8. 联产品是非主要产品。（　　）
9. 副产品的成本核算只需要核算出分离后的加工成本。（　　）
10. 副产品的成本可以按照固定成本计价。（　　）

四、讨论题

1. 简述联产品的概念并举例。

2. 联产品的成本核算步骤是什么？

五、计算题

某制造企业用同一种原材料，在同一生产过程中同时生产出A、B、C三种联产品。本月共发生直接材料130 500元，直接人工78 300元，制造费用52 200元。进行联合成本分配时，以产品售价为标准确定系数，选择C产品为标准产品。联产品的有关资料如表8－1所示。

表8－1　　联产品产量、售价和系数表

产品名称	实际产量（千克）	单位售价（元）	系数
A产品	7 200	12	0. 5
B产品	10 800	18	0. 75
C产品	14 400	24	1

［要求］（1）根据以上资料采用实物量分配法编制联产品成本核算单。

（2）根据以上资料采用系数分配法编制联产品成本核算单，并编制会计分录。

项目九

产品成本核算的定额法

模块一　定额法的工作原理

培养目标

□　掌握定额法的概念
□　掌握定额法的适用范围
□　掌握定额法的核算程序

课前回顾

【例题9－1·单选题】副产品成本从联合成本中扣除的方法可以是（　　）。

A. 从“直接材料”成本项目中扣除　　B. 从“直接人工”成本项目中扣除

C. 从“制造费用”成本项目中扣除　　D. 由企业自行决定

【答案】A

【例题9－2·多选题】联产品分离前的联合成本的核算，可采用分类法的原理进行。联合成本在各种联产品之间分配的常用方法是（　　）。

A. 实物量分配法　　B. 约当产量分配法

C. 系数分配法　　D. 计划产量分配法

【答案】AC

【例题9－3·判断题】企业联产品的成本应该包括其所应负担的联合成本和分离后的继续加工成本。（　　）

【答案】√

要点精讲

一、定额法的基本原理

定额法是指为了反映企业产品实际成本脱离定额成本的差异，配合企业加强产品成本的定额管理并进行成本控制所采用的一种成本核算方法。它的基本特点是：以产品的定额成本为基础，加上或减去脱离定额差异以及定额变动差异来核算产品的实际成本。采用定额法核算产品成本，其核算成本的基本原理是：产品的实际成本由定额成本、脱离定额差异和定额变动差异三个因素组成。

（一）定额成本

（二）脱离定额差异

（三）定额变动差异

二、定额法的优缺点

（一）定额法的优点

（1）通过生产耗费及其脱离定额和计划的日常核算，能够在生产耗费发生的当时反映和监督脱离定额（或计划）的差异，从而有利于加强成本控制，可以及时、有效地促进生产耗费的节约，降低产品成本。

（2）由于产品实际成本是按照定额成本和各种差异分别核算的，因而便于对各项生产耗费和产品成本进行定期分析，有利于进一步挖掘降低产品成本的潜力。

（3）通过脱离定额差异和定额变动差异的核算，还有利于提高成本的定额管理和计划管理工作的水平。

（4）由于有着现成的定额成本资料，因而能够较为合理、简便地解决完工产品和月末在产品之间分配费用的问题。

（二）定额法的缺点

采用定额法核算产品成本比采用其他方法核算工作量要大。因为采用定额法必须制定定额成本，单独核算脱离定额差异，在定额变动时还必须修订定额成本，计算定额变动差异。

三、定额法的适用范围

定额法是为了加强成本管理，进行成本控制而采用的一种成本核算与管理相结合的方法，它不是成本核算的基本方法，与企业生产类型没有直接联系。不论哪种生产类型，只要具备条件，都可以采用定额法核算产品成本。

定额法适用于产品品种不多，规格、型号、工艺加工过程比较稳定，定额管理制度比较健全，各项消耗定额比较准确、稳定，成本核算工作基础较好的企业。

四、定额法的核算程序

（一）事前制定产品的定额成本

（二）分别核算符合定额的费用和脱离定额的差异

（三）以定额成本为基础，加减各种成本差异求得实际成本

思考练习9－1

一、单项选择题

1. 定额法适用于（　　）。

A. 小批单件单步骤生产的企业

B. 大量大批多步骤生产的企业

C. 可以按一定标准将所产产品进行分类的企业

D. 定额管理基础较好，各项消耗定额较准确且稳定的企业

2. 采用定额法核算产品成本，产品实际成本的组成项目没有（　　）。

A. 定额成本　　B. 脱离定额差异

C. 材料成本差异　　D. 直接人工差异

3. 在定额法下，当消耗定额提高时，月初在产品的定额成本调整和定额变动差异数（　　）。

A. 都是正数　　B. 都是负数

C. 前者是正数，后者是负数　　D. 前者是负数，后者是正数

4. 在生产过程中，企业实际发生的成本与定额成本的差异是（　　）。

A. 定额变动差异　　B. 材料成本差异

C. 费用率差异　　D. 脱离定额差异

5. 以下哪些方法不是基本成本核算方法（　　）。

A. 定额法　　B. 品种法

C. 分批法　　D. 分步法

6. 下列方法中，既是产品成本核算方法，又是成本控制方法的是（　　）。

A. 分步法　　B. 分批法

C. 分类法　　D. 定额法

7. 定额法的适用范围（　　）。

A. 与生产类型直接相关　　B. 与生产类型无关

C. 适用于大量生产　　D. 适用于小批生产

8. 由于修改旧定额而产生的新旧定额之间的差额称为（　　）。

A. 定额差异　　B. 材料成本差异

C. 定额变动差异　　D. 脱离定额差异

9. 采用定额法核算产品成本时，若差异额较大而且各月在产品数量变动也较大，差异额在完工产品和月末在产品之间进行分配的方法一般是采用（　　）。

A. 定额差异的比例　　B. 定额成本的比例

C. 脱离定额差异的比例　　D. 材料成本差异的比例

10. 定额法下的产品成本核算单中，在消耗定额降低时，月初在产品的定额成本调整和

定额变动差异，（　　）。

A. 都是负数　　B. 都是正数

C. 前者是正数，后者是负数　　D. 前者是负数，后者是正数

二、多项选择题

1. 采用定额法核算产品成本的企业应当具备（　　）。

A. 定额管理制度比较健全　　B. 定额管理基础工作比较好

C. 产品生产已经定型　　D. 各项消耗定额比较准确、稳定

2. 采用定额法核算产品成本，产品实际成本的组成项目有（　　）。

A. 定额成本　　B. 脱离定额差异

C. 材料成本差异　　D. 定额变动差异

E. 人工成本差异

3. 在定额法下，核算产品应分配的材料成本差异时，需要的项目有（　　）。

A. 产品原材料的定额费用　　B. 原材料脱离定额的差异

C. 原材料定额变动的变异　　D. 原材料成本差异率

4. 工资定额差异由（　　）因素组成。

A. 工时差异　　B. 小时工资差异

C. 材料成本差异　　D. 定额变动差异

E. 人工成本差异

5. 材料脱离定额差异的核算方法有（　　）。

A. 个别定价法　　B. 加权平均法

C. 限额法　　D. 切割法

E. 盘存法

6. 原材料脱离定额差异的核算方法一般有（　　）。

A. 限额法　　B. 切割法

C. 盘存法　　D. 分步法

7. 定额法的主要特点是（　　）。

A. 简化成本核算的工作

B. 加强了对产品成本的事前控制

C. 加强了对成本差异的日常核算、分析和控制

D. 为定期考核和分析成本提供数据

8. 将产品的定额成本调整为实际成本，需要加减的差异为（　　）。

A. 脱离定额差异　　B. 在产品差异

C. 材料成本差异　　D. 定额变动差异

9. 定额法的优点有（　　）。

A. 有利于加强成本控制

B. 有利于进一步挖掘降低产品成本的潜力

C. 有利于提高成本的定额管理和计划管理的水平

D. 核算产品成本的工作量较小

10. 定额法的核算程序为（　　）。

A. 事前制定产品的定额成本

B. 分别核算符合定额的费用和脱离定额的差异

C. 以定额成本为基础，加减各种成本差异求得实际成本

D. 计算定额变动差异

三、判断题

1. 定额法是为了加强成本管理，进行成本控制而采用的一种成本核算与成本管理相结合的方法。（　　）

2. 定额法能够单独应用，不必与产品成本核算的基本方法结合起来应用。（　　）

3. 定额法是产品成本的辅助核算方法。（　　）

4. 月初在产品定额成本调整的数额，与计入产品成本的定额变动差异之和应为零。（　　）

5. 定额变动差异反映了费用本身的节约或超支，是经常存在的。（　　）

6. 定额变动差异是指实际费用与定额费用之间的差额。（　　）

7. 定额变动成本是将成本核算与成本控制紧密结合的方法。（　　）

8. 定额成本是各种有关的现行定额核算的成本。（　　）

9. 脱离定额差异是指产品生产过程中各项实际发生的生产费用脱离定额的差异。（　　）

10. 定额变动差异是指由于修订定额而产生的新旧定额之间的差异额。（　　）

四、讨论题

1. 定额法的基本特点和基本原理是什么？

2. 定额法的适用范围是什么？

3. 定额法的核算程序是什么？

模块二　应用定额法核算产品成本

培养目标

□ 掌握定额成本的核算
□ 掌握脱离定额差异的核算
□ 熟练运用定额法进行完工产品成本的结转

课前回顾

【例题9－4·单选题】在生产过程中，企业实际发生的成本与定额成本的差异是（　　）。

A. 定额变动差异　　B. 材料成本差异
C. 费用率差异　　D. 脱离定额差异

【答案】D

【例题9－5·多选题】定额法的主要特点是（　　）。

A. 简化成本核算的工作
B. 加强了对产品成本的事前控制
C. 加强了对成本差异的日常核算、分析和控制
D. 为定期考核和分析成本提供数据

【答案】BCD

【例题9－6·判断题】定额法是产品成本的辅助核算方法。（　　）

【答案】√

要点精讲

一、定额成本的核算

单位产品直接材料费用定额＝单位产品原材料消耗定额×原材料计划单价
单位产品直接人工费用定额＝单位产品工时消耗定额×生产工人工资计划单价
单位产品制造费用定额＝单位产品工时消耗定额×制造费用计划单价

二、脱离定额差异的核算

（一）直接材料脱离定额差异的核算

直接材料脱离定额差异的核算有三种方法：限额领料单法、切割法和盘存法。

（二）直接人工脱离定额差异的核算
（三）制造费用脱离定额差异的核算
（四）定额变动差异的核算

三、完工产品成本的结转

定额变动差异一般应按照定额成本比例，在完工产品和月末在产品之间进行分配。因为这种差异不是当月工作的结果，不应全部计入当月完工产品成本。但是，若定额变动差异数额较小，或者月初在产品本月全部完工，那么，定额变动差异也可以全部由完工产品负担，月末在产品不再负担。

思考练习 9－2

一、单项选择题

1. 计算月初在产品的定额变动差异，其目的是（　　）。
A. 正确核算本月产成品的定额成本　　B. 正确核算本月半成品的实际成本
C. 调整本月发生的定额成本　　D. 调整月初在产品的定额成本
2. 在完工产品成本中，如果月初在产品定额变动差异是正数则说明（　　）。
A. 定额提高了　　B. 定额降低了
C. 本月定额管理和成本管理不顺利　　D. 本月定额管理和成本管理取得了成绩
3. 以下哪项，不属于定额法的主要优点（　　）。
A. 有效地促进生产耗费、降低产品成本
B. 分步骤核算产品成本
C. 有利于进一步挖掘降低成本的潜力
D. 有利于提高成本的定额管理和计划管理工作水平
4. 产品的实际成本核算公式是（　　）。
A. 产品的实际成本＝定额成本＋脱离定额的差异＋定额变动差异
B. 产品的实际成本＝定额成本＋脱离定额的差异＋定额变动差异＋材料成本差异
C. 产品的实际成本＝定额成本＋脱离定额的差异＋材料成本差异
D. 产品的实际成本＝定额成本＋材料成本差异
5. 以下属于辅助成本核算方法的有（　　）。
A. 品种法　　B. 分步法
C. 分批法　　D. 定额法
6. 原材料脱离定额差异是（　　）。
A. 价格差异　　B. 数量差异
C. 原材料成本差异　　D. 定额变动差异
7. 采用定额法核算产品成本时，生产工资费用定额的计算公式是（　　）。
A. 生产工资费用定额＝产品实际工时×生产工资实际单价

B. 生产工资费用定额 = 产品实际工时 × 生产工资计划单价

C. 生产工资费用定额 = 产品实际工时定额 × 生产工资实际单价

D. 生产工资费用定额 = 产品实际工时定额 × 生产工资计划单价

8. 采用定额法核算产品成本时，对于定额变动差异若是定额降低，在月末核算产品成本时，（　　）。

A. 还应从当月的产品成本当中扣除　　B. 还应加到当月的产品成本当中

C. 对当月产品成本没有影响　　D. 还应计算月初定额与月末定额的差额

9. 以下不属于直接材料定额差异的计算方法的有（　　）。

A. 限额法　　B. 切割法

C. 系数法　　D. 盘存法

10. 定额成本一般是以产品现行的（　　）或费用的计划分配率为依据并分成本项目计算的。

A. 产品实际产量和计划价格　　B. 消耗定额和计划价格

C. 产品的实际产量和实际价格　　D. 产品的计划产量和计划价格

二、多项选择题

1. 在定额法下，产品的实际成本是（　　）的代数和。

A. 按现行定额核算的产品定额成本　　B. 脱离现行定额的差异

C. 材料成本差异　　D. 月初在产品定额变动差异

2. 定额成本的制定程序包括（　　）。

A. 零件定额卡　　B. 部件定额卡

C. 产品定额成本　　D. 消耗定额

3. 定额法的成本核算对象是（　　）。

A. 产品品种　　B. 产品类别

C. 产品批次　　D. 产品步骤

4. 定额法的适用范围是（　　）。

A. 产品品种比较稳定　　B. 各项定额比较齐全准确

C. 原始记录比较准确　　D. 定额管理基础好的企业

5. 定额成本的核算，首先必须制定的定额有（　　）。

A. 原材料消耗定额　　B. 动力的消耗定额

C. 人工工时定额　　D. 原材料计划单件

6. 直接材料定额差异的核算方法有（　　）。

A. 限额法　　B. 切割法

C. 系数法　　D. 盘存法

7. 材料成本差异的核算涉及的因素有（　　）。

A. 产品原材料实际成本　　B. 原材料脱离定额差异

C. 材料成本差异率　　D. 产品原材料定额成本

8. 在定额法下，产品实际成本的核算涉及（　　）因素。

A. 按现行定额核算的产品定额成本　　B. 脱离现行定额差异

C. 材料成本差异　　　　　　　　　　D. 月初在产品定额变动差异

9. 定额变动差异的核算方法有（　　）。

A. 直接计算法　　　　　　　　　　B. 系数折算法

C. 实物量分配法　　　　　　　　　D. 盘存法

10. 在定额法下，产品实际成本的计算公式可以为（　　）。

A. 现行定额核算的产品定额成本+脱离定额差异+产品定额变动差异

B. 现行定额核算的产品定额成本+脱离定额差异+产品定额变动差异+材料成本差异

C. 产品月初实际成本+脱离定额差异+产品定额变动差异

D. 产品月初实际成本+脱离定额差异+产品定额变动差异+材料成本差异

三、判断题

1. 定额法的适用范围与企业生产类型没有直接关系。（　　）

2. 机床厂采用定额法核算成本的原因是企业用品种法核算成本且定额管理工作的基础较好。（　　）

3. 为了更好地加强成本控制，发挥成本核算对于节约生产费用、降低产品成本的作用，可以采用定额法。（　　）

4. 定额成本包括零部件定额成本和产品定额成本，通常是由计划、财会等部门共同制定的。（　　）

5. 定额成本包括的成本项目和计算方法，应与计划成本、实际成本包括的成本项目和计算方法一致，以便于成本考核和分析工作的进行。（　　）

6. 完工产品成本中的定额差异是正数，一般说明本月成本管理工作做得不好。（　　）

7. 定额法应采用定额比例法或在产品按定额成本计价法，分配计算完工产品和月末在产品所应负担的成本差异。（　　）

8. 定额变动差异一般应按照定额成本比例，在完工产品和月末在产品之间进行分配。若定额变动差异数额较小，或者月初在产品本月全部完工，那么，定额变动差异也可以全部由完工产品负担，月末在产品不再负担。（　　）

9. 在计算月初在产品定额变动差异时，如果是定额提高的差异，应加入月初在产品定额成本，并从本月产品成本中减去。（　　）

10. 定额法下，月初在产品定额变动差异等于月初在产品中定额变动的零部件数量乘以旧定额与新定额之差。（　　）

四、讨论题

1. 直接材料脱离定额差异的核算方法有哪些?

2. 定额成本如何制定？

3. 定额变动差异应如何制定？

五、计算题

1. 某企业生产乙产品耗用C材料。乙产品月初在产品为50件，本月完工产品1 000件，月末在产品为150件。生产乙产品用原材料系在生产开始时一次投入，乙产品C材料消耗定额为每件2千克，C材料计划单价为每千克10元。限额领料单载明本月实际领料数量为2 100千克。车间期初余料为50千克，期末余料为20千克。

[要求] 根据以上资料计算该企业生产乙产品直接材料脱离定额差异数量及金额。

2. 丰华公司一车间（该车间生产甲产品和其他产品）8月计划产量的定额直接人工费用为14 800元，计划产量的定额生产工时为2 960小时；本月实际直接人工费用为16 120元，实际生产工时为3 100小时；本月甲产品定额工时为1 836小时，实际生产工时为1 807小时。

[要求] 根据以上资料计算该企业生产甲产品直接人工费用脱离定额的差异。

项目十

产品成本核算的作业成本法

模块一　作业成本法的工作原理

培养目标

□　了解作业成本法产生的背景与发展
□　了解作业成本法的基本概念

课前回顾

【例题 10－1·单选题】计算月初在产品的定额变动差异，其目的是（　　）。

A. 正确计算本月产成品的定额成本　　B. 正确计算本月半成品的实际成本
C. 调整本月发生的定额成本　　D. 调整月初在产品的定额成本

【答案】D

【例题 10－2·多选题】采用定额法核算产品成本的企业应当具备的条件有（　　）。

A. 定额管理制度比较健全　　B. 定额管理基础工作比较好
C. 产品生产已经定型　　D. 各项消耗定额比较准确、稳定

【答案】ABCD

【例题 10－3·判断题】定额法应采用定额比例法或在产品按定额成本计价法，分配计算完工产品和月末在产品所应负担的成本差异。（　　）

【答案】√

要点精讲

一、作业成本法产生的背景与发展

作业成本法是一种以作业为基础，对各种主要的间接费用采用不同的间接费用分配率进

行成本分配的成本核算方法，它是对传统成本核算方法的创新。传统成本核算法是以某一总量（如人工总量、材料总量、机器工时总量等）为基础，计算统一的间接费用分配率来分配间接费用。其主要目的是为分摊间接费用提供统一的基础，以有利于存货计价和利润计算。这种以产品的直接人工、直接材料或直接工时总量为基础的间接费用分配方法，在间接费用项目较少、间接费用在总成本中所占比重较小、对成本管理的要求不高的情况下是可行的。

二、作业成本法的基本概念

作业成本法又称为作业成本核算法或作业量基准成本核算方法，是以作业（Activity）为核心，确认和计量耗用企业资源的所有作业，将耗用的资源成本准确地计入作业，然后选择成本动因，将所有作业成本分配给成本核算对象（产品或服务）的一种成本核算方法。

作业成本核算法的核心是在核算产品成本时，先将制造费用归于每一作业，然后再由每一作业中心分摊到产品成本。因此，进行作业成本核算，首先必须明确以下几个基本概念。

（1）作业；

（2）作业链和价值链；

（3）成本动因。

思考练习 10－1

一、单项选择题

1. 下列关于作业成本法的说法，不正确的是（　　）。

A. 产品的成本实际上就是企业全部作业所消耗资源的总和

B. 成本动因分为资源动因和作业动因

C. 作业成本法下，所有成本都需要先分配到有关作业，然后再将作业成本分配到有关产品

D. 作业成本法的基本指导思想是“作业消耗资源、产品消耗作业”

2. 作业成本法的主要特点不包括（　　）。

A. 作业计算分为两个阶段　　B. 成本分配强调因果关系

C. 成本分配使用众多不同层面的成本动因　D. 成本分配使用相同的成本动因

3. 能使某种产品的每一单位都受益的作业是（　　）。

A. 单位作业　　B. 批别作业

C. 产品别作业　　D. 管理作业

4. 与生产数量无关，能使一批产品受益的作业是（　　）。

A. 单位作业　　B. 批别作业

C. 产品别作业　　D. 管理作业

5.（　　）是作业成本的核心内容。

A. 作业　　B. 产品

C. 资源　　D. 成本动因

6. 作业成本法下的成本核算过程可以概括为（　　）。

A. 资源—作业　　B. 资源—产品

C. 资源—产品—作业　　D. 资源—作业—产品

7. 作业成本法的一个突出特点是在成本分配中尽量避免使用（　　）。

A. 直接追溯　　B. 间接追溯

C. 动因追溯　　D. 分摊

8. 作业成本法下，引起作业成本变动的因素称为（　　）。

A. 资源动因　　B. 作业动因

C. 数量动因　　D. 产品动因

9. 精确度最高，但执行成本最昂贵的作业动因是（　　）。

A. 业务动因　　B. 持续动因

C. 强度动因　　D. 以上三者相同

10. 将成本分配到成本对象的形式中，得到的产品成本最准确的就是（　　）。

A. 直接追溯　　B. 间接追溯

C. 动因追溯　　D. 分摊

二、多项选择题

1. 成本动因可以是（　　）。

A. 财务指标　　B. 非财务指标

C. 内部指标　　D. 外部指标

2. 下列适用作业成本法的企业特征的有（　　）。

A. 制造费用在产品成本结构中比重较小

B. 产品工艺过程复杂，作业环节多且容易辨认

C. 企业规模大，产品种类多

D. 生产准备成本较高，各次投产数量相差较大

3. 作业成本法的局限性主要有（　　）。

A. 所提供的信息仍以传统会计为基础

B. 确定作业和成本动因时具有人为性

C. 实施成本高

D. 制造费用分配标准多元性

4. 按照计量作业发生数量的方法不同，可以将作业分为（　　）。

A. 单位作业　　B. 批别作业

C. 产品别作业　　D. 维持性作业

5. 作业的基本特征有（　　）。

A. 是一种资源的投入和另一种结果产出的过程

B. 作业贯穿于经营过程的全部

C. 作业是可以量化的

D. 所有作业都是增值的

6. 作业成本法将成本分配到成本对象的形式有（　　）。

A. 直接追溯　　B. 主观追溯

C. 动因追溯　　D. 分摊

7. 在作业成本核算中，成本动因一般分为（　　）。

A. 资源动因　　B. 作业动因

C. 时间动因　　D. 产量动因

8. 根据资源动因与作业动因的一般定义，下列说法正确的是（　　）。

A. 资源动因是引起作业成本变动的因素　B. 资源动因是引起产品成本变动的因素

C. 作业动因是引起作业成本变动的因素　D. 作业动因是引起产品成本变动的因素

9. 以下关于作业成本法的说法不正确的是（　　）。

A. 资源动因是引起产品成本变动的因素，作业动因是引起作业成本变动的因素

B. 作业成本法的指导思想是作业消耗资源，产品消耗作业

C. 作业成本法的成本分配适用直接追溯和动因追溯，不适用分摊

D. 成本追溯适用众多不同层面的作业动因

10. 下列关于资源动因的说法中正确的是（　　）。

A. 它是引起作业成本变动的因素

B. 它被用来计量各项作业对资源的耗用

C. 运用资源动因可以将资源成本分配给各有关作业

D. 运用资源动因可以将作业成本分配给各有关产品

三、判断题

1. 产品的成本实际上就是企业全部作业所消耗资源的总和。（　　）

2. 成本动因分为资源动因和作业动因。（　　）

3. 作业成本法下，所有成本都需要先分配到有关作业，然后再将作业成本分配到有关产品。（　　）

4. 作业成本法的基本指导思想是“作业消耗资源、产品消耗作业”。（　　）

5. 作业成本法的主要特点包括成本分配使用相同的成本动因。（　　）

6. 作业成本法是将直接成本和间接成本更准确地分配到作业、生产过程、产品、服务及顾客的一种成本核算方法。（　　）

7. 作业动因是引起作业成本变动的因素。（　　）

8. 作业成本法的基本指导思想是“作业消耗资源，产品消耗作业”。（　　）

9. 在作业成本管理模式下，动因追溯虽然不像直接追溯那样准确，但只要因果关系建立适当，成本分配的结果同样可以达到较高的准确程度。（　　）

10. 作业成本法下，使用直接追溯方式分配的成本是准确的。（　　）

四、讨论题

1. 作业成本法的基本概念是什么？

2. 作业的概念是什么？

3. 作业链和价值链的关系是什么？

模块二　应用作业成本法核算产品成本

培养目标

- ☐ 了解作业成本法的基本程序
- ☐ 学会区分作业成本法与传统成本法的差异
- ☐ 掌握作业成本法的优缺点

课前回顾

【例题 10－4·单选题】 作业成本法下的成本核算过程可以概括为（　　）。

A. 资源—作业　　B. 资源—产品

C. 资源—产品—作业　　D. 资源—作业—产品

【答案】D

【例题 10－5·多选题】 在作业成本核算中，成本动因一般分为（　　）。

A. 资源动因　　B. 作业动因

C. 时间动因　　D. 产量动因

【答案】AB

【例题 10－6·判断题】 产品的成本实际上就是企业全部作业所消耗资源的总和。（　　）

【答案】√

要点精讲

一、作业成本法的基本程序

（一）作业成本法的基本原理

作业成本法下的成本核算过程可以概括如图 10－1 所示。

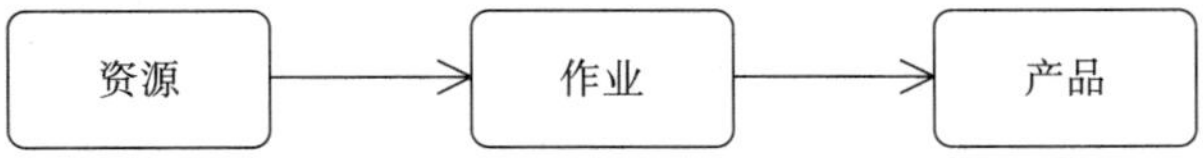

图 10－1　作业成本法的核算过程

（二）作业成本法的一般程序

作业成本法核算的基本程序就是先将各类资源价值分配到各作业成本库，然后再把各作业成本库所归集的成本分配给各种产品。具体步骤如下：

（1）确定成本核算对象。

（2）确定直接生产成本类别。

（3）确认作业类别，建立作业中心。

（4）将资源分配到各作业中心，核算各作业成本。

（5）分配作业成本。

（6）确定作业中心成本分配率。

（7）核算产品成本。

二、作业成本法与传统成本法的差异

作业成本法与传统成本法之间的主要差异如表 10－1 所示。

表 10－1　作业成本法与传统成本法差异表

比较标的	作业成本法	传统成本法
成本动因	多个成本动因：作业基础动因和数量基础动因	只有数量基础动因，具有普适性
间接费用	间接费用先分配到各项作业中，然后再分配给产品或服务	间接费用先分配到部门，然后再分配给产品或服务
重心	重心放在解决部门间的成本核算和流程问题上	重心放在让各部门经理负责其部门内的各项成本和流程改进上
适用企业	批量生产、劳动密集型企业，直接成本所占比重大，间接成本与工时、产量相关	技术密集型企业和多品种小批量生产企业，间接成本比重大且与工时、产量无关

三、作业成本法的优点

（1）作业成本法提供了相对准确的成本信息。

（2）作业成本法拓宽了成本核算的范围。

（3）作业成本法提供了便于不断改进的业绩评价体系。

（4）作业成本信息可以有效地改进企业战略决策。

四、作业成本法的局限性

（1）采用作业成本法应遵循成本效益原则。

（2）作业成本法在成本动因确定方面，需要人为地判断，难免带有主观性和一定程度的武断性。

（3）用作业成本核算法所分配的间接费用是那些由生产作业所引起的制造费用，但并没有解决与作业活动不相关的间接费用如何分配的问题。

（4）在作业成本核算法下，对一些产量驱动型的制造费用是按生产工时或机器工时进行分配，实际上这样分配的结果是不正确的。

（5）在作业成本核算法下，成本核算一般是以整个工厂为单位，将直接计入产品成本的直接材料、直接人工加上各成本库分来的作业成本求得产品总成本，这样不能提供生产部门的成本。

（6）作业成本核算法只适用于制造费用比重大、项目多的企业，对于非此类企业相对意义较小。

【例题 10－7·业务处理题】河南红山仪表制造厂生产甲、乙两种产品，有关资料如表10－2、表10－3所示。

表 10－2　　产量及直接成本等资料表

项目	甲产品	乙产品
产量（件）	20 000	50 000
订购次数（次）	4	8
机器制造工时（小时）	40 000	150 000
直接材料成本（元）	2 200 000	2 500 000
直接人工成本（元）	300 000	750 000

表 10－3　　制造费用明细及成本动因表

项目	制造费用金额（元）	成本动因
材料验收成本	36 000	订购次数
产品验收成本	42 000	订购次数
燃料与水电成本	43 700	机器制造工时
开工成本	21 000	订购次数
职工福利成本	25 200	直接人工成本
设备折旧	32 300	机器制造工时
厂房折旧	20 300	产量
材料储存成本	14 100	直接材料成本
车间管理人员工资	9 800	产量
合计	244 400	

[要求]（1）使用作业成本法求出甲、乙两种产品所应负担的制造费用。

（2）使用作业成本法核算甲、乙两种产品总成本和单位成本。

【答案】（1）核算结果如表 10 – 4 所示。

表 10 – 4　　金额单位：元

项目	制造费用金额	成本动因	单位作业成本
材料验收成本	36 000	订购次数	3 000（元/次）
产品验收成本	42 000	订购次数	3 500（元/次）
燃料与水电成本	43 700	机器制造工时	0. 23（元/小时）
开工成本	21 000	订购次数	1 750（元/次）
职工福利成本	25 200	直接人工成本	0. 024
设备折旧	32 300	机器制造工时	0. 17（元/小时）
厂房折旧	20 300	产量	0. 29（元/件）
材料储存成本	14 100	直接材料成本	0. 003
车间管理人员工资	9 800	产量	0. 14（元/件）

甲产品分配的制造费用 =4 ×（3 000 +3 500 +1 750）+40 000 ×（0. 23 +0. 17）+20 000 ×（0. 29 +0. 14）+300 000 ×0. 024 +2 200 000 ×0. 003 =71 400（元）

乙产品分配的制造费用 =245 200 –71 400 =173 800（元）

（2）甲产品总成本 =2 200 000 +300 000 +71 400 =2 571 400（元）

甲产品单位成本 =2 571 400 ÷20 000 =128. 57（元/件）

乙产品总成本 =2 500 000 +750 000 +173 800 =3 423 800（元）

乙产品单位成本 =3 423 800 ÷50 000 =68. 476（元/件）

思考练习 10 – 2

一、单项选择题

1. 作业成本法最重要的优点在于（　　）。

A. 促进企业组织方式变革　　B. 作业的计量和分配较为客观

C. 促使管理人员加强成本控制　　D. 简化了成本核算程序

2. 在作业成本库建立之后，分配资源的价值耗费的基础是反映资源消耗量与作业量之间关系的（　　）。

A. 作业　　B. 产品

C. 资源动因　　D. 成本动因

3. 作业成本法的成本核算是以（　　）为中心。

A. 产品　　B. 作业

C. 费用　　D. 资源

4. 作业成本法计算制造费用分配率应考虑（　　）。

A. 生产工时　　B. 作业目的
C. 总量标准　　D. 成本动因

5. 传统成本核算法的核算对象为（　　）。
A. 作业中心　　B. 费用
C. 资源　　D. 最终产品

6. 作业成本法与传统成本核算方法的区别，主要体现在（　　）。
A. 全部成本分配方法不同　　B. 间接成本分配方法不同
C. 直接材料分配方法不同　　D. 直接人工分配方法不同

7. 下列属于生产支持级作业的是（　　）。
A. 人工工时　　B. 材料转移次数
C. 按产品品种计算的图纸制作份数　　D. 公司的广告费用

8. 下列作业中属于批次级作业的是（　　）。
A. 直接人工成本　　B. 生产准备
C. 编制材料清单　　D. 工厂管理

9. 作业的成本与产量成比例变动的作业是（　　）。
A. 产量级作业　　B. 批次级作业
C. 品种级作业　　D. 生产支持级作业

10. 以下不是作业成本法的优点的是（　　）。
A. 作业成本法提供了相对准确的成本信息
B. 作业成本法拓宽了成本核算的范围
C. 作业成本法提供了便于不断改进的业绩评价体系
D. 作业成本核算法只适用于制造费用比重大、项目多的企业

二、多项选择题

1. 选择适当的成本动因通常应考虑的因素有（　　）。
A. 成本动因资料是否易于取得　　B. 与作业实际消耗的相关度
C. 成本动因引发的人为行为　　D. 执行者的判断经验

2. 作业成本法与传统成本法的差异有（　　）。
A. 成本动因的数量不同　　B. 核算程序不同
C. 间接费用分配的程序不同　　D. 适用情况不同

3. 作业成本法主要适用于（　　）。
A. 批量生产企业　　B. 劳动密集型企业
C. 直接成本所占比重太小的企业　　D. 间接成本与工时、产量无关的企业

4. 传统成本法主要适用于（　　）。
A. 批量生产企业　　B. 技术密集型企业
C. 间接成本比重大的企业　　D. 间接成本与工时、产量无关的企业

5. 作业成本法的优点有（　　）。
A. 作业成本法提供了相对准确的成本信息
B. 作业成本法拓宽了成本核算的范围

C. 作业成本法提供了便于不断改进的业绩评价体系

D. 作业成本信息可以有效地改进企业战略决策

6. 下列关于作业成本法的说法正确的有（　　）。

A. 作业成本法克服了传统成本核算方法间接成本集合较少且缺乏同质性的缺点

B. 改变了传统成本核算方法以产量为单位分配基础的间接成本分配方法

C. 较好地克服了传统成本核算方法间接成本责任不清的问题

D. 可以使一些在传统成本核算方法下不可控的间接成本变得可控

7. 作业成本法的优点有（　　）。

A. 提供了相对准确的成本信息　　B. 可以有效地改进企业的战略决策

C. 提供了便于不断改进的业绩评价体系　D. 有助于增强企业的核心竞争力

8. 下列表述中，作业成本法和传统成本核算方法没有差异的有（　　）。

A. 直接成本计入产品成本的方法　　B. 间接成本计入产品成本的方法

C. 完工产品和在产品之间的成本分配　D. 成本核算的过程

9. 作业成本法的核算环节包括（　　）。

A. 确认使用资源的作业，归集作业成本　B. 选择成本动因

C. 核算单位作业成本　　D. 将作业成本分配到产品或服务

10. 下列成本项目中，作业成本核算法和传统的成本核算方法的处理并无区别的有（　　）。

A. 直接人工成本　　B. 直接材料成本

C. 设备调整费　　D. 车间照明费

三、判断题

1. 作业成本法的主要特点以制造费用发生的成本动因分别设立作业中心，按作业中心建立制造费用成本库。（　　）

2. 成本动因就是决定成本发生的那些重要的活动或事项。（　　）

3. 作业是作业成本法的基础。（　　）

4. 并不是所有的企业都能适合采用作业成本法。（　　）

5. 作业成本法能恰如其分地反映制造费用与产量之间的变动关系。（　　）

6. 企业生产产品所耗费的全部成本都应该先分配到有关作业，核算作业成本，然后再将作业成本分配到有关产品。（　　）

7. 从作业成本管理的角度来说，降低成本的途径主要是改善作业，提高增值作业的效率和消除无增值作业。（　　）

8. 动因追溯不如直接追溯准确，成本分配的结果难以达到较高的准确程度。（　　）

9. 在作业成本法下，一般认为直接追溯方式得到的产品成本是最准确的。（　　）

10. 作业成本法与传统成本法都不否认分摊是一种简便易行且成本较低的成本分配方式。（　　）

四、讨论题

1. 作业成本法的基本原理是什么？

2. 作业成本法与传统成本法的差异是什么？

3. 作业成本法的优点是什么？

五、计算题

某企业生产甲、乙两种产品，其中甲产品900件，乙产品300件，其作业情况数据如表10－5所示。

表10－5

作业中心	资源耗用（元）	动因	动因量（甲产品）	动因量（乙产品）	合计
材料处理	18 000	移动次数	400次	200次	600次
材料采购	25 000	订单件数	350件	150件	500次
使用机器	35 000	机器小时	1 200小时	800小时	2 000小时
设备维修	22 000	维修小时	700小时	400小时	1 100小时
质量控制	20 000	质检次数	250次	150次	400次
产品运输	16 000	运输次数	50次	30次	80次
合计	136 000				

［要求］按作业成本法计算甲、乙两种产品的成本，并填制表10－6。

表10－6

作业中心	成本库（元）	动因量	动因率	甲产品	乙产品
材料处理	18 000	600次			
材料采购	25 000	500件			
使用机器	35 000	2 000小时			
设备维修	22 000	1 100小时			
质量控制	20 000	400次			
产品运输	16 000	80次			
合计总成本	136 000				
单位成本					

项目十一

产品成本核算的标准成本法

模块一 标准成本法的工作原理

培养目标

□ 了解标准成本法的核算程序

□ 理解标准成本法的作用

□ 掌握标准成本法的不同类型

课前回顾

【例题 11-1·业务处理题】 河南红山仪表制造厂采用作业成本法计算分配间接费用，201×年4月份，该企业有关资料如表11-1所示。

表 11-1

作业	成本动因	成本（元）	作业水平	
			仪表 A	仪表 B
生产准备	准备次数	70 000	30 次	20 次
材料管理	零件数	20 000	15 件	25 件
包装与运输	运输数量	45 000	5 000 个	7 000 个
间接费用合计		135 000		

【要求】用作业成本法计算分配每种仪表的间接费用总额。

【答案】计算结果如表11-2所示。

表 11－2

作业中心	资源分配（元）	成本动因	动因量			动因率	成本分配（元）	
			仪表 A	仪表 B	合计		仪表 A	仪表 B
生产准备	70 000	准备次数	30 次	20 次	50 次	1 400 元/次	42 000	28 000
材料管理	20 000	零件数	15 件	25 件	40 件	500 元/件	7 500	12 500
包装与运输	45 000	运输数量	5 000 个	7 000 个	12 000 个	3.75 元/个	18 750	26 250
合计	135 000						68 250	66 750

要点精讲

一、标准成本法的含义

标准成本制度是成本控制中应用最为广泛和有效的一种成本控制方法，也称为标准成本控制、标准成本会计或标准成本法。

二、标准成本法的特点

（一）标准成本可以起到事前成本控制的作用
（二）标准成本可以加强成本控制的事中控制
（三）标准成本可以实现事后的成本控制

三、标准成本法的作用

（一）有效地进行成本控制
（二）有利于分清各部门责任
（三）能为企业经营决策提供依据
（四）简化成本核算工作

四、标准成本法的类型

（一）理想标准成本
（二）正常标准成本
（三）基本标准成本

五、标准成本法的适用范围

标准成本制度适用于管理水平较高的大批量生产企业。

【例题 11－2·单选题】（　　）一经确定，在基本条件没有大的变化的情况下经常改变。

A. 理想标准成本　　B. 正常标准成本
C. 基本标准成本　　D. 差异标准成本

【答案】C

【解析】基本标准成本也称固定标准成本，它是指一经企业制定后，只要生产基本条件变化不大，一般就不予变动的一种标准成本。

思考练习 11 -1

一、单项选择题

1. 在最佳的经营条件下可能达到的最低成本标准是（　　）。

A. 理想标准成本　　B. 正常标准成本

C. 现实标准成本　　D. 基本标准成本

2. 被广泛采用的标准成本一般是（　　）。

A. 基本标准成本　　B. 现行标准成本

C. 正常标准成本　　D. 理想标准成本

3. 按照制定标准成本所依据的生产技术和经营管理水平，可将标准成本分为（　　）。

A. 预期标准成本　　B. 历史标准成本

C. 基本标准成本　　D. 正常标准成本

4. 标准成本法又被称作（　　）。

A. 定额标准法　　B. 标准成本制度

C. 作业成本法　　D. 标准分类法

5. 以下哪一项不属于标准成本法的作用（　　）。

A. 有效地进行成本控制　　B. 可以精确产品的实际成本

C. 有利于分清部门责任　　D. 简化成本核算工作

6. 标准成本制度的前提和关键是（　　）。

A. 标准成本的制定　　B. 成本差异的计算

C. 成本差异的分析　　D. 成本差异的账务处理

7. 标准成本制度的重点是（　　）。

A. 标准成本的制定　　B. 成本差异的计算分析

C. 成本差异的账务处理　　D. 成本控制

8. 以资源无浪费、设备无故障、产出无废品、工时都有效的假设前提为依据而制定的标准成本是（　　）。

A. 基本标准成本　　B. 理想标准成本

C. 正常标准成本　　D. 现行标准成本

9. 在经济形势变化无常的情况下，最为适合的标准成本是（　　）。

A. 基本标准成本　　B. 理想标准成本

C. 正常标准成本　　D. 现行标准成本

10. 标准成本控制主要是指对（　　）进行的控制。

A. 产品预算阶段　　B. 产品入库阶段

C. 产品销售阶段　　D. 产品生产阶段

二、多项选择题

1. 标准成本制度的特点是（　　）。
A. 事先制定产品各项目标成本
B. 事中对比成本的实际消耗与标准消耗
C. 事前完善各项成本管理工作
D. 事后揭示各项成本差异
E. 事后核算产品实际成本

2. 标准成本的主要类型有（　　）。
A. 理想标准成本
B. 正常标准成本
C. 基本标准成本
D. 差异标准成本

3. 标准成本法的作用有（　　）。
A. 有效地进行成本控制
B. 有利于分清部门责任
C. 能为企业经营决策提供依据
D. 简化成本核算工作

4. 标准成本的两个含义是（　　）。
A. 项目的标准成本
B. 产品种类的标准
C. 单位产品的标准成本
D. 实际产量的标准成本

5. 在制定标准成本时，根据所要求达到的效率不同，所采取的标准有（　　）。
A. 正常标准成本
B. 最佳标准成本
C. 现实标准成本
D. 一般标准成本
E. 理想标准成本

6. 标准成本控制系统的内容包括（　　）。
A. 标准成本的执行
B. 标准成本的制定
C. 成本差异的账务处理
D. 成本差异的计算分析
E. 成本差异的分类

7. 正常标准成本是在正常生产经营条件下应该达到的成本水平，它是根据（　　）制定的标准成本。
A. 现实的耗用水平
B. 正常的价格
C. 正常的生产经营能力利用程度
D. 现实的价格
E. 正常的耗用水平

8. 单位产品标准成本是根据产品的（　　）和（　　）计算出来的。
A. 单位产品标准消耗量
B. 实际产量
C. 标准成本
D. 标准单价

9. 标准成本制度是成本控制中应用最为广泛和有效的一种成本控制方法，也称为（　　）。
A. 标准成本控制
B. 标准成本会计
C. 标准成本法
D. 标准成本

10. 标准成本可以对（　　）进行成本控制。
A. 事前
B. 事中
C. 事后
D. 成本

三、判断题

1. 标准成本系统中被广泛应用的是理想标准成本。（　）
2. 基本标准成本一经确定，在基本条件没有大的变化的情况下，不经常改变。（　）
3. 基本标准成本很难达到。（　）
4. 标准成本可以加强成本控制的事中控制。（　）
5. 标准成本制度适用于管理水平较高的小批量生产企业。（　）
6. 标准成本是在正常生产经营条件下应该实现的，可以作为控制成本开支、评价实际成本、衡量工作效率的依据和尺度的一种目标成本。（　）
7. 正常标准成本与现实标准成本不同的是，它需要根据现实情况的变化不断进行修改，而现实标准成本则可以保持较长一段时间固定不变。（　）
8. 在经济形势变化无常的情况下，最为合适的标准成本是基本标准成本。（　）
9. 在生产技术和经营管理条件变动不大的情况下，正常标准成本是一种可以较长时间采用的标准成本。（　）
10. 从具体数量上看，正常标准成本大于理想标准成本，但又小于历史平均水平。（　）

四、讨论题

1. 简述标准成本法的特点及作用。

2. 简述标准成本的三种类型，并指出哪一种类型是应用最广泛的。

3. 为什么标准成本法适用于管理水平较高的大批量生产企业？

模块二　应用标准成本法核算产品成本

培养目标

□　了解标准成本法的核算程序
□　掌握标准成本的制定方法
□　熟练运用标准成本差异的计算与分析原理

课前回顾

【例题 11 -3 · 多选题】 标准成本的主要类型有（　　）。

A. 理想标准成本　　B. 正常标准成本
C. 基本标准成本　　D. 差异标准成本

【答案】ABC

【例题 11 -4 · 多选题】 标准成本法的作用有（　　）。

A. 有效地进行成本控制　　B. 有利于分清部门责任
C. 能为企业经营决策提供依据　　D. 简化成本核算工作

【答案】ABCD

【例题 11 -5 · 判断题】 标准成本制度适用于管理水平较高的小批量生产企业。（　　）

【答案】×

要点精讲

一、标准成本法的核算程序

（1）制定单位产品的标准成本；
（2）计算实际产量的标准产品成本（按成本项目计算）；
（3）计算标准成本差异，将计算出来的差异计入各种专设的差异账户中；
（4）根据完工产品的实际产量和单位标准产品成本，核算完工产品的成本，并予以结转；
（5）计算并结转标准成本差异账户，结转销售产品的实际成本。

二、标准成本的制定

单位产品标准成本 = 直接材料标准成本 + 直接人工标准成本 + 制造费用标准成本

（一）直接材料标准成本的制定

1. 价格标准

直接材料价格标准是指采购部门按供应单位的价格及其他因素预先确定的各种材料的单价，包括卖家和运杂费等。

2. 用量标准

直接材料的标准耗用量是指现有技术条件生产单位产品所需要的材料数量，其中包括不可少的消耗，以及各种难以避免的损失。

3. 直接材料标准成本的制定。直接材料标准成本的基本形式是标准数量乘以标准价格，直接材料标准成本的计算公式如下：

直接材料标准成本 = 单位产品的用量标准 × 材料的价格标准

（二）直接人工标准成本的制定

在直接人工标准成本中，价格标准是指工资率标准，用量标准是指工时标准。

1. 工资率标准

如果采用计件工资制，标准工资率是预定的每件产品支付的工资除以标准工时或是预定的小时工资；如果采用月工资制，需要根据月工资总额和可用工时总量来计算标准工资率。即：

标准工资率 = 标准工资总额 ÷ 标准总工时

2. 工时标准

标准工时是指在现有生产技术条件下，生产单位产品所需要的时间，包括直接加工操作必不可少的时间，以及必须必要的间歇和停工，如车间休息、调整睡眠时间、不可避免的废品耗用工时等。

【例题 11－6 · 单选题】 汽车零件厂制造零部件，2018 年 1 月计划产能标准工时为 24 000 小时，直接人工费用总额为 60 000 元。生产单位零部件直接耗用工时 3.5 小时，车间休息时间为 0.5 小时，设备调整停工时间为 1 小时。则生产单位零部件直接人工标准成本为（　　）元。

A. 8.75　　　　B. 12.5

C. 10　　　　D. 11.25

【答案】B

【解析】单位产品标准工资率 = 60 000 ÷ 24 000 = 2.5（元/小时）

单位产品标准工时 = 3.5 + 0.5 + 1 = 5（小时）

单位产品直接人工标准成本 = 2.5 × 5 = 12.5（元）

（三）制造费用标准成本的制定

各部门的制造费用标准成本分为变动制造费用标准成本和固定制造费用标准成本两部分。

1. 变动制造费用标准成本制定

变动制造费用的用量标准是指生产单位产品所需直接人工标准小时或机器工作标准小时，价格标准是每一工时变动制造费用的标准分配率。

每一工时变动制造费用的标准分配率 = 变动制造费用标准分配率 = 变动制造费用预算总额 ÷ 直接人工标准总工时

变动制造费用标准成本 = 变动制造费用标准成本 = 单位产品直接人工标准工时 × 每小时变动制造费用标准分配率

2. 固定制造费用标准成本制定

固定制造费用标准分配率 = 固定制造费用预算总额 ÷ 直接人工标准总工时

固定制造费用标准成本 = 单位产品直接人工标准工时 × 固定制造费用标准分配率

【例题 11 –7 · 判断题】 制造费用标准成本的制定，应以各责任部门为单位，但不需要区分固定费用和变动费用来编制费用预算。（　　）

【答案】 ×

【解析】 由于变动制造费用和固定制造费用的特点不同，各部门的制造费用标准成本分为变动制造费用标准成本和固定制造费用标准成本两部分。

三、标准成本差异的计算与分析

标准成本差异通用模型如图 11 –1 所示。

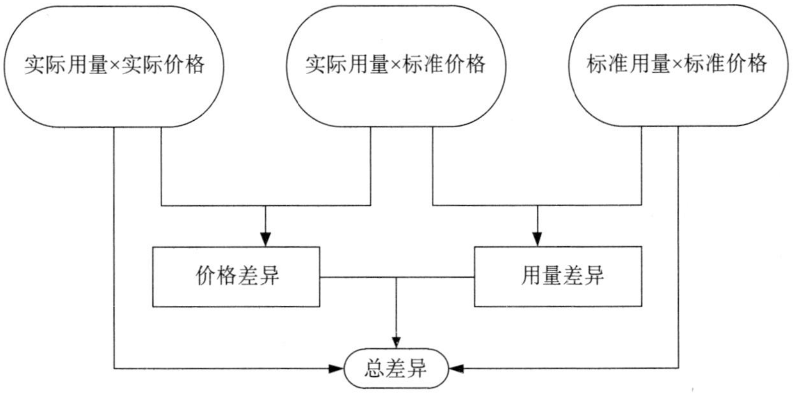

图 11 –1　标准成本差异通用模型

（一） 直接材料成本差异

材料价格差异 =（实际价格 – 标准价格）× 实际数量

材料数量差异 =（实际数量 – 标准数量）× 标准价格

（二） 直接人工成本差异

工资率差异 = 实际工时 ×（实际工资率 – 标准工资率）

人工效率差异 =（实际工时 – 标准工时）× 标准工资率

（三） 制造费用差异

1. 变动制造费用差异

变动制造费用标准成本差异 = 变动制造费用实际成本 – 变动制造费用标准成本

变动制造费用标准成本 = 单位产品变动制造费用标准成本 × 实际产量

变动制造费用耗费差异 = 变动制造费用实际分配率 × 实际工时 – 变动制造费用标准分配率 × 实际工时

变动制造费用效率差异 =（实际工时 – 标准工时）× 变动制造费用标准分配率

【例题 11 –8 · 单选题】 在将制造费用分为变动制造费用和固定制造费用的情况下，变动制造费用差异的影响因素可分为效率差异和耗费差异，其中效率差异的计算公式是（　　）。

A.（预算工时－标准工时）×制造费用预算分配率

B.（预算工时－标准工时）×变动制造费用预算分配率

C.（实际工时－标准工时）×制造费用预算分配率

D.（实际工时－标准工时）×变动制造费用标准分配率

【答案】D

【解析】变动制造费用效率差异＝（实际工时－标准工时）×变动制造费用标准分配率

2. 固定制造费用差异

（1）两因素分析法。

固定制造费用耗费差异＝实际固定制造费用－计划固定制造费用
＝实际固定制造费用－计划产量×工时标准×标准费用分配率
＝实际固定制造费用－计划产量标准工时×标准费用分配率

固定制造费用能量差异＝固定制造费用计划额－固定制造费用标准成本
＝固定制造费用计划额－固定制造费用标准分配率×实际产量标准工时
＝（计划产量标准工时－实际产量标准工时）×标准费用分配率

（2）三因素分析法。

固定制造费用耗费差异＝实际固定制造费用－计划固定制造费用

固定制造费用效率差异＝实际工时标准固定制造费用－标准工时标准固定制造费用
＝（实际产量实际工时－实际产量标准工时）×标准费用分配率

固定制造费用能力差异＝固定制造费用预算额－实际产量实际工时的固定制造费用
＝（计划产量标准工时－实际产量实际工时）×标准费用分配率

思考练习 11－2

一、单项选择题

1. 计算数量差异要以（　　）为基础。

A. 标准价格　　B. 实际价格

C. 标准成本　　D. 实际成本

2. 在制造费用不区分为变动制造费用和固定制造费用的情况下，制造费用差异是（　　）。

A. 标准制造费用与实际制造费用之间的差额

B. 实际产量标准制造费用与实际制造费用之间的差额

C. 计划产量标准制造费用与实际制造费用之间的差额

D. 预算产量标准制造费用与实际制造费用之间的差额

3. 在采用变动成本法计算的企业中，单位产品的标准成本不包括（　　）标准成本。

A. 直接材料　　B. 直接人工

C. 变动制造费用　　D. 固定制造费用

4. 某公司某年度标准工资率是 6 元/小时，实际工资率为 5.8 元/小时，标准工时为 20 000 小时，实际工时为 21 000 小时，直接人工工资率差异为 4 200 元（有利差异），则该公司的直接人工实际总成本是（　　）元。

A. 11 600　　B. 11 760

C. 120 000　　D. 121 800

5. 我国企业按标准成本制度进行核算时，应设置的差异账户是（　　）。

A. 生产成本差异　　B. 材料价格差异

C. 直接工资差异　　D. 制造费用差异

6. 成本差异是指在标准成本控制系统下，企业在一定时期生产一定数量的产品所发生的实际成本与（　　）之间的差额。

A. 计划成本　　B. 历史成本

C. 标准成本　　D. 预算成本

7. 本月生产甲产品 8 000 件，实际耗用 A 材料 32 000 千克，其实际价格为每千克 40 元。该产品 A 材料的用量标准为 3 千克，标准价格为 45 元，其直接材料用量差异为（　　）元。

A. 360 000　　B. 320 000

C. 200 000　　D. －160 000

8. 直接人工效率差异是指单位（　　）耗用量脱离单位标准人工工时耗用量所产生的差异。

A. 实际人工工时　　B. 定额人工工时

C. 预算人工工时　　D. 正常人工工时

9. 在两因素分析法下，固定制造费用的差异可以分为（　　）。

A. 价格差异和产量差异　　B. 耗费差异和效率差异

C. 能量差异和效率差异　　D. 耗费差异和能量差异

10. 固定制造费用的能量差异，可以进一步分为（　　）。

A. 能力差异和开支差异　　B. 能力差异和效率差异

C. 开支差异和效率差异　　D. 开支差异和能量差异

二、多项选择题

1. 正常标准成本是在正常生产经营条件下应该达到的成本水平，它是根据（　　）制定的标准成本。

A. 现实的耗用水平　　B. 正常的价格

C. 正常的生产经营能力利用程度　　D. 现实的价格

E. 正常的耗用水平

2. 在确定直接人工正常标准成本时，标准工时包括（　　）。

A. 直接加工操作必不可少的时间　　B. 必要的工时休息

C. 调整设备时间　　D. 不可避免的废品耗用工时

E. 因意外故障发生的停工修理时间

3. 下列标准成本差异中，通常应由生产部门负责的有（　　）。

A. 直接材料的价格差异　　B. 直接人工的效率差异
C. 直接人工的工资率差异　　D. 变动制造费用的效率差异
E. 变动制造费用的分配率差异

4. 可以套用“用量差异”和“价格差异”模式的成本项目是（　　）。
A. 直接材料　　B. 直接人工
C. 变动制造费用　　D. 固定制造费用
E. 期间费用

5. 计算变动制造费用的效率差异需要的数据有（　　）。
A. 实际工时　　B. 标准工时
C. 标准小时费用率　　D. 实际小时费用率

6. 直接人工标准成本中效率差异的单位生产产品需用的工作时间包括（　　）。
A. 产品直接加工所用时间　　B. 必要的间歇时间
C. 停工时间　　D. 废品所耗用的工作时间
E. 设备日常维护时间

7. 在直接人工三因素分析法下，影响直接人工标准成本差异的因素是（　　）。
A. 人工生产效率差异　　B. 人工效率差异
C. 人工结构差异　　D. 人工工资率差异
E. 人工工作效率差异

8. 标准成本的多种制定方法具体包括（　　）。
A. 定额比例法　　B. 计划成本法
C. 期望法　　D. 历史成本推测法
E. 工程技术推测

9. 标准成本制度的优点有（　　）。
A. 有利于成本控制　　B. 有利于成本核算
C. 有利于简化会计工作　　D. 有利于正确评价业绩
E. 有利于价格决策

10. 标准成本控制系统的内容包括（　　）。
A. 标准成本的执行　　B. 标准成本的制定
C. 成本差异的账务处理　　D. 成本差异的计算分析
E. 成本差异的分类

三、判断题

1. 标准成本是在正常生产经营条件下应该实现的，可以作为控制成本开支、评价实际成本、衡量工作效率的依据和尺度的一种目标成本。（　　）

2. 标准成本制度并非一种单纯的成本核算方法，它是把成本计划、控制、计算和分析相结合的一种会计信息系统和成本控制系统。（　　）

3. 直接材料三因素分析法，在将影响材料成本差异的因素分为数量和价格差异的基础上，将数量差异进一步区分为产出差异和耗费差异。（　　）

4. 实行标准成本制度与定额成本制度，对于成本差异的处理方式是一样的。（　　）

5. 在标准成本制度下，材料数量差异和材料价格差异都属于材料成本差异，可列入“材料成本差异”账户进行核算。（　）

6. 正常标准成本与现实标准成本不同的是，它需要根据现实情况的变化不断进行修改，而现实标准成本则可以保持较长一段时间固定不变。（　）

7. 在经济形势变化无常的情况下，最为合适的标准成本是现实标准成本。（　）

8. 在生产技术和经营管理条件变动不大的情况下，正常标准成本是一种可以较长时间采用的标准成本。（　）

9. 材料成本脱离标准的差异、人工成本脱离标准的差异、制造费用脱离标准的差异，都可以分为“量差”和“价差”两部分。（　）

10. 如果出现不利差异，企业必须采取措施减少该不利差异。（　）

四、讨论题

1. 直接材料用量差异永远是生产主管的责任，你是否同意这句话？简述理由。

2. 产生直接人工成本差异的原因主要有哪些？如何处理？

3. 简述标准成本差异的局限性。

五、计算题

1. 河南红山仪表制造厂8月份生产甲产品19 200件，实际消耗材料39 000千克，实际单价为5.05元/千克，每件产品标准耗用量为2千克，标准单价为5元/千克，本月支付实际工资341 600元，实际工时为56 000小时，每件产品标准工时为3小时/件，每件标准工资率为6元/小时。

[要求]（1）计算直接材料的用量差异和价格差异。

（2）计算直接人工的效率差异和工资率差异。

2. 河南红山仪表制造厂6月份生产乙产品8 000件，实际工时是17 000小时，实际制造费用是470 000元，其中变动制造费用是165 000元，固定制造费用为305 000元。每件乙产品的标准工时为2小时，河南红山仪表制造厂的预算产量是10 000件，制造费用预算是500 000元，其中变动制造费用为200 000元，固定制造费用为300 000元。

[要求]（1）计算变动制造费用的效率差异和耗费差异。

（2）计算固定制造费用的能量差异和耗费差异。

（3）计算固定制造费用的效率差异、能力差异和耗费差异。

注：（2）和（3）应用两种不同方法。

3. 河南红山仪表制造厂生产丙产品400件，发生固定制造费用1 424元，实际工时为890小时；企业的生产能力是500件，需耗用工时为1 000小时（500件×2小时）；每件产品固定制造费用标准成本为3元/件，即每件产品的标准工时为2小时，标准费用分配率是1.5元/小时。

[要求]（1）计算固定制造费用的能量差异和耗费差异。

（2）计算固定制造费用的效率差异、能力差异和耗费差异。

注：（1）和（2）应用两种不同方法。

六、业务处理题

河南红山仪表制造厂本期预算固定制造费用为2 400元，预算工时为1 000小时，实际耗用工时1 200小时，实际固定制造费用为2 600元，标准工时为1 100小时。

[要求]（1）计算固定制造费用差异。

（2）做出相应会计分录。

项目十二

成本报表与成本分析

模块一　编制成本报表

培养目标

- □　掌握成本报表的概念及特点
- □　了解成本报表的作用
- □　了解成本报表的种类
- □　掌握成本分析的定义
- □　掌握成本分析的一般方法

课前回顾

【例题 12－1・计算题】 河南红山仪表制造厂生产甲产品需使用一种直接材料 A。本期生产甲产品 200 件，耗用材料 A 900 千克，A 材料的实际价格为每千克 100 元。假设 A 材料的标准价格为每千克 110 元，单位甲产品的标准用量为 5 千克。

［要求］计算 A 材料的成本差异。

【答案】价格差异 $=(100-110)\times900=-9\ 000$（元）

用量差异 $=110\times(900-200\times5)=-11\ 000$（元）

成本差异 $=100\times900-110\times200\times5$

$=-90\ 000+(-110\ 000)=-200\ 000$（元）

要点精讲

一、成本报表的概念及特点

（一）成本报表的概念

成本报表是根据产品成本和期间费用的核算资料以及其他有关资料编制的，用以反映和监督企业一定时期产品成本和期间费用水平及其构成情况的报告文件。

（二）成本报表的特点

（1）成本报表编制的主要目的是满足企业内部经营管理者的需要，因而内容更具有针对性。

（2）成本报表的种类、内容和格式由企业自行决定，更具有灵活性。

（3）成本报表作为对内报表更注重时效性。

二、成本报表的作用

（1）企业和主管企业的上级部门（或集团公司）利用成本报表，可以检查企业成本计划的执行情况，考核企业成本工作绩效，对企业成本工作进行评价。

（2）通过成本报表分析，可以揭示影响产品成本指标和费用项目变动的因素和原因，从生产技术、生产组织和经营管理等各个方面挖掘和动员节约费用支出和降低产品成本的潜力，提高企业的经济效益。

（3）成本报表提供的实际产品成本费用支出的资料，不仅可以满足企业、车间和部门加强日常成本、费用管理的需要，而且是企业进行成本、利润的预测和决策，编制产品成本各项费用的计划，制定产品价格的重要依据。

三、成本报表的种类

（一）按报表反映的内容分类

成本报表按其反映的内容可分为反映产品成本情况的报表和反映费用支出情况的报表。

（二）按编制报表的时间分类

成本报表按其编制的时间可以分为定期报表和不定期报表两大类。

（三）按报表编制的范围分类

按报表编制的范围不同，成本报表可分为全厂成本报表、车间成本报表、班组成本报表和个人成本报表。

四、成本报表的编制

（一）全部产品成本表的编制

（二）主要产品单位成本表

（三）制造费用明细表

【例题 12 -2 · 单选题】 下列选项中，不属于成本报表的是（　　）。

A. 商品产品成本表　　B. 主要产品单位成本表

C. 现金流量表　　D. 制造费用明细表

【答案】C

思考练习 12－1

一、单项选择题

1. 成本报表属于（　　）。

A. 对外报表　　B. 对内报表

C. 既是对内报表，又是对外报表　　D. 对内还是对外由企业决定

2. 下列报表中不属于成本报表的是（　　）。

A. 商品产品成本表　　B. 制造费用明细表

C. 期间费用明细表　　D. 资产负债表

3. 编制成本报表是（　　）。

A. 国家统一会计制度的要求　　B. 满足企业内部经营管理的需要

C. 会计中介机构的要求　　D. 潜在投资者和债权人的要求

4. 填制商品产品成本表必须做到（　　）。

A. 可比、不可比产品须分别填列　　B. 可比、不可比产品可合并填列

C. 既可以分别，也可合并填列　　D. 填制时无须划分可比、不可比产品

5. 可比产品成本本年与上年相比，如果不是降低而是超支，其超支额和超支率应用（　　）填列。

A. 负数　　B. 正数

C. 红字　　D. 蓝字

6. 成本报表作为内部报表，主要是为满足（　　）经营管理的需要而编制的。

A. 企业内部　　B. 企业外部

C. 个人　　D. 国家

7. 成本报表属于内部报表，成本报表的种类、格式、项目、指标的设计和编制方法，编报日期、具体报送对象，由（　　）。

A. 企业自行决定　　B. 国家统一规定

C. 国家作原则上的规定　　D. 上级主管机关规定

8. 成本报表是企业内部成本管理的报表，（　　）。

A. 需要向社会公开　　B. 需要到税务局备案

C. 不对外公开　　D. 需要在财务报表中披露

9. 可比产品是指（　　），有完整的成本资料可以进行比较的产品。

A. 试制过　　B. 国内正式生产过

C. 企业曾经正式生产过　　D. 国家曾经试制过

10. 可比产品成本降低额是指可比产品累计实际总成本比较（　　）计算的累计总成本降低的数额。

A. 本年计划单位成本　　B. 上年实际平均单位成本

C. 上年计划单位成本　　D. 国内同类产品实际平均单位成本

二、多项选择题

1. 成本报表按反映的内容分类分为（　　）。

A. 产品成本报表　　B. 全厂成本报表

C. 定期成本报表　　D. 责任成本报表

2. 主要产品单位成本表反映的单位成本包括（　　）成本。

A. 本月实际　　B. 同行业同类产品实际

C. 本年计划　　D. 上年实际平均

3. 商品产品成本表按产品品种反映分为（　　）部分。

A. 可比产品　　B. 不可比产品

C. 耗用量　　D. 补充资料

4. 按报表编制的范围不同，成本报表可分为（　　）。

A. 全厂成本报表　　B. 车间成本报表

C. 班组成本报表　　D. 个人成本报表

5. 成本报表具有（　　）作用。

A. 评价和考核各成本环节的成本管理业绩　　B. 反映资产、负债情况

C. 成本分析　　D. 反映收入、费用和利润的情况

6. 工业企业编报的成本报表必须做到（　　）。

A. 数字准确　　B. 内容完整

C. 字迹清楚　　D. 编报及时

7. 影响可比产品成本降低额变动的因素有（　　）。

A. 产品产量　　B. 产品价格

C. 产品品种构成　　D. 产品单位成本

8. 影响可比产品成本降低率变动的因素有（　　）。

A. 产品产量　　B. 产品品种构成

C. 产品价格　　D. 产品单位成本

9. 成本报表可以采用（　　）的形式编报。

A. 日报　　B. 周报

C. 旬报　　D. 年报

10. 成本报表按照其编制的时间可以分为（　　）。

A. 定期报表　　B. 季度报表

C. 年度报表　　C. 不定期报表

三、判断题

1. 成本报表只包括反映企业成本情况的报表，不包括各项费用报表。（　　）

2. 制造费用明细表所列的制造费用，是工业企业所有车间的制造费用。（　　）

3. 可比产品是指以前年度或上年度未正常生产过的产品。（　　）

4. 成本报表，是会计报表的一种。（　　）

5. 主要产品单位成本表的单位成本只列示上年实际平均、本年计划、本月实际和本年

累计实际平均的单位成本。（　　）

6. 商品产品成本表是反映企业在报告期内生产的全部商品产品的总成本的报表。（　　）

7. 企业编制的成本报表一般不对外公布。所以，成本报表的种类、项目和编制方法由企业自行确定。（　　）

8. 在进行可比产品成本降低任务完成情况的分析时，需要计算成本降低率。该项指标是用成本降低额除以实际产量的实际总成本核算的。（　　）

9. 不可比产品是指上年没有正式生产过，没有上年成本资料的产品。（　　）

10. 本年累计实际产量与本年计划单位成本之积，称为按本年实际产量计算的本年累计总成本。（　　）

四、讨论题

1. 成本报表的作用是什么？

2. 与对外报表（财务报表）相比，成本报表作为内部报表具有哪些特点？

3. 成本报表可以分为哪些种类？

五、计算题

某企业生产甲产品，其耗用的直接材料有关资料如表12－1所示。

表12－1　　直接材料成本资料

项目	产品产量	材料单耗（千克）	材料单价（元）	材料成本（元）
计划成本	200	50	30	
实际成本	210	48	32	

［要求］

（1）分别计算直接材料计划成本和实际成本，并比较二者的差异。

（2）采用因素分析法（或差额计算法）分析各因素变动对总差异的影响程度。

模块二　进行成本分析

培养目标

□　掌握成本分析的定义
□　掌握成本分析的一般方法

课前回顾

【例题 12－3·单选题】从实质上看，成本报表是企业内部成本管理的报表，属于（　　）。

A. 财务报表　　　　B. 内部报表
C. 年度报表　　　　D. 公开报表

【答案】B

要点精讲

一、成本分析的定义

成本分析是利用成本核算及其他相关资料，对成本水平及其构成的变动情况进行分析评价，以揭示影响成本升降的各种因素及其变动的原因，寻找降低成本的潜力。

二、成本分析的一般方法

（一）对比分析法

实际工作中通常有以下3种形式：

（1）以成本的实际指标与成本的计划或定额指标对比，分析成本计划或定额的完成情况。

（2）以本期实际成本指标与前期（上期、上年同期或历史最好水平）的实际成本指标对比，观察企业成本指标的变动情况和变动趋势，了解企业生产经营工作的改进情况。

（3）以本企业实际成本指标（或某项技术经济指标）与国内外同行业先进指标对比，可以在更大的范围内找出差距，推动企业改进经营管理。

（二）比率分析法

具体形式有以下3种：

1. 相关比率分析
2. 构成比率分析

3. 趋势比率分析

（三）三因素分析法

1. 连环替代法

2. 差额计算法

【例题 12－4·单选题】下列不属于成本分析基本方法的是（　　）。

A. 对比分析法　　B. 产量分析法

C. 三因素分析法　　D. 比率分析法

【答案】B

【解析】成本分析的方法主要有对比分析法、比率分析法和三因素分析法。

三、成本报表的分析

（一）全部产品成本计划完成情况的分析

全部产品成本降低额 = 实际总成本 − ∑（实际产量 × 计划单位成本）

全部产品成本降低率 = 全部产品成本降低额 ÷ ∑（实际产量 × 计划单位成本）× 100%

（二）主要产品单位成本表的分析

1. 直接材料费用项目的分析

直接材料费用的变动主要受单位产品直接材料消耗量和材料价格两个因素的变动影响。

单位产品成本材料费用 = 单位产品材料消耗量 × 材料单价

（1）确定分析对象。

差异额 = 实际单位产品成本材料费用 − 计划单位产品成本材料费用

（2）因素分析。

材料消耗数量变动的影响 =（材料实际耗用量 − 材料计划耗用量）× 材料计划单价

2. 直接人工费用项目的分析

单位产品直接人工成本 = 单位产品工时消耗量 × 工资分配率

（1）确定分析对象。

差异额 = 实际单位产品直接人工成本 − 计划单位产品直接人工成本

（2）因素分析。

单位产品工时消耗量变动的影响 =（实际单位产品工时耗用量 − 计划单位产品工时耗用量）× 计划工资分配率

工资分配率变动的影响 =（实际计工资分配率 − 计划工资分配率）× 实际单位产品工时消耗量

【例题 12－5·判断题】在进行可比产品成本降低任务完成情况的分析时，需要计算成本降低率。该项指标是用成本降低额除以实际产量的实际总成本核算的。（　　）

【答案】×

【解析】全部产品成本降低率 = 全部产品成本降低额/∑（实际产量 × 计划单位成本）× 100%

（三）制造费用表和期间费用表的分析

四、成本分析报告

一份完整的成本分析报告一般应当包含以下 5 个部分：
（一）提要段
（二）说明段
（三）分析段
（四）评价段
（五）建议段

思考练习 12 - 2

一、单项选择题

1. 以下选项除了哪一项都是成本分析常用的一般方法（　　）。
A. 对比分析法　　　　B. 比率分析法
C. 因素分析法　　　　D. 横向对比法

2. 在其他因素不变的情况下，会使单位产品成本降低的情形是（　　）。
A. 劳动生产率提高速度慢于平均工资增长速度
B. 劳动生产率提高速度快于平均工资增长速度
C. 劳动生产率提高速度等于平均工资增长速度
D. 劳动生产率提高速度不等于平均工资增长速度

3. 单位产品成本随产量提高而降低的原因是（　　）。
A. 单位产品耗费的变动费用随产量提高而降低
B. 变动费用总额随产量提高而降低
C. 单位产品负担的固定费用随产量提高而降低
D. 固定费用总额随产量提高而降低

4. 采用连环替代法，可以揭示（　　）。
A. 产生差异的因素　　　　B. 实际数与计划数之间的差异
C. 产生差异的因素和各因素的影响程度　D. 产生差异的因素和各因素的变动原因

5. 某产品单位材料计划耗用量 10 千克，实际耗用量 9.5 千克，每千克计划价格 50 元，实际价格 55 元，则该产品单位成本量的差异影响额是（　　）元。
A. 25　　　　B. -25
C. 27.5　　　　D. -27.5

6. 对比分析法是指通过指标对比，从（　　）上确定差异的一种分析方法。
A. 质量　　　　B. 价值量
C. 数量　　　　D. 劳动量

7. 将两个性质不同但又相关的指标对比求出的比率，称为（　　）。
A. 构成比率　　　　B. 相关指标比率

C. 动态比率　　　　D. 效率比率

8. 连环替代法是用计算几个互相联系的因素，对综合经济指标变动（　　）的一种分析方法。

A. 影响原因　　　　B. 影响数量

C. 影响程度　　　　D. 将来影响

9. 产值成本率是产品总成本与（　　）的比率。

A. 总产值　　　　B. 产品产值

C. 净产值　　　　C. 总产值或产品产值

10. 产量变动之所以影响产品单位成本，是由于（　　）。

A. 在产品全部成本中包括了一部分变动费用

B. 在产品全部成本中包括了一部分相对固定的费用

C. 产品总成本不变

D. 产品产量增长超过产品总成本增长

二、多项选择题

1. 在分析可比产品成本降低任务完成情况时，单纯产量变动可能会使（　　）。

A. 成本降低和增加　　　　B. 成本降低和减少

C. 成本降低率增加　　　　D. 成本降低率减少

2. 在生产多种品种的情况下，影响可比产品成本降低额变动的因素有（　　）。

A. 产品产量　　　　B. 产品单位成本

C. 产品价格　　　　D. 产品品种结构

3. 成本报表分析常用的方法有（　　）。

A. 比较分析法　　　　B. 比率分析法

C. 因素分析法　　　　D. 定额分析法

4. 全部产品成本计划完成情况分析的任务是（　　）。

A. 查明主要产品单位成本各项目的计划完成情况

B. 查明全部产品中各成本项目的计划完成情况

C. 查明单位成本升降的原因

D. 查明全部产品和各类产品成本计划的完成情况

5. 连环替代分析法的特点是（　　）。

A. 计算方法的简化性　　　　B. 计算程序的连环性

C. 因素替换的顺序性　　　　D. 计算结果的假定性

6. 主要产品单位成本表反映的单位成本，包括（　　）单位成本。

A. 本月实际　　　　B. 同行业同类产品实际

C. 本年计划　　　　D. 上年实际平均

7. 影响单位产品原材料消耗数量变动的因素有（　　）。

A. 产品或产品零部件结构的变化

B. 材料质量的变化

C. 生产中产生废料数量和废料回收情况的变化

D. 材料价格的变化

8. 影响产品单位成本中工资费用变动的因素主要有（　　）。

A. 单位产品工时消耗　　　　B. 产品工时定额

C. 工人出勤率　　　　D. 小时工资率

9. 下列指标中，属于产品生产成本表提供的有（　　）。

A. 按产品种类反映的上年实际平均单位成本

B. 按成本项目反映的本月实际生产费用

C. 按产品种类反映的本年累计实际总成本

D. 按产品种类反映的本月和本年累计的实际产量

10. 编报技术经济指标变动对产品成本影响分析表，应突出（　　）特点。

A. 及时性　　　　B. 全面性

C. 针对性　　　　D. 灵活性

三、判断题

1. 产品产量的增加，会使产品成本中的固定成本相对节约，从而使产品单位成本下降。（　　）

2. 产品产量的变动，只会使成本降低额同比例、同方向增减，而不会影响成本降低率。（　　）

3. 对本期产品成本报表的分析是一种事后分析。（　　）

4. 采用连环替代法，在测定某一因素变动影响时，是以假定其他因素不变为条件的，意在其他因素均为计划数时，确定这一因素变动的影响程度。（　　）

5. 采用连环替代法进行产品成本分析时，替代顺序确定一般原则是：先数量因素后质量因素。（　　）

6. 对比分析的主要作用在于揭示客观存在的差距，并为进一步分析指出方向。（　　）

7. 比较分析法只适用与同质指标的数量对比。（　　）

8. 相关指标比率是指某项经济指标的各个组成部分占总体的比重。（　　）

9. 销售成本率是构成比率。（　　）

10. 成本利润率是相关指标比率。（　　）

四、讨论题

1. 什么是比率分析法？具体形式有哪几种？

2. 连环替代法的特点是什么？

3. 成本分析报告一般情况下包含哪些内容?

五、计算题

河南红山仪表制造厂生产的乙产品的有关资料如表12－2所示。

表12－2　　乙产品单位成本资料表　　金额单位：元

项目	计划		实际	
直接材料	700		560	
直接人工	60		40	
制造费用	200		200	
合计	960		800	
明细项目	计划		实际	
原材料	单耗	金额	单耗	金额
A材料	50千克	500	45千克	360
明细项目	计划		实际	
原材料	单耗	金额	单耗	金额
B材料	10千克	200	10千克	200
工时	100小时		80小时	

[要求]

(1) 确定单耗和单价变动对直接材料项目的影响。

(2) 确定效率和工资分配率变动对直接人工项目的影响。

(3) 确定效率和费用分配率变动对制造费用项目的影响。

高等职业教育“十四五”规划教材

劳动教育与综合素质培养

刘洪超　主编

中国农业大学出版社

·北京·

内 容 简 介

本教材为落实《中共中央　国务院关于全面加强新时代大中小学劳动教育的意见》和《大中小学劳动教育指导纲要(试行)》的精神,推动职业院校开展劳动教育工作而编写,由专业劳动、生活劳动、社会实践劳动、创新创业劳动 4 个部分的 18 个活动构成。编者试图通过各种不同类型的劳动实践锻炼,培养学生正确的劳动观念,塑造良好的道德品格,提升综合的能力素质,努力实现德智体美劳全面均衡发展。本书适合作为高等职业院校劳动教育及素质拓展课程教材。

图书在版编目(CIP)数据

劳动教育与综合素质培养/刘洪超主编. --北京:中国农业大学出版社,2022.6
ISBN 978-7-5655-2790-6

Ⅰ.①劳…　Ⅱ.①刘…　Ⅲ.①劳动教育—高等职业教育—教材　Ⅳ.①G40-015

中国版本图书馆 CIP 数据核字(2022)第 095419 号

书　　名　劳动教育与综合素质培养
作　　者　刘洪超　主编

策划编辑　张　玉　郭建鑫　　**责任编辑**　郭建鑫
封面设计　郑　川
出版发行　中国农业大学出版社
社　　址　北京市海淀区圆明园西路 2 号　　**邮政编码**　100193
电　　话　发行部 010-62733489,1190　　读者服务部 010-62732336
　　　　编辑部 010-62732617,2618　　出版部 010-62733440
网　　址　http://www.caupress.cn　　**E-mail**　cbsszs@cau.edu.cn
经　　销　新华书店
印　　刷　运河(唐山)印务有限公司
版　　次　2022 年 9 月第 1 版　　2022 年 9 月第 1 次印刷
规　　格　185 mm×260 mm　　16 开本　　11.5 印张　　290 千字
定　　价　35.00 元

编 审 人 员

主　编　刘洪超

副主编　沈　杰　张　浩

编　者　（按活动编写顺序排列）

张　浩（北京农业职业学院）

曹　靖（北京农业职业学院）

艾君涛（北京农业职业学院）

王司妍（北京农业职业学院）

王柯萌（山东畜牧兽医职业学院）

董冠英（北京农业职业学院）

周　迪（北京农业职业学院）

沈　杰（北京农业职业学院）

王　君（北京农业职业学院）

陈吉萍（广西农业职业技术大学）

刘洪超（北京农业职业学院）

马　俊（北京金銮农业技术研究院）

段红旭（北京金銮农业技术研究院）

段素云（北京农业职业学院）

主　审　冯学会（北京农业职业学院）

周珍辉（北京农业职业学院）

序　言

《劳动教育与综合素质培养》一书即将出版了，可喜可贺！

国家高度重视劳动教育，习近平总书记在2018年全国教育大会上指出，要落实立德树人根本任务，培养德智体美劳全面发展的社会主义建设者和接班人。将“劳”与“德智体美”并重，并强调要在学生中弘扬劳动精神，教育引导学生崇尚劳动、尊重劳动，懂得劳动最光荣、劳动最崇高、劳动最伟大、劳动最美丽的道理，长大后能够辛勤劳动、诚实劳动、创造性劳动。在2020年全国劳动模范和先进工作者表彰大会上，习近平总书记强调，要大力弘扬劳模精神、劳动精神、工匠精神。2021年中央一号文件的配套文件《关于加快推进乡村人才振兴的意见》明确规定，全面加强涉农高校耕读教育，将耕读教育相关课程作为涉农专业学生必修课。

近年来，北京农业职业学院对如何弘扬劳动精神、如何进行劳动教育，进行了积极的探索。深入挖掘和总结学院办学历史和文化，创造出了“耕读传家”德育品牌，在全院大力弘扬“崇尚劳动、刻苦学习、知行合一、砥砺奋斗”的新时代耕读精神，大力弘扬耕读文化，被北京市教委评为优秀德育品牌。

在大力弘扬耕读精神和耕读文化的过程中，北京农业职业学院各系部、分院积极行动，做了大量的卓有成效的工作。畜牧兽医系作为这项工作的先行先试者，不仅将其融入育人全过程，而且结集成书，固定下来，使这项工作不断创新、深化和规范，而且编写工作本身也是弘扬耕读精神的一部分，很有意义，值得称赞。

弘扬劳动精神，开展耕读教育，是一个大课题，也是全员、全过程、全方位育人的一部分，希望大家更加积极探索，共同努力，进一步把这项工作落到实处，进一步体现学院的育人特色，进一步把“耕读传家”德育品牌做亮做强。

冯学会

2021年7月6日

前　言

“不惰者，众善之师也。”习近平总书记强调，劳模精神、劳动精神、工匠精神是以爱国主义为核心的民族精神和以改革创新为核心的时代精神的生动体现，是鼓舞全党全国各族人民风雨无阻、勇敢前进的强大精神动力。作为更加强调学生动手实践能力培养的职业院校，理应更加注重学生劳动教育活动的开展，进一步发挥好劳动育人的功能。

本书编者立足于动物医学专业群实际情况，考察了该类职业学校教学实际，较广泛地听取了职业教育工作者的建议，对已开展的劳动活动进行总结提炼，以适用、可操作为编写原则，将劳动教育分为专业劳动、生活劳动、社会实践劳动、创新创业劳动 4 个部分，相应地在每个部分设置适合的劳动活动。通过指导学生在校学习期间广泛参与各种不同类型的劳动活动，实现培养其正确的劳动观念、塑造良好的道德品格、提升综合的能力素质的育人目的，努力把学生培养成为“德智体美劳”全面发展的社会主义建设者和接班人。

本书的编写分工为：第一部分由张浩、曹靖、艾君涛、王司妍、王柯萌编写；第二部分由董冠英、周迪、王司妍编写；第三部分由沈杰、王君、董冠英、陈吉萍编写；第四部分由刘洪超、马俊、段红旭、段素云编写。全书由刘洪超统稿，冯学会、周珍辉对本教材进行审查并提出了宝贵意见。本书作为学院劳动育人教学模式研究成果，在编写过程中得到“农业职业院校劳动育人教学模式研究”课题组（课题编号 2018-004）大力支持。在此感谢本书编审团队的努力和课题组的支持。

由于编者水平有限，书中难免存在不妥之处，敬请广大师生和读者提出意见和建议，使之不断完善和提高。

编　者

2021 年 6 月

目　　录

第一部分　专业劳动

活动 1　实验室卫生清洁及消毒 …… 3
活动 2　实验实训仪器设备认知与清洁 …… 13
活动 3　实验室常用器皿的清洗与摆放 …… 31
活动 4　化学试剂与应急防护用品整理 …… 44
活动 5　动物标本整理 …… 53
活动 6　马房的卫生清洁与环境消毒 …… 60

第二部分　生活劳动

活动 7　宿舍内务整理与清洁 …… 67
活动 8　衣物的收纳与整理 …… 75
活动 9　垃圾分类 …… 84
活动 10　包饺子 …… 92

第三部分　社会实践劳动

活动 11　宠物养护知识宣讲 …… 99
活动 12　野生动物保护宣讲 …… 107
活动 13　勤工俭学 …… 120
活动 14　乡村学校支教 …… 126
活动 15　马术赛事志愿者服务 …… 135

第四部分　创新创业劳动

活动 16　学会开设网店 …… 145
活动 17　宠物用品店开设条件调研 …… 154
活动 18　爬行动物孵化技术创新与实践 …… 163

参考文献 …… 173

第一部分

专业劳动

活动 1

实验室卫生清洁及消毒

【活动目标】

1. 了解实验室日常卫生清洁工作的内容。

2. 了解常见消毒剂的种类与配制方法。

3. 养成保持实验室环境干净整洁的良好习惯。

4. 通过小组协作，体会劳动带来的乐趣，培养吃苦耐劳的劳动精神，领悟团队合作、分工协作、合理分工的重要性，感受团队合作的强大力量，深化对实验室卫生清洁及消毒重要性的认识。

【活动材料】

1. 实验室卫生清洁工具。扫帚、簸箕、拖把。

2. 防护用品。工作服、一次性乳胶手套、口罩、帽子、鞋套。

3. 清洁用品。清洁布、洗涤剂。

4. 消毒用品。75%酒精消毒液、84 消毒液、新洁尔灭、碘附消毒液。

5. 消毒剂配制用品。量筒、烧杯、玻璃棒、蒸馏水、消毒喷壶。

【活动准备】

1. 安全防护。进入实验室前穿好工作服，戴好一次性乳胶手套、口罩和帽子，穿好鞋套。

2. 学生分组活动。3～4 名同学为一个小组，准备清洁工具以及消毒液。每组负责一个实验实训室，实行组长负责制。

【活动内容】

一、实验室卫生清洁

1. 实验室室内及室外通风

(1)打开实验室门窗进行室内通风(图 1-1)。

(2)按下室外风机运行按钮，进行室外通风(图 1-2)。

图 1-1　打开门窗通风

图 1-2　室外通风

2. 实验台清洁

先将实验台上的杂物清理干净，然后用湿抹布将实验台擦拭干净(图 1-3)。如有顽固污渍，蘸取适量洗衣粉或洗涤灵等洗涤剂擦拭，然后用干净的抹布再擦拭一遍。

擦拭完毕后将实验凳整齐码放在实验台上。

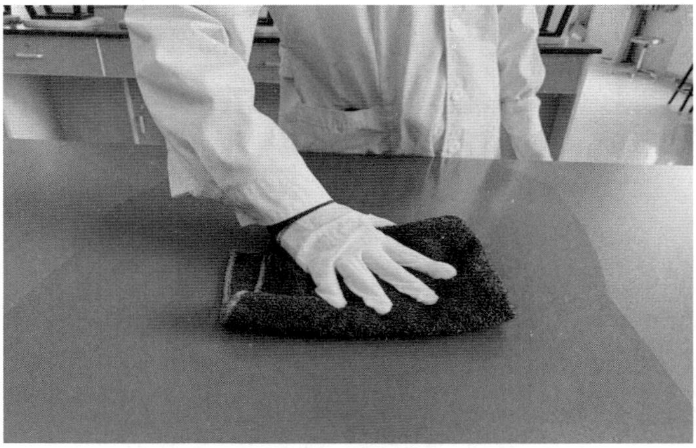

图 1-3　擦拭实验台

3. 实验室地面清洁

用扫帚将地面的杂物(实验耗材遗留物、纸屑、泥土等)清扫干净(图 1-4)。装入垃圾袋，然后投放到相应的垃圾分类桶中。

清扫完毕，用干净的湿拖把将地面擦拭干净(图 1-5)。如必要，可用干净的干拖把再擦拭一遍。

图 1-4　清扫地面

图 1-5　擦拭地面

二、实验室室内消毒

1. 常见消毒剂的识别

识别实验室常用消毒剂，如 84 消毒液、新洁尔灭、碘附消毒液、酒精消毒液等(图 1-6)。

图 1-6　常见消毒剂

视频学习 1　84 消毒液的配制

2. 消毒剂的配制

(1) 84 消毒液的配制。戴好手套，按照配制比例(表 1-1)，在配制容器中先加入所需的水，再倒入量好的 84 消毒液，用玻璃棒轻轻搅拌，消毒液即配制完成。

表 1-1　84 消毒液各种浓度配制方法(原液浓度 5%)

用途	物表、物品、地面	室内地面、空气、物表	分泌物、排泄物、污水	便器
配制浓度/(mg/L)	250～500	1 000～2 000	2 500～3 000	4 000～5 000
欲配制量/mL	1 000	1 000	1 000	1 000
84 原液用量/mL	5～10	20～40	50～60	80～100
用水量/mL	995～990	980～960	950～940	920～900

注：①84 消毒液宜用凉水现用现配，一次性使用。②84 消毒液需在 25 ℃条件下避光保存，保质期为一年；放置太久，其有效含量降低会影响其消毒效果。③消毒液是一种含氯消毒剂，而氯是一种可挥发性气体，因此配置好的消毒液要加盖放置。

(2) 新洁尔灭(苯扎溴铵)的配制。配制方法:以配制0.1%新洁尔灭溶液1 000 mL为例,取5%新洁尔灭20 mL,加水至1 000 mL(图1-7)。

按公式:$cV=c_1V_1$,$V=c_1V_1/c$ 配制。其中:c 为浓溶液的浓度,V 为需要浓溶液的体积 c_1 为稀溶液的浓度,V_1 为欲配制的稀溶液的体积。

图1-7　新洁尔灭的配制

注:①新洁尔灭即苯扎溴铵溴化二甲基苄基烃铵的混合物,为黄白色蜡状固体或胶状体。易溶于水或乙醇,有芳香,味极苦;具有典型阳离子表面活性剂的性质,其水溶液搅拌时能产生大量泡沫;性质稳定,耐光,耐热,无挥发性,可长期存放。②新洁尔灭(苯扎溴铵)具有杀菌去污作用,能杀灭多种细菌和霉菌,对病毒作用差,对芽孢、结核杆菌、绿脓杆菌无效。③用0.1%溶液洗涤和浸泡可进行手和手术器械的消毒,用0.01%~0.05%的溶液冲洗眼及阴道等部位,用0.05%溶液冲洗膀胱和尿道,化脓灶、霉菌感染可用1%溶液冲洗消毒。④用蒸馏水配制,禁止与碘、碘化物、过氧化物、肥皂等同时使用,防止失效。在溶液中加入0.5%的亚硝酸钠,可防止器械锈蚀。较少用于环境消毒。

3. 实验室消毒

将配置好的消毒液倒入消毒壶内,旋紧壶盖,按下控制阀进行室内消毒(图1-8、图1-9)。

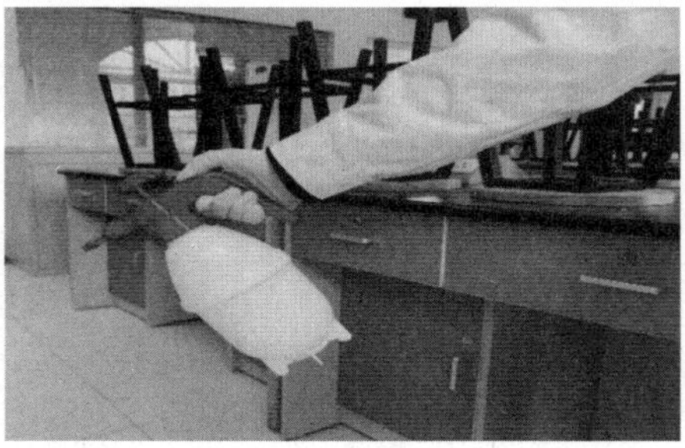

图1-8　实验室消毒

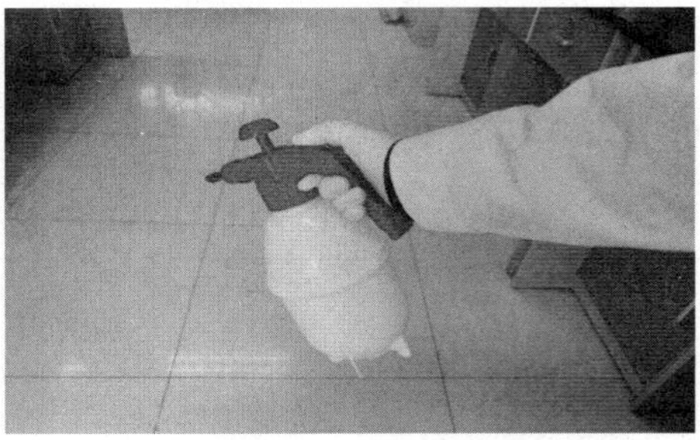

图1-9　消毒壶使用方法

上述程序进行完毕后,适当通风,然后将窗户关好,检查水电,确认关闭后,锁好实验室门,离开实验室。

三、安全防护

1. 安全意识贯穿于整个活动。

2. 正确使用相关的劳动工具，使用工具时要注意安全。

3. 84 消毒液具有腐蚀性，一定要稀释才能使用；配制时要戴好手套口罩等防护物品；若用于物品消毒，取出后一定要用清水冲洗才可使用。

4. 纪律。

(1) 服从教师管理，认真、耐心倾听需要完成的任务及操作方法。

(2) 学生分配好小组后，由组长组织安排本组学生完成各项任务。

【活动总结】

我的收获：

我的不足：

改进措施：

心得体会：

【活动评价】

以小组为单位进行成绩评定，包括自我评价、同学评价和教师评价三部分。实验室卫生清洁评价内容及评价方式参见表 1-2；实验室环境消毒评价内容及评价方式参见表 1-3。

表 1-2　实验室卫生清洁评价表　　组别________

评价内容及分值标准		自我评价（占总分的 20%）	同学评价（占总分的 40%）	教师评价（占总分的 40%）
桌面卫生清洁（100 分）	桌面擦拭（70 分）			
	实验凳摆放（30 分）			
地面卫生清洁（100 分）	清扫地面（50 分）			
	擦拭地面（50 分）			
小计				
实际得分合计				

表 1-3　实验室环境消毒评价表　　组别________

评价内容及分值标准		自我评价（占总分的 20%）	同学评价（占总分的 40%）	教师评价（占总分的 40%）
消毒剂的配制（100 分）	84 消毒液的配制（50 分）			
	新洁尔灭的配制（50 分）			
实验室环境消毒（100 分）	消毒壶的正确使用（30 分）			
	环境消毒是否到位（70 分）			
小计				
实际得分合计				

【知识链接】

常用消毒剂的种类和应用

化学消毒灭菌法是利用化学药物渗透进细菌的体内，通过使菌体蛋白凝固变性，干扰细菌酶的活性，抑制细菌代谢和生长或损害细胞膜的结构，改变其渗透性，破坏其生理功能等，从而起到消毒灭菌作用，所用的药物称化学消毒剂。有的药物杀灭微生物的能力较强，可以实现灭菌，又称为灭菌剂。

凡不适于物理消毒灭菌且耐潮湿的物品，如锐利的金属（刀、剪、缝针）、光学仪器（胃镜、膀胱镜等）及皮肤、黏膜，病人的分泌物、排泄物，病室空气，洁净室等均可采用化学消毒灭菌法。

1. 常用化学消毒灭菌方法

（1）浸泡法。选用杀菌谱广、腐蚀性弱、水溶性的消毒剂，将物品浸没于消毒剂内，在标准的浓度和时间内，达到消毒灭菌目的。

（2）擦拭法。选用易溶于水、穿透性强的消毒剂，擦拭物品表面，在标准的浓度和时间内，达到消毒灭菌目的。

（3）熏蒸法。加热或加入氧化剂，使消毒剂呈气态，在标准的浓度和时间内，达到消毒灭菌目的。室内物品及空气或精密贵重仪器和不能蒸、煮、浸泡的物品（血压计、听诊器以及传染病人用过的票证等），均可用此法消毒。

①纯乳酸。常用于手术室和病室空气消毒。每 100 m^2 空间用乳酸 12 mL 加等量水，放入碗内，密闭门窗，加热熏蒸，待蒸发完毕，移去热源，继续封闭 2 h，随后开窗通风换气。

②食醋。5～10 mL/m^3 加热水 1～2 m^3，闭门加热熏蒸到食醋蒸发完为止。因食醋含 5%醋酸，可改变细菌酸碱环境而有抑菌作用，可对流感、流脑病室的空气进行消毒。

此外，还可应用甲醛或过氧乙酸等进行熏蒸灭菌。

（4）喷雾法。借助普通喷雾器或气溶胶喷雾器，使消毒剂产生微粒气雾弥散于空间，进行空气和物品表面的消毒。如用 1%漂白粉澄清液或 0.2%过氧乙酸溶液进行空气喷雾。对细菌芽孢污染的表面，每立方米喷雾 2%过氧乙酸溶液 8 mL，经 30 min（在 18 ℃以上的室温

下)，可达 99.9%杀灭率。

(5)环氧乙烷气体密闭消毒法。将环氧乙烷气体置于密闭容器内，在标准的浓度、湿度和时间内达到消毒灭菌目的。环氧乙烷是广谱气体杀菌剂，能杀灭细菌繁殖体及芽孢，以及真菌和病毒等。穿透力强，对大多数物品无损害，消毒后可迅速挥发，特别适用于不耐高热和湿热的物品，如精密器械、电子仪器、光学仪器、心肺机、起搏器、书籍、文件等，对其均无损害和腐蚀等副作用。本品沸点为 10.8 ℃，只能灌装于耐压金属罐或特制安瓿中。

2. 消毒剂的性质与消毒水平

(1)高水平消毒剂。杀菌谱广、消毒方法多样，如环氧乙烷、过氧乙酸、甲醛、戊二醛、含氯消毒剂(漂白粉、三合一、次氯酸钠、优氯净等)。高水平消毒剂性质不稳定，需现用现配。

(2)中等水平消毒剂。其特点是溶解性好、性质稳定、能长期贮存，但不能作灭菌剂。如碘附、碘酒、乙醇、煤酚皂、高锰酸钾等。

(3)低水平消毒剂。性质稳定、能长期贮存，无异味，无刺激性，但杀菌谱窄，对芽孢只有抑制作用，如季铵盐类(新洁尔灭、杜米芬、消毒净)、洗必泰等。

注：高水平消毒剂可杀灭一切微生物；中水平消毒剂可杀灭细菌繁殖体、结核杆菌、病毒，不能杀灭芽孢；低水平消毒剂可杀灭细菌繁殖体、真菌，不能杀灭芽孢和病毒。

3. 消毒剂的配制

消毒剂原液和加工剂型一般浓度较高，在实际应用中，必须根据消毒的对象和目的加以稀释，配制成适宜浓度使用，才能收到良好的消毒灭菌效果。

稀释配制计算公式：$c_1 \cdot V_1 = c_2 \cdot V_2$

式中：c_1 为稀释前溶液浓度；

c_2 为稀释后溶液浓度；

V_1 为稀释前溶液体积；

V_2 为稀释后溶液体积。

例：欲配 0.1%新洁尔灭溶液 3 000 mL，需用 5%新洁尔灭溶液多少毫升？

代入公式：$5\% \times x = 0.1\% \times 3\ 000$

解得：$x = 60$(mL)

答：需用 5%新洁尔灭 60 mL。

4. 常用化学消毒剂使用方法(表 1-4)

表 1-4　常用化学消毒剂使用方法

消毒剂名称	消毒水平	作用原理	使用范围	注意事项
乙醇	中	使菌体蛋白凝固变性	1. 以 70%～75%溶液作为消毒剂，多用于消毒皮肤。 2. 95%溶液可用于燃烧灭菌	1. 易挥发，需加盖保存并定期调整其浓度，浓度低于 70%则消毒作用差。 2. 因有刺激性，不宜用于黏膜及创面的消毒

续表 1-4

消毒剂名称	消毒水平	作用原理	使用范围	注意事项
碘酊	高	使细菌蛋白氧化变性，能杀灭大部分细菌真菌、芽孢和原虫	1. 2%溶液用于皮肤消毒，擦后 20 s 再用 75%乙醇脱碘。 2. 2.5%溶液用于脐带断端的消毒，擦后 20 s 再用 75%乙醇脱碘	1.对皮肤有较强的刺激作用，高浓度不能用。更不能用于黏膜消毒，如会阴、肛门、阴囊、眼、口、鼻部手术消毒，以免引起灼伤。 2.皮肤过敏者禁用
苯扎溴铵（新洁尔灭）	低	阳离子表面活性剂，破坏细菌的细胞膜，最终导致菌体自溶死亡，又可使菌体蛋白变性而沉淀	1. 0.1%～0.2%溶液用于皮肤消毒。 2. 0.1%～0.2%溶液用于消毒金属器械，浸泡 15～30 min（加入 0.5%亚硝酸钠以防锈）	1.对肥皂、碘、高锰酸钾等阴离子表面活性剂有拮抗作用。 2.有吸附作用，会降低药效，所以溶液内不可投入纱布、棉花等
洗必泰	低	具有广谱抑菌杀菌作用		1.刺激眼睛、呼吸系统和皮肤。 2.对水生生物有毒，可能对水体环境产生长期不良影响
福尔马林（37%～40%的甲醛溶液）	高	使菌体蛋白变性，酶活性消失，能杀灭细菌、真菌、芽孢和病毒	1.空气消毒加热法，取福尔马林 12.5 mL/m^3 加入等量水，加热蒸发成气雾，待药蒸发完毕，断绝热源继续封闭 6 h 以上。 2.熏柜消毒加热法，取福尔马林 40～80 mL/m^3，柜内置电灯泡通电加热，密封熏蒸 3～24 h。 3.氧化法，取福尔马林 10 mL 加高锰酸钾 5 g/m^3 密封熏蒸 6 h 以上。熏蒸穿透力弱，衣服最好挂起消毒	对呼吸道、眼睛等有强力的破坏性，强致癌
环氧乙烷	高	与菌体蛋白结合，使酶代谢受阻而导致死亡，能杀灭细菌、真菌、病毒、立克次体和芽孢	1.用于电子仪器和不耐高温物品，如皮革、皮毛、化纤织物、一次性高分子医疗器材等的灭菌处理。 2.少量物品可装入塑料袋或丁基橡胶袋中消毒，大量物品则用环氧乙烷灭菌器加温密闭消毒。常用剂量为 0.12%～0.8%，温度为 20～37 ℃，时间为 6～24 h	1.此药易燃易爆且有一定毒性，操作人员必须熟悉使用方法并严格遵守安全程序。 2.放置于阴凉通风、无火源及电源开关处，严禁放入电冰箱。 3.贮存温度不可超过 40 ℃，以防爆炸。 4.灭菌后的物品应清除环氧乙烷残留后方可使用

续表 1-4

消毒剂名称	消毒水平	作用原理	使用范围	注意事项
漂白粉	中、高	在水溶液中放出有效氯，破坏细菌酶的活性而致死，能杀灭各种致病菌、病毒、芽孢	1. 1%～2%澄清液用于肝炎患者的餐具消毒，浸泡 1～2 h。 2. 1%～3%澄清液喷洒(100～300 mL/m^3)消毒，30 min 后通风	1.配制的澄清液性质不稳定，密封保存时间不可超过 1 周。 2.有腐蚀及褪色作用，不宜用于金属制品、有色衣物及油漆家具，消毒后应立即清洗，以防腐蚀
戊二醛	高	与菌体蛋白质反应，使之灭活，能杀灭细菌、真菌、病毒和芽孢	1. 2%溶液用于各种内窥镜消毒，浸泡 1 h。 2. 2%溶液用于不耐热手术器械、导管、注射器、口镜、口腔科器械、透析器械消毒，浸泡 10 h	1.消毒后的物品于使用前用无菌生理盐水冲洗。 2.内窥镜连续使用需间隔消毒 10 min，每天使用前后各消毒 30 min，消毒后用冷开水冲洗。 3.每周过滤 1 次，每 2～3 周更换消毒剂 1 次
碘附	中、高	碘与表面活性剂的不定型结合物，能杀灭细菌、芽孢，还有清洁作用		1.体温计消毒前将唾液揩净，浸泡 30 min 后，用冷开水洗净，揩干后使用。 2.皮肤消毒后留有色素，可用水洗清
过氧化氢(双氧水)	高	过氧化氢能破坏蛋白质的基础分子结构，从而具有抑菌与杀菌作用	1. 3%～6%溶液用于烯酸树脂制成的外科体内埋植物的消毒。 2. 10%～25%溶液用于不耐热的塑料制品消毒	1.使用前用无菌生理盐水冲洗。 2.易氧化分解而降低浓度，应存于阴凉处，不宜用金属器皿盛装
煤酚皂液(甲酚皂)	中、高	杀菌能力与苯酚相似，其苯酚系数随成分与菌种的不同而异	1.含 0.3%～0.6%本品溶液，11 min 能使大部分致病菌死亡。 2.杀灭芽孢需要较高浓度和较长时间	1.对皮肤有一定刺激作用和腐蚀作用。 2.强致癌并有蓄积毒性
臭氧	高	氧原子的氧化作用破坏微生物膜的结构，以实现杀菌作用	1.臭氧能氧化分解细菌内部葡萄糖所需的酶，使细菌灭活死亡。 2.直接与细菌、病毒作用，破坏它们的细胞器和 DNA、RNA，使细菌的新陈代谢受到破坏，导致细菌死亡。 3.透过细胞膜组织，侵入细胞内，作用于外膜的脂蛋白和内部的脂多糖，使细菌发生通透性畸变而溶解死亡	合理确定施放量及熏蒸时间，禁止在臭氧熏蒸时进入工作区

续表 1-4

消毒剂名称	消毒水平	作用原理	使用范围	注意事项
氢氧化钠	高	使菌体蛋白和核酸水解而杀灭病原微生物,发挥消毒作用	1. 2%热溶液消毒细菌、病毒污染的厩舍、饲槽及其他用具,也可用于车船消毒。 2. 4%～5%溶液用于芽孢污染的场地消毒	1.极易灼伤皮肤、眼睛、呼吸道和消化道。 2.腐蚀金属,破坏环境

5.化学消毒剂的使用原则

(1)根据物品的性能及病原体的特性,选择合适的消毒剂。

(2)严格掌握消毒剂的有效浓度、消毒时间和使用方法。

(3)需消毒的物品应洗净擦干,浸泡时打开轴节,将物品充分浸没于溶液。

(4)消毒剂应定期更换,挥发剂应加盖并定期测定密度,及时调整浓度。

(5)浸泡过的物品,使用前需用无菌等渗盐水冲洗,以免消毒剂刺激人体组织。

综上所述,化学消毒剂在使用的过程中,应根据不同类型消毒剂的特点,加以适当的选择。根据不同消毒场所(室内、室外、大门消毒池等)、不同要求(空栏舍、带畜禽、饮水等)气候条件、环境条件、污染物等,选择合适的消毒方法(喷洒、浸泡、熏蒸等)和消毒剂。

【思考题】

一、填空题

1. ________是通过液体化学试剂杀灭微生物繁殖体或芽孢,方式包括________、________和________等。

2. 物理消毒包括________、________、________、HEPA 过滤除菌等。

3. 常用的含氯消毒剂有________、________、________等。

4. ________可高水平消毒,使用方便;但由于对人体皮肤黏膜有刺激,并产生臭氧,在有人情况下使用受到限制。

二、判断题

1. 紫外线消毒是最可靠的、首选的消毒灭菌方法。　（　　）

2. 化学消毒方法包括擦洗、熏蒸、浸泡等。　（　　）

3. 紫外线消毒适用范围:室内空气消毒、能直接照射到光滑物体表面的消毒。　（　　）

4. 含氯消毒剂常用剂型:粉剂、片剂、液体。　（　　）

三、简答题

1. 氯消毒剂使用的注意事项有哪些?

2. 紫外线消毒常见类型有哪些?

活动 2

实验实训仪器设备认知与清洁

【活动目标】

1. 熟悉实验实训仪器设备的名称并了解其主要用途。

2. 掌握实验实训仪器设备的清洁保养方法。

3. 养成爱护实验实训仪器设备的良好习惯。

4. 树立安全操作的意识，养成在接触不熟悉的设备前，咨询老师或查看使用说明书，“不了解不乱动”的良好习惯。

5. 体会清洁保养实验实训仪器设备的辛劳及感受仪器设备洁净如新的快乐。

【活动材料】

1. 实验室常用仪器设备。如电子天平、光学显微镜、超净工作台、高压蒸汽灭菌器、液晶恒温培养箱、电热鼓风干燥箱、台式高速离心机、电冰箱。

2. 防护用品。工作服、一次性乳胶手套、口罩、帽子、鞋套。

3. 清洁用品。软毛刷、清洁布、清洁剂、清洁工具。

【活动准备】

1. 安全防护。进入实验室前穿好工作服，戴好一次性乳胶手套、口罩和帽子，穿好鞋套。

2. 学生分组活动。每组负责一个实验实训室，实行组长负责制。

【活动内容】

一、实验实训仪器设备的认知

首先要认识常用的实验实训仪器设备，其次要对这些仪器设备的结构有一个初步的了解。登记实验实训常用的仪器设备，充分认识仪器设备，通过阅读仪器设备的使用说明书，了解其主要功能及保养方法。查阅仪器使用记录，掌握仪器的运行状态和使用情况。没有完全明白的问题与同学先讨论或请教指导教师，做到“不了解不乱动”，避免损坏仪器设备或出现安全事故。

二、常用实验实训仪器设备的种类

实验室利用率比较高的仪器设备主要有电子天平、光学显微镜、超净工作台、高压蒸汽灭菌器、低速离心机、冰箱、电热恒温培养箱、电热干燥箱和移液器。

视频学习 2　电子天平的使用

三、常用实验实训仪器设备的功能、构造及使用注意事项

以下对实验室常用仪器设备的构造、用途及使用注意事项做简单说明。

(一)电子天平

电子天平(图 2-1)是用于称量的精密仪器，是根据电磁力平衡的原理，应用现代电子技术设计而成的。故天平安装位置应该注意：安装平台稳定、平坦，避免震动；避免阳光直射和受热，避免在湿度大的环境工作；避免在空气直接流通的通道上。电子天平基本结构由外罩、秤盘和功能键面组成。使用注意事项有：

(1)电子天平的自重较小，容易被移位，从而造成水平状态改变，影响称量结果的准确性。所以使用及清洁时要特别注意，动作要轻、缓，清洁后要检查水平状态是否改变。

(2)要注意克服可能影响天平示值的各种因素，例如，空气对流、温度波动、称量容器潮湿、开门及放置被称物时动作太大。

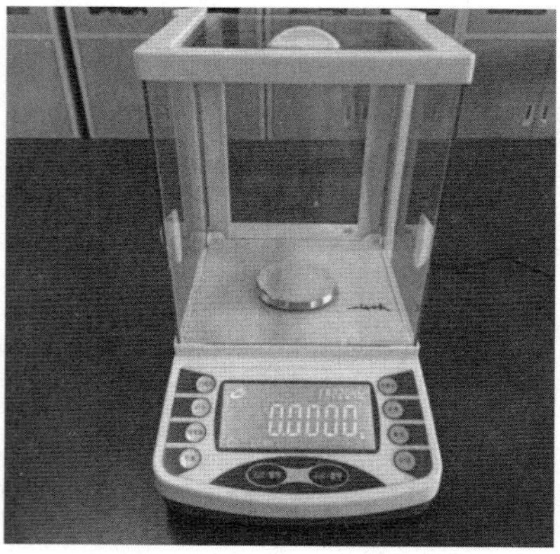

图 2-1　电子天平

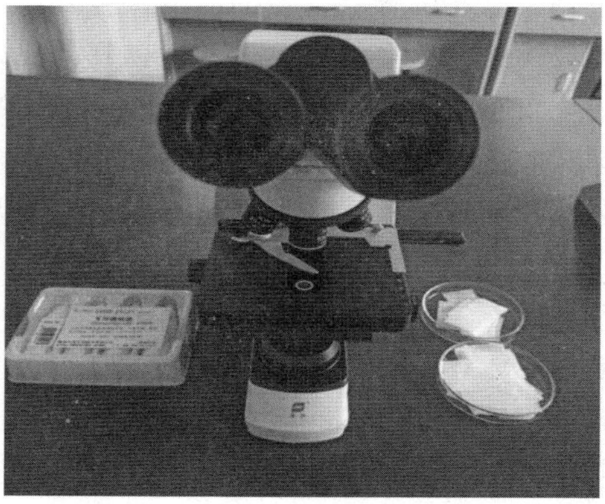

图 2-2　光学显微镜

(二)光学显微镜

光学显微镜(图 2-2)的种类很多，但基本结构相似，主要由机械和光学两部分构成。机械装置包括镜座、镜筒、载物台、升降手轮、微调焦手轮、光圈等部件；光学部分由物镜、目镜、聚光镜、下聚光镜等组成。使用注意事项：

视频学习 3　显微镜的使用

(1)取用显微镜时，应一手紧握镜臂，一手托住镜座，禁止用单手提拿，以避免目镜或其他零部件滑落。

(2)不可随意拆卸显微镜上的零部件，以免丢失损坏或使灰尘落入镜内。

(3)显微镜的光学部件严禁使用纱布、手帕、普通纸张或手指揩擦，以免磨损镜面，需要时只能用擦镜纸轻轻擦拭。机械部分可用纱布擦拭。

(4)显微镜应尽量避免与酸、碱、酒精、乙醚等放在一起，因为这些物品对显微镜的金属和光学部分有损害。

(5)显微镜应放在专用柜内或阴凉干燥处，避免受阳光暴晒。

(6)在任何时候，特别是使用高倍镜或油镜头时，都不要一边在目镜中观察，一边下降镜筒（或上升载物台），以避免镜头与载玻片相撞，损坏镜头或载玻片标本。

(7)观察时，初学者易将镜头、载玻片上的灰尘或异物当作观察物，错误调节焦距，使镜头与载玻片相撞。为避免此类问题发生，可先转动目镜，若视野内该物随之移动，说明污迹在目镜上，如转动目镜而其不随之移动，则移动标本，若其随之移动，则说明污迹在标本上，否则污渍可能在物镜上。

(8)在利用显微镜观察标本时，要养成两眼同时睁开，双手并用，左手操纵调焦螺旋，右手操纵标本移动器的习惯，必要时一边观察，一边计数或绘图记录。

(三)超净工作台

超净工作台(图 2-3)是一种能提供局部无菌环境的空气净化设备，其原理是利用顶部的空气净化系统过滤空气，然后将洁净的空气压到操作台上，排除工作区原来的空气，以形成无菌的高度洁净的工作环境；同时超净工作台内配置的紫外灯可以用来杀灭操作台上的病原微生物。使用注意事项：

(1)先用干净的纱布擦拭台面，然后用 75%酒精消毒剂擦拭消毒。

(2)接通电源，提前 60 min 打开紫外灯，照射 30 min 后，关闭紫外灯。

(3)关闭紫外灯 30 min 后，开启鼓风机和照明灯，将工作台的玻璃门开至两手能在其中自由操作，点上酒精灯进行操作即可。操作区内不允许存放不必要的物品，保持工作区洁净气流不受干扰。

(4)使用完毕后，清理工作台面，收集各废弃物，关上鼓风机和照明灯，将台面清扫干净，用清洁剂及消毒剂(75%酒精)擦拭消毒。

(5)最后开启紫外灯照射 30 min，关闭紫外灯，切断电源。

(6)工作台内尽量避免做明显扰乱气流的动作。

(7)工作台内的温度不可以超过 60 ℃。

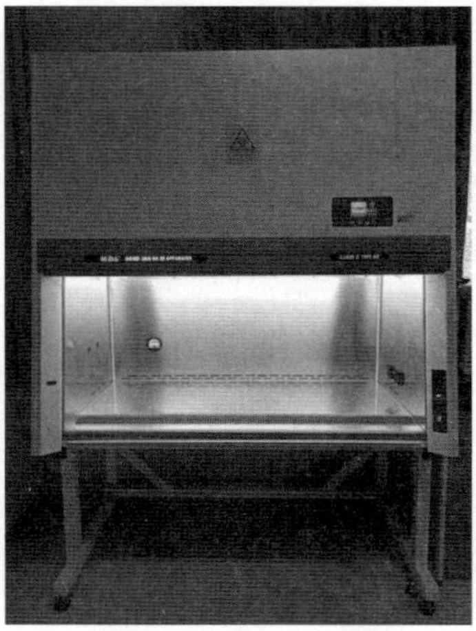

图 2-3　超净工作台

图 2-4　高压蒸汽灭菌器

(四)高压蒸汽灭菌器

高压蒸汽灭菌器(图 2-4)是实验室必不可少的重要设备，主要用于培养基、试剂、塑料橡胶制品、手术包等灭菌。其是根据沸点与压力呈正比的原理设计的，通过湿热空气来杀灭病原体。高压灭菌器主要包括双层的金属圆筒和金属厚盖。金属圆筒外筒盛水，内筒内有一隔板，主要用来放置灭菌的物品；金属厚盖上有压力表、安全阀与排气阀。盖的边缘有螺栓，盖内垫有密封圈，主要用来紧闭灭菌器，使蒸汽不能外溢。使用注意事项：

(1)加蒸馏水。在外桶体内注入蒸馏水，水位超过电热管 2 cm 以上(但不宜过多)，连续使用时，必须在每次操作前补足水，以免烧坏电热管而发生意外。

(2)放置灭菌物品。将待灭菌的物品予以妥善包扎后放置在内筒的隔板上，各物品之间留有间隙，这样有利于高压蒸汽的穿透，提高灭菌效果。

(3)密封。灭菌物品放好后，盖上盖时将放气软管插入储物桶内侧的半圆槽内。然后放上厚盖，将螺栓先对称放入螺栓槽内，再对称性拧紧螺母(可使用随机附件扳手)。

(4)检查安全阀与排气阀的状态。安全阀应在关闭状态，排气阀应在开启状态。

(5)加热。打开电源，设定压力与时间。加热开始后，桶内空气和冷凝产生的水随加热时产生的压力逸出，待有较急的蒸汽喷出时，将排气阀关闭，此时压力表示数会随着加热逐渐上升，指示消毒器内的压力。

(6)灭菌。当压力达到 121.3 ℃后，维持 15～30 min，方可关闭电源。

(7)取物。灭菌结束后，切勿立即将灭菌器内的蒸汽排出。否则，由于液体的温度未能下降，压力释放会使液体剧烈沸腾，造成液体渗出或容器爆裂。等压力表指针回零，才能打开放气阀排出气体，开盖取物品。各种消毒灭菌物所需的时间、压力和温度见表 2-1。

表 2-1　各种消毒灭菌物所需的时间、压力和温度

类　　别	保温时间/min	蒸汽压力(表压)/MPa	饱和蒸汽相对温度/℃
橡胶类	15	0.1～0.105	121
敷料类	30～45	0.105～0.14	121～126
器皿类	15	0.105～0.14	121～126
器械类	10	0.105～0.14	121～126
瓶装溶液类	20～40	0.105～0.14	121～126

(五)低速离心机

低速离心机(图 2-5)是利用离心力把液体中不同物质分开的一种设备，主要用于液体病料的分离，沉淀细菌、血细胞和分离血清等，使用较多的是低速离心机。使用注意事项：

视频学习 4　离心机的使用

(1)离心机放在平稳、坚固的台面上。

(2)离心管中液体不能装得太满，离心物品的小试管一定要装入离心套管中，才可对称地放入离心机中进行离心，放入前在天平上称量配平。

(3)盖好离心机盖子，观察转速旋钮是否处于“0”的位置，然后再通电，打开电源开关。

(4)设置离机转速及离心时间。

(5)使用中，如发现震动剧烈、噪声大、声音不正常，应该立即关机，进行检查维修。检查是否有不平衡等问题存在、固定机器的螺帽是否松动。

(6)离心完毕，缓慢将转速旋钮旋回至“0”，等转动完全停止后打开机盖，取出离心物品。严禁在未停转的状态下和开机运转的状态下打开机盖。

(7)离心机使用完毕后，切断电源，并将套管倒置于干燥处晾干。

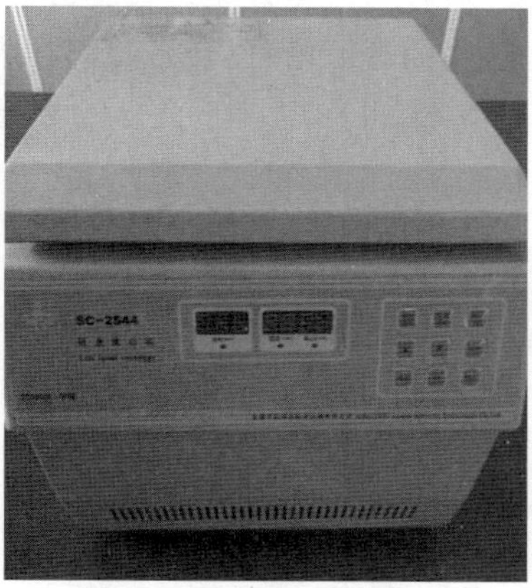

图 2-5　低速离心机

图 2-6　冰箱

(六)冰箱

冰箱(图 2-6)是实验室最常用的设备之一，主要用于保存病料、培养基、菌种、药敏纸片及各种生物制品。冰箱主要由箱体、制冷系统、自动控制系统和附件四部分构成，分为冷藏室和冷冻室两部分。使用注意事项：

(1)冰箱应该置于阴凉通风的室内，和墙壁之间应该留 10 cm 以上的距离，以利于冰箱散热。

(2)要检查电压是否稳定，如果电压不稳定，要配置稳压器，以利于冰箱正常使用。

(3)正确使用冰箱调温旋钮，通常冷藏室调至 4～10 ℃，冷冻室 0 ℃以下即可。

(4)将所存物品放在冰箱内适当的位置，物品不宜放置太多，利于冷空气对流，温度均匀。温度过高的物品不宜立即放入冰箱，以免增加冰箱压缩机启动的次数，降低使用寿命。在使用过程中，尽量减少打开冰箱的次数和每次打开门的时间。冰箱冷冻的物品不宜反复融化，以免影响其活力或品质，短时间停电时不宜打开冰箱取出物品。

(5)定期检查冰箱内的温度和保存物品的状态，定期对存放的物品进行整理和清除。有污染或霉变时应及时处理，经福尔马林熏蒸消毒后方可使用。有霜或微霜冰箱应该定期除霜，将电源关闭，待冰融化后进行清洗、整理。

(七)电热恒温培养箱

电热恒温培养箱(图 2-7)又称温箱或孵育箱，主要用于细菌等微生物的培养、部分血清学试验及有关器皿的干燥，其主要结构由箱体、电热丝、温度调节器等构成。使用注意事项：

(1)检查电源电压，如果与培养箱要求的电压一致，可直接插上电源；如果不一致，需要使用变压器变压。

(2)打开电源开关，将温度调节器调至所需的培养温度。如果恒温培养箱温度调节旋钮所指示的温度与箱内温度不一致，应予以校正。为了保持温度恒定，除取放实验用品外，箱门应始终关闭严密。

(3)将培养物放入箱内。培养物不宜放置过多,且物品与物品之间保持一定距离,以免各部分温度不均匀。带有鼓风机的培养箱可打开鼓风机,使箱内温度保持一致。底板是培养箱的散热板,严禁直接放置培养用品或其他物品。为了防止培养液内的水分蒸发,应该将培养液的瓶盖盖好或用胶塞塞好。培养箱内禁止放置易挥发性物质,以免发生爆炸事故。

(4)培养箱应放在干燥平稳处,严禁放在高压、强磁场的环境中,以免干扰温控器。饰漆表面和电镀零件保持清洁,箱体内部保持干燥,若长期不使用,可在电镀零件上涂中性油脂以防腐蚀,外面套好防尘罩。

图 2-7　电热恒温培养箱

图 2-8　电热干燥箱

(八)电热干燥箱

电热干燥箱(图 2-8)又称干热灭菌箱或烤箱,主要用于玻璃器皿和金属制品的干热灭菌,其结构与使用方法与温箱相似。使用注意事项:

(1)先检查电源电压,再接上电源。

(2)将待灭菌物品清洗干净、干燥、包扎好放入箱内,灭菌物品不宜堆放过挤,应留有一定间隙,以利于热空气流动,各部分受热均匀,灭菌彻底。

(3)打开电源开关,设定温度和时间。常用的灭菌温度为 160 ℃,维持 1~2 h;常用的烘干温度为 60~80 ℃。加热升温时应将鼓风机打开,以使箱内各部分温度均匀。

(4)灭菌完毕后严禁立即打开箱门,以免箱内物品着火,必须待箱内温度降至 60 ℃以下后,才能打开箱门取出物品。

(5)灭菌过程中如遇箱内物品着火冒烟,应立即切断电源,关闭排气小孔,用湿毛巾堵塞箱门四周,防止空气进入箱内。待火熄灭、温度降至 60 ℃以下,方可开箱门取出物品。

(6)干燥箱应始终保持清洁,箱门的玻璃应用松软棉布擦拭,切忌用有腐蚀性的化学溶液擦拭,以免发生化学反应或擦伤玻璃;干燥箱如果长期不使用,应在电镀件上涂上中性油脂或凡士林以防腐蚀,并套好塑料薄膜防尘罩,放在干燥通风的室内,以免受潮而影响使用。

(九)移液器

移液器(图 2-9 和图 2-10)是用来量取 0.1 μL~10 mL 体积液体的精密仪器,是微量液体样本采集和移取的必备工具。

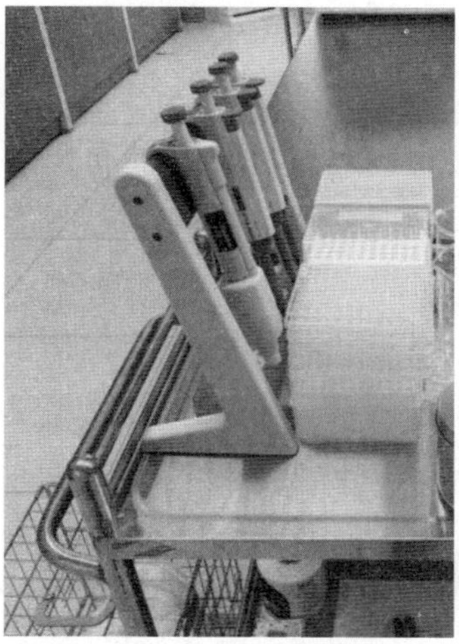

图 2-9　移液器的摆放(配枪头)

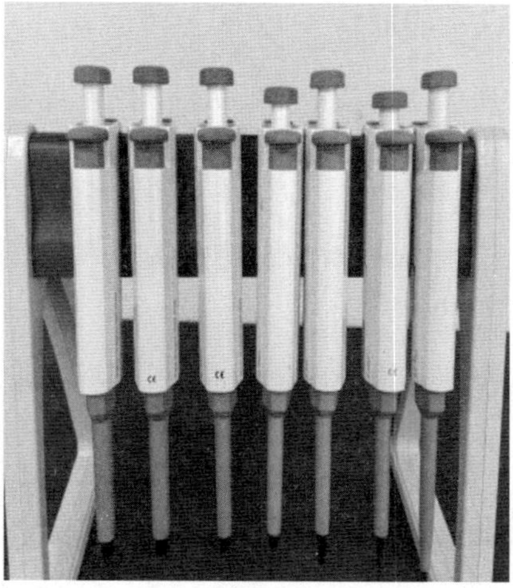

图 2-10　移液器的摆放

视频学习 5　移液器的使用

(1)移液器的选择。根据需求选择相应量程的移液器。通常情况下选择 35%～100%量程范围进行操作,选择这个量程对操作者的操作技巧依赖较少,同时可保证移液的准确度。

(2)量程的调节。遵循由大到小原则,当由大量程调至小量程时,通过调节按钮迅速调至所需量程,在接近理想值时,将移液器横放,调至预定值。当由小量程调至大量程时,需注意旋转至超过预定值,再回调到预定值。

(3)安装吸头。采用旋转安装法,将移液器垂直插入吸头,用力轻压,逆时针旋转 180°安装,切勿用力过猛。

(4)预洗吸头。先吸取样品,然后排回样品容器,重复 4～6 次。

(5)吸液。吸液前排空吸头,将移液器按至第一停点,吸液时缓慢松开,切勿用力过猛,吸头靠壁停留 1～2 s。

(6)放液。放液时吸头紧贴容器内壁并倾斜 10°～40°,尽可能地放于容器底端,先将排放按钮按至第一停点,稍微停顿 1 s 后,待剩余液体聚集后,再按至第二停点,将剩余液体全部压出。

(7)卸去吸头。将吸头用移液器指定按钮退下,放入盛有消毒液的容器中;将移液器旋至最大量程,然后挂在移液器架上。

使用注意事项:

①使用前,要注意检查是否有漏液现象。

②严禁用大量程的移液器移取小体积的液体,应该选择量程合适的移液器以免影响准确度。

③吸液时,移液器枪身不要倾斜,应该垂直吸液,慢吸慢放。

④装配吸头时,应选择与移液器匹配的吸头;安装吸头力量要适中,用力过猛会导致吸头难以脱卸。

⑤带有残余液体吸头的移液器应当挂在移液器架上,严禁平放。

⑥严禁直接按到第二档吸液,一定要按到第一档并垂直进入液面几毫米吸液。

⑦严禁使用丙酮或强腐蚀性的液体清洗移液器。

四、实验实训仪器设备的清洁

在充分了解实验实训仪器设备的主要用途、操作规程及注意事项的基础上，进行正确的清洁与保养可以保证仪器设备处于完好状态。清洁保养的过程：关掉仪器设备的开关，拔下电源插头，在断电的状态下，遵照“由外到内”“由大面积到小面积”“由粗略到精致”的原则进行清洁与保养。具体到每一个仪器设备，要按照本身的特点进行清洁与保养。

1. 电子天平

(1)断开电源，用软布擦拭天平外罩，污渍可蘸取少量非腐蚀性的清洁剂处理，把天平罩擦拭洁净透亮。

(2)用软毛刷清理天平内部(包括称量盘)，再用洁净的软布擦拭几遍，如有污点，可用软布蘸取无水乙醇擦拭。严禁用水擦拭天平内部的底板，尤其是称量台，防止生锈。

(3)检查天平内放置的硅胶干燥剂，始终保持透明湛蓝色，如颜色变浅或为淡粉色，需要将硅胶干燥剂放在干燥的瓷盘中，放在干燥箱中烘干后再使用(图 2-11、图 2-12)。

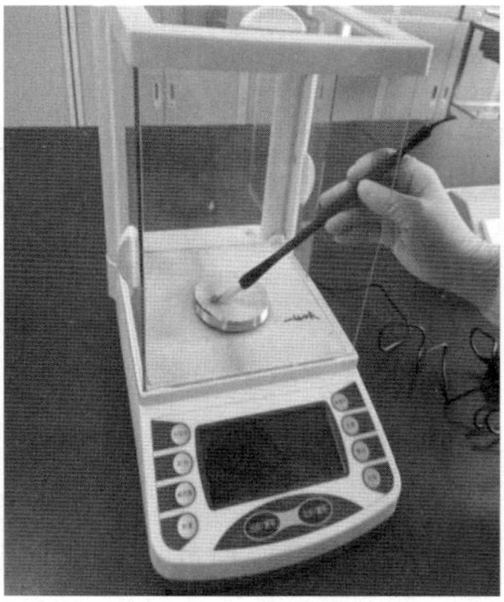

图 2-11　天平的清洁

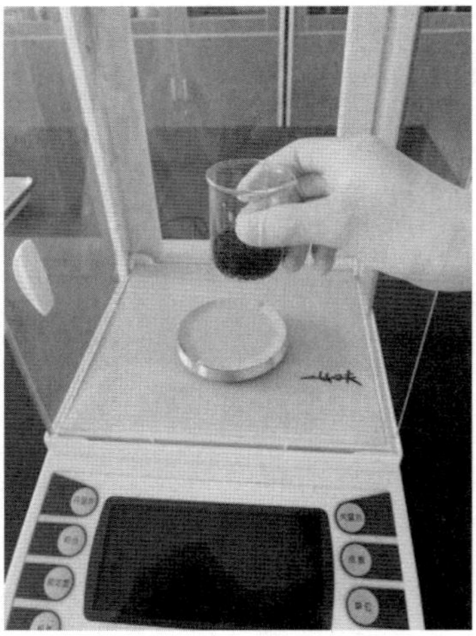

图 2-12　天平干燥剂的检查

2. 光学显微镜

光学显微镜属于精密仪器，所以擦拭清洁时要特别小心，动作要轻，选择不掉毛的软布和专用镜头纸。机械部分可用软棉布清洁，光学部分首先用洗耳球吹掉表面的尘土，然后使用专用镜头纸擦拭，污渍用镜头纸蘸取少量油镜专用油轻轻擦拭，以免磨损镜头。另外，擦拭时一定要把显微镜放在牢固、稳定的实验台上，防止跌落，造成损失(图 2-13)。

3. 超净工作台(图 2-14)

(1)长久没有使用的超净工作台在使用前应该进行彻底清洁、消毒，用 0.1%的来苏尔或 75%酒精擦洗台面，滤器的灰尘可用真空吸尘器清除。

(2)工作台和周围环境用超净真空吸尘器进行清洁。清理杂物、清扫灰尘，清理操作区内不允许存放的物品。

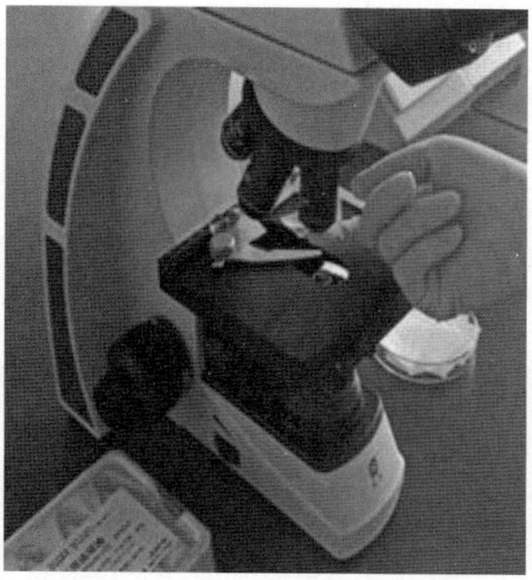

图 2-13　显微镜油镜的擦拭

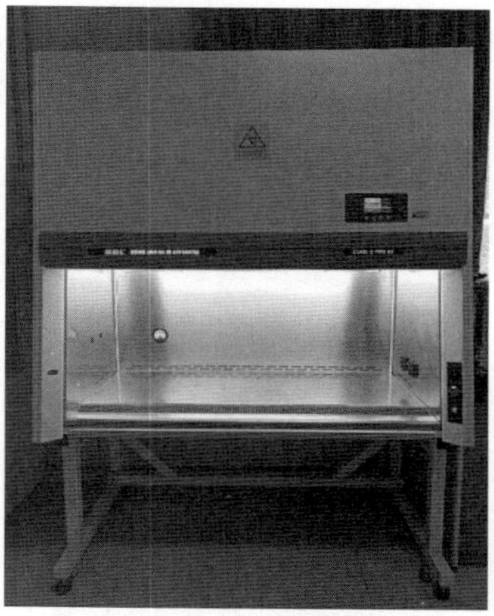

图 2-14　超净工作台

(3)清洁微生物。使用工作台时，应提前 60 min 开机，同时开启紫外杀菌灯，处理工作区内表面积累的微生物，30 min 后关闭紫外灯，开启日光灯。

(4)用喷壶喷洒 75%酒精于操作台面、内壁及紫外杀菌灯表面，然后用不掉毛的软布擦拭干净。

4. 高压蒸汽灭菌器

(1)断开电源，确保在断电冷却和无压力的前提下进行清洁。

(2)用软布蘸取清洁剂擦拭外表面(盖子及侧壁)，清水冲洗拧干软布，擦拭几次，然后用干布擦拭，直到无水印为止。

(3)打开盖子，用软布清洁内壁、消毒筒等部件，污渍用软布蘸取清洁剂擦拭。

(4)清洁密封垫圈，使其处于完好状态。如果使用时间过长发生老化现象，会影响密封效果，此时应更换密封圈。高压蒸汽灭菌器清洁见图 2-15。

图 2-15　高压蒸汽灭菌器

5.低速离心机

(1)切断电源,用洁净抹布擦拭离心机顶部和四壁,保证其干燥。

(2)操作面板用软毛刷轻轻扫除灰尘,然后用软布轻擦。

(3)用镊子夹取洁净纱布(不掉线头)轻轻擦拭转子表面及内部。

(4)久未使用的离心机可以用吹风机的冷风将内部灰尘吹出来,再进行清洁。离心机的清洁见图 2-16;清洁后的离心机见图 2-17。

图 2-16 离心机的清洁

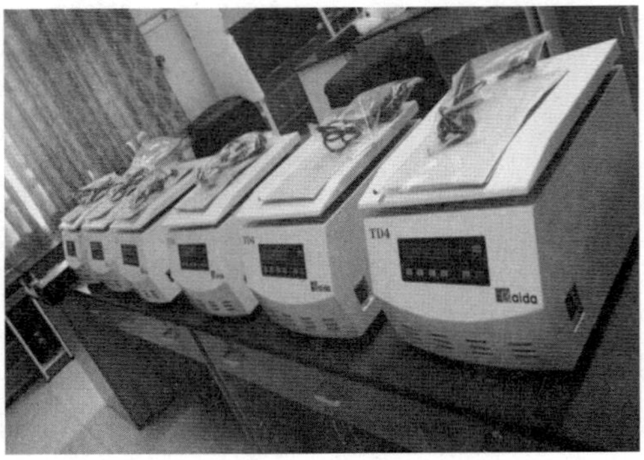

图 2-17 清洁后的离心机

6.冰箱

(1)用白醋对冰箱进行清洗。在盆中倒入一定量的白醋,挤入适量的牙膏,加入清水后搅拌均匀,将毛巾放进盆里浸泡,等毛巾完全浸湿后取出擦拭冰箱即可。

(2)用酒精对冰箱进行清洗。将适量的酒精、洗洁精倒入盆里,将毛巾放进盆里进行浸泡,完全湿透后将毛巾取出,在冰箱内有霉点、菌斑的地方进行擦拭,此类污物不及时清理会对人体造成极大的危害。

(3)用小苏打对冰箱进行清洗。用清水调配一定浓度的小苏打溶液,切断电源后将冰箱内的试验用品取出,用毛巾蘸取小苏打水进行擦拭。洁净的冰箱见图 2-18;放置物品的冰箱见图 2-19。

图 2-18 洁净的冰箱

图 2-19 放置物品的冰箱

7. 电热恒温培养箱

(1)在断电的情况下，用洁净抹布擦拭箱体外部的灰尘，显示屏要用软布轻轻擦拭。

(2)用洁净抹布擦拭外门、玻璃门、网板及积水盘，不留水迹。

(3)清洁进水管、溢水管和出水管，以防堵塞(图 2-20)。

8. 电热干燥箱

(1)在断电的情况下，用湿毛巾擦拭箱体外部，再用干毛巾擦拭，直至无水痕、无尘印。

(2)用洁净的软布擦拭玻璃门、内壁、横隔架和底盘。经过擦拭内外洁净如新的电热干燥箱如图 2-21 所示。

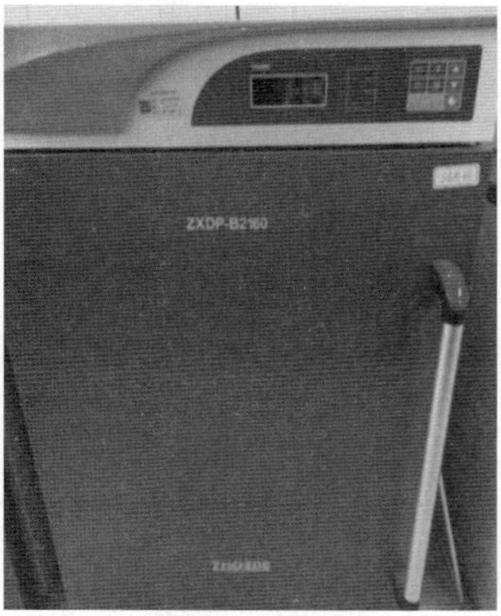

图 2-20　洁净培养箱

图 2-21　洁净干燥箱

9. 移液器

(1)用洁净的软布擦拭移液器的表面，如果有污渍可以蘸取少量中性清洁剂擦拭。

(2)定期清洁移液器，用酒精棉擦拭手柄、弹射器及白套筒外部，最大限度降低对样品造成污染的可能性。

(3)移液器在每次实验后应将刻度调至最大，让弹簧恢复原型以延长移液器的使用寿命。

五、安全防护

1. 安全意识要贯穿于整个清洁活动。
2. 正确使用相关的劳动工具，使用工具时要注意安全。
3. 保护仪器及设备的零部件，防止丢失、损坏。
4. 使用清洁剂注意适量，防止浪费。
5. 做好个人防护，防止清洁剂进入口、鼻和眼中。
6. 正确识别仪器的标识。

【活动总结】

我的收获：

我的不足：

改进措施：

心得体会：

【活动评价】

以小组为单位进行成绩评定，包括自我评价、同学评价和教师评价三部分。实验室仪器设备清洁的评价内容及评价方式参见表2-2。

表2-2　实验室仪器设备清洁保养的评价表　　组别________

评价内容及分值标准		自我评价（占总分的20%）	同学评价（占总分的40%）	教师评价（占总分的40%）
仪器设备清洁保养（100分）	电子天平清洁（10分）			
	光学显微镜清洁（20分）			
	超净工作台清洁（10分）			
	高压灭菌器清洁（10分）			
	低速离心机清洁（15分）			
	电热恒温培养箱清洁（10分）			
	冰箱清洁（10分）			
	电热干燥箱清洁（10分）			
	移液器清洁（5分）			
小计				
实际得分合计				

【知识链接】

一、天平的由来及意义

为什么有“地平天成”说法呢？《辞海》中有一句解释：“地平其化，天成其施，上下相称为宜。”意思是在上天的监督下，最后达成平衡，就算是公平了，就算是准确了，就算是达到目标了。“天平”这个名称，包含深厚的中国古代文化内涵。

西汉时期，人们还将天平的功能进一步延伸，发明了天平式的湿度计，天平一端挂羽毛或者土，一端挂炭，空气湿度大，炭吸水多，就会变重，天平就出现倾斜。《淮南子》有云：“湿之至也，莫见其形而炭已重矣”“悬羽与炭而知燥湿之气”，讲的就是这个湿度天平的原理，在 1 600 多年后，欧洲人才想起在天平一端放羊毛，一端放石头，来测量湿度。在近代，德国的赛多利斯集团经过 130 年的奋斗，成为现代世界天平之父，始终走在称量技术的前沿。

当今，电子天平有完全取代传统机械天平的趋势，电子天平与机械天平原理完全不一样，其更像弹簧秤的原理，是电磁力与物体重力平衡，测量的是物体的重量，而不是质量，机械天平带到月球上一样可以使用，电子天平就不行了，搬运到重力加速度不同的地方，电子天平必须首先用标准砝码进行示值校准，否则不能实现正确测量。

二、显微镜的发明

显微镜是 16 世纪末期荷兰人亚斯・詹森发明的。

1. 开始在科学上使用显微镜的第一个人是意大利科学家伽利略。他通过显微镜观察一种昆虫后，第一次对它的复眼进行了描述。第二个人是荷兰亚麻织品商人列文虎克（1632—1723 年），他自己学会了磨制透镜，发明了世界上第一台高倍显微镜。他第一次描述了许多肉眼看不见的微小植物和动物。

2. 1931 年，恩斯特・鲁斯卡通过研制电子显微镜，使生物学发生了一场革命。这使得科学家能观察到像百万分之一毫米那样小的物体。1986 年他被授予诺贝尔奖。

3. 显微镜是由一个透镜或几个透镜组合构成的一种光学仪器，是人类进入原子时代的标志。其主要用于放大微小物体至人的肉眼能看到。

4. 显微镜分光学显微镜和电子显微镜。光学显微镜是在 1590 年由荷兰的詹森父子首创的。现在的光学显微镜可把物体放大 1 600 倍。电子显微镜可以把物体放大数十万倍，可获取晶体结构、微细组织、化学组成、电子分布情况等。

三、高压蒸汽灭菌器的起源

现代高压蒸汽灭菌器的起源可以追溯到 1679 年，波义耳的助手、法国发明家丹尼斯・帕潘（Denis Papin）发明了一个名为蒸汽蒸煮器（steam digester）的装置。这个装置有一个密封的容器和盖子，密封容器内盛水加热之后可以避免蒸汽外泄，从而增加压强，令容器内温度保持在 100 ℃以上，以便能烹煮骨头。帕潘的蒸煮器被视为压力锅和蒸汽机的前身，同时也是高压灭菌器的前身。类似的装置在之后不断发展，但直到 19 世纪，高压蒸汽才被用于消毒和杀菌。1831 年，威廉・亨利（William Henry），一位来自英国曼彻斯特的医生，发表了自己的实验结果，证明经过蒸汽高温处理的衣物和其他物品可以避免传播疾病。

19 世纪 70 年代后，随着微生物学和细菌学的发展，新一代的化学家和微生物学家罗伯特·科赫(Robert Koch)和巴斯德等基于高温灭菌的原理发明了不同种类的灭菌器，这些灭菌器使用高温蒸汽或者干燥热气灭菌。巴斯德发现潮湿的热气，也就是蒸汽，比干燥的热气在灭菌和消毒方面更加高效，这直接引起了蒸汽灭菌方法和蒸汽灭菌器的流行。

四、温度计的工作原理

随着科学技术的发展和现代工业技术的需要，测温技术也不断地改进和提高。由于测温范围越来越广，根据不同的要求，人们又制造出不同类型的测温仪器。

1. 气体温度计。多用氢气或氦气作测温物质，因为氢气和氦气常压下的液化温度很低，接近于绝对零度，故它的测温范围很广。这种温度计精度很高，多用于精密测量。

2. 电阻温度计。分为金属电阻温度计和半导体电阻温度计，都是根据电阻值随温度变化这一特性制成的。金属温度计主要有用铂、金、铜、镍等纯金属的及铑铁、磷铜合金的；半导体温度计主要用碳、锗等。电阻温度计使用方便可靠，已广泛应用。它的测量范围为－260～600 ℃。

五、电热鼓风干燥箱的日常操作与保养

电热鼓风干燥箱在日常的实验研究中应用十分广泛，所以了解电热鼓风干燥箱的操作及保养尤为重要，常用操作和保养方法如下：

1. 使用该仪器须有专人负责，干燥箱使用完毕应切断外来电源，免除意外事故发生。

2. 工作室内放置试验品时不能太密，以免影响工作室内气流的正常流动，每个物品之间须留置 10～20 mm 间隙，要求对称放置，每层搁板上的物品要交错放置，最底层搁板与工作室底部必须有大于 100 mm 的距离。

3. 在干燥箱周围应留一定的空间，以利于干燥箱散热，也便于操作和维护。

4. 防止尖锐物划伤干燥箱。

5. 勿随意拆装电子元件及干燥箱的零(部)件，以免损坏电器控制线路，造成干燥箱故障而影响其性能。

6. 贮存、使用干燥箱时，要求周围无易燃、易爆及腐蚀性物质。

7. 严禁将易燃、易爆及挥发性物品放入干燥箱内进行干燥处理。

8. 使用干燥箱之前要认真阅读产品使用说明书，然后再进行各项操作。

六、鼓风烘箱是怎么加热的

鼓风烘箱广泛用于工矿企业、化验室、科研单位等，起干燥、烘焙、熔蜡、灭菌等作用。鼓风烘箱由电加热器加热，通常露于空气中的加热丝因高温和长期加热易氧化，影响寿命。鼓风烘箱加热器通常采用盘管式电加热管，即加热丝位于加热管内部，可降低氧化速率以延长寿命，同时热量传到钢管上，增大了导热面积。

鼓风烘箱温控仪用来控制和显示温度，当箱内温度低于设定温度时，温控仪控制加热器连续发热或间隙发热，使箱内温度可控。鼓风风机的作用是使干燥箱内的空气水平(台式烘箱)或垂直(立式烘箱)对流循环，使箱内空气吹送到电加热器上加热后送到工作室，然后由工作室吸入风机再吹到电热管上加热，不断循环加热的同时也使箱内温度更加均匀。工作室的热空

气可对潮湿的物品加热，水分也会因加热变成水蒸气混入热风中。

鼓风风机的作用：一是使箱内空气对流循环；二是在不影响工作室内温度的情况下，从独特设计的进风风道中不断吸入一部分箱外新鲜空气进入箱内，加热循环，箱内吸入一定体积的外部气体的同时，会有相同体积带有水蒸气的废气从排气孔排出箱外。箱内外的空气交换量（或排废气速率）可通过改变出气孔的大小来调节。通过室内外空气不断交换，水分也被带出箱外，从而达到干燥的目的。

七、谁发明了离心机

离心机的前身是18世纪英国军事工程师发明的一种用于确定阻力的旋转臂装置。在19世纪，欧洲一对兄弟想要将奶油与牛奶分离，从而提出了一种乳制品离心机的设想。这对兄弟设计并改良了他们的作品，并在1875年展出了第一台乳脂提取机，这也是世界上最早用于工业生产的离心机。之后发展出纺织品脱水用的三足式离心机，制糖厂分离结晶砂糖用的上悬式离心机，直到20世纪30年代才发展出可连续操作的自动化离心机。在中国古代，人们将陶罐系在绳索的一端，手握绳索的另一端，旋转甩动陶罐，产生离心力挤压出陶罐中的蜂蜜，就是对离心分离原理的早期应用。

离心机有一个旋转轴，可带动物体围绕它旋转，从而对物体施加一个垂直于轴并且向外的力，也就是离心力，利用不同密度的物质沉降速度不同的原理，在离心加速度下导致更密集的物质和颗粒向远离轴的方向移动，同时密度较小的物体会向靠近轴的方向移动，从而完成物质的分层。简单来说，就是密度大的物质沉降到管的底部，而密度小的物质上升到顶部，根据密度不同将物质逐级分层。

在实际应用中，根据分离要求和结构不同，人们设计了多种类型的离心机并应用于不同的场景。例如，沉降离心机，滚筒是未穿孔的实心壁，主要用于纯化悬浮液，可以加速悬浮液的自然沉积过程，其中固相和液相之间没有物理分离，而是由于离心而加速沉降。常见的类型有摆式离心机、分离器离心机（连续液体）、管式离心机。过滤离心机，滚筒是穿孔的并且插入有过滤器，如滤布、金属丝网或筛子，悬浮液从内部到外部流过过滤器和滚筒，以这种方式将固体材料过滤掉。常见的有筛网/滚动离心机、推料离心机、反转过滤器离心机、摆式离心机。气体离心机，用于同位素分离，例如，用于富集核燃料以用于裂变同位素。六氟化铀气体中铀的较重同位素（铀-238）倾向于在旋转时集中在离心机的壁上，而所需的铀-235同位素被提取并浓缩。

八、谁发明了冰箱

世界上第一台人工制冷的家用冰箱是德国化学家、工程师卡尔·冯·林德发明的。第一台用电动机带动压缩机工作的冰箱是由瑞典工程师布莱顿和孟德斯于1923年发明的。

1873年，林德发明了以氨为制冷剂的冷冻机。林德用一台小蒸汽机驱动压缩系，使氨受到反复的压缩和蒸发，产生制冷作用。林德首先将他的发明用于威斯巴登市的塞杜马尔酿酒厂，设计制造了一台工业用冰箱。后来，他将工业用冰箱加以改进。使之小型化，于1879年制造出了世界上第一台人工制冷的家用冰箱。这种蒸汽动力的冰箱很快就投入了生产，到1891年时，已在德国和美国售出了12 000台。

真正的电冰箱发明于20世纪20年代。1920年，纽约布鲁克林一家平板印刷厂的一位工

程师设计出一种能控制温度和湿度的系统。存放皮毛的窖主和牛奶公司经理根据需要进一步改进了机械冰箱技术。大约在第一次世界大战期间，出现了一些体积更小的家用冰箱，这是一种噪声大、易泄漏的新发明，实际上它只是在旧式“冰盒”壳内安装上电机和转动皮带，这使它的外貌看起来就像一种试验品。

1923 年，当弗雷基代尔还是美国通用汽车公司的分厂的时候，它引进了一种新的机械冰箱组件，并组装成电冰箱。弗雷基代尔电冰箱的设计是把储存易腐烂食品的“冰盒”和制冷机械部分装进一个特制的柜子。这种装置安静、方便，且结构紧凑。至此，一种新的冰箱式样随着到处可见的商标诞生了。此后，随着生产数量剧增，冰箱价格暴跌。到 1944 年，约 85%的美国家庭都有了冰箱。“冰盒”仅作为一个词汇流传下来。

九、谁发明了移液器

1960 年，德国人施米茨(Hanns Schmitz)发明了移液器。艾本德(Eppendorf)公司的创始人奈希勒(Heinrich Netheler)继承了专利权，并于 20 世纪 60 年代开始了移液器的商业生产。

吉尔森(Warren Gilson)和拉迪(Henry Lardy)共同发明了可调的移液器。

1990 年，芬兰百得公司发明了第一支电动移液器，并于两年后发布多道电动移液器。其于 2011 年被赛多利斯集团收购，并于 2012 年发布了最新的 Picus 电动移液器，成为电动移液器的行业标杆。

【思考题】

一、选择题

1. 倾洒在超净工作台上的液体，应立即使用(　　)擦除。

A. 酒精棉球　　B. 抹布　　C. 拖把　　D. 海绵

2. 超净台上必备物品有：酒精灯、打火机、酒精棉球、移液枪及枪头、接种环和(　　)。

A. 一次性手套　　B. 载玻片　　C. 革兰氏染液　　D. 废液缸

3. 以下哪种材料不建议使用电子天平称量？(　　)

A. 红烧肉　　B. 磁性材料　　C. 易碎材料　　D. 生物材料

4. 电子天平使用前需通电、调平，部分机型还需要(　　)。

A. 全力拍打震出缝隙中的污染物　　B. 放置一旁进入待机预热状态

C. 挑选一件清洁的白大褂　　D. 使用表面活性剂进行消毒

5. 干燥玻璃器皿的方法以下不能使用的是(　　)。

A. 晾干　　B. 将外壁擦干后，用小火烤干

C. 烘箱烘干　　D. 用布或软纸擦干

6. 装培养基的试管或瓶子，为防冷凝水入内，可选用(　　)包裹。

A. 无菌纱布　　B. 医用胶带　　C. 牛皮纸　　D. 石蜡

7. 高压蒸汽灭菌温度条件为(　　)。

A. 100 ℃，持续 10～20 min 杀灭细菌，持续 1～2 h 杀灭芽孢

B. 60～70 ℃，持续 1～2 h

C. 121.3 ℃，持续 15～30 min

D. 103.4 kPa，160 ℃，持续 20～30 min

8. 李华使用低速离心机，转盘上有一试管放在了一号位，那下一管最好放在(　　)。

A. 二号位　　B. 隔开一格放在三号位

C. 对角线上　　D. 中央

9. 把离心机放置于平面桌或台面上，四只橡胶机脚应严密接触平面，检查离心机是否放置平稳应(　　)。

A. 目测后轻摇　　B. 目测

C. 目测后固定　　D. 在台面上放置 1 个装有清水的量杯，目测

10. 实验室冰箱应保持箱体(　　)。

A. 四周区域清洁干净　　B. 距离墙或其他物体间隙大于 10 cm 以上

C. 位于平整坚固的地面上　　D. 远离出口

11. 当培养箱放入柜中菌种和培养物，应勤观察，如发生异常情况。应如何操作，以避免不必要的损失？(　　)

A. 立即切断电源　　B. 严格等待培养时间结束后再拿出

C. 打开箱门，用无菌的手套取出　　D. 使用 75%酒精喷洒箱内

12. 电热恒温培养箱的电源线应(　　)。

A. 不可缠绕在金属物上　　B. 不可放置在高温处

C. 不可放置在潮湿的地方　　D. 不可放置于地面

13. 取出干燥箱内的样品时应该(　　)。

A. 戴好隔热手套　　B. 使用镊子取出

C. 交给同组成员　　D. 倒立取出

14. 移液枪使用过后应如何放置？(　　)

A. 水平放置　　B. 枪口朝上放置于移液枪架上

C. 握把朝上　　D. 枪口 45°朝上

15. 移液枪数字调节使用(　　)。

A. 移液按钮　　B. 套筒　　C. 弹性吸嘴　　D. 枪头脱卸按钮

二、判断题

1. 超净工作台使用前应先关掉紫外灯，方可进入操作。(　　)

2. 电子天平使用不限场地。(　　)

3. 电子天平在不使用的情况下也需要定期进行校正使其保持在最佳状态。(　　)

4. 洗涤带有磨口的玻璃器皿时，操作方法和普通玻璃器皿一致。(　　)

5. 高压蒸汽灭菌时应保证消毒物品紧密排列以保持温度。(　　)

6. 低速离心机指转速小于 10 000 r/min 的离心机。(　　)

7. 当离心机倒计时到零时方可取出试管，不能提前取出。(　　)

8. 实验室冰箱内存放物品应标号。(　　)

9. 实验室冰箱内禁止存放与本实验室工作无关的物品。(　　)

10. 电热恒温培养箱长时间不使用时应切断电源。严禁液体进入机内，以免损伤主机。(　　)

11. 电热恒温培养箱熔丝管位于箱内左侧空间内部，调换时需要打开边门，无须切断电源。(　　)

12. 易燃挥发物品严禁放入干燥箱内，以免发生爆炸、燃烧。（　　）
13. 使用移液枪移液时，为保证枪头内液体不流出，可保持水平状态。（　　）
14. 使用移液枪时，长的握把应该靠近虎口，吸头脱卸按钮始终在食指上。（　　）
15. 实验室手术器械消毒可用高压蒸汽灭菌法。（　　）

活动3

实验室常用器皿的清洗与摆放

【活动目标】

1. 熟悉实验室常用玻璃器皿的名称并了解其主要用途。
2. 掌握实验室常用玻璃器皿的清洗方法。
3. 学会实验室常用器皿的分类与摆放。
4. 养成爱护实验室器皿的良好习惯。
5. 树立安全操作的意识。
6. 体会洗涤与摆放过程的辛劳和看到洁净器皿的快乐。

【活动材料】

1. 实验室常用器皿。
2. 防护用品。工作服、一次性乳胶手套、口罩、帽子、鞋套。
3. 清洁用品。软毛刷、清洁布、洗涤剂。

【活动准备】

1. 安全防护。进入实验室前穿好工作服,戴好一次性乳胶手套、口罩和帽子,穿好鞋套。
2. 学生分组活动。每组负责一个实验实训室,实行组长负责制。

【活动内容】

一、实验室常用玻璃器皿的清洗

在试验中,盛放反应物质的玻璃器皿经过化学反应后,往往有残留物附着在仪器的内壁,一些经过高温加热或放置反应物质时间较长的玻璃器皿不易洗净。使用不干净的仪器,会影响实验效果,甚至让实验者观察到错误现象,归纳、推理出错误结论。因此,实验使用的玻璃器皿必须洗涤干净。洗涤仪器的方法很多,应根据实验的要求、污物性质和污染的程度来选择。

玻璃器皿的清洗是实验室的常规工作,洁净的器皿是试验结果准确性的保证。玻璃器皿洗涤干净的标准是内、外壁应能被水均匀润湿,不挂水珠也不成股流下。

1. 新购置的玻璃器皿清洗

新购置的玻璃器皿通常附有游离碱质，滑感较强，直接使用受限，应该先在 2%盐酸溶液中浸泡数小时（或过夜），中和表面碱质，再用洗衣粉水刷洗，用清水冲洗干净，然后用蒸馏水冲洗三次。

2. 用过的玻璃器皿的清洗

（1）普通试验用过的玻璃器皿（如配制溶液、试剂及制备培养基等），使用后立即用洗衣粉水及自来水刷洗干净，然后用蒸馏水冲洗三次。如沾有油污，先用洗衣粉水煮 60 min，当水温 50～60 ℃不烫手时趁热刷洗，用自来水冲洗干净，再用蒸馏水冲洗三次。

（2）被病原微生物污染过的玻璃器皿，在清洗前必须严格消毒，然后再进行清洗。一般的玻璃器皿（如培养皿、试管、烧杯、三角瓶等）应放入高压蒸汽灭菌器内灭菌，趁热将内容物倒掉，用洗衣粉水浸泡清洗，用自来水冲洗干净，再用蒸馏水冲洗三次。

（3）污染的吸管放入盛有 5%苯酚或 2%～3%来苏尔的玻璃标本缸中，在缸的底部垫上纱布，避免损坏吸管的端部，消毒液以淹没吸管为好，浸泡 1～2 d 取出，用洗衣粉水煮沸，冷却后用一段橡皮管连接自来水龙头和吸管口，反复冲洗吸管，再用蒸馏水冲洗三次。

3. 云雾状玻璃器皿的清洗

如玻璃器皿有云雾状且不能用普通方法清洗干净，可选用清洗液清洗。将有云雾状的玻璃器皿浸泡于清洗液中 24 h，然后取出，用清水和蒸馏水冲洗干净。清洗液腐蚀性强，切勿接触皮肤或衣服，清洗这类玻璃器皿需要戴上防酸、碱的橡胶手套，必要时穿上橡胶围裙操作。清洗液可重复应用多次，直至其颜色变为蓝绿色或黑色为止。超声波清洗玻璃器皿见图 3-1；蒸馏水冲洗玻璃器皿见图 3-2。

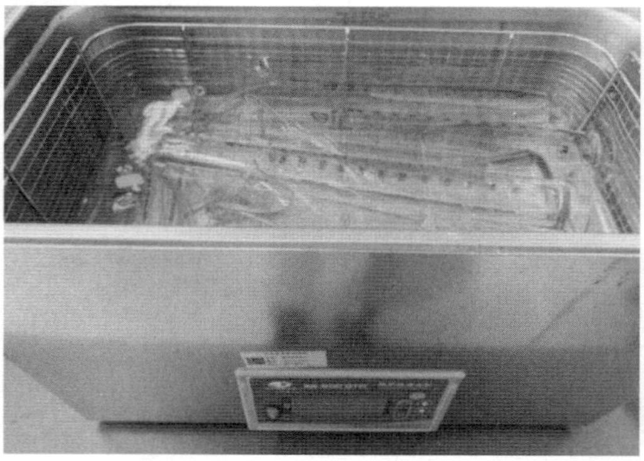

图 3-1　超声波清洗玻璃器皿

图 3-2　蒸馏水冲洗玻璃器皿

一般来说，附着在仪器上的污物既有可溶性物质，也有尘土和其他不溶性物质，还有有机物质和油污等。应针对这些情况，“对症下药”，选用适当的洗涤剂来洗涤。

二、实验室常用玻璃器皿的干燥

每次实验都应使用洁净干燥的玻璃器皿，所以应养成实验结束后立即洗净所用玻璃器皿并干燥的良好习惯。仪器洗净后应该沥干水滴并按下列方法干燥。

由于不同实验对玻璃器皿是否干燥有不同的要求，一般定量分析中用的烧杯、三角瓶等器皿洗净即可使用，而用于有机化学试验或有机分析的器皿很多是要求干燥的。根据不同的要求，干燥玻璃器皿有晾干、烘干、吹干和烤干四种方法。

1. 晾干

晾干是最简便的干燥方法。适用于干燥程度要求不高且不急用的玻璃器皿。将洗净的玻璃器皿倒置在垫有纱布的托盘里，放在无尘、干燥的地方控水晾干，也可置于特制的木架上自然晾干。烧杯的晾干见图 3-3；培养皿的晾干见图 3-4；吸管的晾干见图 3-5；载玻片的晾干见图 3-6。

图 3-3　烧杯的晾干

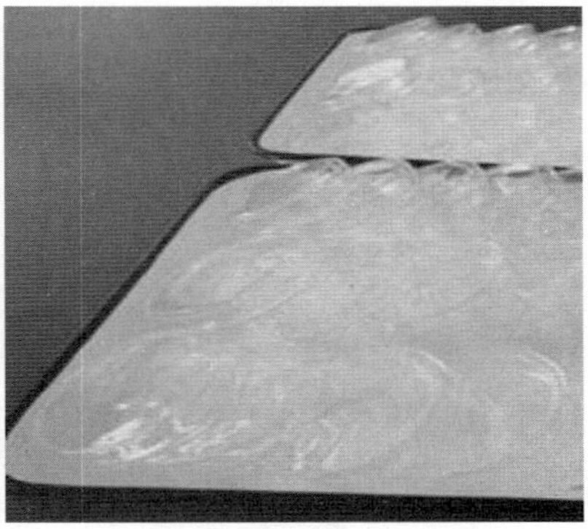

图 3-4　培养皿的晾干

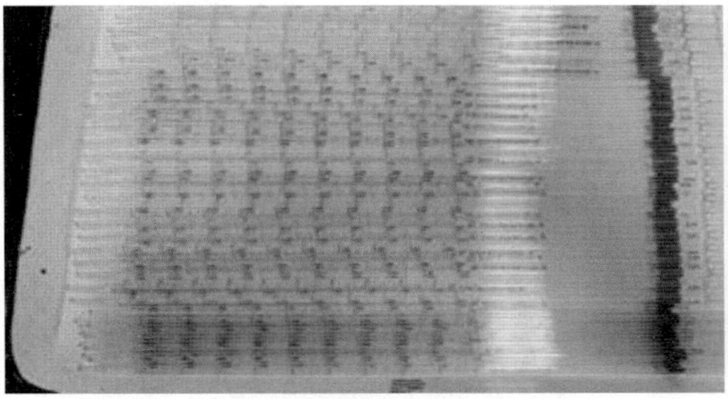

图 3-5　吸管的晾干

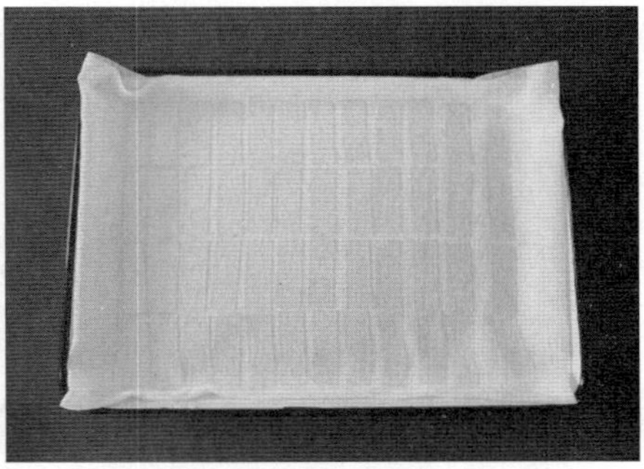

图 3-6　载玻片的晾干

2. 烘干

洗净的玻璃器皿控去水分，放在电热恒温干燥箱（简称烘箱）内加热烘干。玻璃器皿烘干时，应洁净并将水尽量倒空，放置时应注意平放或使器皿口朝上，带塞子的瓶子应该打开瓶塞，如果将玻璃器皿放在托盘里则更好，一般在 105～110 ℃烘 1 h 左右即可。玻璃量器的烘干温度不得超过 150 ℃，以免引起其容积变化。培养皿的烘干见图 3-7；三角瓶的烘干见图 3-8。

3. 吹干

急于干燥又不便于烘干的玻璃器皿，可以使用电吹风机快速吹干，电吹风机可吹冷风或热风，供选择使用（图 3-9）。

（1）不宜高温烘干的玻璃器皿，如吸管、移液管、滴定管等也可用电吹风机迅速吹干。

(2)如果玻璃器皿带水较多,可以先用丙酮、乙醇、乙醚等有机溶剂冲洗,再吹干,加快干燥速度。

4. 烤干

结构简单、厚度均匀的硬质玻璃器皿,若需急用,可用小火烤干。例如,烧杯可置于石棉网上用小火烤干;试管可直接用小火烤干,操作时应将试管口略向下倾斜,以防水蒸气凝聚后倒流使试管炸裂,并不时来回移动试管,防止局部过热。待水珠消失后,再将管口朝上,以便蒸汽逸去(图 3-10)。

图 3-7　培养皿的烘干

图 3-8　三角瓶的烘干

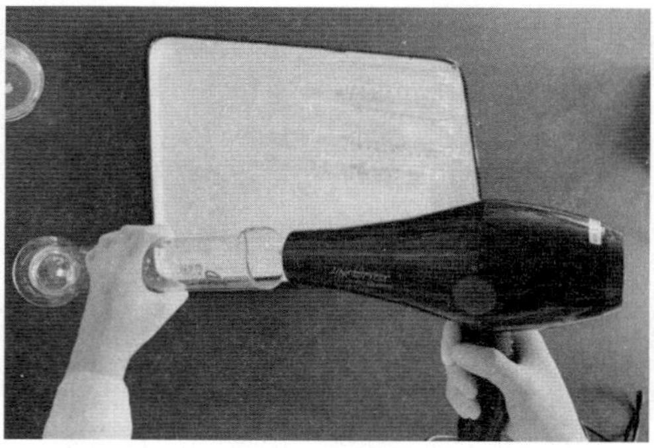

图 3-9　量筒的吹干

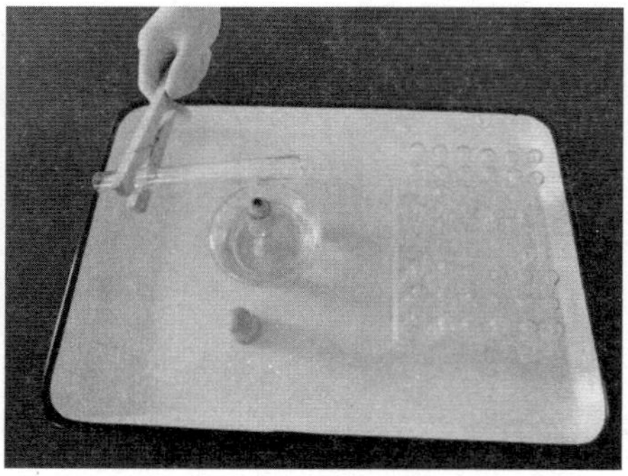

图 3-10　试管的烤干

三、实验室其他器皿的清洗与干燥

实验室搪瓷盘、不锈钢器械盘及手术台可用毛刷蘸去污粉或合成洗涤剂刷洗,再用自来水冲洗干净,用干净毛巾擦拭后自然干燥。下面主要讲解常用手术器械如手术剪、手术镊子、止血钳及载玻片的清洗与干燥。

视频学习 6　手术器械的清洗与干燥

1. 常用手术器械的清洗与干燥

手术器械清洗是指去除器械上污物的全过程,是杀菌消毒的重要前期流程,由于手术器械在使用过后残留血迹、污迹、黏液以及分泌物、排泄物等,如不彻底清洗,将会影响器械的功能,同时还会影响动物的治疗效果。清洗质量是否合格直接关系到灭菌能否成功。

清洗步骤包括冲洗、洗涤、漂洗、终末漂洗。冲洗:将器械置于流动水下冲洗,初步去除器械表面污染物。洗涤:冲洗后,使用医用清洗剂浸泡后,选用与器械材质相匹配的清洗刷在水面下刷洗,擦洗器械表面、关节、锁扣、鄂部、手柄、指环处。漂洗:用流动水冲洗或刷洗洗涤后器械的残留物。终末漂洗;采用电导率≤15 μs/cm(25 ℃)的纯化水进行漂洗(图 3-11 至图 3-14)。

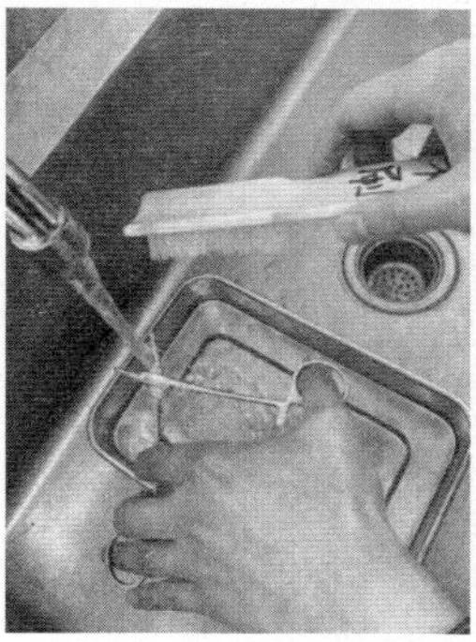

图 3-11　正面冲刷

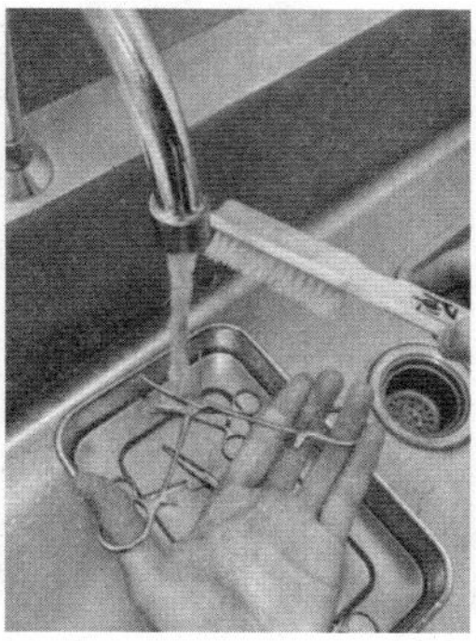

图 3-12　反面冲刷

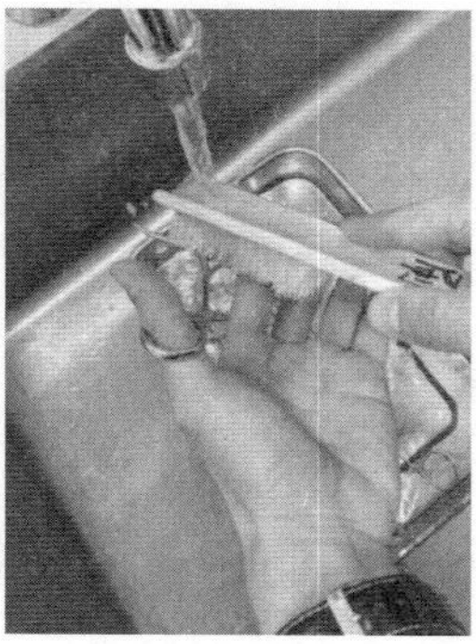

图 3-13　刷器械

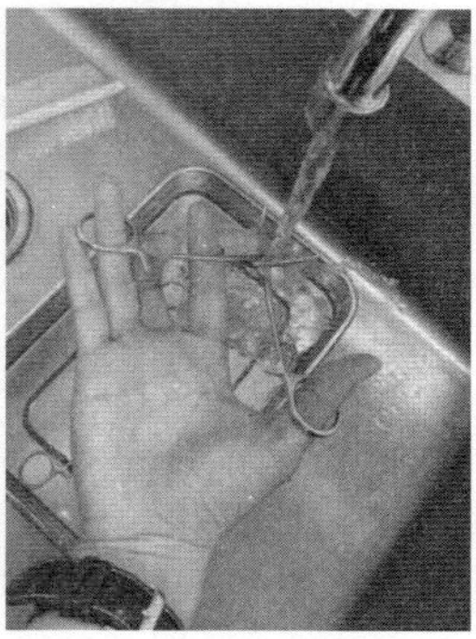

图 3-14　器械冲洗

注意事项:手工清洗时水温宜为 15～30 ℃,去除干涸的污渍时应先用医用清洗剂浸泡。刷洗操作应在水面下进行,防止产生气溶胶,损伤呼吸道。器械可拆卸部分应拆开后清洗。

器械的干燥包括自然晾干和低温烘干。如果器械不急用,可以将清洗干净的器械摆在垫有干净纱布的托盘中,放在无尘干燥的环境中自然晾干。如果急用,可以在 30～40 ℃消毒柜或干燥箱中烘干备用。手术器械在吸水纸上自然晾干见图 3-15;手术器械在网架上晾干见图 3-16。

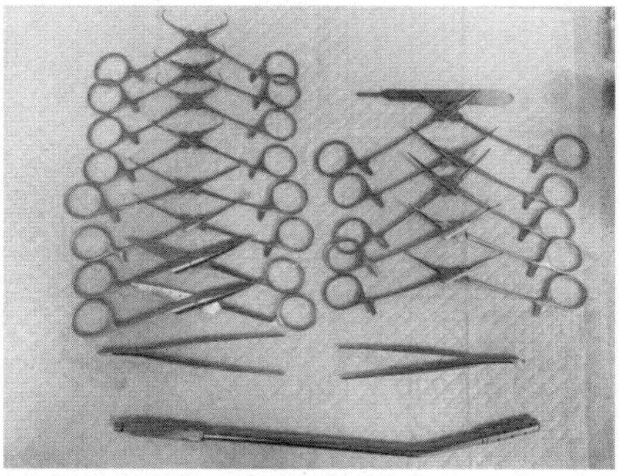

图 3-15　手术器械在吸水纸上晾干

图 3-16　手术器械在网架上晾干

2.载玻片的清洗与干燥

用过的载玻片浸泡于 2%的来苏尔或 5%的苯酚溶液中消毒,48 h 后取出,置肥皂水中煮沸 5 min,趁热用毛刷洗刷后,再用清水冲洗干净,用蒸馏水冲洗三次。擦干或摊放在干纱布上自然晾干保存,或浸泡在 95%酒精中备用。载玻片的冲洗见图 3-17;载玻片的保存见图 3-18。

图 3-17　载玻片的冲洗

图 3-18　载玻片保存

四、实验室常用器皿的贮存与摆放

1. 玻璃器皿的贮存与摆放

要分门别类，便于取用。一般器皿的贮存与摆放方法如下：

(1) 洁净干燥的试管按其规格分别置于试管架上并罩以塑料薄膜，将试管架置于无尘的器械柜中，试管的摆放见图 3-19。

(2) 洁净干燥的烧杯倒置在密闭的器械柜中，三角瓶洗净干燥后整齐地码放在器械柜中，三角瓶的摆放见图 3-20、烧杯的摆放见图 3-21。

(3) 洁净干燥的培养皿整齐码放在垫有干净纱布的瓷盘中，然后放置在干净无尘的器械柜中，也可以用干净的报纸包好放在器械柜里。培养皿的摆放见图 3-22。

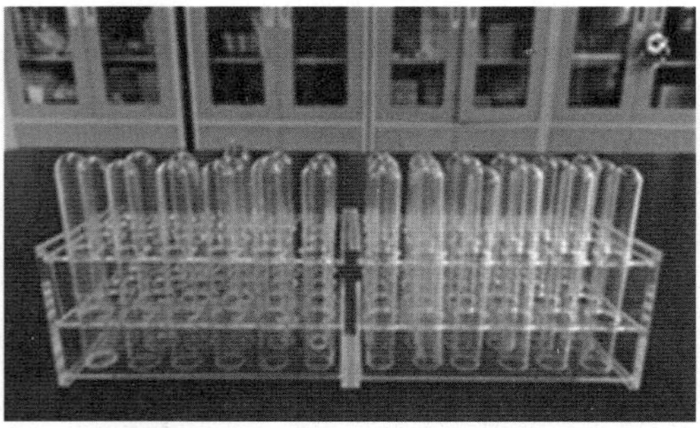

图 3-19　试管的摆放

图 3-20　三角瓶的摆放

图 3-21　烧杯的摆放

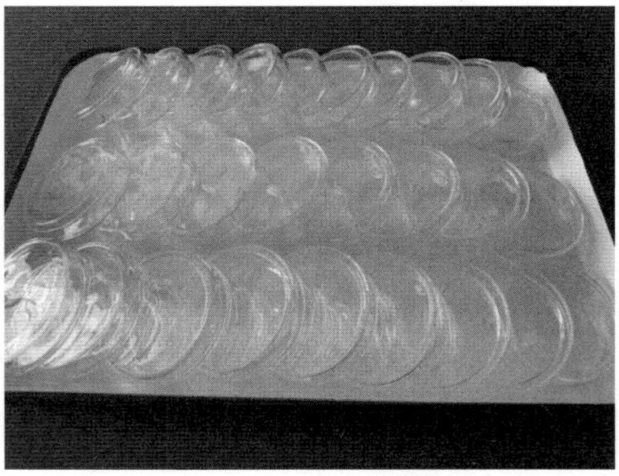

图 3-22　培养皿的摆放

(4)洁净干燥的移液管置于移液管架上并罩以塑料薄膜，也可以置于有盖的防尘盒中，垫以清洁纱布(图 3-23)。

(5)洁净干燥的试剂瓶摆放在垫有干净纱布的瓷盘中，然后放置在无尘密闭的器械柜里(图 3-24)。

2. 手术器械的摆放与包扎

洁净晾干的手术器械，摆放整齐，用包巾包好，使用时提前灭菌。洁净手术器械的摆放见图 3-25；包巾摆放的器械见图 3-26，包巾包扎器械见图 3-27。

视频学习 7　手术器械的包扎

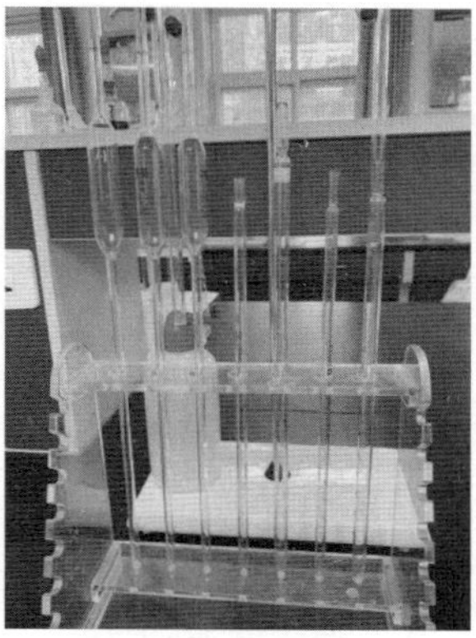

图 3-23　移液管的摆放

图 3-24　试剂瓶的摆放

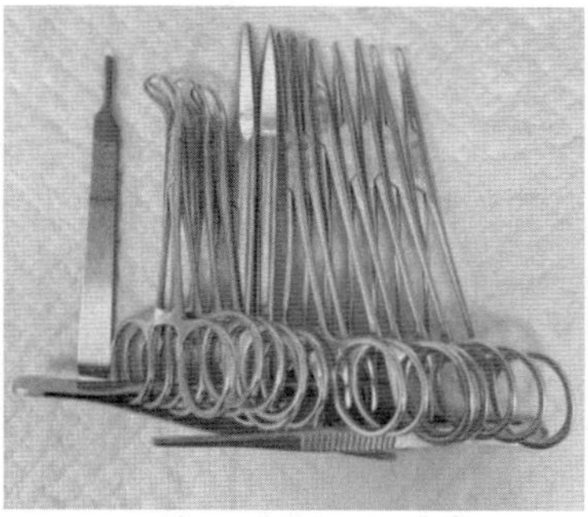

图 3-25　手术器械的摆放

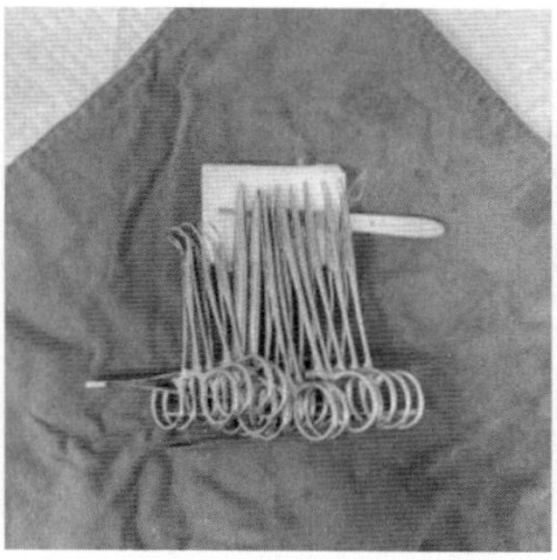

图 3-26　包巾摆放的器械

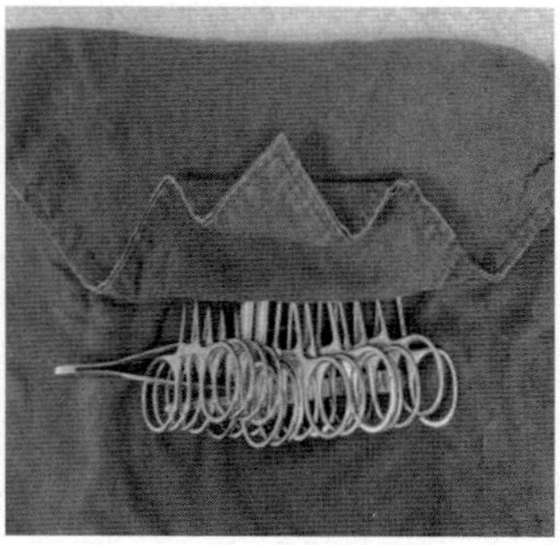

图 3-27　包巾包扎器械

五、安全防护

1. 安全意识贯穿于整个活动。
2. 做好个人防护，防止清洁剂进入口、鼻、眼。
3. 正确使用相关的劳动工具，使用工具时要注意安全。

【活动总结】

我的收获：

我的不足：

改进措施：

心得体会：

【活动评价】

以小组为单位进行成绩评定，包括自我评价、同学评价和教师评价三部分。实验室常用玻璃器皿清洗与摆放的评价内容及评价方式参见表 3-1；实验室其他器皿及器械清洗与摆放的评价内容及评价方式参见表 3-2。

表 3-1　实验室常用玻璃器皿的清洗与摆放评价表　　组别________

评价内容及分值标准		自我评价（占总分的 20%）	同学评价（占总分的 40%）	教师评价（占总分的 40%）
器皿的清洗（50 分）	试管清洗（10 分）			
	培养皿清洗（10 分）			
	三角瓶清洗（10 分）			
	吸管清洗（15 分）			
	小烧杯清洗（5 分）			
器皿的贮存与摆放（50 分）	试管的摆放（10 分）			
	三角瓶的摆放（10 分）			
	烧杯的摆放（10 分）			
	培养皿的摆放（10 分）			
	移液管的摆放（10 分）			
小计				
实际得分合计				

表 3-2　实验室其他器皿的清洗与摆放评价表　　组别________

评价内容及分值标准		自我评价（占总分的 20%）	同学评价（占总分的 40%）	教师评价（占总分的 40%）
载玻片清洗与摆放(50 分)	载玻片清洗(30 分)			
	载玻片摆放(10)			
	载玻片保存(10 分)			
手术器械清洗与摆放(50 分)	手术器械的清洗(30 分)			
	手术器械的摆放(20 分)			
小计				
实际得分合计				

【知识链接】

一、玻璃器皿清洗干净的标准

玻璃器皿清洗干净的标准是用蒸馏水冲洗后，仪器内壁应均匀地被水润湿而不挂水珠。在定量分析实验中，仪器用蒸馏水冲洗后，残留水分用 pH 试纸检查，应为中性。在微生物实验中，除了上述要求之外，还应该包扎灭菌。

二、玻璃器皿蒸馏水冲洗的原则

蒸馏水冲洗的原则是，少量多次，即每次用少量的水，分多次冲洗，每次冲洗应充分振荡后，倾倒干净，再进行下一次冲洗。

三、玻璃器皿的洗涤及注意事项

在试验中，盛放反应物质的玻璃器皿经过化学反应后，往往有残留物附着在仪器的内壁，一些经过高温加热或放置反应物质时间较长的玻璃器皿不易洗净。

下面结合实例，说明洗涤玻璃器皿的注意事项，以便达到事半功倍的洗涤效果。

（一）选择合适的洗涤剂

在一般情况下，可选用市售的合成洗涤剂，对玻璃器皿进行清洗。当器皿内壁附着难以溶解的物质，用合成洗涤剂无法清洗干净时，应根据附着物的性质，选用合适的洗涤剂。如附着物为碱性物质，可选用稀盐酸或稀硫酸，使附着物发生反应而溶解；如附着物为酸性物质，可选用氢氧化钠溶液，使附着物发生反应而溶解；若附着物为不易溶于酸或碱的物质，但易溶于某些有机溶剂，则选用这类有机溶剂作洗涤剂，使附着物溶解。久盛石灰水的容器内壁有白色附着物，选用稀盐酸作洗涤剂；做碘升华实验，盛放碘的容器底有紫黑色的碘，用碘化钾溶液或酒精浸洗；久盛高锰酸钾溶液的容器壁上有黑褐色附着物，可选用浓盐酸作洗涤剂；仪器的内壁附有银镜，选用硝酸作洗涤剂；仪器的内壁沾有油垢，选用热的纯碱溶液进行清洗。

(二)掌握洗涤玻璃器皿的操作方法

对附有易去除物质的简单器皿,如试管、烧杯等,用试管刷蘸取合成洗涤剂刷洗。在转动或上下移动试管刷时,须用力适当,避免损坏仪器及划伤皮肤,然后用自来水冲洗。当倒置器皿,器壁形成一层均匀的水膜,无成滴水珠,也不会成股流下时,表明已洗净。对难除附着物的玻璃器皿,在使用合适的洗涤剂使附着物溶解后,去掉洗涤残液,再用试管刷刷洗,最后用自来水冲洗干净。一些构造比较精细、复杂的玻璃器皿,无法用毛刷刷洗,如容量瓶、移液管等,可以用洗涤液浸洗。

现以酸式滴定管为例,介绍其洗涤操作。洗涤开始,先检查活塞上的橡皮筋是否扣牢,防止洗涤时滑落破损;注意有无漏水或堵塞现象,若有则予以调整。关闭活塞,向滴定管中注入洗涤液 2～3 mL,慢慢倾斜滴定管至水平,缓慢转动滴定管,使内壁全部被洗涤液浸到。竖起滴定管,再旋开活塞,放出洗涤液,这样使活塞的出口段也能洗到。最后用自来水冲洗,同样从活塞下部的尖嘴放出,不可为节省时间将液体从上端管口倒出。

(三)使用过的玻璃器皿要及时洗涤

及时洗涤玻璃器皿有利于选择合适的洗涤剂,因为在当时容易判断残留物的性质。有些化学实验,及时倒去反应后的残液,仪器内壁不留有难去除的附着物,但搁置一段时间后,挥发性溶剂逸去,就有残留物附着到仪器内壁,使洗涤变得困难。还有一些物质,能与仪器本身某些部分发生反应,若不及时洗涤将使仪器受损,甚至报废。

实验“中和滴定”所用的碱式滴定管,使用后搁置时间一般较长,如不及时洗涤干净,残存的碱液与玻璃管及乳胶管作用,使乳胶管变质开裂,不能使用,而且乳胶管黏附到玻璃管和玻璃尖嘴根部,很难剥离更换,这时用化学试剂除掉它是很费力的,可以把这部分泡在热水里加热,乳胶管多数能剥离。

(四)其他注意事项

切不可盲目将各种试剂混合作洗涤剂使用,也不可任意使用各种试剂来洗涤玻璃器皿。这样不仅浪费药品,而且容易出现危险。某些化学实验,如氢气还原氧化铜,反应后光亮的铜有时会嵌入试管的玻璃中,即使用硝酸并加热处理,也无法洗去。遇到这样的情况,则不必浪费药剂和时间,可考虑将试管另作他用。

(五)铬酸玻璃清洗液的配制

配制程序:20 g 的 $K_2Cr_2O_7$,溶于 40 mL 水中,将浓 H_2SO_4 360 mL 徐徐加入 $K_2Cr_2O_7$ 溶液中(千万不能将水或溶液加入 H_2SO_4 中),边倒边用玻璃棒搅拌,并注意不要溅出,混合均匀,冷却后,装入洗液瓶备用。新配制的清洗液为红褐色,氧化能力很强,当清洗液用久后变为黑绿色(可加入固体高锰酸钾使其再生),即说明洗液无氧化洗涤力。密封保存。

更新方法:取废液滤出杂质,不断搅拌,缓慢加入高锰酸钾粉末,每升 6～8 g,至反应完毕,溶液呈棕色为止。静置沉淀,取其上清液,在 160 ℃以下加热,使水分蒸发,得浓稠状棕黑色液,放冷,再加入适量浓硫酸,混匀,使析出的重铬酸钾溶解,备用。

注意事项:这种清洗液在使用时要切实注意不能溅到身上,以防“烧”破衣服和损伤皮肤,清洗液倒入要洗的仪器中,应使仪器周壁全浸洗后,稍停一会儿再倒回洗液瓶,第一次用少量水冲洗刚浸洗过的仪器后,废水不要倒入水池和下水道,以免腐蚀水池和下水道,应倒在废液缸中，并及时处理。

（六）磨口仪器粘住的处理方法

长时间有机合成反应过程中有时会发生磨口仪器粘在一起无法拆开的现象，处理不当会损坏仪器。处理方法如下：

1. 用有机溶剂浸润。用滴管向磨口处滴加少量有机溶剂，可以看到溶剂向连接处扩散，当整个磨口连接处都已经浸满溶剂后，再试着转动。

2. 将粘住的仪器放入水中煮沸（连接处要浸入水中），然后取出转动。

3. 把瓶口在桌子边上磕一磕，要注意力度，用劲太大瓶子就容易碎，用劲太小则打不开。

4. 把瓶子放在超声波清洗仪里，一边振动一边拧瓶盖，慢慢就松了。

5. 把粘住的容器直接放入冰柜，冻一段时间，再拧开。

6. 用电吹风吹热连接处后再转动。

7. 对于方形的玻璃塞子，可以加热后用布或纸裹住，用扳手拧开，用力要轻而均匀。还要切记，磨口处不要涂凡士林。

8. 补充一点，若玻璃器皿的瓶口不小心被碱液腐蚀而粘在一起，最好将粘在一起的部分用清洗液泡 2～3 d，然后洗去清洗液，放在水浴锅里加热后迅速放入冷水中，再用木制的东西轻轻敲打，就有可能打开。

四、玻璃器皿的干燥

1. 晾干。不急用的仪器，可放在仪器架上自然干燥。

2. 急用的仪器可用玻璃器皿气流烘干器干燥（温度在 60～70 ℃为宜）。

3. 计量玻璃器皿应自然沥干，不能在烘箱中烘烤。

五、手术器材消毒和灭菌的主要方法

手术器材消毒和灭菌方法主要有以下四种：

1. 高压蒸汽灭菌。可用于一般器械、布类、棉花类、橡胶类。

2. 煮沸消毒法。此方法简单，适用于耐热、耐湿物品，但易使刀刃的锋利性受损。消毒时间自水煮沸后开始计算，需 15～20 min。对于肝炎患者污染的器械与物品，应煮沸 30 min。加入 2%碳酸氢钠时，沸点即达 105 ℃，可缩短消毒时间，效果更佳（金属器械煮沸 5 min 即可达到灭菌要求），并可防锈。

3. 干热灭菌法。利用电热或红外线烤箱高热烘烤灭菌。适用于玻璃、陶瓷等器具，以及不宜用高压蒸汽灭菌的明胶、海绵、凡士林、油脂、液体石蜡和各种粉剂等物品。一般 160 ℃应持续 120 min，170 ℃应持续 90 min，180 ℃应持续 60 min。

4. 化学消毒法。乙醇用于医疗器械消毒，可用 70%～80%乙醇浸泡，但仅用于一般不进入无菌组织的器械灭菌，浸泡时间为 30 min；用 2%碱性戊二醛 4～12 h 可杀灭细菌芽孢；碘附消毒器械，1～2 mg/mL 碘溶液浸泡 1～2 h 有效；甲醛具有良好的杀菌作用，可杀灭细菌繁殖体与芽孢，以及真菌和病毒等，用于外科器械灭菌，使用 10%溶液，浸泡 60～120 min，用时应以灭菌蒸馏水冲净残留药液；含氯消毒剂杀菌谱广，对细菌繁殖体、病毒、真菌孢子及细菌芽孢均有杀灭作用；1%浓度过氧乙酸用于杀灭细菌芽孢，5 min 可奏效。

【思考题】

一、填空题

1. 洗涤玻璃器皿一般是用________、________、________刷洗，另外还可以用洗液洗涤，常用洗液有________、________、________和________、有机溶剂洗涤液等。

2. 给试管内的液体加热时，液体体积最好不超过试管容积的 ________，给酒精灯添加酒精时，灯内酒精体积不能超过酒精灯容积的________。

3. 清洗干净的玻璃仪器液面与器壁接触处能形成正常的________面。

4. 玻璃器皿洗涤干净的标准是________，且________ 、________。

5. 甲醛具有良好的杀菌作用，可杀灭________、________以及________和________。

二、判断题

1. 洗涤带有磨口的玻璃器皿时，操作方法和普通玻璃器皿一致。 (　　)

2. 玻璃罩要分类洗涤，洗涤程序是先用冷水浸泡去其酒味，然后用洗涤灵洗涤消毒，最后用清水冲洗。 (　　)

3. 玻璃器皿的洗涤不需要用蒸馏水冲洗。 (　　)

4. 新购置的玻璃器皿通常附有游离碱质，滑感较强，直接使用受限，应该先在 2%盐酸溶液中浸泡数小时再清洗。 (　　)

5. 高压蒸汽灭菌可用于一般器械、布类、棉花类、橡胶类。 (　　)

三、选择题

1. 干燥玻璃器皿，以下方法不能使用的是(　　)。

A. 晾干　　B. 将外壁擦干后，用小火烤干

C. 烘箱烘干　　D. 用布或软纸擦干

2. 下列关于清洗玻璃器皿的叙述中，正确的是(　　)。

A. 试管里的油污先用热的纯碱溶液洗，再用清水冲洗

B. 先把试管里的废液倒入下水道中，再用清水冲洗

C. 附有氢氧化铁沉淀的试管，先用烧碱溶解，再用清水冲洗

D. 盛放石灰水后残留固体物质的烧杯，先用肥皂水洗，再用清水冲洗

3. 玻璃仪器洗涤干净的标志是(　　)。

A. 透明　　B. 内壁上有少量水珠

C. 内壁的水成股流下　　D. 内壁的水既不聚成水滴，也不成股流下

4. 下列说法正确的是(　　)。

A. 用水溶解洗涤石灰水试剂瓶上附着的白色固体

B. 用氢氧化钠溶液乳化除去试管内壁的油脂

C. 冬天，在汽车水箱里加入少量乙二醇，使所得溶液凝固点低于水而防冻

D. 在硬水中用肥皂洗衣服会更干净

5. 玻璃仪器洗干净的标志是(　　)。

A. 内壁上的水成股流下

B. 内壁上有少量水珠

C. 透明

D. 内壁上附着的水既不聚成水滴，也不成股流下

四、简答题

1. 玻璃器皿清洁的注意事项是什么？

2. 洗涤玻璃器皿的一般步骤是什么？

活动 4

化学试剂与应急防护用品整理

【活动目标】

1. 认识畜牧兽医实验室常用化学试剂，了解其物理化学特性。
2. 掌握常用化学试剂的储存方法。
3. 掌握常用危险化学品应急处理方法，正确使用防护用品。
4. 树立安全使用化学品的意识和环保意识。

【活动材料】

1. 防护用品。工作服、一次性乳胶手套、口罩、护目镜、帽子。

2. 化学品相关资料。化学品安全技术说明书、危险化学品目录、剧毒化学品目录、易制爆危险化学品名录、重点监管的危险化学品名录、特别管控危险化学品目录等。

3. 相关各种使用记录。管控范围内危险化学品使用记录，非管控危险化学品使用记录、普通化学品使用记录等。

【活动准备】

1. 知识准备。各种危险化学品应急措施。
2. 防护准备。进入实验室前穿好工作服，戴好一次性乳胶手套、口罩、帽子和护目镜。

【活动内容】

一、化学品整理

1. 普通化学品认知。根据化学品名称在《危险化学品目录》中查询，不在目录中的化学品就是普通化学品。

2. 普通化学品摆放。普通化学品和危险化学品应该分区或分柜存放。整理出的普通化学品放在普通试剂柜中。每列摆放一种试剂，不可堆放。

3. 危险化学品认知。化学品中具有易燃、易爆、毒害、腐蚀、放射性等危险特性，在生产、储存、运输、使用和废弃物处置等过程中容易造成人身伤亡、财产毁损、环境污染的均属危险化学品。危险化学品分为管控和非管控危险化学品。剧毒化学品、易制爆危险化学品、重点监管的

危险化学品、特别管控危险化学品等属于管控范围内的危险化学品，要符合“五双”管理，不在整理范围内。

4. 非管控危险化学品摆放。查阅《化学品安全技术说明书》，确定非管控的危险化学品的储存条件，根据常用危险化学品储存禁忌物配存表进行分类储存，如酸、碱不能混储，氧化剂、还原剂不能混储，不同消防方式的尽量不要混储等。将不同储存条件的危险化学品放在危化品专用柜中储存。

5. 核对普通化学品、危险化学品使用记录与实际试剂数量是否一致，并做记录。

6. 核对危险废物记录与实际储存量是否一致并记录，并检查危险废物有无泄漏和遗撒。

7. 检查警示标识有无脱落或遗漏，并做好记录。

注：因危化品具有一定危险性，本次劳动需要老师全程指导。

二、应急防护用品整理

(一)防护用品认识与整理

首先认识乳胶手套、线手套、防酸碱手套、防护眼镜、口罩和工作服，并学习如何使用，然后检查乳胶手套、线手套、防酸碱手套、防护眼镜、口罩和工作服等防护用品数量是否充足，不足的要及时补充并做好记录。

(二)应急用品认识与整理

首先认识急救包、洗眼液、洗眼器、淋洗器、灭火器、灭火毯和消防沙箱等应急用品，然后学习应急用品使用，最后检查整理。

1. 急救包内应包含纱布、绷带、急救药品和消毒剂等。要检查急救包内物品是否齐全，并检查消毒剂和急救药品是否在有效期内，并做好记录。

2. 洗眼液一般为硼酸洗眼液和碳酸氢钠洗眼液，检查有效期并做好记录。

3. 洗眼器和淋洗器要定期检查是否正常工作，若不能正常出水，要及时维修或更换。检查后做好记录。

4. 核对灭火器存放位置及数量，灭火器应存放在明显的地方，检查后做好记录。

5. 检查消防沙箱，打开盖子检查沙箱内是否有沙子和铲子并做好记录。

6. 检查消防毯存放位置，平时我们要做好万全的准备，将灭火毯放在显眼的地方，保证危急的时候能够及时取用，做好记录。

视频学习 8　防护用品认知检查

视频学习 9　急救物品认知检查

视频学习 10　消防器材认知检查

【活动总结】

我的收获：

我的不足：

改进措施：

心得体会：

【活动评价】

以小组为单位进行成绩评定，包括自我评价、同学评价和教师评价三部分。评价内容及评价方式参见表 4-1、表 4-2。

表 4-1　化学品整理评价表　　组别________

评价内容及分值标准		自我评价 （占总分的 20%）	同学评价 （占总分的 40%）	教师评价 （占总分的 40%）
化学品分类 （70 分）	普通化学品和危险化学品正确分类（35 分）			
	危险化学品正确分类（35 分）			
化学品数量核对正确，记录清晰（10 分）				
危险废物数量核对正确，记录清晰（10 分）				
正确检查警示标识，记录清晰（10 分）				
小计				
实际得分合计				

表 4-2　应急防护用品整理评价表　　组别________

评价内容及分值标准		自我评价 （占总分的 20%）	同学评价 （占总分的 40%）	教师评价 （占总分的 40%）
防护用品整理整齐，记录清晰（20 分）				
应急用品整理 （80 分）	急救包物品齐全，记录清晰（15 分）			
	洗眼液有效期记录清晰（10 分）			

续表 4-2

评价内容及分值标准		自我评价（占总分的 20%）	同学评价（占总分的 40%）	教师评价（占总分的 40%）
应急用品整理（80 分）	正确检查洗眼器、淋洗器工作情况，记录清晰（25 分）			
	灭火器位置、数量记录清晰（20 分）			
	消防毯放在显眼位置，记录清晰（10 分）			
小计				
实际得分合计				

【知识链接】

认识灭火器

一、灭火器起源

世界第一支灭火器诞生在 1834 年的伦敦。一场大火几乎完全烧毁了英国议会大厦所在地——古老的威斯敏斯特宫，在众多的观火者当中，有一位却不是无所事事赶来看“火景”的人，他就是乔治·威廉·曼比。曼比出生在诺福克，青年从军，官至上尉，任雅茅斯兵营的长官，这一“闲职”使他能够有时间致力于强烈吸引着他的拯救人类生命的事业。早先，他热衷于船难救助，发明过裤形救生圈，也是第一个提出用灯塔闪射识别信号的人。后来，曼比把他的天赋从海洋救助转向火灾救生事业中。发生火灾的时候，他正在进行防火服的实验。他最卓越的首创性的贡献是发明了手提式压缩气体灭火器，这种灭火器是一个长 60 cm，直径 20 cm，容量为 18 L 的铜制圆筒，和今天的灭火器基本上相同。他把灭火器放在他专门设计特制的手推车里，他希望有配备这种灭火器的巡逻队，在起火地点立刻扑灭初起的小火，从而减少发生重大火灾的次数。

到 19 世纪中叶，法国医生加利埃发明了手提式化学灭火器。将碳酸氢钠和水混合放在筒内，另用一玻璃瓶盛着硫酸放在桶口内。使用时，由撞针击破瓶子，使化学物质混合，产生二氧化碳，把水压出桶外。

1905 年，俄国的劳伦特教授在圣彼得堡发明了一种泡沫灭火剂，把硫酸铝与碳酸氢钠溶液混合并加入稳定剂，喷出后生成含有二氧化碳的泡沫，浮在燃烧的油、漆或汽油上，能有效地隔绝氧气，熄灭火焰。

1909 年，纽约的戴维森取得一项专利，利用二氧化碳从灭火器内压出四氯化碳，这种液体会立即变成不可燃的较重气体以闷熄火焰。此后又出现了干粉灭火器、液态二氧化碳灭火器等多种小型灭火器。

二、灭火器分类

灭火器的种类很多，按其移动方式可分为：手提式和推车式；按驱动灭火剂的动力来源可分为：储气瓶式、储压式、化学反应式；按所充装的灭火剂则又可分为：泡沫、干粉、卤代烷、二氧化碳、清水等。

1. 干粉灭火器

干粉灭火器内充装的是干粉灭火剂。干粉灭火剂是用于灭火的干燥且易于流动的微细粉末，由具有灭火效能的无机盐和少量的添加剂经干燥、粉碎、混合而成。干粉灭火器是利用二氧化碳气体或氮气气体作动力，将瓶内的干粉喷出灭火的。干粉由能灭火的基料和防潮剂、流动促进剂、结块防止剂等添加剂组成。

2. 泡沫灭火器

泡沫灭火器内有两个容器，分别盛放两种液体，它们是硫酸铝和碳酸氢钠溶液，两种溶液互不接触，不发生任何化学反应。当需要使用泡沫灭火器时，把灭火器倒立，两种溶液混合在一起，就会产生大量的二氧化碳气体。除了两种反应物外，灭火器中还加入了一些发泡剂。打开开关，泡沫从灭火器中喷出，覆盖在燃烧物上，使燃着的物质与空气隔离，并降低温度，达到灭火的目的。结构：酸碱灭火器由筒体、筒盖、硫酸瓶胆、喷嘴等组成。筒体内装有碳酸氢钠水溶液，硫酸瓶胆内装有浓硫酸。瓶胆口有铅塞，用来封住瓶口，以防瓶胆内的浓硫酸吸水稀释或同瓶胆外的药液混合。酸碱灭火器的作用原理是利用两种药剂混合后发生化学反应，产生压力使药剂喷出，从而扑灭火灾。

3. 二氧化碳灭火器

灭火器瓶体内贮存液态二氧化碳，工作时，当压下瓶阀的压把时，内部的二氧化碳灭火剂便从虹吸管经过瓶阀由喷筒喷出，使燃烧区氧的浓度迅速下降，当二氧化碳达到足够浓度时火焰会窒息而熄灭，同时由于液态二氧化碳会迅速气化，在很短的时间内吸收大量的热量，因此对燃烧物起到一定的冷却作用，也有助于灭火。推车式二氧化碳灭火器主要由瓶体、器头总成、喷管总成、车架总成等几在部分组成，内装的灭火剂为液态二氧化碳灭火剂。二氧化碳灭火器筒体采用优质合金钢经特殊工艺加工而成，重量比碳钢减少了40%，具有操作方便、安全可靠、易于保存、轻便美观等特点。适用于扑救易燃液体及气体的初起火灾，也可扑救带电设备的火灾。常应用于实验室、计算机房、变配电所，以及对精密电子仪器、贵重设备或物品维护要求较高的场所。

4. 清水灭火器

灭火剂为清水，水在常温下具有较低的黏度、较高的热稳定性、较大的密度和较高的表面张力，是一种古老而又使用范围广泛的天然灭火剂，易于获取和储存。它主要依靠冷却和窒息作用进行灭火。因为每千克水自常温加热至沸点并完全蒸发汽化，可以吸收 2 593.4 kJ 的热量。因此，它利用自身吸收显热和潜热的能力发挥冷却灭火作用，是其他灭火剂所无法比拟的。此外，水被汽化后形成的水蒸气为惰性气体，且体积将膨胀 1 700 倍左右。在灭火时，由水汽化产生的水蒸气将占据燃烧区域的空间、稀释燃烧物周围的氧含量，阻碍新鲜空气进入燃烧区，使燃烧区内的氧浓度大大降低，从而达到灭火的目的。当水呈喷淋雾状时，形成的水滴和雾滴的比表面积将大大增加，增强了水与火之间的热交换作用，从而强化了其冷却和窒息作用。另外，对一些易溶于水的可燃、易燃液体还可起稀释作用；采用强射流产生的水雾可使可燃、易燃液体产生乳化作用，使液体表面迅速冷却、可燃蒸气产生速度下降而达到灭火的目的。

5. 简易式灭火器

近几年开发的轻便型灭火器。它的特点是灭火剂充装量在 500 g 以下，压力在 0.8 MPa 以下，是一次性使用，不能再充装的小型灭火器。按充入的灭火剂类型分，简易式灭火器有 1211 灭火器，也称气雾式卤代烷灭火器；简易式干粉灭火器，也称轻便式干粉灭火器；还有简易式空气泡沫灭火器，也称轻便式空气泡沫灭火器。简易式灭火器适用于家庭使用，简易式 1211 灭火器和简易式干粉灭火器可以扑救液化石油气灶及钢瓶上角阀，或煤气灶等处的初起火灾，也能扑救火锅起火和废纸篓等固体可燃物燃烧的火灾。简易式空气泡沫灭火器适用于油锅、煤油炉、油灯和蜡烛等引起的初起火灾，也能对固体可燃物燃烧的火进行扑救。简易式灭火器比较适合常备家中，便于扑灭突发的火灾。

三、灭火器使用方法

1. 干粉灭火器

干粉灭火器适用范围：碳酸氢钠干粉灭火器适用于易燃、可燃的液体、气体及带电设备的初起火灾；磷酸铵盐干粉灭火器除可用于上述几类火灾外，还可扑救固体类物质的初起火灾。但二者都不能用于扑救金属燃烧火灾。

干粉灭火器扑救可燃、易燃液体火灾时，应对准火焰腰部扫射，如果被扑救的液体火灾呈流淌燃烧时，应对准火焰根部由近而远，并左右扫射，直至把火焰全部扑灭。如果可燃液体在容器内燃烧，使用者应对准火焰根部左右晃动扫射，使喷射出的干粉流覆盖整个容器开口表面；当火焰被赶出容器时，使用者仍应继续喷射，直至将火焰全部扑灭。在扑救容器内可燃液体火灾时，应注意不能将喷嘴直接对准液面喷射，防止喷流的冲击力使可燃液体溅出而扩大火势，造成灭火困难。如果可燃液体在金属容器中燃烧时间过长，容器的壁温已高于扑救可燃液体的自燃点，此时极易造成灭火后复燃的现象，若与泡沫类灭火器联用，则灭火效果更佳。

使用方法：灭火时，可手提或肩扛灭火器快速奔赴火场，在距燃烧处 5 m 左右，放下灭火器。如在室外，应选择在上风方向喷射。使用的干粉灭火器若是外挂式、储压式的，操作者应一只手紧握喷枪、另一只手提起储气瓶上的开启提环。如果储气瓶的开启是手轮式的，则向逆时针方向旋开，并旋到最高位置，随即提起灭火器。当干粉喷出后，迅速对准火焰的根部扫射。使用的干粉灭火器若是内置式储气瓶的或者是储压式的，操作者应先将开启压把上的保险销拔下，然后握住喷射软管前端喷嘴部，另一只手将开启压把压下，打开灭火器进行灭火。有喷射软管的灭火器或储压式灭火器在使用时，一只手应始终压下压把，不能放开，否则会中断喷射。

注意事项：使用磷酸铵盐干粉灭火器扑救固体可燃物火灾时，应对准燃烧最猛烈处喷射，并上下、左右扫射。如条件许可，使用者可提着灭火器沿着燃烧物的四周边走边喷，使干粉灭火剂均匀地喷在燃烧物的表面，直至将火焰全部扑灭。

推车式干粉灭火器的使用方法与手提式干粉灭火器相同。

2. 折叠泡沫灭火器

适用范围：适用于扑救一般B类火灾，如油制品、油脂等火灾，也可适用于A类火灾，但不能扑救B类火灾中的水溶性可燃、易燃液体的火灾，如醇、酯、醚、酮等，也不能扑救带电设备及C类和D类火灾。

手提式泡沫灭火器使用方法：可手提筒体上部的提环，迅速奔赴火场。这时应注意不得使灭火器过分倾斜，更不可横拿或颠倒，以免两种药剂混合而提前喷出。当距离着火点10 m左右，即可将筒体颠倒过来，一只手紧握提环，另一只手扶住筒体的底圈，将射流对准燃烧物。在扑救可燃液体火灾时，如已呈流淌状燃烧，则将泡沫由远而近喷射，使泡沫完全覆盖在燃烧液面上；如在容器内燃烧，应将泡沫射向容器的内壁，使泡沫沿着内壁流淌，逐步覆盖着火液面。切忌直接对准液面喷射，以免由于射流的冲击，反而将燃烧的液体冲散或冲出容器，扩大燃烧范围。在扑救固体物质火灾时，应将射流对准燃烧最猛烈处。灭火时随着有效喷射距离的缩短，使用者应逐渐向燃烧区靠近，并始终将泡沫喷在燃烧物上，直到扑灭。使用时，灭火器应始终保持倒置状态，否则会中断喷射。

手提式泡沫灭火器存放应选择干燥、阴凉、通风且取用方便之处，不可靠近高温或可能受到暴晒的地方，以防止碳酸分解而失效；冬季要采取防冻措施，以防止冻结；并应经常擦除灰尘、疏通喷嘴，使之保持通畅。

推车式泡沫灭火器其适用范围与手提式化学泡沫灭火器相同。

推车式泡沫灭火器使用方法：使用时，一般由两人操作，先将灭火器迅速推拉到火场，在距离着火点10 m左右处停下，由一人放置喷射软管后，双手紧握喷枪并对准燃烧处；另一个则先逆时针方向转动手轮，将螺杆升到最高位置，使瓶盖充分开启，然后将筒体向后倾倒，使拉杆触地，并将阀门手柄旋转90°，即可喷射泡沫进行灭火。如阀门装在喷枪处，则由负责操作喷枪者打开阀门。

3. 折叠二氧化碳灭火器

适用范围：二氧化碳灭火器主要用于扑救贵重设备、档案资料、仪器仪表、600 V以下电气设备及油类的初起火灾。

使用方法：灭火时要将灭火器提到或扛到火场，在距燃烧物5 m左右，拔出灭火器保险销，一只手握住喇叭筒根部的手柄，另一只手紧握启闭阀的压把。对没有喷射软管的二氧化碳灭火器，应把喇叭筒往上板70°～90°。使用时，不能直接用手抓住喇叭筒外壁或金属连线管，防止手被冻伤。灭火时，当可燃液体呈流淌状燃烧时，使用者将二氧化碳灭火剂的喷流由近而远向火焰喷射。如果可燃液体在容器内燃烧时，使用者应将喇叭筒提起，从容器的一侧上部向燃烧的容器中喷射。但不能使二氧化碳射流直接冲击可燃液面，以防止将可燃液体冲出容器而扩大火势，造成灭火困难。

注意事项：使用二氧化碳灭火器时，在室外使用的，应选择在上风方向喷射，并且手要放在钢瓶的木柄上，防止冻伤。在室内窄小空间使用的，灭火后操作者应迅速离开，以防窒息。

其他：推车式二氧化碳灭火器一般由两人操作，使用时两人一起将灭火器推或拉到燃烧处，在离燃烧物10 m左右停下，一人快速取下喇叭筒并展开喷射软管后，握住喇叭筒根部的手柄，另一人快速按逆时针方向旋动手轮，并开到最大位置。灭火方法与手提式的方法一样。

4. 折叠简易式灭火器

手提式使用方法：使用时，应将手提灭火器的提把或肩扛灭火器带到火场。在距燃烧处 5 m 左右，放下灭火器，先拔出保险销，一只手握住开启把，另一只手握在喷射软管前端的喷嘴处。如灭火器无喷射软管，可一只手握住开启压把，另一只手扶住灭火器底部的底圈部分。先将喷嘴对准燃烧处，用力握紧开启压把，使灭火器喷射。当被扑救可燃烧液体呈现流淌状燃烧时，使用者应对准火焰根部由近而远并左右扫射，向前快速推进，直至火焰全部扑灭。如果可燃液体在容器中燃烧，应对准火焰左右晃动扫射，当火焰被赶出容器时，喷射流跟着火焰扫射，直至把火焰全部扑灭。但应注意不能将喷流直接喷射在燃烧液面上，防止灭火剂的冲力将可燃液体冲出容器而扩大火势，造成灭火困难。扑救可燃性固体物质的初起火灾时，则将喷流对准燃烧最猛烈处喷射，当火焰被扑灭后，应及时采取措施，不让其复燃。1211 灭火器使用时不能颠倒，也不能横卧，否则灭火剂不会喷出。另外在室外使用时，应选择在上风方向喷射；在窄小的室内灭火时，因 1211 灭火剂也有一定的毒性，灭火后操作者应迅速撤离，以防对人体的伤害。

推车式使用方法：灭火时一般由二人操作，先将灭火器推或拉到火场，在距燃烧处 10 m 左右停下，一人快速放开喷射软管，紧握喷枪，对准燃烧处；另一人则快速打开灭火器阀门。灭火方法与手提式 1211 灭火器相同。

【思考题】

一、判断题

1. 易燃易爆场所发生事故后，可以在现场使用手机报警。（　　）
2. 易燃物品应储存在通风、阴凉、干燥、远离火种和热源，防止阳光直射的地方。（　　）
3. 危险废物管理台账要如实记载危险废物的名称、种类、产生时间、数量及流向等。（　　）
4. 实验室内具有挥发性的危险化学品应储存在具有通风或吸收功能的储存柜内。（　　）
5. 实验室内腐蚀性化学品应单独储存在具有防腐蚀功能的储存柜内，并配备防遗撒托盘。（　　）

二、选择题（单选）

1. 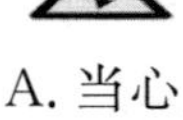 这个安全标志表示什么意思？（　　）

A. 当心触电　　B. 当心中毒　　C. 当心危险

2. 乙醇着火燃烧，应用哪种灭火器灭火？（　　）

A. 泡沫灭火器　　B. 二氧化碳灭火器　　C. 干粉灭火器

3. 盐酸、硝酸、浓硫酸属于（　　）。

A. 爆炸品　　B. 腐蚀品　　C. 易燃液体

4. 强酸灼伤皮肤不能用（　　）冲洗。

A. 热水　　B. 冷水　　C. 弱碱溶液

5. 用灭火器灭火时，灭火器的喷射口应该对准火焰的（　　）。

A. 上部　　B. 中部　　C. 根部

三、选择题(多选)

1.危险化学品存在的主要危险有(　　)。

A.火灾　　B.中毒

C.爆炸　　D.污染环境

2.实验室消防器材应设置在位置明显和便于取用的地点,且不得影响安全疏散。配备的消防器材应包括(　　)。

A.灭火器　　B.灭火毯

C.砂箱　　D.其他必要的消防器材

3.实验室应在方便取用的地点设置急救箱或急救包,配备内容应包括必要的(　　)等。

A.急救药品　　B.绷带

C.纱布　　D.消毒剂

4.危险化学品的警示标牌有哪些?(　　)

A.禁止烟火　　B.小心触电

C.指令　　D.当心火灾

5.发生火灾时,基本的正确应变措施是(　　)。

A.先抢救财产　　B.发出警报

C.疏散　　D.在安全情况下设法扑救

活动 5

动物标本整理

【活动目标】

1. 了解常见动物标本的种类及其归类方法。

2. 了解各类动物标本的保存方法。

3. 形成爱护实验室动物标本的良好习惯。

4. 通过团体沟通、合理分工、小组协作，体会标本归类整理的重要性，通过自己的劳动延长标本使用寿命，同时培养学生吃苦耐劳的劳动精神，体现劳动的价值。

【活动材料】

1. 动物标本。骨骼标本、肌肉标本、浸制标本、仿真标本。

2. 防护用品。工作服、一次性乳胶手套、口罩、帽子、鞋套。

【活动准备】

1. 安全防护。进入实验室前穿好工作服，戴好一次性乳胶手套、口罩和帽子，穿好鞋套。

2. 学生分组活动。实行组长负责制，3～4 名同学为一个小组，下发标本种类清单见表 5-1。

表 5-1　标本种类清单

标本种类	分类或涉及动物名称	标本数量/个
骨骼标本	牛	5
	马	2
	羊	3
	犬	2
	鸽子	1
肌肉标本	牛	4
	羊	2

续表 5-1

标本种类	分类或涉及动物名称	标本数量/个
浸制标本	病理标本	56
	寄生虫标本	40
	组织标本	88
仿真标本	整体标本	50
	心脏标本	10
	肾脏标本	20
	大脑标本	10
	胃标本	10
	脊髓标本	10
	雄性生殖系统标本	10
	雌性生殖系统标本	10

【活动内容】

视频学习 11　动物仿真标本介绍

一、介绍标本室情况

老师介绍标本室基本情况，包括每种标本的名称、分类及存放地点（图 5-1）。

图 5-1　老师讲解

二、动物标本整理

1. 动物骨骼标本整理

将实验室内所有动物骨骼标本分类整理，将其摆放或推到原存放位置，并摆放整齐（图 5-2）。因骨骼标本有多处连接，牢固性较差，在整理过程中需小心推动，避免造成标本散架损坏。

2. 动物肌肉标本整理

将动物肌肉标本分类整理，将其摆放在原本的存放位置上，排列整齐（图 5-3）。

图 5-2　动物骨骼标本的整理

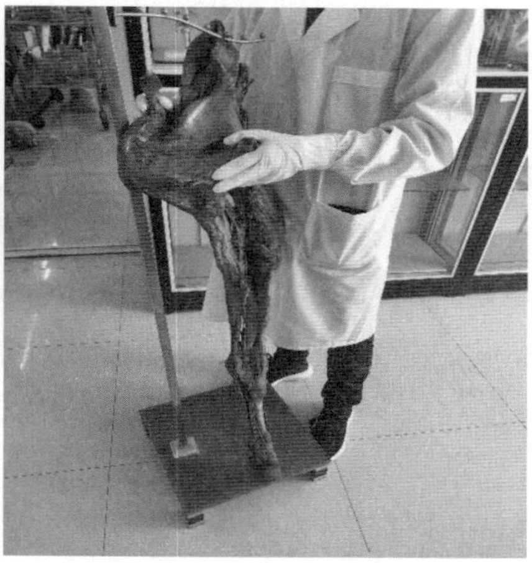

图 5-3　动物肌肉标本的整理

3. 动物浸制标本整理

将实验室内动物浸制标本按照病理标本、寄生虫标本、组织标本分类整理，并整齐码放到标本陈列柜中（图 5-4、图 5-5）。

图 5-4　浸制标本整理

图 5-5　浸制标本摆放

浸制标本是用福尔马林浸制而成的，因此不宜放在阳光直射的地方，以防瓶口封蜡溶化、浸液挥发，也不宜放置在 0 ℃以下的地方保存，防止浸液冰冻，玻璃标本缸破裂。在搬动时，不能剧烈震动，且要放置平直，以免翻倒。在整理过程中要做好自我防护，戴好口罩。

4. 动物仿真标本整理

按照老师讲解的分类方式，整理动物仿真标本（图 5-6），并整齐码放到标本展示柜中。

仿真标本是以拼插方式组成的，因此在整理过程中需要小心谨慎，不要将零部件遗漏，保证标本的完整性。

图 5-6 整理仿真标本

注：所有动物标本在整理归位前需将标本表面以及存放地的尘土用清洁布擦拭干净。

三、动物标本整理成果展示(图 5-7 至图 5-10)

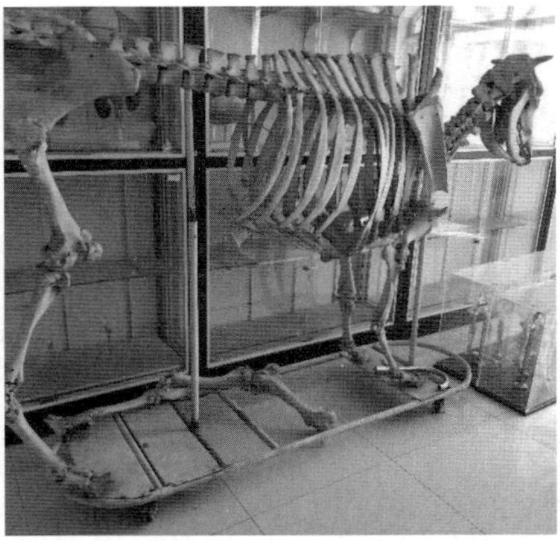

图 5-7 动物骨骼标本

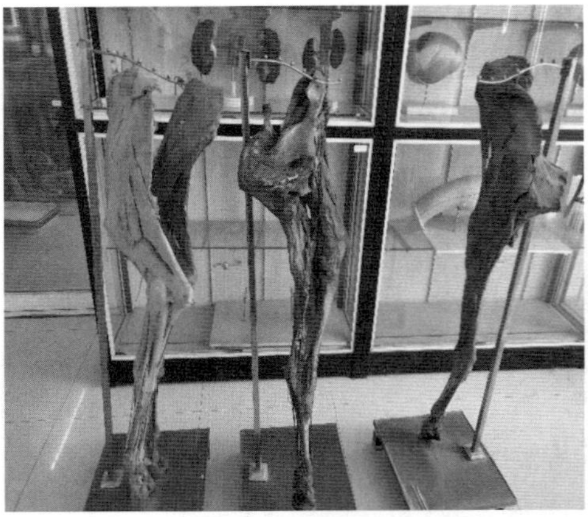

图 5-8 动物肌肉标本

图 5-9 动物浸制标本

图 5-10 动物仿真标本

四、安全防护

1. 安全意识贯穿于整个活动。
2. 正确使用相关的劳动工具，使用工具时要注意安全。
3. 因标本上有可能会有突起物，整理时需要注意不要被划伤。
4. 纪律。

(1)服从教师管理，认真、耐心倾听需要完成的任务及操作方法。

(2)学生分配好小组后，由组长组织安排本组学生完成各项任务。

【活动总结】

我的收获：

我的不足：

改进措施：

心得体会：

【活动评价】

以小组为单位进行成绩评定，包括自我评价、同学评价和教师评价三部分。内容及评价方式参见表 5-2。

表 5-2　动物标本整理评价表　　　　组别________

评价内容及分值标准		自我评价 (占总分的 20%)	同学评价 (占总分的 40%)	教师评价 (占总分的 40%)
骨骼标本整理 (25 分)	标本清洁(5 分)			
	分类摆放(20 分)			
肌肉标本整理 (25 分)	标本清洁(5 分)			
	分类摆放(20 分)			
浸制标本整理 (25 分)	标本清洁(5 分)			
	分类摆放(20 分)			
仿真标本整理 (25 分)	标本清洁(5 分)			
	分类摆放(20 分)			
小计				
实际得分合计				

【知识链接】

一、动物骨骼标本制作方法

步骤一：剥皮、去内脏。用剪刀剪开动物腹部皮肤，注意不要剪坏剑胸软骨，然后向两侧剪开，分别向前后四肢各方向拉下皮肤，小心不要拉断指、趾骨。剪开体壁，取出全部内脏。

步骤二：剔除肌肉。将体壁及附着在骨骼上的肌肉按顺序逐步剔除。

步骤三：腐蚀及脱脂。把骨骼浸泡在0.5%～0.8%氢氧化钠溶液中1～3 d，去除一些难以除去的肌肉，脱去骨骼中的油脂。在浸泡过程中应经常检查，以防骨骼脱散。取出后在清水中漂洗干净。

步骤四：漂白。用0.5%～1%的过氧化氢漂白30 min，或用1%～3%的漂白粉水溶液浸泡1～3 d。浸泡时间应灵活掌握，主要看骨骼是否已变白，变白后马上捞出，否则，骨面会被腐蚀而变得粗糙，失去骨骼的光泽。捞出的骨骼用清水冲洗干净并晾干。

步骤五：整形和装架。取一块泡沫塑料板，将骨骼放在上面。整形时，把躯体和四肢的姿态整理好并按骨骼相应的位置用大头针固定，以免在干燥过程中变形。离散的骨骼可用乳胶将其粘连起来。

两块上肩胛骨应附着在第二、三椎骨横突的两侧，头部略抬起呈倾斜状，前肢的腕骨和后肢的趾骨可用乳胶粘在泡沫板上。骨骼标本制成后，最好装入标本盒中保存。

二、爬行动物浸制标本制作方法

（一）材料

蜥蜴（或其他爬行动物）、圆规、量尺、注射器、大头针、解剖盘、标签、福尔马林、乙醚。

（二）方法步骤

1. 外部形态的观察

爬行动物在福尔马林或酒精等固定液中保存一段时间以后会褪色，因此，从野外采集到的标本带回实验室后，应该及时进行观察和记录。要将它身体各部分的颜色准确地记录下来，最好拍下彩色照片。

2. 麻醉致死

先将爬行动物麻醉杀死，以免动物体变得僵硬。杀死的方法是用一小块脱脂棉花浸透乙醚连同动物一起，放入密封的瓶内，几分钟后动物即可麻醉致死。将已死的动物取出，用清水洗去它身体上的黏液和污物。

3. 标本测量

动物麻醉致死以后，应该对每个动物标本编号、测量和记录。

4. 固定、保存

将洗去污物的标本放在解剖盘上，从腹部后侧向体腔内注入适量的体积分数为10%的福尔马林溶液，注射量不宜过多，以免动物体变形失去原状。注射后，将标本放入盛有福尔马林固定液的另一个解剖盘内固定。把标本背部朝上，四肢的姿势可以根据需要，做成生活时的匍

匐状态。同时要注意指、趾有无卷曲，对卷曲的指、趾要用大头针固定位置，使其伸展。选择大小合适的容器，将标本放在固定液中保存。在保存标本的容器外面，贴上标签。

【思考题】

一、选择题

1. 能破坏蛋白质结构，常用来制作动物标本的物质是(　　)。

A. 食盐水　　B. 酒精　　C. 甲醛　　D. 蒸馏水

2. 下列药品中不适用于动物尿液标本防腐的是(　　)。

A. 甲酸　　B. 硼酸　　C. 甲醛　　D. 二甲苯

3. 制作洋葱内表皮和动物血液两种玻片标本，它们分别是(　　)。

A. 切片、涂片　　B. 切片、装片　　C. 装片、涂片　　D. 装片、切片

4. 将不同种类的脊椎动物的胚胎标本放在一起，如果不看标签，下列哪一时期的胚胎标本最好辨认？(　　)

A. 早期　　B. 中期　　C. 晚期　　D. 不论哪一时期

二、简答题

1. 为什么可用甲醛溶液来浸制动物标本，但却不能用甲醛溶液来制作肉皮、虾仁等食物？

2. 制作标本时常用的防腐剂有哪些？

活动 6

马房的卫生清洁与环境消毒

【活动目标】

1. 掌握马房清洁的流程，给予马匹舒适的生活环境和整洁的活动空间。
2. 了解马房内外环境消毒的相关知识。
3. 通过学生动手操作，学习相关专业技能，培养不怕脏不怕累的劳动品质。

【活动材料】

1. 清扫用具。粪叉、铁锨。
2. 运输工具。人力小推车。
3. 填充用品。干净整洁的铺垫物、干草等。
4. 防护用品。工作服、橡胶手套、口罩、帽子、高筒胶鞋。
5. 清洁用品。清洁刷、清洁布、洗涤剂、84 消毒液及喷壶。

【活动准备】

1. 安全防护。进入马房前穿好工作服，戴好橡胶手套、口罩和帽子，穿好高筒胶鞋。

2. 学生分组活动。每组负责一个马房，实行组长负责制。

视频学习 12
马房的清洁

【活动内容】

一、马房的清理

1. 将清理马房的工具备齐后，将推车准备好，停放至马房门口。用铁叉将马房里的马粪依次铲出放至推车内，再将马房里已经用过的脏垫料铲出。在使用铁制粪叉过程中，一定要非常专注，需要随时留心，不要触碰到其他人或物，还要注意自身安全，不要滑倒或摔倒。

当一车马粪或脏的垫料装满后，将推车推到指定区域倒掉。需要注意的是，车内不宜装得太满，否则运送过程中可能一边走一边洒。

2. 清理马房直至完全干净，要注意检查马房内部的四角、四边和底层，不能只检查马房中央的表层。深层可能会残留马的尿液，如不彻底清理将会腐蚀马蹄(图 6-1、图 6-2)。

图 6-1　粪便的清理

图 6-2　垫料的铺设

二、马房的环境消毒

1. 合理选择消毒方法、消毒剂，科学制订消毒计划和程序，严格按照消毒规程实施消毒，并做好人员防护。

2. 养殖区出入口设消毒处，且保持有效药液容量和浓度。外来人员消毒后，经工作人员许可方能出入马房。

3. 进入马房区的车辆必须彻底消毒。在马场入口处设立消毒池，药液深不低于 30 cm。同时，还应铺设消毒毯，可有效浸润消毒药品，保证随车人员、物品严格消毒。消毒毯需要每天清洗并更换消毒剂。

4. 对马匹饲养区设备、设施及栏舍，可采用喷洒、熏蒸和冲洗等方式消毒。

(1)喷洒式消毒。马房内外，通道用生石灰乳进行喷洒，潮湿地面可撒生石灰粉。

(2)熏蒸式消毒。甲醛(40%)浓度为 10 mL/m^3，利用耐热容器进行熏蒸，并关闭所有门窗，待 20 min 左右再开窗通风。

(3)冲洗式消毒。使用喷雾器或者高压喷射枪对马房内外用 84 消毒液进行彻底喷洒消毒，随后自然风干。

5. 定期或适时对圈舍、场地、用具及周围环境(包括污水池、排粪沟、下水道出口等)进行清扫、冲洗和消毒，保持清洁卫生。同时要做好饲用器具、诊疗器械等的消毒工作。

6. 马房消毒 3 d 后，方可再饲养新入住的马匹。

7. 马匹发生一般性疫病或突然死亡时，应立即对其所在马房进行局部强化消毒，规范进行死亡马匹的消毒及无害化处理。

三、安全防护

1. 安全意识贯穿于整个活动。

2. 做好个人防护，防止清洁剂进入口、鼻、眼。

3. 正确使用相关的劳动工具，使用工具时要注意安全。

【活动总结】

我的收获：

我的不足：

改进措施：

心得体会：

【活动评价】

以小组为单位进行成绩评定，包括自我评价、同学评价和教师评价三部分。评价内容及评价方式参见表6-1。

表6-1　马场清理与消杀活动评价表　　组别________

评价内容及分值标准		自我评价（占总分的20%）	同学评价（占总分的40%）	教师评价（占总分的40%）
马房的清理（50分）	粪便清理（20分）			
	垫料清洗（20分）			
	垫料铺垫（10分）			
马房的消毒（50分）	消毒液的配制（20分）			
	消杀工作（30分）			
小计				
实际得分合计				

【知识链接】

一、病死畜禽无害化处理规定

1. 对病死或死因不明的马匹，应坚持“五不一处理”原则，即不宰杀、不食用、不销售、不转运、不乱丢，规范进行无害化处理。

2. 病死或死因不明马匹无害化处理应按照《病害动物和病害动物产品生物安全处理规程》进行，修建与处理规模相适应的无害化处理设施。

3. 病死或死因不明畜禽的无害化处理应在动物卫生监督机构指定场所进行，采取深埋无害化处理的场所应远离人口聚集区、水源、泄洪区和交通要道，防止动物疫病传播。

4. 对病死或死因不明马匹的饲料、排泄物、废弃物等，应喷洒消毒剂后与尸体一并深埋。

5. 在无害化处理过程中及疫病流行期间要注意个人防护，防止人畜共患病的发生。

6. 无害化处理结束后，必须彻底对马厩、用具、道路等进行消毒，防止病原传播。

7. 按规定做好马场无害化处理记录。

二、铺设垫料的作用

垫料的作用是给马腿提供缓冲，使马匹站得更加舒服。此外，垫料还可以充当床垫，能让久站的马躺下休息，以减轻体重对腿和脚的压力。当马躺下去和站起来时，垫料柔软的表面能够减小摩擦，保护跗关节或肘部不被擦伤。除此之外，垫料还起到了隔离、保温的作用。秋冬季节，地面的温度明显低于马的身体，从脚底散发的冷气会让马感觉更加寒冷。这时，厚厚的垫料就是冰冷地面和马之间的屏障。也可以把马房四周的垫料加厚，作为填充，帮助马蜷缩起腿靠在墙上，抵御寒冷。垫料吸收尿液和其他水分，一定要定期清除浸湿的垫料，给马提供一个健康的环境。干燥柔软的地面可以避免马打滑受伤，马会站得更稳。若没有及时清理排泄物，尿液中的氨会腐蚀蹄角，马蹄会被氨水浸泡过的垫料包裹住，导致蹄叉腐疽。排泄物和垫料中有机物会产生大量细菌，及时清理马房可以大大减少地面的细菌量。

【思考题】

1. 马房的清理大致分为哪几步？

2. 做好马场卫生清洁的意义有哪些？

第二部分

生 活 劳 动

活动 7

宿舍内务整理与清洁

【活动目的】

1. 改善宿舍卫生环境。
2. 提高学生动手能力。
3. 加强宿舍文化建设，创建优良学风。
4. 促进学生养成良好的生活习惯。
5. 提高学生集体意识。

【活动材料】

扫把、垃圾铲、抹布、拖把、洁厕灵。

【活动准备】

1. 以宿舍为单位，进行内务整理，备好所需物品及清洁工具。
2. 运用日常生活技能，对宿舍进行打扫。
3. 按照宿舍人数，合理分工。

【活动内容】

一、内务整理要求及做法

(一)室内(图 7-1、图 7-2)

1. 地面干净，无污染、无脏物。
2. 地面上物品摆放整齐。
3. 墙面贴画以充实为主，不宜过多，避免花哨。
4. 室内不允许乱接电线及使用大功率电器。
5. 天花板及墙面无蜘蛛网，灯管、灯罩无灰尘。
6. 门窗及墙面干净无污物，无乱涂乱画现象。

图 7-1　室内环境一

图 7-2　室内环境二

7. 使用干净、干燥的抹布、棉布清理吊扇、电灯上的灰尘。清洁的时候，要将电源关闭，以免触电。

(二)床铺(图 7-3、图 7-4)

1. 床下无杂物，鞋子摆放整齐。
2. 床单干净、整齐。
3. 被子叠放整齐。
4. 床上无杂物，空床干净、整洁。

图 7-3　床铺效果一

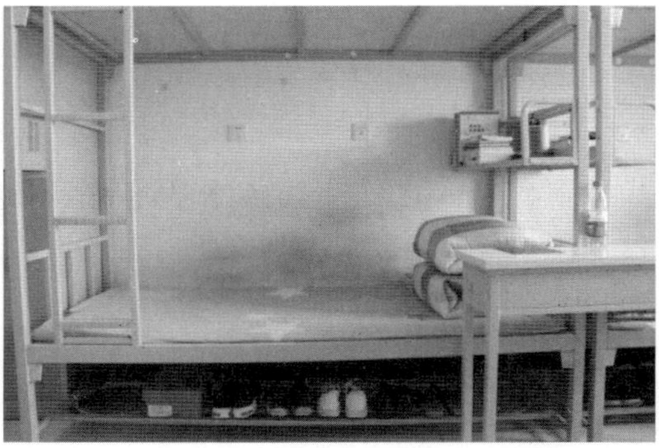

图 7-4　床铺效果二

(三)书桌(图 7-5、图 7-6)

1. 桌面干净整洁。
2. 凳、椅干净，摆放整齐。
3. 桌面上摆放的物品整洁有序。
4. 无恶意破坏现象。
5. 先用湿抹布擦去桌子上的脏东西，再用干的抹布擦干水。

图 7-5　书桌摆放一

图 7-6　书桌摆放二

(四)洗手间(图 7-7、图 7-8)

1.洗手间地面干净、无污物。

2.洗手间内杂物摆放整齐有序。

3.便池内无污染、无污物,墙上无污物。

4.洗手间内无异味。

5.先用扫帚将地上的灰尘、杂质扫干净,装入垃圾筒中,然后用湿拖把将地板拖洗一遍,最后用干毛巾或者干拖把清理剩下的水分、垃圾。

6.用清洁剂、消毒液仔细清洗厕所的每个角落,然后可以喷点空气清新剂,除去异味。

图 7-7　洗漱池

图 7-8　厕所

(五)宿舍美化(图 7-9、图 7-10)

1.室内不张贴低俗图画。

2.室内保持良好通风,空气清新,无异味,无压抑感。

3.室内设计、物品装饰有独特之处,力求新颖。

4.宿舍内有学习氛围,能体现当代大学生的风采,富有青春气息,积极向上。

5.整体视觉良好,能够体现整个宿舍的主题。

6.将拖把洗净拧干水分,地面从内向外拖干净。

7.将整理前后的照片进行对比,并在小组中分享。

图 7-9　衣柜一

图 7-10　衣柜二

(六)“豆腐块”被子的叠法

1. 平整被子。准备一床被子，将被子铺平(图 7-11)，把褶皱捋平。棉絮压得很实的被子容易叠出好的形状。

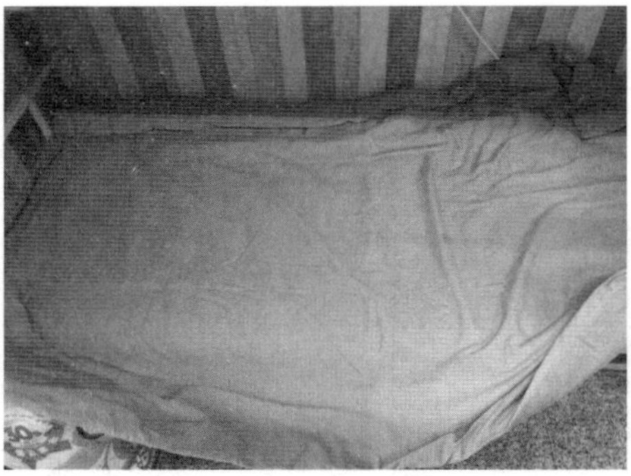

图 7-11　铺平被子

视频学习 13　“豆腐块”被子叠法(一)

视频学习 14　“豆腐块”被子叠法(二)

2. 横向三折。将被子一侧靠内侧对折，把褶皱捋平捋展。将被子外 1/3 向内对折。按压被子中段，随后把被子中线顶实(图 7-12、图 7-13)。

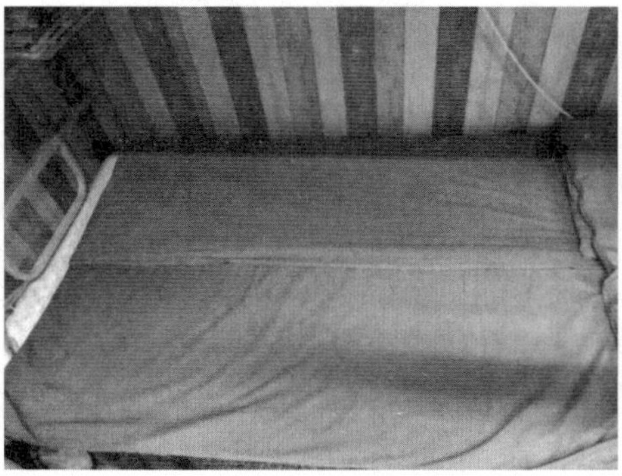

图 7-12　平整好的被子

图 7-13　被子中线顶实

3. 量距对折。取被子一端，目测 35～40 cm 距离，用手掌压出印条，食指、无名指抵住被子上方用力一提，再用双手对其按压塑形，塑形完后沿线翻折（图 7-14 至图 7-17）。

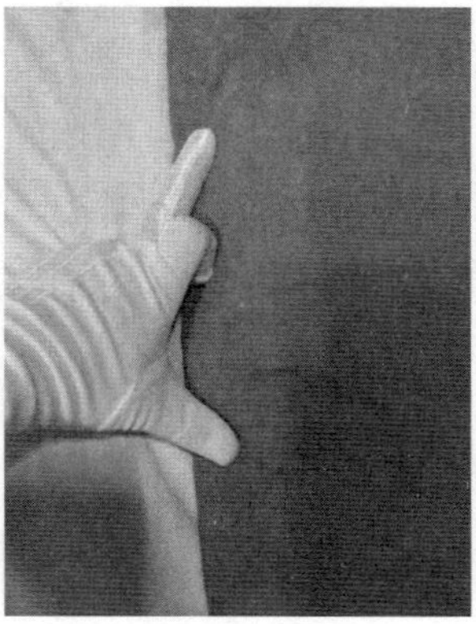

图 7-14　量距对折一

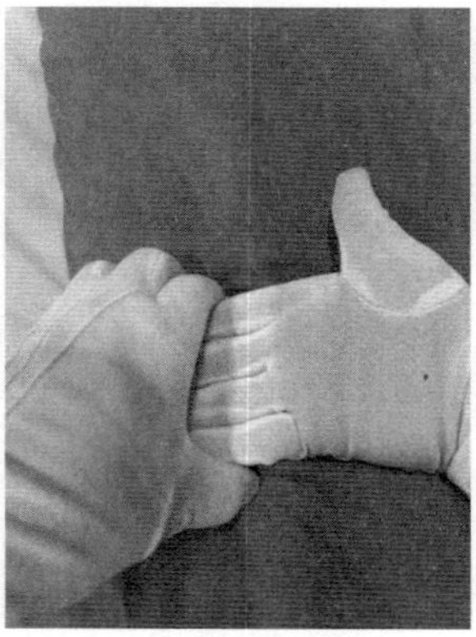

图 7-15　量距对折二

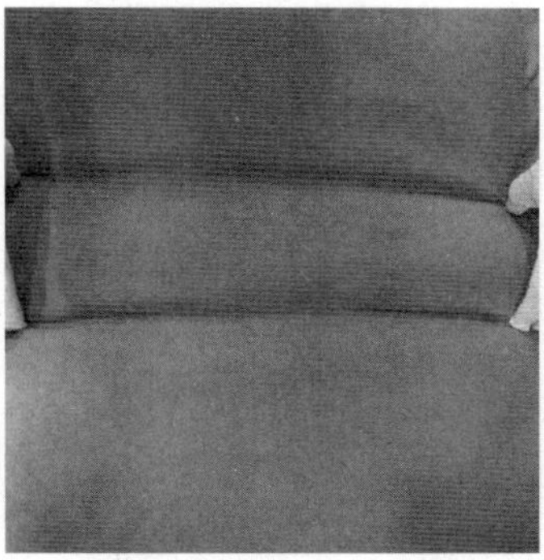

图 7-16　量距对折三

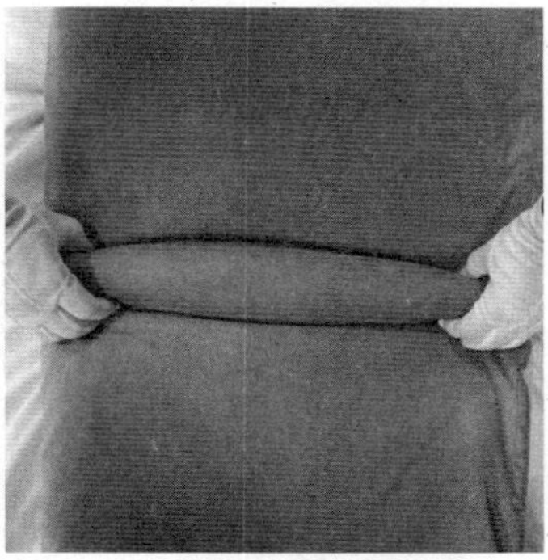

图 7-17　量距对折四

4. 折叠后将被子压实进行修边。左手三指并拢呈 90°，抵住被子，右手食指将多余棉絮往里塞。上下塞等量后捏成一条直线，内外侧用同样方法进行修整，然后折叠被子另一端（图 7-18 至图 7-20）。

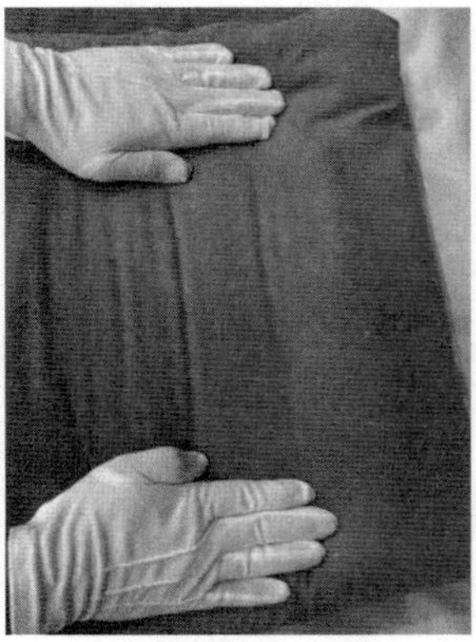

图 7-18　压平被子

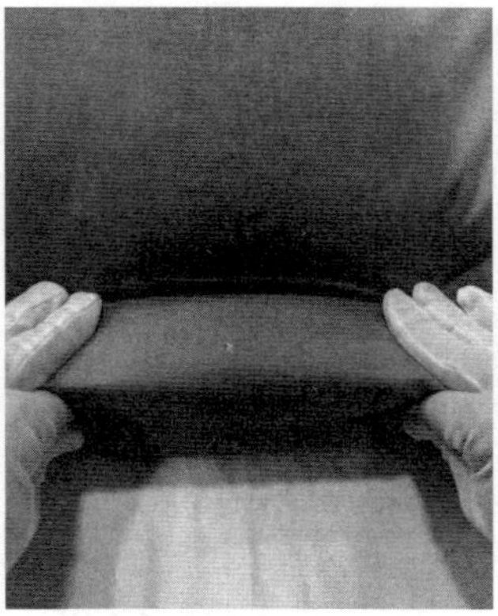

图 7-19　修整对折

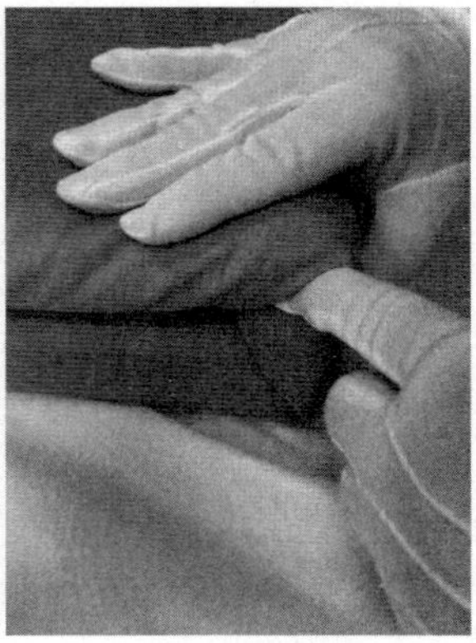

图 7-20　修整内侧

5. 修整与塑形。测量中间部分距离，双手进行按压，形成一道线，再将其中间部分提起进行塑形，沿线将被子一段向另一端折叠，在被子边缘处细心修整，使其整体塑形(图 7-21 至图 7-25)。

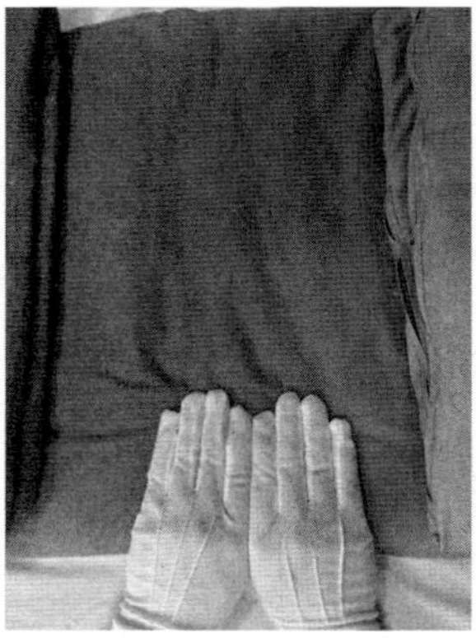

图 7-21　双手按压

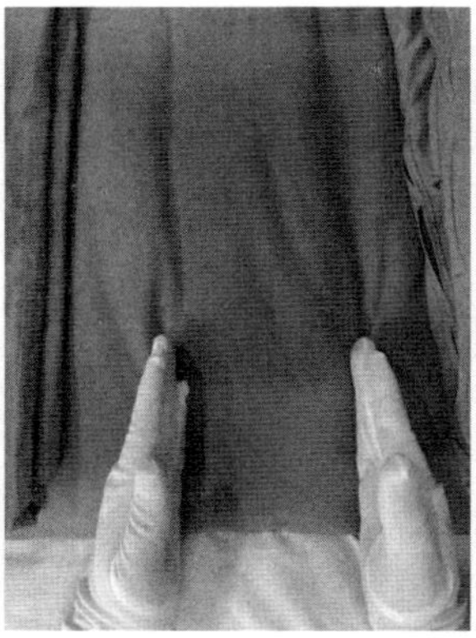

图 7-22　修整被子一

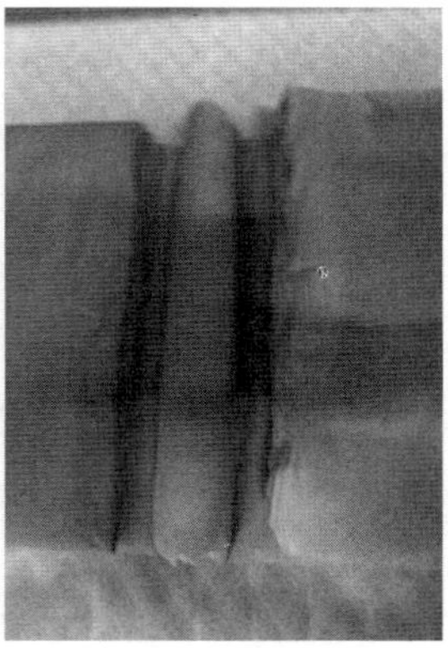

图 7-23　修整被子二

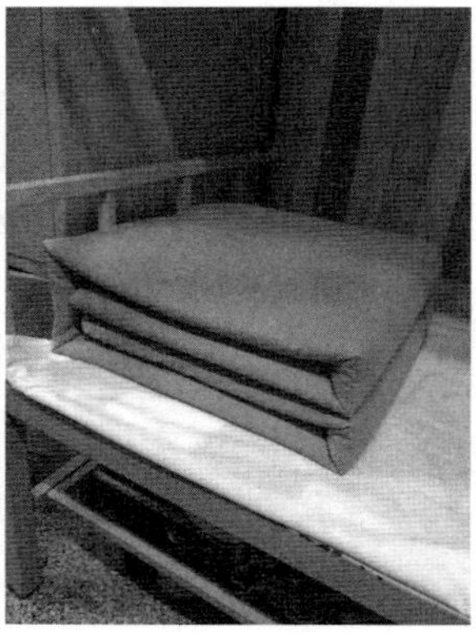

图 7-24　被子整体塑形一

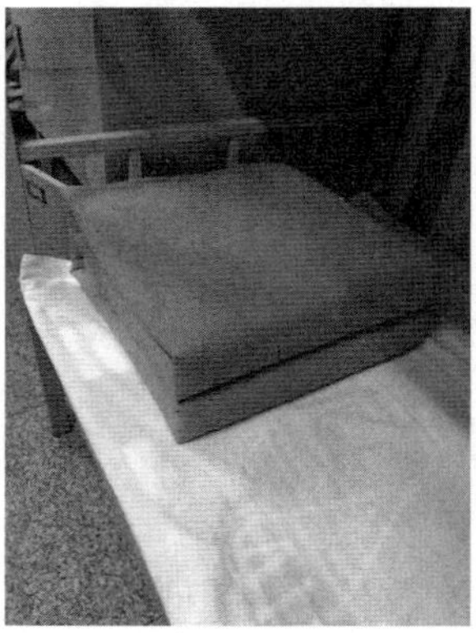

图 7-25　被子整体塑形二

【活动总结】

我的收获：

我的不足：

改进措施：

心得体会：

【活动评价】

以宿舍为单位进行成绩评定，包括自我评价、同学评价和教师评价三部分。评价内容及评价方式参见表 7-1。

表 7-1　宿舍内务整理与清洁评价表　　　　组别________

分值标准	自我评价（占总分的 20%）	同学评价（占总分的 40%）	教师评价（占总分的 40%）
室内（20 分）			
床铺（20 分）			
书架（20 分）			
卫生间（20 分）			
宿舍美化（20 分）			
小计			
实际得分合计			

【拓展阅读】

一、“一屋不扫，何以扫天下”的故事

《世说新语》记载了一个我们耳熟能详的故事，东汉名臣陈藩少年时独居一室，而庭院龌龊不堪，他父亲的朋友薛勤见状批评说：“孺子何不洒扫以待宾客？”他回答说：“大丈夫处事当扫除天下，安事一屋？”薛勤立即针锋相对地反问：“一屋不扫，何以扫天下？”陈藩听了无言以对，觉得很有道理。从此，他开始注意从小事做起，最终成为一代名臣。

“扫一屋”看似简单，但背后却有心理学理论的支撑。1969 年，斯坦福大学心理学家菲利普·辛巴杜（Philip Zimbardo）进行了一项实验，他找来两辆一模一样的汽车，把其中的一辆停在加州帕洛阿尔托的中产阶级社区，而另一辆停在相对杂乱的纽约布朗克斯区。停在布朗克斯的那辆，他把车牌摘掉，把顶棚打开，结果当天就被偷走了。而放在帕洛阿尔托的那一辆，一个星期也无人理睬。后来，辛巴杜用锤子在那辆车的玻璃上敲了个大洞。结果，仅仅过了几个小时，车就不见了。詹姆士·威尔逊（James Q. Wilson）和乔治·凯林（George L. Kelling）以这项实验为基础提出了“破窗效应”理论：如果有人打坏了一幢建筑物的窗户玻璃，而这扇窗户又得不到及时维修，别人就可能受到某些示范性的纵容去打烂更多的窗户。久而久之，这些破窗户就给人造成一种无序的感觉，结果在这种公众氛围中，犯罪就会滋生、猖獗。试想，教室里某些角落有了垃圾不及时清理，就是在向学生暗示可以随意丢垃圾，其他不良风气也会接踵而来。相反，教室窗明几净、课桌摆放整齐、黑板擦得干干净净，这就时刻在向学生暗示，不能随便丢垃圾，要注意自己的形象，按时、保质、保量地值日。走进教室的一瞬间，干净整洁的环境必然让上课者和授课者心旷神怡，班级里也会形成亲切、和睦和互助的关系，勤奋进取、文明礼貌的氛围。整洁优美的班级卫生面貌，不仅可为师生提供赏心悦目的学习环境，而且也对班级成员的品格修养起到潜移默化的教育作用。同样，学生宿舍的干净整洁，也对宿舍成员的习惯

和品格养成起到潜移默化的教育作用，是建设和谐文明宿舍的基础工作。

搞好宿舍和教室的卫生工作实际上是帮助学生养成良好的习惯，重视卫生不但不会影响学习，还会促进学习。在抓好卫生常规工作的同时，还可以将良好的卫生习惯进行有效迁移，运用在别的习惯养成教育上，从而锻炼学生的意志，铸造学生的品质。当学生面对困难时，就会有良好的心态去面对，也更有信心去战胜困难。

二、"血的教训"——高校火灾案例分析

我国高校数量多，校内人员密集、致灾因素复杂，历来是消防安全管理的重点单位。近几年来，随着高校发展规模的扩大，火灾也在高校频频发生，给广大师生的人身及财产安全造成了极大的威胁。在发生过火灾的高校中，除了烧毁教学楼、实验室、宿舍等基础设施外，大都伴有人身伤亡。这些火灾事件，不但给所在学校造成物质损失，更会酿成人员伤亡的惨剧，血的教训为我们敲响了高校消防工作的警钟。在各高校火灾案例中，不关台灯、未拔充电器、点蚊香等是诱发宿舍火灾的常见原因。

1. 不关台灯。某大学生宿舍起火，四个床位烧毁两个。据报道，男生宿舍寝室起火，校方保卫人员用灭火器及时扑救。起火时寝室里没人，导致火灾的原因是台灯没有关闭，电线短路引发火灾。

2. 充电器未拔。某大学宿舍起火，一名女生险困屋内。据报道，公寓楼一女生宿舍起火。起火时宿舍内一名女生被困屋内，女生说可能是对铺的一个充电器起火，该充电器已在插座上插了 3 天。

3. 某大学公寓楼 4 天 2 次起火。据报道，留校学生在一楼宿舍点燃了蚊香(据说放在鞋盒子里，且周边堆有杂乱的衣物等可燃物)后外出，因蚊香点燃了可燃物导致整个宿舍全部烧毁，整个宿舍楼 300 多人在浓烟中疏散，安全撤离，所幸没有人员受伤。此前，两名留校学生在走廊使用液体酒精炉吃火锅，在没有熄灭火焰的情况下添加酒精，发生火灾，两人烧伤，其中一人烧伤面积达 40%。

防范火灾，保护我们共同的家园是每一位师生的共同责任，让我们每个人都肩负起防火安全的责任，从思想上树立牢固的消防安全意识。从我做起，从现在做起，构筑一道防范火灾的钢铁长城，共同创造一个安全、稳定、和谐的学习和生活环境。

【思考题】

如何整理好宿舍卫生？

活动 8

衣物的收纳与整理

【活动目标】

1. 帮助学生养成良好的衣物整理习惯。
2. 构建干净、舒适的学习、生活环境。
3. 培养学生耐心、细心的性格品质。
4. 培养学生掌控自己生活的能力。
5. 提高学生高效完成任务的能力。
6. 提高学生整体规划布局能力。
7. 培养学生的创新能力。
8. 激发学生对生活的热情。

【活动材料】

1. 整理工具。隔板、叠衣板、挂杆、挂钩、衣架等。
2. 收纳工具。置物架、整理箱、防尘袋、收纳袋等。

【活动准备】

1. 提前准备好收纳工具。
2. 将需要整理收纳的衣物全部从衣柜中拿出。
3. 按照 T 恤、衬衣、牛仔裤、运动裤、羽绒服、大衣等分类摆放，做好分类收纳准备。

【活动内容】

一、不同衣物的折叠

1. T 恤的折叠步骤(图 8-1 至图 8-6)。

视频学习 15
衣服折叠技巧

图 8-1　反面铺平

图 8-2　左边沿领口处向中间折叠

图 8-3　袖口向左侧折叠

图 8-4　另一边以相同方式折叠

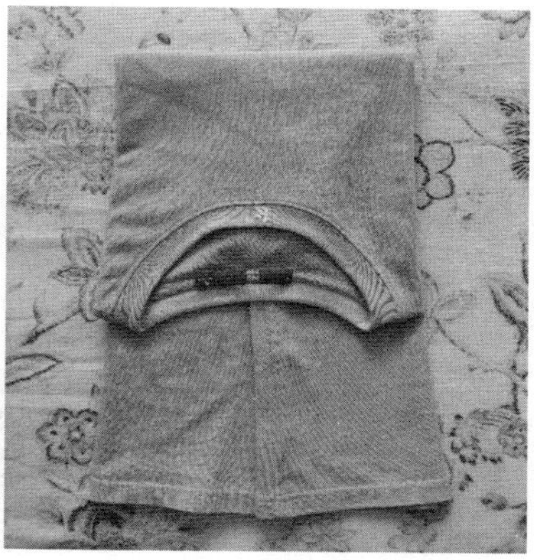

图 8-5　将上摆向 1/3 处折叠

图 8-6　将下摆塞入中间袖口处

2. 衬衣的折叠步骤(图 8-7 至图 8-13)。

图 8-7　反面铺平

图 8-8　左边袖子向里折叠

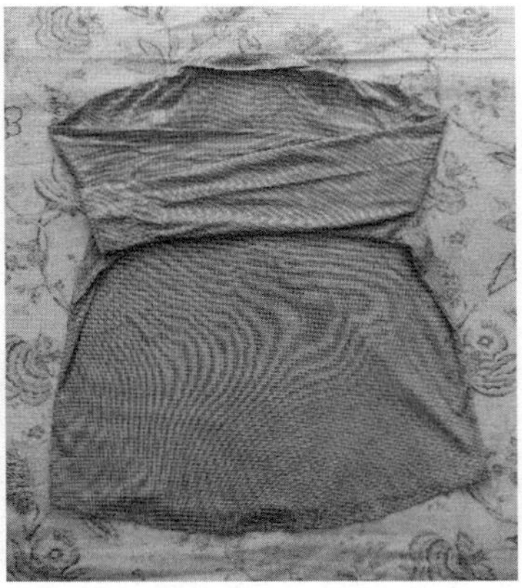

图 8-9　右边袖子向里折叠

图 8-10　拉住下摆中线,向上折叠

图 8-11　左边沿领口处向中间折叠

图 8-12　右侧同样向里折叠,并塞入衣内

图 8-13　翻到正面,调整领口与衣服形状

3.牛仔裤的折叠步骤(图 8-14 至图 8-20)。

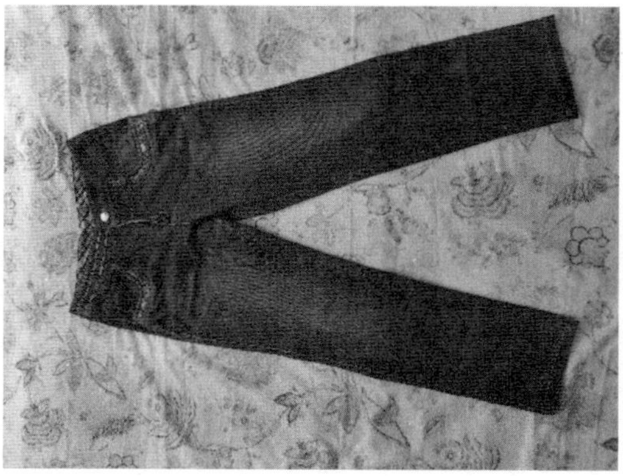

图 8-14　把牛仔裤整理铺平

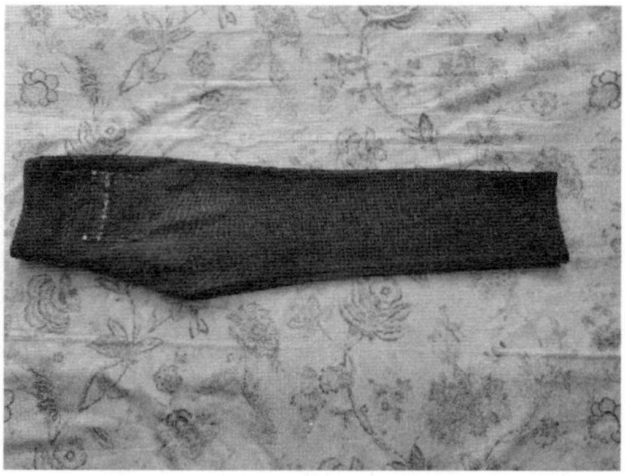

图 8-15　裤子对折

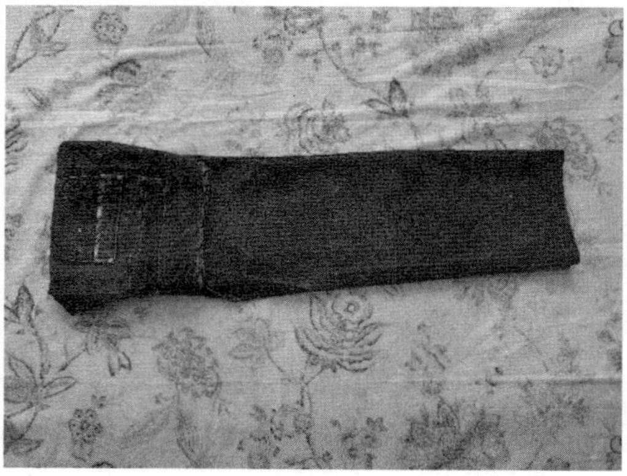

图 8-16　将臀部位置向上折叠

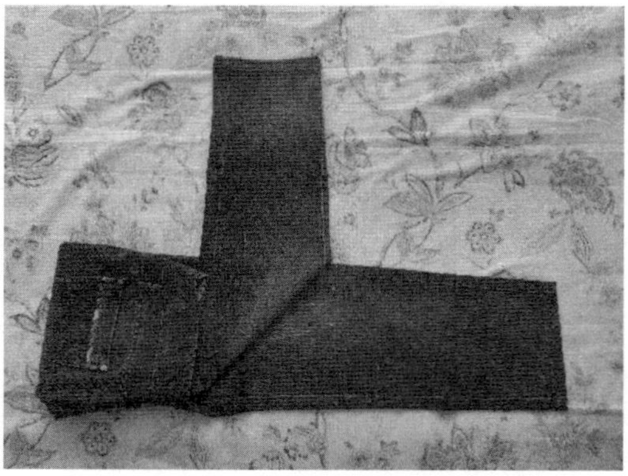

图 8-17　右腿裤腿向上折叠

图 8-18　将臀部部分向右折

图 8-19　把右侧的裤腿向内折叠

图 8-20　把上面的裤腿向下折叠,并把裤脚塞入裤子内侧

4. 羽绒服的折叠步骤(图 8-21 至图 8-26)。

图 8-21　把羽绒服整理铺平

图 8-22　帽子向下折叠

图 8-23　左边袖子向内折叠

图 8-24　右边袖子向内折叠

图 8-25　拉住下摆中线向内折叠

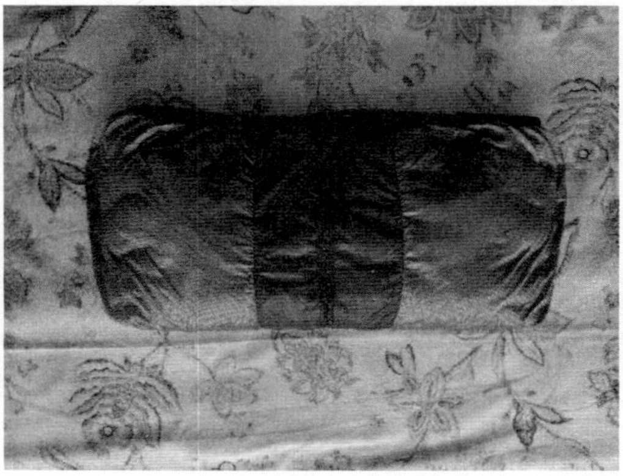

图 8-26　将下摆翻出,包裹整个衣服

二、衣物的收纳方法及技巧

1. 将衣柜分区

衣柜是衣物的最佳收纳空间，但也是最容易放置凌乱的地方。如果不管什么衣物都习惯性地往里面一扔，找某件衣服的时候就只能翻来翻去。将衣柜进行分区，把你的衬衫、T 恤、牛仔裤分区摆放，这样你就能一眼看到所需要的那件，并且很方便就可以拿到，且不会打乱其他的衣服，能在保持方便性的同时，避免凌乱。网上有很多衣柜分格“神器”，用硬纸板自己 DIY 一个也很容易。利用分格“神器”，将不同材质或类型的衣物进行分组收纳，就能让你的衣柜既整洁又方便使用了。

2. 让衣服“站立”起来

衣柜已经做好分区，之后如何折叠和存放呢？如果按照传统的方法一层一层叠放，每次拿取下面的衣服，上面的衣服就又全乱了，好不容易叠整齐的衣服又需要重新整理。衣柜或者收纳箱里面的衣服，如果折叠好后将衣服站立起来，整齐地摆放在所归属的分区中收纳，打开衣柜后既好找，拿取后还能保持原来的形状，不会凌乱。

3. 长度相同的衣物挂在一起

衣柜中的吊衣杆可以用来悬挂当季的一些高档的或者容易褶皱的衣物，如西服、风衣、衬衣等。吊挂时需要将长度相同的衣物挂在一起，这样长度较短的衣物下方就会空出较大空间，适合摆放收纳盒或抽屉式收纳柜。

4. 按季节收纳

四季交替，我们的衣柜也要跟着做调整，把不合季节和不经常穿的衣服收起来，这个时候收纳盒是很有必要的，但一定要记得做好标签，方便寻找，免得需要时又得把衣柜翻个遍。常用的当季衣物放中间，这样打开衣柜就能直接拿取，省时又省力，而不应季的衣物，就可以放在最上面或者是最下面，比如冬天的棉被和羽绒服等。

5. 小抽屉柜作为补充

零散衣物过多会导致衣柜杂乱无章且“消化不良”，不妨考虑添置一个小抽屉柜作为补充。多个抽屉能收纳那些折叠好的内衣、袜子、T 恤、衬衣、小件外套等，不仅能做到整齐划一，还能提供更多的收纳空间。

6. 抽屉标记法

添置的小抽屉柜以及衣柜中自带的抽屉非常实用，可以用来放内衣、袜子、领带等，防尘效果非常好，但是不打开抽屉不易想起里面放了什么东西，尤其是在抽屉比较多又赶时间的情况下，一个个地打开实在太浪费时间了。在抽屉外贴上一个小标签，写清抽屉内的物品，取用更加清晰、方便，一个小小的举动就能省下不少时间。

7. 选择各种收纳容器

各种收纳容器包括收纳盒、收纳袋、整理箱、纸盒、鞋盒等，用得好的话，不仅不会占用衣柜内的空间，还能收纳更多的东西。方形的容器很多时候刚刚好能够填满衣柜的某些空隙，如果选择同色系或同样大小的方形容器来收纳，整齐程度必会“加分”。

8.善用悬挂式收纳神器

一些零碎的小配件，如围巾、帽子等，一多就会变得很杂乱，而悬挂式的收纳神器就是用来收纳配饰的，存放起来更加整齐和节省空间。

三、安全防护

1.衣物收纳过程中，如需要使用剪刀、别针等尖锐物品时，做好防护措施，不要割伤身体。

2.在宿舍进行衣物整理和收纳工作时，注意他人与自己空间的界限，不要占用他人空间，以免产生冲突。

3.在高处摆放衣服时，要站稳，以免掉落摔伤。

【活动总结】

我的收获：

我的不足：

改进措施：

心得体会：

【活动评价】

以小组为单位进行成绩评定，包括自我评价、同学评价和教师评价三部分。评价内容及评价方式参见表8-1。

表8-1　衣物收纳与整理评价表　　　　组别________

评价内容及分值标准		自我评价（占总分的20%）	同学评价（占总分的40%）	教师评价（占总分的40%）
衣物的折叠（40分）	T恤（10分）			
	衬衣（10分）			
	牛仔裤（10分）			
	羽绒服（10分）			
劳动能力（60分）	高效收纳能力（20分）			
	规划布局能力（20分）			
	创新创造能力（20分）			
小计				
实际得分合计				

【知识链接】

衣物保养方法

虽然说衣物的保养是件很麻烦的事情，但如果好好做这件事就可以延长衣物的使用寿命，这是非常经济划算的，下面介绍几种衣物保养的方法。

1. 给衣服套上防尘套

长期不穿，收纳在衣柜里的衣物，请务必套上防尘套以免沾上灰尘。建议使用透气性好的防尘套，市面上销售的衣物防尘套有单件和多件的款式可供选择。

2. 回家后立即清除灰尘与湿气

衣物穿了一天会沾有很多灰尘，回家后要立刻抖掉或用刷子清除掉灰尘，清理完灰尘后再在通风处悬挂一会儿，等湿气蒸发掉再收起来，能避免发霉。

3. 正确选择衣架

当季的一些高档或者容易褶皱的衣服需要悬挂收纳，如西服、风衣、衬衣等，但一般的铁丝衣架非常容易使衣物变形，对衣物造成伤害。因此，为了避免变形或起皱，不同衣物选择不同的衣架种类。夹克、大衣选择肩膀部分有厚度的，且肩膀前方微微向下弯的衣架；衬衫无须选用有厚度的款式，以同款衣架吊挂衬衫，可以节省收纳空间；对于面料容易产生褶皱的裙子、裤子，有专门的衣架，一般有夹子固定与吊挂两种款式；领带、帽子等也可以使用专用衣架，能节约许多空间。

4. 衣物污渍的清洁方法

衣物上的污渍越早处理越容易清除。在污渍上滴一滴水，确认污渍的性质。水若渗入污渍里其就是水溶性的，浮在污渍上就是油性的。在衣服上方铺一块布或毛巾，以牙刷轻轻拍打，让污渍往下渗出，再用干毛巾吸干水分，使其自然干燥即可。具体的污渍种类和清除方法见表 8-2。

表 8-2　污渍种类和清除方法

性质	原因	污渍清除法
水溶性	茶、咖啡、酱油、果汁、酒类	以牙刷蘸水轻轻拍打，若还是无法清除，可蘸稀释过的洗衣液拍打
	血液	以牙刷蘸水轻轻拍打，若还是无法清除，可蘸稀释过的含氯漂白剂或含氧漂白剂拍打
油性	粉底、口红、发油、巧克力	以牙刷直接蘸洗衣液拍打，或直接用手指搓揉清洗
	咖喱、色拉酱汁	以牙刷直接蘸洗衣液拍打，或直接用手指搓揉清洗，亦可蘸稀释过的含氯漂白剂或含氧漂白剂拍打
	原子笔、马克笔、蜡笔	以牙刷蘸挥发油或蘸酒精、家用清洁剂拍打
其他	泥水污渍	以牙刷蘸洗衣液拍打，若还是无法清除，可蘸稀释过的还原型漂白剂拍打

5. 不同材质鞋子与包的保养方法

(1)尼龙

水洗可能导致防水涂层剥落,缝线与尼龙材质缩水,使得鞋子或包变形,因此只要用橡皮擦擦掉污渍即可。

(2)合成皮、塑胶

正常状态下只要用刷子刷即可,遇到严重污渍,可将毛巾弄湿再拧干后擦拭,除不掉的污渍使用专门清洁剂。褪色部位要擦上保养乳来修护。

(3)麂皮或牛皮

以起毛材质专用刷轻轻刷掉灰尘,避免刮伤表面,并竖起躺平的毛,刷出原有造型。遇到顽固的污渍,只要使用橡皮擦擦拭干净即可。

(4)布质

以适量中性清洁剂加水,将布鞋或布包泡在水桶里,再用刷子刷掉污垢。顽固的污垢先浸泡 1 h 左右再清洗,清洁后放在阴凉处风干。

(5)滑面亮皮

用刷子刷掉灰尘,去除污渍和旧的保养乳,再均匀擦上薄薄一层专用保护乳。最后用干布擦掉保养乳,就能再现光泽。

(6)漆皮

用刷子轻轻刷掉灰尘或沙子,避免刮伤皮革,再用布蘸取漆皮专用保养乳擦拭一遍。擦拭时不要用力,用干布迅速擦拭即可。

(7)网状材质

使用小型刷仔细刷过缝隙清除灰尘,再用液态清洁剂去除污垢。由于网状材质容易藏污纳垢,因此一定要勤于保养。

【思考题】

你知道如何清理衣物上的污渍吗?水溶性污渍和油性污渍的处理有什么区别?

活动 9

垃 圾 分 类

【活动目的】

1. 帮助学生正确识别垃圾类型。
2. 帮助学生养成良好的卫生习惯。
3. 培养学生有效节约、利用资源的意识,学会变废为宝。
4. 构建干净、舒适的学习、生活环境。
5. 促进学生文明素养提升。
6. 引导学生关注绿色发展,引领绿色生活。
7. 实现资源的再循环与可持续发展。
8. 激发学生的环境保护意识。

【活动材料】

垃圾分类箱、垃圾袋、手套等。

【活动准备】

提前准备好垃圾袋和垃圾分类箱。

【活动内容】

视频学习 16
垃圾分类

一、垃圾的分类与识别

做好垃圾分类工作首先要学会识别垃圾的"四分类",即可回收垃圾、厨余垃圾、有害垃圾、其他垃圾。可回收物收集容器是蓝色的,厨余垃圾收集容器是绿色的,有害垃圾收集容器是红色的,其他垃圾收集容器是灰色的(图 9-1)。

1. 可回收垃圾

可回收垃圾指在日常生活中或为日常生活提供服务的活动中产生的,已经失去原有全部或部分使用价值,适宜回收和资源利用的物品,主要包括废纸、塑料、玻璃、金属和布料五大类(图 9-2)。

(1)废纸。主要包括报纸、期刊、图书、各种包装纸等。但是,要注意纸巾和厕纸由于水溶

图 9-1　垃圾分类标识

图 9-2　可回收垃圾

性太强不可回收。

(2)塑料。各种塑料袋、塑料泡沫、塑料包装(快递包装纸是其他垃圾)、一次性塑料餐盒及餐具、硬塑料、塑料牙刷、塑料杯子、矿泉水瓶等。

(3)玻璃。主要包括各种玻璃瓶、碎玻璃片、暖瓶等(镜子是其他垃圾)。

(4)金属物。主要包括易拉罐、罐头盒等。

(5)布料。主要包括废弃衣服、桌布、毛巾、书包、鞋等。

2. 厨余垃圾

厨余垃圾指易腐烂的、含有机质的生活垃圾,包括剩菜剩饭、骨头、菜根、菜叶、果皮等食品类废物(图 9-3)。经生物技术就地处理堆肥,每吨可生产 0.6～0.7 t 有机肥料。

图 9-3　厨余垃圾

3. 有害垃圾

有害垃圾指对人体健康或自然环境可能造成直接或潜在危害的生活垃圾(图 9-4)。

有害垃圾是含有对人体健康有害的重金属、有毒的物质或者对环境造成现实危害或者潜

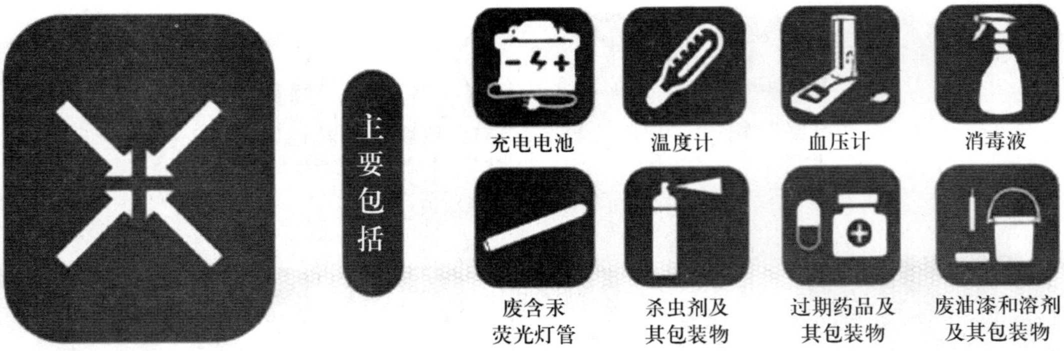

图 9-4　有害垃圾

在危害的废弃物，包括电池、荧光灯管、灯泡、水银温度计、油漆桶、部分家电、过期药品及其容器、过期化妆品等。这些垃圾一般单独回收或填埋处理。

4. 其他垃圾

其他垃圾指可回收垃圾、厨余垃圾、有害垃圾之外的生活垃圾，以及难以辨别类别的生活垃圾(图 9-5)。

图 9-5　其他垃圾

包括除上述几类垃圾之外的砖瓦、陶瓷、渣土、卫生间废纸、纸巾等难以回收的废弃物及尘土、食品袋(盒)。采取卫生填埋可有效减少其对地下水、地表水、土壤及空气的污染。

二、垃圾的投放要求

1. 可回收垃圾投放要求

(1)轻投轻放。

(2)清洁干燥，避免污染。

(3)废纸尽量平整。

(4)有尖锐边角的应包裹后投放。

(5)立体包装物清空内容物，清洁后压扁投放。

2. 厨余垃圾投放要求

(1)厨余垃圾应从产生时就与其他品类垃圾分开，投放前沥干水分。

(2)保证厨余垃圾分出质量,做到“无玻璃陶瓷、无金属、无塑料橡胶”等其他杂物。

(3)有包装物的过期食品应将包装物去除后分类投放,包装物请投放到对应的可回收物或其他垃圾收集容器中。

3.有害垃圾投放要求

(1)应保证器物完整,避免二次污染。

(2)如有残留,请密闭后投放。

(3)投放时请注意轻放。

(4)易破损的请连带包装或包裹后投放。

(5)如易挥发,请密封后投放。

4.其他垃圾投放要求

(1)轻投轻放。

(2)清洁干燥,沥干水分后投放。

三、安全防护

1.扔垃圾时,将废弃尖锐物,如碎玻璃、陶瓷碎片、刀具等,小心包好后放入垃圾箱。

2.处理有害垃圾时,如电池、灯管、水银温度计等,小心放入,不要直接扔入桶中。

3.不要用脚将垃圾压到垃圾桶里。

4.搬运垃圾时,为避免被尖锐物或有害物质碰到,垃圾箱不要太靠近自己的身体。

【活动总结】

我的收获:

我的不足:

改进措施:

心得体会:

【活动评价】

以小组为单位进行成绩评定,包括自我评价、同学评价和教师评价三部分。评价内容及评价方式参见表9-1。

表 9-1　垃圾分类评价表　　　　组别________

评价内容及分值标准		自我评价（占总分的 20%）	同学评价（占总分的 40%）	教师评价（占总分的 40%）
垃圾的识别（40 分）	厨余垃圾（10 分）			
	可收垃圾（10 分）			
	有害垃圾（10 分）			
	其他垃圾（10 分）			
垃圾的投放要求（40 分）	厨余垃圾（10 分）			
	可收垃圾（10 分）			
	有害垃圾（10 分）			
	其他垃圾（10 分）			
劳动能力（20 分）	节约环保理念（10 分）			
	资源利用能力（10 分）			
小计				
实际得分合计				

【知识链接】

垃圾的处理工艺

1. 焚烧处理

生活垃圾焚烧处理是指将生活垃圾作为固体燃料送入垃圾焚烧炉中，在 850 ℃以上的高温条件下，垃圾中的可燃成分与空气中的氧气剧烈反应，放出热量，转化为高温的燃烧气体和性质稳定的固体残渣。燃烧气体可以热能形式回收利用，性质稳定的残渣可直接填埋。经过焚烧，垃圾中的细菌、病毒彻底消失，带有恶臭的氨气和有机废气被高温分解，同时通过烟气净化装置，有效控制污染物排放。

2. 生化处理

生化处理是指利用细菌、酵母菌、真菌和放线菌等微生物，使垃圾中有机物发生生物化学反应而降解（消化），之后用作肥料改良土壤或产生沼气资源化利用。

3. 卫生填埋

卫生填埋并不是单纯的堆、填、埋，而是一种按照工程理论和土木标准，对固体废物进行有效管理的综合性工程方法。填埋工艺要求底部铺有一定厚度的黏土层或高密度聚乙烯材料的衬层，并具有地表径流控制、渗沥液收集和处理、沼气收集和处理、监测及适当的最终覆盖层的设计等一套完善的环保措施。

【拓展阅读】

2012中国大学生年度人物——环保大使赵政

“我想用我的行动告诉大家，保护环境是每一个当代大学生的责任，也是每一个人，对这个地球，应尽的一份责任。”这是复旦大学环境科学与工程系2011级本科生赵政在2011上海教育年度新闻人物颁奖典礼上的获奖感言。

1. 初涉环保

从小，赵政就和外公、外婆住在一起，常常听到他们的教导，要节约资源，保护环境。还在上小学的时候，赵政就留意到废电池常常与普通的垃圾混在一起，其作为有害垃圾却得不到有效地分类回收。作为校大队主席的他便以自己所在的中队为先锋，发起了一场废电池回收活动。当时，附近陆续有10多家超市装上了废电池回收箱。每到回收的日子，还会有很多居民自发地把家中积存的废电池一并拿过来。他们说：“小学生能有这样的意识很难得，我们一定要全力支持！”而这也是赵政最早用自己的行动唤起了周边人的环保意识。

2. 做一名合格的青年环境友好使者

2009年的世界环境日，赵政经过培训和选拔后正式成为中华人民共和国环境保护部授予的“青年环境友好使者”。接受培训的当月底，他就肩负使命，联合了徐汇区十几名青年环境友好使者，在第103届中国文化用品商品交易会暨中国国际制笔文具博览会上，尝试他们的第一次宣传再培训活动。选择这样场合，背后有着赵政的许多思考。因为环保志愿者们常常进入社区和学校进行环保宣传，却始终没有涉及企业。而企业如果能在生产加工环节中对环境保护多一份重视，将能起到事半功倍的效果。当然，他们心里也清楚这样的一次活动面临的挑战——他们要用中学生的热情和真诚打消企业的顾虑，让企业真正做出环保承诺！最终，通过前期的策划和会展上的努力，活动取得了极大的成功。环境友好使者团队得到了包括两家“中国十大文具品牌”在内的50多家企业的签字承诺，并且与另外3家企业议定了厂家实地培训事宜，从而能够对企业进行环保宣传。

这一次活动的成功给了赵政极大的鼓舞，而他也意识到环境保护的道路虽然艰难，但是只要心中有坚定的信念，就一定能克服重重困难，把绿色理念传递到更多人的心中。随后，他一鼓作气，在上海世博会“绿色世博”的理念下，组织发起大型利乐包装回收活动，参与活动的同学有来自全区数十所中小学的千余人，并与上海绿色主妇环境保护联合会合作，将活动理念深入学生和家庭主妇两大群体。他还三赴崇明，进行生态考察，开展中华鲟保护活动等，并与三江源生态保护协会会长扎西多杰交流共享野生动物保护经验。

3. 真正走上环保之路

可以说，小学进行的那次废电池回收活动始终深深地烙在赵政心中。而现在他已经长大了，需要从根本上来反思垃圾分类的困难和瓶颈究竟在哪里。于是他利用高中升入大学的那个暑假，和大学生绿色营的高年级同学为伴，前往老港填埋场、御桥焚烧厂以及多个垃圾分类试点小区和垃圾中转站进行实地调研。调研过程远非想象的那般一帆风顺，然而，尽管置身于弥散着臭气的垃圾厂，尽管获取有些调研数据需要两次、三次甚至一整天的软磨硬泡，他们还是靠着集体的力量，最终形成了一份一线调研成果，为深入思考相应的解决方案提供了最重要的基础。

赵政真正走上环保之路，是进入复旦大学之后。赵政是通过预录取的形式进入复旦的，而正是通过“千分考”和教授面试，让赵政从内心深处感受到这所大学自由的学术气氛和“博学笃志、切问近思”的校风，也让他从心里爱上了这所大学。在暑假时，赵政就屡次通过邮件和当面拜访的形式请教了复旦大学环境科学与工程系的几位教授。尽管是一位还没有正式入学的新生，但复旦的教授们给他的是热情的接待和真诚的回答，这让他深深感动。其中有一项“多筷好省”节筷行动的方案得到了董文博教授的大力支持与肯定。于是开学初，在“联合国森林年”的主题下，针对中国森林保护的现状和面临的挑战，赵政从节省一次性筷子消耗入手，与复旦大学环境科学与工程系和环境保护协会的同学们一道，也同时在上海“根与芽百万植树项目”的协助支持下，发起了“多筷好省”大型节筷行动。在相关企业的赞助下，他们向学院全体大一新生免费发放了一双可持续使用的筷子，倡导同学多备一双筷子，省下一片森林。该活动得到同学们的积极响应和热情配合。活动的意义不仅是当下，如果这些大一新生能够在今后的四年大学生活中始终养成这样的环保意识，并且带到之后的工作、生活中，那么我们未来的世界，就充满了绿色的希望。

2011 年 11 月底，赵政作为最年轻的青年环境友好使者代表赴南非德班参加联合国气候变化大会。应当说，气候变化对赵政而言是一个全新的领域。因为它不仅涉及环保，还涉及政治、经济等方方面面。因此，赵政在出发前做了很多功课；同时，他收集了复旦各年级各专业的同学对于气候变化的看法，并向大会传递了复旦学子的声音。在当地时间 12 月 4 日举行的“中国角”边会的启动仪式上，赵政代表中国百万青年在《联合国气候变化框架公约》秘书处执行秘书菲格雷斯女士和中国代表团团长解振华主任面前宣读了《中国青年应对气候变化行动倡议》，在中国代表团参加气候变化会议以来首次设立的“中国角”上向世界青年展示了中国青年应对气候变化的决心和领导力，得到了新华社、文汇报、中国青年报、东方卫视、人民网、腾讯、网易等多家媒体的报道与肯定。这也是赵政第一次意识到自己的努力可以在国际舞台为国家的环境外交做出贡献。也正是这一次的参会经历让他对气候变化和环境保护的认识上升了到了一个新的高度。在这条道路上，等待他探索的，还有很多很多。

2012 年初，由于在环境保护社会实践方面坚持不懈的努力，以及在这个过程中体现出的当代大学生的责任意识，赵政被评为“2011 上海教育年度新闻人物”。颁奖词概括了赵政环保一路走来的努力以及将来的愿景：“从小到大，除了分数、排名、升学，你的脑子里还有环境、气候和世界。德班气候大会上的倡议，让人们看到了中国当代大学生的仰望星空和脚踏实地。从自身做起，努力将环境保护和可持续发展的理念传递到更多人的心里。有你，地球一定会越来越美丽。”

【思考题】

1. 下列物品中，不该投放到红色垃圾桶的是(　　)。

A. 废油漆　　B. 过期药品

C. 温度计　　D. 一次性干电池(低汞、无汞)

2. 茶叶渣属于哪类垃圾？（　　）

A. 厨余垃圾　　B. 其他垃圾

C. 可回收垃圾　　D. 有害垃圾

3. 过期食品属于（　　）。

A. 可回收垃圾　　B. 有害垃圾

C. 厨房垃圾　　D. 其他垃圾

4. 玻璃制品属于（　　）。

A. 可回收垃圾　　B. 有害垃圾

C. 厨余垃圾　　D. 其他垃圾

5. 过期的化妆品属于（　　）。

A. 有害垃圾　　B. 可回收垃圾

C. 其他垃圾　　D. 厨余垃圾

活动 10

包　饺　子

【活动目标】

1. 学会使用制作饺子的各种工具。
2. 掌握饺子的制作过程和具体方法。
3. 树立“自己动手，丰衣足食”的劳动意识。

【活动材料】

以制作猪肉大葱馅饺子为例，需准备：擀面杖、汤锅、面盆、案板、面粉、猪肉、大葱、姜、耗油、酱油、食用油、香油、白胡椒、料酒、盐、糖、十三香等。

【活动准备】

1. 卫生防护。进入厨房前穿好工作服，戴好一次性乳胶手套、口罩和帽子。
2. 学生分组活动。每组负责一个操作台，实行组长负责制。

视频学习 17
包饺子

【活动内容】

一、和面

中国大部分北方人的生活离不开面食，如馒头、包子、饺子、面条、烙饼、馅饼等，制作面食关键的一步就是把面和好。不同的面食，和面的方法也略有不同。饺子面主要由水和面组成，因为面的筋性、吸水性不一样，所以没有完全统一的比例。在和面的过程中，加水最好也是一点一点试着去加，水与面的比例基本上为 1∶2。不断搅拌成团后，需要用屉布或者保鲜膜包好，防止水分蒸发使面团变干。之后饧发 20～30 min，再在案板上揉面，使面团里不再有小疙瘩。具体步骤如下：

1. 先取一半面粉，分几次倒入水（水温不易过高或过低），不停用筷子沿顺时针方向搅拌，直到将面粉全部打成面穗儿（图 10-1、图 10-2）。
2. 将上面的大块面块拨到盆子的一边，在干面粉处继续加水搅拌。
3. 接下来就是体力活了，需要不断地按揉面团，注意节奏和力度。

4. 揉到什么程度算是好了呢？面团表面比较光滑，手一捏，轻松变形，而且不粘手。然后在面盆上盖上拧干的湿布饧面，以使面团松弛、光滑（图 10-3）。

图 10-1　面与水搅拌后形成的面穗

图 10-2　面团的初步形成

图 10-3　饧发、按揉之后的光滑面团

二、调制馅料（以猪肉大葱馅料为例）

将猪肉、大葱、姜，以及耗油、酱油、料酒、盐、糖、十三香混合后，沿同一方向充分搅拌，调制成馅料。

制作步骤：首先将猪肉馅儿放入碗中，大葱切碎，姜切末，加入蚝油等调味料后，起锅烧油，热油倒在调料上，将馅料搅拌均匀即为包饺子用的馅料（图 10-4）。

在教学实践过程中，如果条件不允许，和面和调馅的步骤可以由食堂工作人员完成。学生主要负责制作饺子皮、包饺子和煮饺子。

图 10-4　肉馅的腌制

三、制作饺子皮

将面团平均分成大小相等的面剂，手工压扁后再用擀面杖擀成厚度均匀的约手掌大小的圆形（图 10-5 至图 10-7）。

图 10-5　切成大小相等的面剂

图 10-6　将面剂按压成面片

图 10-7　擀好的饺子皮

四、学习包不同样式的饺子

1. 元宝饺子

取一个饺子皮放上肉馅，初学者可先少放一些馅料，将饺子皮对折捏紧。然后将左右两个角用力捏紧。如果收口容易松开，可以在饺子皮周围沾点水（图 10-8 至图 10-10）。

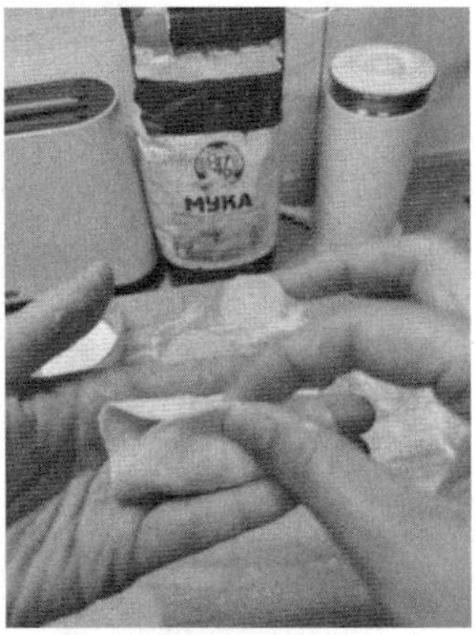

图 10-8　饺子皮对折

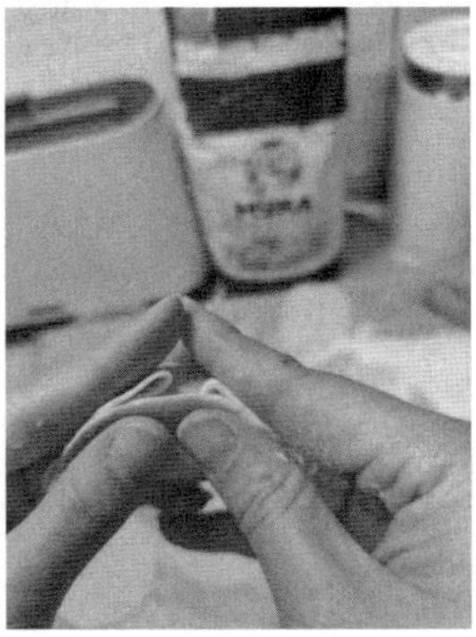

图 10-9　两边向中间对折

图 10-10　元宝饺子

2. 月牙饺子

取一个饺子皮放上肉馅，将中间捏紧。用左手将右半部分的皮做一个小波浪捏紧，再继续做两个小波浪，左半部分也以相同的方式捏紧边（图 10-11 至图 10-13）。

图 10-11　饺子皮对折捏紧

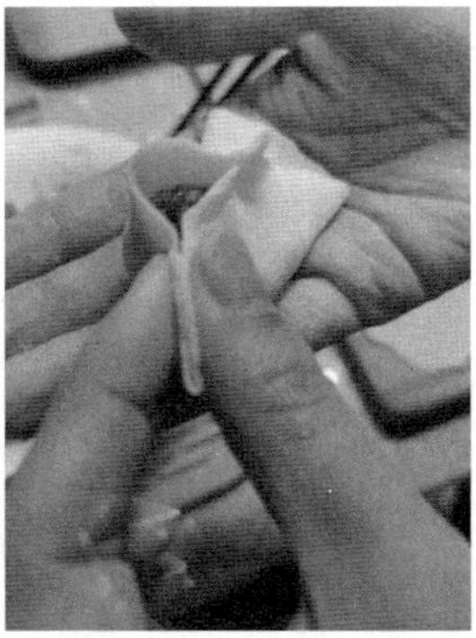

图 10-12　从一侧捏紧

图 10-13　月牙饺子

同学们可以互相探讨，共同研究，展示不同形态的饺子。

五、煮饺子的方法

1. 汤锅中加适量的水，加少许盐，大火烧开。

2. 水开后倒入饺子，饺子放进锅时注意不要让水溅出来，以免烫到手。饺子一次不要放太多，多了不容易煮。

3. 饺子全部入锅后，用平铲深入锅底，轻轻搅动，千万不要大力搅动。此时饺子皮还很脆弱，容易破洞，搅动主要是防止部分饺子粘在锅底。接下来盖好锅盖煮约 20 s，以水再次烧开为准。煮饺子时应有人看管，以防溢锅。

4. 水开后打开锅盖，可以看到饺子有轻微上浮的迹象，再次用木铲深入锅底，轻轻搅动，让饺子浮起来，不要粘连在锅底。之后可以加一点冷水，盖上锅盖，继续煮至水开。如果是纯素馅的饺子，此时已经可以出锅食用了。如果是肉馅饺子，继续下面的步骤。

5. 再次加入冷水，不要盖锅盖，煮至水开。

6. 再点入一点冷水，让水再次煮开，饺子就煮好了。可以先试吃一个，内外熟透就可以盛出品尝。

煮饺子需要全程大火，这样饺子皮不容易破。在水中加盐是防止饺子粘连。素馅饺子加一次冷水，肉馅饺子要加三次冷水，也就是“三开三点水”煮饺子法（图 10-14）。

图 10-14　煮好的饺子

六、安全防护

煮饺子过程中注意人不能离开锅灶，防止锅内开水溢出，造成人员烫伤。

【活动总结】

我的收获：

我的不足：

改进措施：

心得体会：

【活动评价】

以小组为单位进行成绩评定，包括自我评价、同学评价和教师评价三部分。评价内容及评价方式参见表 10-1。

表 10-1　包饺子活动自评表　　　　组别________

评价内容及分值标准	自我评价（占总分的 20%）	同学评价（占总分的 40%）	教师评价（占总分的 40%）
和面（20 分）			
擀皮（20 分）			
拌馅（10 分）			
包饺子（20 分）			
煮饺子（20 分）			
整理餐台（10 分）			
小计			
实际得分合计			

【知识链接】

饺子史话

饺子是我国一种历史悠久、南北通吃的美食。传说是张仲景发明了饺子，他曾在瘟疫暴发时，支起大锅拯救百姓。一年冬季，天寒地冻，他在告老还乡的路上，看见了很多穷苦百姓没有厚重的棉衣穿，冻得耳朵都快要掉下来了。他顿时起了怜悯之心，于是他在冬至那天搭起医棚，给穷人舍药治伤。张仲景的药名叫“祛寒娇耳汤”，是用面皮包成耳朵状的“娇耳”，病人吃了一段时间“娇耳”后，发现烂耳朵慢慢地变好了。由此算来，饺子到如今也有两千多年的历史了。

不过传说终究只是传说，其中的真实性有待考证。饺子在一开始并不叫饺子，饺子这个词出现在明代，那以前的饺子叫什么呢？在三国时期，我们如今所说的饺子被称为馄饨，根据张揖所著的《广雅》一书，就可以证实。南北朝时期的颜之推在文献中也提到过：“今之馄饨，形如偃月”。馄饨和饺子都是将面粉制作成面皮后包上肉馅儿吃，馄饨和饺子在历史上很长一段时间都并无区别，所以也难怪如今在有些地方仍然称饺子为馄饨了。

到了明代，“饺子”这个名字才出现，根据记载，过年吃饺子的习俗也是从明代开始的。明代宫廷在正月初一吃水点心（饺子），在饺子里包钱，然后庆祝新年。

到了清代，过年吃饺子的习俗流传开来，饺子在除夕这天包好，然后到了夜里子时开吃，近代文学家徐珂编的《清稗类钞》中言“以水煮之而有汤叫作水饺。”由此，“饺子”这个名字便正式定了下来。

饺子对于中华民族来说，有着特别的象征意义，要说中华民族最具有代表性的食物，非饺子莫属。除了北方地区，我国其他省份也有冬至吃饺子的习惯。各个地方吃饺子的习惯和做法不同，也就演变成了如今丰富多彩、各种各样的饺子。

【思考题】

1. 怎样包饺子能保证饺子在煮制的过程中不破皮？
2. 谈谈你家乡的饺子有什么独特之处，或者你还了解其他关于饺子的小知识吗？

第三部分

社会实践劳动

活动 11

宠物养护知识宣讲

【活动目的】

1. 培养学生志愿服务活动精神。
2. 激发学生学习热情和动力。
3. 培养学生沟通交往能力。
4. 培养学生组织策划能力。

【活动材料】

1. 运用网络搜集资料，准备课程教案。
2. 根据宣讲需要，准备教具和宣讲用品。

【活动准备】

1. 组建宣讲小组，联系并确定宣讲地点与宣讲时间。
2. 学习相关知识，搜集和整理宠物养护方面的知识。
3. 将准备好的宠物养护方面的知识制作成宣传展板、宣讲手册，或用 A4 纸打印装订成册。
4. 根据宣讲场地和现有工具情况，酌情准备条幅、海报、折叠桌椅、笔记本电脑、便携式音响等。
5. 制定活动经费预算表，合理控制活动成本。

【活动内容】

1. 到达宣讲地点，布置好宣讲现场

宣讲小组到达预先联系好的宣讲地点后，开始布置现场，如张贴宣讲海报，悬挂条幅，摆放桌椅，放置宣讲手册、展板或宣传页等资料，打开笔记本电脑。

2. 现场进行宣讲

向宣讲地点过往人员发放宣传手册或宣传页，并可适当交流，解答有关问题；选择宣讲手册或宣传页最核心内容，小组成员现场进行循环解读等。活动中注意留存宣讲照片、视频资料。

3. 宣讲结束，清理现场

收拾好所带设备和材料，不要落下东西；打扫现场卫生，不留任何垃圾。

4. 做好活动总结和成果展示分享

对宣讲活动所有环节实施情况进行全面分析和总结，并进行宣传报道，在适当范围内进行宣讲成果分享。

5. 安全注意事项

如去校外宣讲，注意途中交通安全，防止出现交通事故。

携带的笔记本电脑、便携式音响等较贵重物品，注意保护好，以免遗失或损坏。

【活动总结】

我的收获：

我的不足：

改进措施：

心得体会：

【活动评价】

以小组为单位进行成绩评定，包括自我评价、同学评价和教师评价三部分。评价内容及评价方式参见表11-1。

表11-1　宠物养护知识宣讲评价表　　　　组别________

分值标准	自我评价（占总分的20%）	同学评价（占总分的40%）	教师评价（占总分的40%）
团队合作能力（25分）			
组织宣讲能力（25分）			
组织沟通能力（25分）			
志愿服务理念（25分）			
小计			
实际得分合计			

【知识链接】

一、为什么要给犬驱虫

犬身上和体内都会存在寄生虫，而且种类繁多。寄生虫的存在会严重影响犬的健康，影响生长发育，而且会给其他病原体的侵入创造条件。若是放任不管，情况严重时会导致犬死亡，甚至传染给主人和儿童。因此，给犬驱虫就显得尤为重要了。

二、气温骤变的天气，严防犬胃肠紊乱

1. 犬腹泻常见原因有寄生虫病、细菌性疾病、消化不良、天气突然变化、病毒性疾病、肠胃炎、精神压力等。

2. 由于犬腹泻的原因有很多，发生腹泻时，需要主人认真分析，不要随便用药，必要时应到动物医院就诊。

3. 可根据粪便的颜色辨识是否是消化不良引起的腹泻。消化不良引起的腹泻，一般呈黄色稀便，水样，气味酸臭。

4. 面对天气变化如何调节犬胃肠道

(1)注意保暖，增加窝垫，适当调高室温。

(2)减少外出时间和次数，尤其避免长途旅行。给予容易消化的犬粮。

(3)适当添加益生菌及助消化保健品，如出现消化不良、稀便，减少喂食量，给犬胃肠道恢复的时间。

三、几种犬养护注意事项

1. 卷毛比熊犬

性情开朗，活泼、聪明、勇敢、机警，感情丰富，有较强的适应能力。它忠实于主人，但也具有坚强的个性。温和而守规矩，敏感、顽皮。愉快的态度是这个品种的特点，而且很容易因为小事情而满足。虽然个子小，卷毛比熊犬颇有个性，天性活泼、爱好自由，能给主人带来无穷的乐趣。它柔软带卷的被毛需要修剪，以展示它美丽动人的黑眼睛及身体和头部的圆形特征。当姿势静止时，它看起来像雪白的、毛茸茸的玩具；运动起来时，它又像喷出来的棉花糖。要保持它最佳的形态，卷毛比熊犬需要每日梳理，定期进行专业修剪，当然这种护理还包括定期为它洗澡并吹干毛发，使毛发变得蓬松。卷毛比熊犬对居住环境的要求很高，需要有人经常陪伴，这点需要特别注意。

2. 博美犬

健康且开朗，有个性，活力充沛。最受人瞩目的是其忠实、友善的个性。虽属于小型犬种，但遇到突发状况会展现勇敢、凶悍的一面。博美犬必须定期整理，不适合生活忙碌的人士饲养。其华丽的被毛不仅需要经常修剪，还需每日细心梳理。因体毛丰厚，换毛期脱毛量大，应经常保洁护理，每周洗澡两次为宜。母犬较易出现难产现象。博美犬活泼好动，应每日让它在户外运动或散步。

3. 吉娃娃

吉娃娃属小型犬种里最小型的，有坚忍的意志，优雅，警惕，动作迅速，以匀称的体格和娇

小的体形广受人们的喜爱。吉娃娃犬不仅是可爱的小型玩具犬，同时也具备大型犬的狩猎与防范本能，具有类似梗类犬的气质。此犬分为长毛种和短毛种。这种犬体形娇小，对其他犬不胆怯，十分勇敢，能在大犬面前自卫，对主人极有独占心。短毛种和长毛种不同之处在于富有光泽、贴身、柔顺的短被毛。长毛种的吉娃娃除了被毛丰厚外，像短毛种一样具有发抖的倾向。它颇畏寒，不宜养于室外犬舍，冬天外出需加外衣御寒。吉娃娃身材小，对生活空间的要求不高，基本上一般住所的空间就够它们玩耍了。它们每天的运动量也不多，也不用经常花费时间带它出去玩。吉娃娃每天都能够待在家里，非常适宜被现在居住在公寓里面的人们饲养。

4. 巴哥犬

该犬肌肉发达，面目虽狰狞，但心地善良，聪明，记忆力强，感情丰富、个性开朗，性格稳定、温和、活泼和好玩，最喜欢和小朋友玩，它不需要太多户外活动，所以非常适合在公寓内饲养。巴哥犬的训练容易度一般，最适宜找外人来训练，但巴哥犬很会保护主人，如有陌生人走近时，会吠得很厉害。巴哥犬是体贴、可爱的小型犬种，不需要运动或经常整理被毛，但需要陪伴。其容貌皱纹较多，走起路来像拳击手是其特征。它是以咕噜的呼吸声及像马一样抽鼻子的声音作为沟通方式的。同时，此犬具备爱干净的个性，这些特色成为其广受喜爱的原因。

四、宠物美容基础知识

1. 洗澡

犬应每隔 4～8 周洗一次澡。若犬龄小于 8 周，在替它洗澡前应先问问兽医，因它们很易感冒或对某些美容产品敏感。每次在帮犬洗澡前要先梳毛，因为若毛发有结，湿水后会缠得更紧。主人应选用适合犬的洗毛水及护毛液，后者不是必须使用的。在洗前可先替犬滴上一些眼睛软膏，这有助于保护它们的眼睛。切记要把泡沫液彻底清洗，因若残留在皮肤上会令犬过敏。因犬很易感冒，事后要用吹风机帮它吹干毛。在未完全吹干前，不可让它外出。

2. 梳毛

每隔几天便要帮犬梳一次毛，频率视不同犬披毛的长短而定。梳毛可帮助犬把毛上的结解开，平衡皮肤油脂分泌和清除死皮，主人和犬也可以通过梳毛互相增进感情。在带犬回家后，要尽快让它习惯梳毛，以后它才会视这为生活的一部分。长毛犬如阿富汗猎犬、魔天使和拉萨犬等需要每天梳毛以保持其形状，而金毛寻回犬和洛威拿犬则可 1～2 星期才梳一次。另外，所用的梳和刷子也要视不同犬种而定。一些梳毛手套和软胶刷子便适合用于毛柔软的犬，长毛犬便要用梳子。在梳毛时，先从犬的头部开始，然后是耳朵、胸和前脚，接着是背部、两侧、肚子和后脚，最后是尾巴。每次梳的时候要一点一点地梳，不可太用力。

五、怎么办理养犬登记

如果上一年办了养犬登记、年检手续，可持身份证、养犬登记证到住所地公安机关办理年检手续，并缴纳管理服务费。

如果是首次养犬，应到住所地公安机关进行养犬登记，领取养犬登记证，并按规定缴纳第一年管理服务费。

经公安机关核实犬只符合养犬标准、证件正确无误后办理年检手续，并在养犬登记证上加贴养犬年检标志。

提示：办理养犬登记、年检后，应及时携犬到区兽医行政主管部门认定的狂犬病免疫点对

犬只免费接种狂犬病疫苗，领取狂犬病免疫证明和免疫标识。

六、养犬年检怎么收费

以北京市为例，重点管理区内每只犬第一年缴纳管理服务费 1 000 元，以后每年年检缴纳 500 元。一般管理区内，按照所在区人民政府确定的标准缴纳（北京市东城区、西城区、朝阳区、海淀区、丰台区、石景山区为重点管理区，其他区为一般管理区）。

下列人群可以减免养犬管理服务费：

1. 对盲人养导盲犬和肢体重残人养扶助犬的免收管理服务费。

2. 对养绝育犬的或者生活困难的鳏寡老人养犬的，减半收取第一年管理服务费。

3. 具有本市常住户口，年满 60 周岁、丧偶且身边无子女或者其他亲属共同居住的生活困难的鳏寡老人，依法提出减半收取管理服务费的，应当提交住所地街道办事处、乡镇人民政府出具的证明。

4. 养绝育犬的养犬人，依法提出减半收取管理服务费的，应当提交动物防疫监督机构出具的证明。

七、养犬地变化了，怎么办理登记

养犬人住所地发生变更的，养犬人应当自变更之日起 30 日内，持原养犬登记证，到新住所地公安机关办理变更登记后，再办理年检手续。

养犬人将在一般管理区登记的犬转移到重点管理区饲养的，应当符合重点管理区的养犬条件，并自转移之日起 30 日内，持养犬登记证到饲养地公安机关办理变更登记，同时补缴第一年管理服务费的差额部分。

八、养犬登记证丢了怎么办

养犬登记证丢失的，养犬人应当自丢失之日起 15 日内，持缴纳管理服务费的收费凭证或个人身份证明到原养犬登记机关补办新证后，再办理年检手续。

1. 养犬人将犬转让给他人的，受让人应当自受让之日起 30 日内，持原养犬登记证到住所地公安机关办理变更登记后，再办理年检手续。

2. 犬死亡、失踪或者养犬人放弃所饲养犬的，养犬人应当持养犬登记证到原登记机关办理养犬注销手续。养犬人未办理养犬注销手续的，不能再养犬。

根据《北京市养犬管理规定》，北京市实行养犬登记、年检制度。未经登记和年检，任何单位、个人不得养犬。

【拓展阅读】

《北京市养犬管理规定》

第一条　为加强养犬管理，保障公民健康和人身安全，维护市容环境和社会公共秩序，根据国家有关法律、法规，结合本市实际情况，制定本规定。

第二条　本市行政区域内的机关、团体、部队、企业事业单位、其他组织和个人，均应当遵守本规定。

第三条　本市对养犬实行严格管理、限管结合的方针，政府部门执法，基层组织参与管理，社会公众监督，养犬人自律。

第四条　本市各级人民政府负责本规定的组织实施。

市和区、县、乡镇人民政府以及街道办事处，应当建立由公安、工商行政管理、畜牧兽医、卫生等行政部门和城市管理综合执法组织组成的养犬管理协调工作机制。公安机关是养犬管理工作的主管机关，全面负责养犬管理工作，并具体负责养犬登记和年检，查处无证养犬、违法携犬外出等行为。

有关行政部门和城市管理综合执法组织按照职责分工，各负其责：

1.畜牧兽医行政部门负责犬类的免疫、检疫和其他相关管理工作。

2.城市管理综合执法组织负责对街面流动无照售犬行为和因养犬而破坏市容环境卫生行为的查处；协助公安机关查处无证养犬、违法携犬外出等行为。

3.工商行政管理部门负责对从事犬类经营活动的监督管理。

4.卫生行政部门负责对人用狂犬病疫苗注射和狂犬病人诊治的管理。居民委员会、村民委员会和其他基层组织，应当协助本市各级人民政府做好养犬管理工作。

第五条　街道办事处、乡镇人民政府以及居民委员会、村民委员会，应当在居民、村民中开展依法养犬、文明养犬的宣传教育和培训工作。

广播、电视、报纸等新闻媒体，应当做好养犬管理法律、法规以及卫生防疫的宣传教育工作。

第六条　居民委员会、村民委员会、业主委员会可以召集居民会议、村民会议、业主会议，就本居住地区有关养犬管理规定事项依法制定公约，并组织监督实施。居民、村民、业主应当遵守公约。

第七条　本市东城区、西城区、朝阳区、海淀区、丰台区、石景山区为重点管理区，其他区、县为一般管理区。重点管理区内的农村地区，经区人民政府决定，可以按照一般管理区进行管理。一般管理区的城镇和人口聚集的特殊区域，经区、县人民政府决定，可以按照重点管理区进行管理。

第八条　本市行政区域内的医院和学校的教学区、学生宿舍区禁止养犬。天安门广场以及东、西长安街和其他主要道路禁止遛犬。主要道路名录由市人民政府确定，向社会公布。市人民政府可以在重大节假日或者举办重大活动期间划定范围禁止遛犬。区、县人民政府可以对本行政区域内的特定地区划定范围禁止养犬、禁止遛犬。居民会议、村民会议、业主会议经讨论决定，可以在本居住地区内划定禁止遛犬的区域。

第九条　本市实行养犬登记、年检制度。未经登记和年检，任何单位和个人不得养犬。

第十条　在重点管理区内，每户只准养一只犬，不得养烈性犬、大型犬。禁养犬的具体品种和体高、体长标准，由畜牧兽医行政部门确定，向社会公布。国家级文物保护单位、危险物品存放单位等因特殊工作需要养犬的，必须到单位所在地公安机关办理养犬登记。

第十一条　个人养犬，应当具备下列条件：

1.有合法身份证明；

2.有完全民事行为能力；

3.有固定住所且独户居住；

4.住所在禁止养犬区域以外。

第十二条　个人在养犬前，应当征得居民委员会、村民委员会的同意。对符合养犬条件的，居民委员会、村民委员会出具符合养犬条件的证明，并与其签订养犬义务保证书。养犬人应当自取得居民委员会、村民委员会出具的符合养犬条件的证明之日起 30 日内，持证明到住所地的区、县公安机关进行养犬登记，领取养犬登记证。养犬人取得养犬登记证后，携犬到畜牧兽医行政部门批准的动物诊疗机构对犬进行健康检查，免费注射预防狂犬病疫苗，领取动物防疫监督机构出具的动物健康免疫证。养犬登记证每年年检一次，养犬人在年检时应当出示有效的养犬登记证和动物健康免疫证。养犬登记证年检时间、地点及要求由公安机关予以公告。

第十三条　养犬应当缴纳管理服务费。

重点管理区内每只犬第一年为 1 000 元，以后每年度为 500 元。

对盲人养导盲犬和肢体重残人养扶助犬的，免收管理服务费。对养绝育犬的或者生活困难的鳏寡老人养犬的，减半收取第一年管理服务费。

一般管理区的收费标准，由区、县人民政府根据实际情况确定。

养犬缴纳的费用集中上缴国库，纳入财政预算管理。养犬管理工作以及管理工作所发生服务的费用纳入有关部门的部门预算。

第十四条　养犬人住所地变更的，应当自变更之日起 30 日内，持养犬登记证到新住所登记机关办理变更登记。养犬人将在一般管理区登记的犬，转移到重点管理区饲养的，应当符合重点管理区的养犬条件，并自转移之日起 30 日内，持养犬登记证到饲养地登记机关办理变更登记，补缴管理服务费差额。养犬人将犬转让给他人的，受让人应当到登记机关办理变更登记。

第十五条　养犬人丢失登记证的，应当自丢失之日起 15 日内，到原登记机关申请补发。

第十六条　犬死亡或者失踪的，养犬人应当到登记机关办理注销手续。未办理注销手续的，不得再养犬。养犬人因故确需放弃所饲养犬的，应当将犬送交犬类留检所，并到公安机关办理注销手续。

第十七条　养犬人应当遵守下列规定：

1. 不得携犬进入市场、商店、商业街区、饭店、公园、公共绿地、学校、医院、展览馆、影剧院、体育场馆、社区公共健身场所、游乐场、候车室等公共场所。

2. 不得携犬乘坐除小型出租汽车以外的公共交通工具；携犬乘坐小型出租汽车时，应当征得驾驶员同意，并为犬戴嘴套，或者将犬装入犬袋、犬笼，或者怀抱。

3. 携犬乘坐电梯的，应当避开乘坐电梯的高峰时间，并为犬戴嘴套，或者将犬装入犬袋、犬笼；居民委员会、村民委员会、业主委员会可以根据实际情况确定禁止携犬乘坐电梯的具体时间。

4. 携犬出户时，应当对犬束犬链，由成年人牵领，携犬人应当携带养犬登记证，并应当避让老年人、残疾人、孕妇和儿童。

5. 对烈性犬、大型犬实行拴养或者圈养，不得出户遛犬；因登记、年检、免疫、诊疗等出户的，应当将犬装入犬笼或者为犬戴嘴套、束犬链，由成年人牵领。

6. 携犬出户时，对犬在户外排泄的粪便，携犬人应当立即清除。

7. 养犬不得干扰他人正常生活；犬吠影响他人休息时，养犬人应当采取有效措施予以制止。

8. 定期为犬注射预防狂犬病疫苗。

9. 不得虐待、遗弃所养犬。

10. 严格履行养犬义务保证书规定的其他义务。

第十八条　犬伤害他人的，养犬人应当立即将被伤者送至医疗机构诊治，并先行垫付医疗费用。

【思考题】

一、选择题

1. 炎热的夏天，狗是通过（　　）散热的。

A. 皮肤出汗　　B. 张口呼吸　　C. 洗冷水澡　　D. 偷吃冷饮

2. 小型犬为体高（　　）cm。

A. 25～40　　B. 20～40　　C. 25～35　　D. 30～40

3. 以下属于小型犬的为（　　）。

A. 哈巴犬　　B. 贵宾犬　　C. 金毛犬　　D. 阿拉斯加雪橇犬

4. 任何犬都不可以进入地铁。（　　）

A. 对　　B. 错

活动 12

野生动物保护宣讲

【活动目标】

1.提高生态环保、野生动物保护意识和能力。

2.培养志愿服务活动精神。

3.培养团队合作精神。

4.培养沟通交往能力。

5.培养活动组织策划能力。

【活动材料】

1.制作好的野生动物保护宣讲手册、宣传展板或宣传页。

2.条幅、海报、折叠桌椅、笔记本电脑、便携式音响等。

【活动准备】

1.组建宣讲小组,联系并确定宣讲地点,如校内、小区内,以及确定宣讲时间。

2.运用所学专业知识,搜集和整理野生动物保护方面的知识。

3.将搜集整理好的野生动物保护知识制作成宣传展板、宣讲手册等。

4.根据宣讲场地和现有工具情况,酌情准备条幅、海报、折叠桌椅、笔记本电脑、便携式音响等。

5.制定活动经费预算表,合理控制活动成本。

【活动内容】

1.到达宣讲地点,布置好宣讲现场

宣讲小组到达预先联系好的宣讲地点后,开始布置现场环境,如张贴宣讲海报,悬挂条幅,摆放桌椅,放置宣讲手册、展板或宣传页等资料,打开笔记本电脑。

2.现场进行宣讲

向宣讲地点过往人员发放宣传手册或宣传页,并可适当交流,解答有关问题;选择宣讲手册或宣传页最核心内容,小组成员现场进行循环解读;播放相关视频等。活动中注意留存宣讲照片、视频资料。

3. 宣讲结束，清理现场

收拾好所带设备和材料，不要落下东西；打扫现场卫生，不留任何垃圾。

4. 安全注意事项

如去校外宣讲，注意途中交通安全，防止出现交通事故。

携带笔记本电脑、便携式音响等较贵重物品，注意保护好，以免遗失或损坏。

5. 做好活动总结和成果展示分享

对宣讲活动所有环节实施情况进行全面分析和总结，并进行宣传报道，在适当范围内进行宣讲成果分享。

【活动总结】

我的收获：

我的不足：

改进措施：

心得体会：

【活动评价】

以小组为单位进行成绩评定，包括自我评价、同学评价和教师评价三部分。评价内容及评价方式参见表 12-1。

表 12-1　野生动物保护宣讲评价表　　　　组别________

分值标准	自我评价（占总分的 20%）	同学评价（占总分的 40%）	教师评价（占总分的 40%）
团队合作能力（20 分）			
组织策划能力（20 分）			
沟通协调能力（20 分）			
宣讲资料准备（20 分）			
现场宣讲效果（20 分）			
小计			
实际得分合计			

【知识链接】

野生动物指非人工驯养的、生存于自然状态下的各种哺乳动物、鸟类、爬行动物、两栖动物、鱼类、软体动物以及其他动物等。《中华人民共和国野生动物保护法》规定保护的野生动物是指珍贵、濒危的陆生、水生野生动物和有重要生态、科学、社会价值的陆生野生动物。珍贵、濒危的水生野生动物以外的其他水生野生动物的保护适用《中华人民共和国渔业法》等有关法律的规定。

一、保护野生动物的重要意义

野生动物是人类的朋友，是自然生态系统的重要组成部分，是大自然赋予人类的宝贵自然资源。保护野生动物，维护自然生态平衡，不仅关系到人类的生存与发展，也是衡量一个国家、一个民族、一个城市文明进步的重要标志。

保护野生动物就是保护人类自己。野生动物是维系生态系统平衡的重要环节。许多野生动物如蛙类、蛇类、鸟类等捕食害虫、害鼠，保护了农林植物，减少了农药对环境的破坏。捕杀野生动物会造成物种数量急剧减少甚至灭绝，使生态系统遭到破坏，最终导致环境恶化、气候异常。

保护野生动物可以减少疾病的发生。野生动物与人类共患的疾病有 100 多种，如狂犬病、结核、鼠疫、甲肝等。它们的内脏、血液乃至肌肉中均可能含有各种病毒、寄生虫，如 B 病毒、弓形虫、绦虫、旋毛虫等，有些即使在－15 ℃的低温或 100 ℃的高温下也不能被杀死或清除。

保护野生动物可以促进人类文明进步。不捕杀野生动物，不食用、不使用野生动物及其制品，可以培养尊重生命、热爱自然的道德观，对促进建设生态文明、精神文明的和谐社会有着重要的现实意义。

二、食用和捕杀野生动物的危害

食用野生动物有感染不明细菌、病毒的风险。野生动物有更加发达的肌肉纤维、更少的肌间脂肪，导致其口感普遍较差，而且野生动物的营养价值多数情况下和养殖动物也没有什么本质差异。野生动物几乎都携带着大量的寄生虫或毒素，包括人类现在还不了解的细菌和病毒，吃了有较大的致病风险。过去，人们食用的野生动物一般没经过检验检疫或是检验检疫不严格，它们身上携带人兽共患的病菌等有害物质，一旦进入人体，可能导致人患上各种疾病甚至危及生命。蛙、蛇等普遍存在寄生虫感染，如弓形虫、绦虫、旋毛虫等。旋毛虫病可引起肠胃症状和呼吸、说话、吞咽困难，神经错乱以及心肌炎等并发症，严重时会致人死亡。

捕杀野生动物危害生态平衡。野生动物作为生态平衡的一个重要组成部分，如果过度猎捕，必然导致一些物种面临直接的生存威胁，甚至让一些物种变为濒危。自然生态系统经过由简单到复杂的长期演化，逐渐形成相对稳定状态，实现生态平衡，实现人与自然的和谐共生。野生动物的一个物种走向灭绝，必然会破坏动物界的食物链，导致其他的一些野生动物种群迅速退化或者暴发性繁衍，从而破坏和谐的生态环境。比如说人们熟悉的蛇，它是鼠类的天敌，过量捕杀蛇，将导致鼠类暴发性繁衍，使农作物鼠害增加，造成粮食减产减收。

三、野生动物保护级别与名录

野生动物的保护级别及具体分类。野生动物的保护级别分为国家重点保护（包括国家Ⅰ

级保护、国家Ⅱ级保护)、省重点保护野生动物、省一般保护野生动物。具体分类为:①濒危野生动物(如华南虎等);②有益野生动物(如肉食鸟类、蛙类、益虫等);③经济野生动物(如野鸡、野猪等);④有害野生动物(如害鼠及各种带菌动物等)。

2021年,经国务院批准,国家林业和草原局、农业农村部联合发布公告,公布新调整的《国家重点保护野生动物名录》(以下简称《名录》)。调整后的《名录》,共列入野生动物980种和8类,其中国家一级保护野生动物234种和1类、国家二级保护野生动物746种和7类。在管理体制上,上述物种中,686种按陆生野生动物由林草部门管理,294种和8类按水生野生动物由渔业部门管理,在《名录》中加“*”标注。与原《名录》相比,新《名录》主要有两点变化:原《名录》物种全部予以保留,其中豺、长江江豚等65种由国家二级保护野生动物升为国家一级,熊猴、北山羊、蟒蛇3种野生动物因种群稳定、分布较广,由国家一级保护野生动物调整为国家二级;新增517种(类)野生动物,其中,大斑灵猫等43种列为国家一级保护野生动物,狼等474种(类)列为国家二级保护野生动物。

四、物种濒危分级

世界自然保护联盟(IUCN)将濒危物种分为9个等级,分别是灭绝、野生灭绝、极危、濒危、易危、低危、无危、数据缺乏、未评估。

灭绝:有确凿证据证明一个分类单元的最后一个个体已经死亡。

野生灭绝:一个分类单元只生活在栽培、圈养条件下,或者只作为被自然化后的种群生活,远离其过去栖息地。

极危:一个分类单元的野生种群面临即将绝灭的概率非常高。

濒危:一个分类单元未达到极危标准,但其野生种群在不久的将来面临绝灭的概率很高。

易危:一个分类单元未达到极危或濒危标准,但在未来一段时间,其野生种群绝灭的概率较高。

低危:通过评估不符合以上任一等级的分类单元,但短时间内接近或趋向于以上等级。

无危:通过评估不符合以上所有标准。广泛分布、丰富类群属于此等级。

数据缺乏:无足够的资料来直接、间接地根据一个分类单元的分布和种群状况来评估其受危程度。

未评估:一个分类单元未经应用本标准进行评估。

《中国濒危动物红皮书》参照1996年版《IUCN濒危物种红色名录》,根据国情,使用了野生灭绝、绝迹、濒危、易危、稀有和未定等6个等级。

五、灭绝与濒临灭绝野生动物情况

世界野生动物资源非常丰富,高等动物加上各种昆虫在几百万种以上,但是自1600年以来,在总共4 226种哺乳类动物中,已有36种灭绝,120种濒临灭绝;在已知的8 684种鸟类中,已灭绝的有94种,濒临灭绝的有187种。

据国际自然和自然资源保护联合会的资料,自1850年以来,人类已使75种鸟类和哺乳类动物绝种,使359种鸟类和297种兽类面临灭绝的危险。濒临灭绝的动物中还包括190种两栖类、爬行类和80种鱼类。全世界有790多种野生动物由于缺少应有的环境保护而濒临灭绝。以上资料只是人类如今所知,不知道还有多少不知名的物种正在消失。

令人忧心的动物灭绝记载：渡渡鸟（毛里求斯，1681），蓝马羚（南非，1799），马里恩象龟（塞舌尔，1800），大海雀（大西洋，1844），欧洲野马（欧洲，1876），斑驴（亚洲，1883），白臀叶猴（中国，1893），旅鸽（北美，1914），佛罗里达猴（北美，1917），卡罗来那鹦鹉（北美，1918），中国犀牛（中国，1922），高加索野牛（欧洲，1925），巴厘虎（印度尼西亚，1937），红鸭（印度，1942），袋狼（澳洲，1948），冠麻鸭（亚洲，1964），爪哇虎（印度尼西亚，1972）……这一记载，至今并未结束，动物的灭绝还在继续。

20世纪在中国灭绝的野生动物有新疆虎（1916年灭绝），普氏野马（20世纪60年代灭绝），高鼻羚羊（20世纪60年代灭绝），台湾云豹（1972年灭绝），直隶猕猴（20世纪80年代灭绝），白头鹮（灭绝年代不详），豚鹿（20世纪70年代灭绝），小齿灵猫（20世纪80年代灭绝），镰翅鸡（2000年宣布灭绝），冠麻鸭（20世纪中叶灭绝）等。

六、保护野生动物的日常行为规范

保护自然环境，保护水源和空气，不乱砍滥伐森林，不乱扔垃圾，不滥用农药和杀虫剂。

不滥捕滥杀野生动物，不参与非法买卖野生动物，见到违法行为立即向野生动物行政主管部门举报。单位和个人发现受伤、病饿、受困迷途的野生动物，应当尽力救护，禁止捕杀，并及时报告林业行政主管部门处理。林业行政主管部门接到报告或受理后，会立即采取有效措施，组织专家积极救护。如发现非法运输、销售、经营加工野生动物的行为应及时向森林公安和林业行政主管部门报警。

抵制食用野生动物和使用其制品。拿出我们的爱心和勇气，劝阻亲人和周围的人食用野味，不去野味餐馆用餐；对于珍稀野生动物制品，如皮衣、工艺品等，也应坚决抵制。

积极宣传保护野生动物的重要意义，从我做起，从家庭做起，从现在做起，牢固树立尊重生命、热爱自然的道德观。

驯养繁殖受保护的野生动物的单位和个人，必须按规定向林业行政主管部门申请领取驯养繁殖许可证。

七、我国野生动物保护有关法律法规

目前，我国已形成以《中华人民共和国野生动物保护法》为核心的野生动物保护法律体系。

早在1962年，国务院就颁布了《关于积极保护和合理利用野生动物资源的指示》；1973年外贸部发出了《关于停止珍贵野生动物收购和出口的通知》，同年，林业部草拟了《野生动物资源保护条例》；1979年国务院颁布了《水产资源繁殖保护条例》；1983年国务院发出《关于严格保护珍贵稀有野生动物的通令》；1985年国务院公布施行的《森林和野生动物类型自然保护区管理办法》；1988年11月8日全国人大通过了《中华人民共和国野生动物保护法》，后又进行了三次修改，同年12月，国务院批准颁布了《国家一、二级重点保护野生动物名录》，该名录规定保护的动物达335种（其中一级保护野生动物97种、二级238种），2021年又发布更新了名录。2020年2月24日第十三届全国人民代表大会常务委员会第十六次会议通过《关于全面禁止非法野生动物交易、革除滥食野生动物陋习、切实保障人民群众健康安全的决定》。

此外，还有《水产资源繁殖保护条例》《严禁收购经营珍贵稀有野生动物及其产品的通知》《中华人民共和国渔业法》《关于禁止乱捕、滥猎和倒卖、走私珍稀、濒危动物的通知》等一系列法律法规；各级地方人大、政府也制定与之配套的法规和规章。我国还参加了《生物多样性公

约》《濒危野生动植物国际贸易公约》《国际重要湿地公约》，还与日本和澳大利亚分别签订了保护候鸟及其栖息环境的协定等。

【拓展阅读】

中华人民共和国野生动物保护法

1988年11月8日第七届全国人民代表大会常务委员会第四次会议通过。根据2004年8月28日第十届全国人民代表大会常务委员会第十一次会议《关于修改〈中华人民共和国野生动物保护法〉的决定》第一次修改；根据2009年8月27日第十一届全国人民代表大会常务委员会第十次会议《关于修改部分法律的决定》第二次修改；2016年7月2日第十二届全国人民代表大会常务委员会第二十一次会议修订；根据2018年10月26日第十三届全国人民代表大会常务委员会第六次会议《关于修改〈中华人民共和国野生动物保护法〉等十五部法律的决定》进行了修改。法律正文如下：

第一章　总　　则

第一条　为了保护野生动物，拯救珍贵、濒危野生动物，维护生物多样性和生态平衡，推进生态文明建设，制定本法。

第二条　在中华人民共和国领域及管辖的其他海域，从事野生动物保护及相关活动，适用本法。

本法规定保护的野生动物，是指珍贵、濒危的陆生、水生野生动物和有重要生态、科学、社会价值的陆生野生动物。

本法规定的野生动物及其制品，是指野生动物的整体(含卵、蛋)、部分及其衍生物。

珍贵、濒危的水生野生动物以外的其他水生野生动物的保护，适用《中华人民共和国渔业法》等有关法律的规定。

第三条　野生动物资源属于国家所有。

国家保障依法从事野生动物科学研究、人工繁育等保护及相关活动的组织和个人的合法权益。

第四条　国家对野生动物实行保护优先、规范利用、严格监管的原则，鼓励开展野生动物科学研究，培育公民保护野生动物的意识，促进人与自然和谐发展。

第五条　国家保护野生动物及其栖息地。县级以上人民政府应当制定野生动物及其栖息地相关保护规划和措施，并将野生动物保护经费纳入预算。

国家鼓励公民、法人和其他组织依法通过捐赠、资助、志愿服务等方式参与野生动物保护活动，支持野生动物保护公益事业。

本法规定的野生动物栖息地，是指野生动物野外种群生息繁衍的重要区域。

第六条　任何组织和个人都有保护野生动物及其栖息地的义务。禁止违法猎捕野生动物、破坏野生动物栖息地。

任何组织和个人都有权向有关部门和机关举报或者控告违反本法的行为。野生动物保护主管部门和其他有关部门、机关对举报或者控告，应当及时依法处理。

第七条　国务院林业草原、渔业主管部门分别主管全国陆生、水生野生动物保护工作。

县级以上地方人民政府林业草原、渔业主管部门分别主管本行政区域内陆生、水生野生动物保护工作。

第八条　各级人民政府应当加强野生动物保护的宣传教育和科学知识普及工作，鼓励和支持基层群众性自治组织、社会组织、企业事业单位、志愿者开展野生动物保护法律法规和保护知识的宣传活动。

教育行政部门、学校应当对学生进行野生动物保护知识教育。

新闻媒体应当开展野生动物保护法律法规和保护知识的宣传，对违法行为进行舆论监督。

第九条　在野生动物保护和科学研究方面成绩显著的组织和个人，由县级以上人民政府给予奖励。

第二章　野生动物及其栖息地保护

第十条　国家对野生动物实行分类分级保护。

国家对珍贵、濒危的野生动物实行重点保护。国家重点保护的野生动物分为一级保护野生动物和二级保护野生动物。国家重点保护野生动物名录，由国务院野生动物保护主管部门组织科学评估后制定，并每五年根据评估情况确定对名录进行调整。国家重点保护野生动物名录报国务院批准公布。

地方重点保护野生动物，是指国家重点保护野生动物以外，由省、自治区、直辖市重点保护的野生动物。地方重点保护野生动物名录，由省、自治区、直辖市人民政府组织科学评估后制定、调整并公布。

有重要生态、科学、社会价值的陆生野生动物名录，由国务院野生动物保护主管部门组织科学评估后制定、调整并公布。

第十一条　县级以上人民政府野生动物保护主管部门，应当定期组织或者委托有关科学研究机构对野生动物及其栖息地状况进行调查、监测和评估，建立健全野生动物及其栖息地档案。

对野生动物及其栖息地状况的调查、监测和评估应当包括下列内容：

（一）野生动物野外分布区域、种群数量及结构；

（二）野生动物栖息地的面积、生态状况；

（三）野生动物及其栖息地的主要威胁因素；

（四）野生动物人工繁育情况等其他需要调查、监测和评估的内容。

第十二条　国务院野生动物保护主管部门应当会同国务院有关部门，根据野生动物及其栖息地状况的调查、监测和评估结果，确定并发布野生动物重要栖息地名录。

省级以上人民政府依法划定相关自然保护区域，保护野生动物及其重要栖息地，保护、恢复和改善野生动物生存环境。对不具备划定相关自然保护区域条件的，县级以上人民政府可以采取划定禁猎（渔）区、规定禁猎（渔）期等其他形式予以保护。

禁止或者限制在相关自然保护区域内引入外来物种、营造单一纯林、过量施洒农药等人为干扰、威胁野生动物生息繁衍的行为。

相关自然保护区域，依照有关法律法规的规定划定和管理。

第十三条　县级以上人民政府及其有关部门在编制有关开发利用规划时，应当充分考虑野生动物及其栖息地保护的需要，分析、预测和评估规划实施可能对野生动物及其栖息地保护产生的整体影响，避免或者减少规划实施可能造成的不利后果。

禁止在相关自然保护区域建设法律法规规定不得建设的项目。机场、铁路、公路、水利水电、围堰、围填海等建设项目的选址选线，应当避让相关自然保护区域、野生动物迁徙洄游通道；无法避让的，应当采取修建野生动物通道、过鱼设施等措施，消除或者减少对野生动物的不利影响。

建设项目可能对相关自然保护区域、野生动物迁徙洄游通道产生影响的，环境影响评价文件的审批部门在审批环境影响评价文件时，涉及国家重点保护野生动物的，应当征求国务院野生动物保护主管部门意见；涉及地方重点保护野生动物的，应当征求省、自治区、直辖市人民政府野生动物保护主管部门意见。

第十四条　各级野生动物保护主管部门应当监视、监测环境对野生动物的影响。由于环境影响对野生动物造成危害时，野生动物保护主管部门应当会同有关部门进行调查处理。

第十五条　国家或者地方重点保护野生动物受到自然灾害、重大环境污染事故等突发事件威胁时，当地人民政府应当及时采取应急救助措施。

县级以上人民政府野生动物保护主管部门应当按照国家有关规定组织开展野生动物收容救护工作。

禁止以野生动物收容救护为名买卖野生动物及其制品。

第十六条　县级以上人民政府野生动物保护主管部门、兽医主管部门，应当按照职责分工对野生动物疫源疫病进行监测，组织开展预测、预报等工作，并按照规定制定野生动物疫情应急预案，报同级人民政府批准或者备案。

县级以上人民政府野生动物保护主管部门、兽医主管部门、卫生主管部门，应当按照职责分工负责与人畜共患传染病有关的动物传染病的防治管理工作。

第十七条　国家加强对野生动物遗传资源的保护，对濒危野生动物实施抢救性保护。

国务院野生动物保护主管部门应当会同国务院有关部门制定有关野生动物遗传资源保护和利用规划，建立国家野生动物遗传资源基因库，对原产我国的珍贵、濒危野生动物遗传资源实行重点保护。

第十八条　有关地方人民政府应当采取措施，预防、控制野生动物可能造成的危害，保障人畜安全和农业、林业生产。

第十九条　因保护本法规定保护的野生动物，造成人员伤亡、农作物或者其他财产损失的，由当地人民政府给予补偿。具体办法由省、自治区、直辖市人民政府制定。有关地方人民政府可以推动保险机构开展野生动物致害赔偿保险业务。

有关地方人民政府采取预防、控制国家重点保护野生动物造成危害的措施以及实行补偿所需经费，由中央财政按照国家有关规定予以补助。

第三章　野生动物管理

第二十条　在相关自然保护区域和禁猎（渔）区、禁猎（渔）期内，禁止猎捕以及其他妨碍野生动物生息繁衍的活动，但法律法规另有规定的除外。

野生动物迁徙洄游期间，在前款规定区域外的迁徙洄游通道内，禁止猎捕并严格限制其他妨碍野生动物生息繁衍的活动。迁徙洄游通道的范围以及妨碍野生动物生息繁衍活动的内容，由县级以上人民政府或者其野生动物保护主管部门规定并公布。

第二十一条　禁止猎捕、杀害国家重点保护野生动物。

因科学研究、种群调控、疫源疫病监测或者其他特殊情况，需要猎捕国家一级保护野生动物的，应当向国务院野生动物保护主管部门申请特许猎捕证；需要猎捕国家二级保护野生动物的，应当向省、自治区、直辖市人民政府野生动物保护主管部门申请特许猎捕证。

第二十二条　猎捕非国家重点保护野生动物的，应当依法取得县级以上地方人民政府野生动物保护主管部门核发的狩猎证，并且服从猎捕量限额管理。

第二十三条　猎捕者应当按照特许猎捕证、狩猎证规定的种类、数量、地点、工具、方法和期限进行猎捕。

持枪猎捕的，应当依法取得公安机关核发的持枪证。

第二十四条　禁止使用毒药、爆炸物、电击或者电子诱捕装置以及猎套、猎夹、地枪、排铳等工具进行猎捕，禁止使用夜间照明行猎、歼灭性围猎、捣毁巢穴、火攻、烟熏、网捕等方法进行猎捕，但因科学研究确需网捕、电子诱捕的除外。

前款规定以外的禁止使用的猎捕工具和方法，由县级以上地方人民政府规定并公布。

第二十五条　国家支持有关科学研究机构因物种保护目的人工繁育国家重点保护野生动物。

前款规定以外的人工繁育国家重点保护野生动物实行许可制度。人工繁育国家重点保护野生动物的，应当经省、自治区、直辖市人民政府野生动物保护主管部门批准，取得人工繁育许可证，但国务院对批准机关另有规定的除外。

人工繁育国家重点保护野生动物应当使用人工繁育子代种源，建立物种系谱、繁育档案和个体数据。因物种保护目的确需采用野外种源的，适用本法第二十一条和第二十三条的规定。

本法所称人工繁育子代，是指人工控制条件下繁殖出生的子代个体且其亲本也在人工控制条件下出生。

第二十六条　人工繁育国家重点保护野生动物应当有利于物种保护及其科学研究，不得破坏野外种群资源，并根据野生动物习性确保其具有必要的活动空间和生息繁衍、卫生健康条件，具备与其繁育目的、种类、发展规模相适应的场所、设施、技术，符合有关技术标准和防疫要求，不得虐待野生动物。

省级以上人民政府野生动物保护主管部门可以根据保护国家重点保护野生动物的需要，组织开展国家重点保护野生动物放归野外环境工作。

第二十七条　禁止出售、购买、利用国家重点保护野生动物及其制品。

因科学研究、人工繁育、公众展示展演、文物保护或者其他特殊情况，需要出售、购买、利用国家重点保护野生动物及其制品的，应当经省、自治区、直辖市人民政府野生动物保护主管部门批准，并按照规定取得和使用专用标识，保证可追溯，但国务院对批准机关另有规定的除外。

实行国家重点保护野生动物及其制品专用标识的范围和管理办法，由国务院野生动物保护主管部门规定。

出售、利用非国家重点保护野生动物的，应当提供狩猎、进出口等合法来源证明。

出售本条第二款、第四款规定的野生动物的，还应当依法附有检疫证明。

第二十八条　对人工繁育技术成熟稳定的国家重点保护野生动物，经科学论证，纳入国务院野生动物保护主管部门制定的人工繁育国家重点保护野生动物名录。对列入名录的野生动物及其制品，可以凭人工繁育许可证，按照省、自治区、直辖市人民政府野生动物保护主管部门核验的年度生产数量直接取得专用标识，凭专用标识出售和利用，保证可追溯。

对本法第十条规定的国家重点保护野生动物名录进行调整时，根据有关野外种群保护情况，可以对前款规定的有关人工繁育技术成熟稳定野生动物的人工种群，不再列入国家重点保

护野生动物名录，实行与野外种群不同的管理措施，但应当依照本法第二十五条第二款和本条第一款的规定取得人工繁育许可证和专用标识。

第二十九条　利用野生动物及其制品的，应当以人工繁育种群为主，有利于野外种群养护，符合生态文明建设的要求，尊重社会公德，遵守法律法规和国家有关规定。

野生动物及其制品作为药品经营和利用的，还应当遵守有关药品管理的法律法规。

第三十条　禁止生产、经营使用国家重点保护野生动物及其制品制作的食品，或者使用没有合法来源证明的非国家重点保护野生动物及其制品制作的食品。

禁止为食用非法购买国家重点保护的野生动物及其制品。

第三十一条　禁止为出售、购买、利用野生动物或者禁止使用的猎捕工具发布广告。禁止为违法出售、购买、利用野生动物制品发布广告。

第三十二条　禁止网络交易平台、商品交易市场等交易场所，为违法出售、购买、利用野生动物及其制品或者禁止使用的猎捕工具提供交易服务。

第三十三条　运输、携带、寄递国家重点保护野生动物及其制品、本法第二十八条第二款规定的野生动物及其制品出县境的，应当持有或者附有本法第二十一条、第二十五条、第二十七条或者第二十八条规定的许可证、批准文件的副本或者专用标识，以及检疫证明。

运输非国家重点保护野生动物出县境的，应当持有狩猎、进出口等合法来源证明，以及检疫证明。

第三十四条　县级以上人民政府野生动物保护主管部门应当对科学研究、人工繁育、公众展示展演等利用野生动物及其制品的活动进行监督管理。

县级以上人民政府其他有关部门，应当按照职责分工对野生动物及其制品出售、购买、利用、运输、寄递等活动进行监督检查。

第三十五条　中华人民共和国缔结或者参加的国际公约禁止或者限制贸易的野生动物或者其制品名录，由国家濒危物种进出口管理机构制定、调整并公布。

进出口列入前款名录的野生动物或者其制品的，出口国家重点保护野生动物或者其制品的，应当经国务院野生动物保护主管部门或者国务院批准，并取得国家濒危物种进出口管理机构核发的允许进出口证明书。海关依法实施进出境检疫，凭允许进出口证明书、检疫证明按照规定办理通关手续。

涉及科学技术保密的野生动物物种的出口，按照国务院有关规定办理。

列入本条第一款名录的野生动物，经国务院野生动物保护主管部门核准，在本法适用范围内可以按照国家重点保护的野生动物管理。

第三十六条　国家组织开展野生动物保护及相关执法活动的国际合作与交流；建立防范、打击野生动物及其制品的走私和非法贸易的部门协调机制，开展防范、打击走私和非法贸易行动。

第三十七条　从境外引进野生动物物种的，应当经国务院野生动物保护主管部门批准。从境外引进列入本法第三十五条第一款名录的野生动物，还应当依法取得允许进出口证明书。海关依法实施进境检疫，凭进口批准文件或者允许进出口证明书以及检疫证明按照规定办理通关手续。

从境外引进野生动物物种的，应当采取安全可靠的防范措施，防止其进入野外环境，避免对生态系统造成危害。确需将其放归野外的，按照国家有关规定执行。

第三十八条　任何组织和个人将野生动物放生至野外环境，应当选择适合放生地野外生存的当地物种，不得干扰当地居民的正常生活、生产，避免对生态系统造成危害。随意放生野生动物，造成他人人身、财产损害或者危害生态系统的，依法承担法律责任。

第三十九条　禁止伪造、变造、买卖、转让、租借特许猎捕证、狩猎证、人工繁育许可证及专用标识，出售、购买、利用国家重点保护野生动物及其制品的批准文件，或者允许进出口证明书、进出口等批准文件。

前款规定的有关许可证书、专用标识、批准文件的发放情况，应当依法公开。

第四十条　外国人在我国对国家重点保护野生动物进行野外考察或者在野外拍摄电影、录像，应当经省、自治区、直辖市人民政府野生动物保护主管部门或者其授权的单位批准，并遵守有关法律法规规定。

第四十一条　地方重点保护野生动物和其他非国家重点保护野生动物的管理办法，由省、自治区、直辖市人民代表大会或者其常务委员会制定。

第四章　法 律 责 任

第四十二条　野生动物保护主管部门或者其他有关部门、机关不依法作出行政许可决定，发现违法行为或者接到对违法行为的举报不予查处或者不依法查处，或者有滥用职权等其他不依法履行职责的行为的，由本级人民政府或者上级人民政府有关部门、机关责令改正，对负有责任的主管人员和其他直接责任人员依法给予记过、记大过或者降级处分；造成严重后果的，给予撤职或者开除处分，其主要负责人应当引咎辞职；构成犯罪的，依法追究刑事责任。

第四十三条　违反本法第十二条第三款、第十三条第二款规定的，依照有关法律法规的规定处罚。

第四十四条　违反本法第十五条第三款规定，以收容救护为名买卖野生动物及其制品的，由县级以上人民政府野生动物保护主管部门没收野生动物及其制品、违法所得，并处野生动物及其制品价值二倍以上十倍以下的罚款，将有关违法信息记入社会诚信档案，向社会公布；构成犯罪的，依法追究刑事责任。

第四十五条　违反本法第二十条、第二十一条、第二十三条第一款、第二十四条第一款规定，在相关自然保护区域、禁猎（渔）区、禁猎（渔）期猎捕国家重点保护野生动物，未取得特许猎捕证、未按照特许猎捕证规定猎捕、杀害国家重点保护野生动物，或者使用禁用的工具、方法猎捕国家重点保护野生动物的，由县级以上人民政府野生动物保护主管部门、海洋执法部门或者有关保护区域管理机构按照职责分工没收猎获物、猎捕工具和违法所得，吊销特许猎捕证，并处猎获物价值二倍以上十倍以下的罚款；没有猎获物的，并处一万元以上五万元以下的罚款；构成犯罪的，依法追究刑事责任。

第四十六条　违反本法第二十条、第二十二条、第二十三条第一款、第二十四条第一款规定，在相关自然保护区域、禁猎（渔）区、禁猎（渔）期猎捕非国家重点保护野生动物，未取得狩猎证、未按照狩猎证规定猎捕非国家重点保护野生动物，或者使用禁用的工具、方法猎捕非国家重点保护野生动物的，由县级以上地方人民政府野生动物保护主管部门或者有关保护区域管理机构按照职责分工没收猎获物、猎捕工具和违法所得，吊销狩猎证，并处猎获物价值一倍以上五倍以下的罚款；没有猎获物的，并处二千元以上一万元以下的罚款；构成犯罪的，依法追究刑事责任。

违反本法第二十三条第二款规定，未取得持枪证持枪猎捕野生动物，构成违反治安管理行为的，由公安机关依法给予治安管理处罚；构成犯罪的，依法追究刑事责任。

第四十七条　违反本法第二十五条第二款规定，未取得人工繁育许可证繁育国家重点保护野生动物或者本法第二十八条第二款规定的野生动物的，由县级以上人民政府野生动物保护主管部门没收野生动物及其制品，并处野生动物及其制品价值一倍以上五倍以下的罚款。

第四十八条　违反本法第二十七条第一款和第二款、第二十八条第一款、第三十三条第一款规定，未经批准、未取得或者未按照规定使用专用标识，或者未持有、未附有人工繁育许可证、批准文件的副本或者专用标识出售、购买、利用、运输、携带、寄递国家重点保护野生动物及其制品或者本法第二十八条第二款规定的野生动物及其制品的，由县级以上人民政府野生动物保护主管部门或者市场监督管理部门按照职责分工没收野生动物及其制品和违法所得，并处野生动物及其制品价值二倍以上十倍以下的罚款；情节严重的，吊销人工繁育许可证、撤销批准文件、收回专用标识；构成犯罪的，依法追究刑事责任。

违反本法第二十七条第四款、第三十三条第二款规定，未持有合法来源证明出售、利用、运输非国家重点保护野生动物的，由县级以上地方人民政府野生动物保护主管部门或者市场监督管理部门按照职责分工没收野生动物，并处野生动物价值一倍以上五倍以下的罚款。

违反本法第二十七条第五款、第三十三条规定，出售、运输、携带、寄递有关野生动物及其制品未持有或者未附有检疫证明的，依照《中华人民共和国动物防疫法》的规定处罚。

第四十九条　违反本法第三十条规定，生产、经营使用国家重点保护野生动物及其制品或者没有合法来源证明的非国家重点保护野生动物及其制品制作食品，或者为食用非法购买国家重点保护的野生动物及其制品的，由县级以上人民政府野生动物保护主管部门或者市场监督管理部门按照职责分工责令停止违法行为，没收野生动物及其制品和违法所得，并处野生动物及其制品价值二倍以上十倍以下的罚款；构成犯罪的，依法追究刑事责任。

第五十条　违反本法第三十一条规定，为出售、购买、利用野生动物及其制品或者禁止使用的猎捕工具发布广告的，依照《中华人民共和国广告法》的规定处罚。

第五十一条　违反本法第三十二条规定，为违法出售、购买、利用野生动物及其制品或者禁止使用的猎捕工具提供交易服务的，由县级以上人民政府市场监督管理部门责令停止违法行为，限期改正，没收违法所得，并处违法所得二倍以上五倍以下的罚款；没有违法所得的，处一万元以上五万元以下的罚款；构成犯罪的，依法追究刑事责任。

第五十二条　违反本法第三十五条规定，进出口野生动物或者其制品的，由海关、公安机关、海洋执法部门依照法律、行政法规和国家有关规定处罚；构成犯罪的，依法追究刑事责任。

第五十三条　违反本法第三十七条第一款规定，从境外引进野生动物物种的，由县级以上人民政府野生动物保护主管部门没收所引进的野生动物，并处五万元以上二十五万元以下的罚款；未依法实施进境检疫的，依照《中华人民共和国进出境动植物检疫法》的规定处罚；构成犯罪的，依法追究刑事责任。

第五十四条　违反本法第三十七条第二款规定，将从境外引进的野生动物放归野外环境的，由县级以上人民政府野生动物保护主管部门责令限期捕回，处一万元以上五万元以下的罚款；逾期不捕回的，由有关野生动物保护主管部门代为捕回或者采取降低影响的措施，所需费用由被责令限期捕回者承担。

第五十五条　违反本法第三十九条第一款规定，伪造、变造、买卖、转让、租借有关证件、专用标识或者有关批准文件的，由县级以上人民政府野生动物保护主管部门没收违法证件、专用标识、有关批准文件和违法所得，并处五万元以上二十五万元以下的罚款；构成违反治安管理行为的，由公安机关依法给予治安管理处罚；构成犯罪的，依法追究刑事责任。

第五十六条　依照本法规定没收的实物，由县级以上人民政府野生动物保护主管部门或者其授权的单位按照规定处理。

第五十七条　本法规定的猎获物价值、野生动物及其制品价值的评估标准和方法，由国务院野生动物保护主管部门制定。

第五章　附　　则

第五十八条　本法自 2017 年 1 月 1 日起施行。

【思考题】

在现实生活中，大学生个人能为野生动物保护做哪些力所能及的事情？

视频学习 18　保护野生动物公益微视频(一)

视频学习 19　保护野生动物公益微视频(二)

活动 13

勤 工 俭 学

【活动目标】

1. 培养学生多渠道获取信息的能力。
2. 培养学生甄别虚假信息的能力。
3. 培养学生吃苦耐劳的劳动精神。
4. 培养学生良好的时间管理能力。
5. 培养学生诚实守信的品德及良好的契约精神。
6. 使学生体验劳动的付出和收获的喜悦。
7. 引导学生体验多项劳动,培养学生尊重劳动的品德。

【活动材料】

1. 通过网络、同学介绍、学校公告栏等途径搜集勤工俭学信息、防诈骗信息等。
2. 根据具体岗位需要,制作个人面试简历。

【活动准备】

1. 进行心理准备。思考自己为什么要参加勤工俭学,从勤工俭学中能收获什么。

2. 进行自我评估。思考自己具备什么样的技能,能够从事什么样的岗位工作。

视频学习 20　网上获取勤工俭学信息的方法

【活动内容】

一、搜集勤工俭学信息

大学生最常见的勤工俭学信息搜集途径一般有四个,即网络招聘信息、学校公告栏信息、他人介绍信息、现场询问信息。网络常见的勤工俭学信息网站有各高校的校内论坛、智联招聘、58 同城、百度贴吧、猎聘网、大学生兼职网、高校人才网等,这些网站的勤工俭学信息量大,工作种类多、工作地点范围广、入职门槛多样,但安全性较低。所有人都可以在以上兼职网站上发布兼职信息,所以应聘者、用工者、网站平台三方相对缺乏基本的了解与信任,也常出现侵

权和诈骗情况，需要大学生多加辨识。相对于网上信息，学校公告栏信息在一个较封闭的环境下张贴，安全系数有所提高，但岗位数量要比网上信息少很多，往往这类勤工俭学的岗位同所在学校的专业契合度较高。大学生务必注意的是，虽然学校公告栏的勤工俭学信息安全性有所提高，但由于多数校园并不严格审核公告栏的自由公告，这类勤工俭学信息也有一定的安全风险。他人介绍信息，介绍人一般为同学、教师、朋友等，这类勤工俭学岗位的安全性较高，较少出现诈骗和侵权现象，而且通常与大学生的专业契合度最高，往往有利于提高专业知识和技能，但岗位数量普遍较少。现场询问信息，通常是指学生亲自到商场、超市、企业咨询是否有兼职岗位，这类信息直接从用工方获取，可信度较高，但依然要根据用工方的资质、经营情况、普遍信誉度来鉴别或预判出现侵权和诈骗的可能性。

需要大学生注意的是，无论哪类渠道获得的兼职信息，在正式用工之前都需要签署协议，并认真阅读、审视协议中的内容，特别是生产安全和劳动报酬方面的条款，确认无误后才可签署。

二、个人资料及面试的准备

一般在同用人部门取得联系后，会安排面试，面试需要提前准备好个人资料，包括个人简历、个人相关证件（学生证、身份证等），特殊职位或许还要求提供与工作相关的资历证明，如教师资格证、健康证、教练员证书、获奖证书等。

视频学习 21
简历的制作

简历的制作以简单明了、干净清晰为主，主要突出自己同面试岗位相匹配的技能或经验，体量以写满一页 A4 纸为宜。

由于学生是勤工俭学，因此要在不耽误学业的情况下，利用空余时间进行工作，所以需要有较好的时间管理能力，一般建议制作勤工俭学时间表，有利于自己安排时间。时间表要列清上课时间、兼职时间、其他有固定安排的时间，建议贴在醒目的地方或存在手机中，便于提醒和查阅。

学生应掌握一定的面试技巧，包括着装、礼仪、语言表达等方面。基本面试技巧如下：

第一，求职前做好充分准备。通过多种渠道收集、了解就业信息，以求“知己知彼百战不殆”；面试前，尽量保持心态平和，避免紧张、心浮气躁，努力展现自信的特点。

第二，注重仪表形象。可以穿西装或休闲中带有正式的服装，不要过于时尚，要给人端庄、大方的印象；饰品力求自然，可以戴手表；不可留披肩发或染发，可以扎起马尾或盘起，男士不要留长发、胡须，碎发要固定住，如果时常用手拨弄头发易给人不稳重的印象。

面试过程中的技巧。在求职过程中要诚恳、谦恭、不卑不亢，具体如下：

第一，应聘时，要先敲门，关门后问好，然后走到位置前，待面试官讲“请坐”后，道谢坐下，环视主考官，微笑。

第二，介绍个人基本情况，如姓名、年龄、受教育程度、特长、工作经历等，切忌博取同情心、谈论个人感受等。

第三，回答问题时勿以“我”为中心，过于“自我”表现；观点不同时，语气要平和，可发表不同观点，但切忌争论；语言表达要简明扼要，避免重复、唠叨、游离主题。

第四，最好不要单刀直入地询问关于薪资的问题。可委婉地说，如“请问，贵公司的薪金制度与其他公司有何不同呢？”当主考官询问你的薪金要求时，可模糊回答。

第五，面试结束，要首先感谢主考官及公司给自己机会，把椅子放回原处，再次表示感谢。离开时随手关门。

三、勤工俭学劳动过程

在实际的劳动过程中，会锻炼多种基本生活、劳动技能，有些劳动更能促使勤工俭学的学生养成良好的生活和工作习惯。勤工俭学中，依据从事的行业和岗位不同，锻炼的能力会有不同，但多数勤工俭学工作会涉及时间观念、乘坐交通工具、服从管理、与不同人群沟通、服务意识、各类知识技能等方面能力的培养和应用。

视频学习 22　用工合同签订注意事项

四、劳动关系的解除

劳动关系解除即终止勤工俭学，主要契约依据是以勤工俭学开始时双方签订的用工协议为准。一般情况下，在协议有效期结束后，劳动关系即解除。在实际履行中，大学生由于时间的不固定性、精力的转移等情况，工作一段时间后单方面提出解除劳动关系的情况较多。不论双方中的哪一方提出解除劳动关系，都应以平等协商为基础，协商无果后，如有必要，可向相关部门申请劳动仲裁或进行法律诉讼。

视频学习 23　交通方式规划

五、风险管理

1. 人身、财产安全

人身、财产安全贯彻勤工俭学的始终，在甄别用工信息的过程中就应当排除虚假信息、不法信息等。兼职过程中，需要注意交通、财产安全；工作岗位上要履行安全生产流程，小心谨慎操作，避免意外伤害。

2. 兼职诈骗预防

兼职诈骗案件在大学生勤工俭学过程中常有发生，通常以经济诈骗为主，也偶有人身安全事件发生。

3. 处理学业和勤工俭学的关系

大学生勤工俭学的目的是适应社会工作环境、体验工作的艰辛和不易、深入学习专业知识、提高实操能力、赚取一定的收入等，但作为大学生，学业应是摆在第一位的，勤工俭学的过程中要不断评估勤工俭学是否影响了学业，并及时对勤工俭学的时间和投入程度进行调整，必要时可以中止勤工俭学活动。

视频学习 24　时间规划表的制作

【活动总结】

我的收获：

我的不足：

改进措施：

心得体会：

【活动评价】

以小组为单位进行成绩评定，包括自我评价、同学评价和教师评价三部分。评价内容及评价方式参见表13-1。

表13-1　勤工俭学活动评价表　　　　组别________

评价内容及分值标准		自我评价（占总分的20%）	同学评价（占总分的40%）	教师评价（占总分的40%）
获取信息的能力（15分）	从网络获取信息（5分）			
	从报刊栏获取信息（5分）			
	从朋友获取信息（5分）			
甄别兼职诈骗的能力（30分）	了解虚假兼职信息的特点（15分）			
	规避"高回报"的诱惑（15分）			
时间管理能力（30分）	制作作息时间表（10分）			
	处理兼职和学业的冲突（20分）			
面试相关的能力（25分）	面试应答（15分）			
	制作简历、个人资料（10分）			
小计				
实际得分合计				

【拓展阅读】

一、《高等学校勤工助学管理办法(2018年修订)》重点解读

勤工助学是目前高校采取的学生资助的主要形式之一，教育部、财政部2018年印发的《高等学校勤工助学管理办法(2018年修订)》(下称《办法》)中修改和完善了多项对大学生勤工助学的管理和监督办法。

(一)《办法》修订的背景和意义

学生资助工作事关社会公平、教育公平，是民生领域的热点话题，始终受到党中央、国务院

和人民群众的高度关注。党的十九大报告明确强调“健全学生资助制度”，其中，勤工助学是高等学校学生资助政策体系的重要组成部分，是提升学生综合能力和素质的有效途径，是实现全程育人、全方位育人的有效平台。

原《办法》（教财〔2007〕7 号）自 2007 年 6 月实施以来，对于规范管理高校勤工助学工作、帮助家庭经济困难学生顺利完成学业发挥了重要作用。时隔 11 年，教育部、财政部在大量调研和广泛征求意见的基础上，重新修订《办法》，主要基于三方面考虑：一是以习近平新时代中国特色社会主义思想为指导，贯彻落实党的十九大精神，突出立德树人根本任务，健全学生资助制度，全面推进精准资助和资助育人工作。二是适应经济社会发展、勤工助学特点、学生个体发展需要，体现促进创新创业、规范管理、提高报酬等新要求。三是针对勤工助学发展的新变化，在总结实践经验、现实问题的基础上，理顺管理体制，明确工作责任，修改、补充和完善相关制度，更有利于高校勤工助学工作的管理和服务。

此次修订旨在着力培养家庭经济困难学生自立自强、创新创业精神，将扶困与扶智，扶困与扶志结合起来，增强学生社会实践能力，发挥勤工助学资助育人功效，实现无偿资助与有偿资助有机融合，形成“解困—育人—成才—回馈”的良性循环。

（二）《办法》对校内勤工助学岗位设置的要求

《办法》第二十一条对校内勤工助学岗位设置进行了具体规定，按照以工时定岗与以需求定岗相结合的原则设置岗位。

学校应积极开发校内资源，保证学生参与勤工助学的需要。校内勤工助学岗位以校内教学助理、科研助理、行政管理助理和学校公共服务等为主。按照每个家庭经济困难学生月平均上岗工时原则上不低于 20 个工时为标准，测算出学期内全校每月需要的勤工助学总工时数（20 个工时×家庭经济困难学生总数），统筹安排、设置岗位。

学生应量力而行，在学有余力的前提下参加勤工助学活动。岗位设置既要满足学生需求，又要保证学生不因参加勤工助学而影响学习。学生参加勤工助学的时间原则上每周不超过 8 个工时，每月不超过 40 个工时。寒暑假勤工助学时间可根据学校的具体情况适当延长。

（三）《办法》对勤工助学薪金标准的要求

《办法》第七章详细规定了勤工助学薪金标准，校内岗位根据固定岗位和临时岗位不同，采取不同的计酬标准。固定岗位按月计酬，以每月 40 个工时的酬金原则上不低于当地政府或有关部门制定的最低工资标准或居民最低生活保障标准为计酬基准，可适当上下浮动。临时岗位按小时计酬，每小时酬金可参照学校当地政府或有关部门规定的最低小时工资标准合理确定，原则上不低于每小时 12 元人民币。

校外勤工助学酬金标准不低于学校当地政府或有关部门规定的最低工资标准，由用人单位、学校与学生协商确定，并写入聘用协议。

二、大学生兼职打工需警惕这些诈骗“套路”

（一）黑中介骗取中介费

许多非法中介看准了在校大学生缺少社会经验，同时又挣钱心切的心理，在收到了高额中介费后却不履行合同，不能够及时为大学生找到合适的工作，或者给学生找一家招聘公司，然后该公司又以种种名义推脱；更有甚者，打一枪换一个地方，交钱后连人都找不到了。

防范方法：大学生打工应先看该职介中心是否有《职业介绍许可证》和有关部门颁发的营业执照。正规中介机构除具有许可证之外，一般会将营业执照悬挂在大厅等较显著位置。

(二)交各种押金、保证金

一些用人单位会要求大学生支付押金，承诺交了押金后就可以上班，但之后又以人员已满等各种借口要求大学生回去等消息，而且拒绝返还押金，最后就没有音讯了。有的单位收取保证金，称以此“保证”学生按要求上班，并答应在打工结束后归还。可是到结算工资的时候，保证金却不见了踪影。

防范方法：任何招聘单位以任何名义向求职者收取抵押金、风险金、报名费等行为，都属非法行为。招聘单位培训本单位的职工也不准收取培训费。求职者遇到此类情况要坚持拒交并举报，坚决不押任何证件，以确保自己的合法权益不受侵害。

(三)远离传销，误入当止

传销公司一般先安排学生以销售人员的名义上岗工作，然后公司让学生交纳一定的提货款，再让学生去哄骗他人。有的同学在高回扣的引诱下，甚至去欺骗自己的同学、朋友。上当之后往往骑虎难下，最终只得自己白搭上一笔钱。

防范方法：了解传销特征。传销通常具有以下特征中的一个或几个：在“入会”时声明你的职责之一是发展更多的人；交纳昂贵的会费；在工作场所很多人情绪激昂。如果识别出传销公司，大学生应立即停止打工，及时报警。

(四)不要轻信到外地上岗

对非法中介或私招滥雇者介绍的外地企业或总公司某某外地分公司、分厂的高薪招聘，不论其待遇多么好，求职者千万要保持清醒的头脑和高度的警惕，不要轻信他们的口头许诺。

防范方法：一是不去；二是到劳动保障部门咨询，并办理相关的手续，否则会吃大亏，被骗工骗钱甚至被人贩子骗卖。

(五)签订书面协议要慎重

有些单位以种种借口拒绝与学生签订书面“协议书”，结果打工结束后，因没有书面协议，劳务费无处可讨。有的单位在协议里为自己规定的权利很多，而给大学生的权利很少，这样的协议要谨慎对待，要求其权责明确。

防范方法：大学生打工一定要与用人单位签订权责明确的书面协议书，如对协议的内容不解一定要当面问清或在签订之前寻求老师、家长、同学的帮助。在签订协议时，尽量保留文字或视频资料以备维权。

(六)警惕过分热情的“熟人”

“咱们都是熟人，我能坑你吗?”这是骗子最常说的一句话。其实，很多所谓的“熟人”坑起人来才更让人防不胜防，那些身陷传销组织的人，往往都是被熟人带进传销组织的，有时“熟人”并不清楚自己所做的事情已经涉嫌违法，这就给防范增加了难度。

防范方法：不要轻信“熟人”的过分热情，不贪图小便宜，特别是“熟人”要给你介绍更多人、或带你去外地的时候，一定要警惕。

【思考题】

在勤工俭学的活动前、活动中、活动后，应当注意哪些问题?

活动 14

乡村学校支教

【活动目标】

1. 体会志愿服务活动精神。
2. 培养团队合作精神。
3. 培养沟通交往能力。
4. 培养家国情怀，加深对农村、农民的了解。
5. 培养组织策划能力。
6. 激发学习热情和动力。

视频学习 25
支教活动展示

【活动材料】

1. 支教授课内容所需材料。
2. 个人行李。

视频学习 26　支教团队课外活动

【活动准备】

1. 运用网络搜集资料，准备课程教案。
2. 根据授课需要，准备好教具和活动器材。
3. 准备个人短期外出需要的衣物和生活用品。

【活动内容】

1. 支教报名

如果所在学校有成熟的支教团队，可在支教团启动队员招募后积极报名参加。如果所在学校尚未开展支教活动，可以自发组织志同道合的同学发起、筹备支教活动，制订策划方案，积极向院系、团委老师申请支教项目，待项目批准后就可以着手组织实施。另外，可以通过正规网站，如中华支教与助学信息中心等发布的支教队员招募信息报名参加。在参加非本校发起的支教团队活动时，一定要做好信息甄别，确保其是正规的支教团队，最好是有熟悉的人结伴同行。

在报名时，要根据个人特长、兴趣选择适宜的授课科目和内容，并提前征得家长同意，登记好突发情况联系人和联系方式。

2. 准备支教面试

在提交支教报名表后，根据选择的授课科目，充分准备好 5 min 左右的授课内容，模拟真实授课场景，以顺利通过支教团的队员选拔面试。

在准备面试时，要结合支教对象年龄段，选择适合的难易度，注重互动性，让乡村学校的小朋友们容易吸收和受到启发。

3. 准备支教授课内容、教具，以及个人行李

面试通过后，成为支教团的一员，要利用空余时间准备好授课内容，提前设计好教学环节，制订教案，确保授课质量。如果授课内容需要辅助教具，也需要提前准备好，如教授美术需要提前准备 A4 纸和画笔，如教授素质拓展课需要提前准备活动器材、道具等。同时，也要准备好个人行李，如换洗衣物、洗漱用品、应急药品、电子设备、充电器等。

4. 支教期间完成授课任务

到达支教目的地后，要迅速适应新环境，根据支教课程安排完成自己的授课任务。必要时，请队员辅助完成。如有多次课程，及时根据前面的上课情况做好总结和调整，尽力保证授课质量。

5. 安排好支教期间生活

乡村学校支教一般吃住在当地学校或老乡家，有的地方洗澡、上厕所可能比较困难，生活条件相对比较艰苦，要入乡随俗，尽量克服，在条件允许范围内加以解决，做到不给当地学校和老乡添麻烦。生活上遇到困难和问题，队员们要及时与带队老师沟通商量，不擅自行动，要维护好团队形象。

6. 安全注意事项

注意途中交通安全和个人财产安全，防止出现交通事故和个人财物被偷，乘车全程确保有几名队员时刻处于清醒状态，有突发情况能做到第一时间提醒和处置，务必购买意外保险。

在支教过程中要遵守当地风俗习惯，与当地老百姓礼貌和谐相处。注意水土不服情况，注意饮食安全和财产安全。

在支教过程中要注意保护当地学生安全，不组织学生开展危险性体育活动，防止学生追逐打闹。

7. 做好活动总结和成果展示分享

对支教所有环节实施情况进行全面分析和总结，在适当范围内进行支教心得体会和成果的分享。

【活动总结】

我的收获：

我的不足：

改进措施：

心得体会：

【活动评价】

以小组为单位进行成绩评定，包括自我评价、同学评价和教师评价三部分。评价内容及评价方式参见表14-1。

表14-1　乡村学校支教评价表　　组别________

分值标准	自我评价（占总分的20%）	同学评价（占总分的40%）	教师评价（占总分的40%）
团队合作能力(20分)			
生活自理能力(20分)			
沟通协调能力(20分)			
组织教学能力(20分)			
现场教学效果(20分)			
小计			
实际得分合计			

【知识链接】

一、支教简介

改革开放40多年来，我国经济社会建设取得举世瞩目的成就，教育事业取得突飞猛进的发展，但是广大乡村尤其是偏远地区的教育仍然存在许多薄弱之处，农村的大量留守儿童也亟须社会给予更多关心、关注和关爱。为解决乡村教育薄弱问题，从政府层面推出了农村特岗教师、“三支一扶”计划（支教、支农、支医和扶贫工作）、大学生志愿服务西部计划等；高校和民间公益组织层面也通过志愿服务支教的形式广泛参与其中，很大程度上改善和提高了广大农村教育教学水平。

在众多的支教力量中，高校大学生起着非常重要的作用。每年暑期，全国许多高校都会组织规模庞大的支教团深入广大乡村开展短期支教活动，在短则一周、长则一两个月的时间里发光发热（寒假因为临近春节，各高校组织寒假支教的非常少）。除短期的寒暑期支教活动外，也有不少长期支教项目，最知名的就是由国内知名高校组建的研究生支教团。如截至2019年，北京大学已组建了二十二届研究生支教团，招募符合条件的学生到西部支教服务一年。

中国青年志愿者研究生支教团由共青团中央、教育部共同组织实施，从1998年开始组建，1999年开始派遣，采取自愿报名、公开招募、定期轮换的“志愿＋接力”方式，每年在全国部分重点高校中招募一定数量具备保送研究生资格、有奉献精神、身心健康的应届本科毕业生或在读研究生，到国家中西部贫困地区中小学开展为期一年的支教志愿服务，同时开展力所能及的扶贫服务。从2011年7月开始，支教团已并入团中央、教育部、财政部、人力资源社会保障部共同实施的大学生志愿服务西部计划的基础教育专项实施，享受“西部计划”有关待遇政策。

大学生支教不仅可以改善农村的教育状况，帮助农村孩子开阔眼界，增长见识，鼓舞孩子们通过读书来改变命运，也能让参与其中的大学生们得到更好的锻炼和成长。通过农村艰苦生活的磨炼、教学活动组织实施的锤炼，可以培养锻炼参与支教同学们的良好品格、领导力和实干精神，培养对社会责任的担当和可贵的奉献精神，为社会输送正能量，为公益行业带来积极影响，进而推动教育进步和社会发展。正是因为支教能实现多赢的目标，每年都会有许多大学生积极地参与支教活动。

二、知名支教团队介绍

1. 本禹志愿服务队

2002年暑假，在华中农业大学就读的徐本禹带着4名大学生志愿者来到当时水、电、路“三不通”的贵州省大方县猫场镇狗吊岩村为民小学义务支教23天。短短的暑期支教给徐本禹带来了许多感动，他随后做出了支教两年的选择，也因此获得了“感动中国人物”称号。徐本禹之后，更多的大学生加入支教行列中来，尤其是暑期支教行动中来。他的母校华中农业大学后来还专门成立了以徐本禹名字命名的“本禹志愿服务队”，以持续扎实的行动服务基层群众，取得显著成效，涌现出一大批优秀志愿者，并获得“中国青年志愿者优秀集体”等称号。2013年，“本禹志愿服务队”的同学们给习近平总书记写信，汇报了1 200多名队员深入贫困山区支教、关爱留守儿童、关爱进城农民工子女、关爱老人和残疾人等志愿服务活动成果及他们的认识和体会，得到了总书记的亲切回信。

习近平总书记给华中农业大学“本禹志愿服务队”回信

“本禹志愿服务队”的同学们：

来信收悉。得知你们在徐本禹同志感召下，积极加入青年志愿者队伍，走进西部，走进社区，走进农村，用知识和爱心热情服务需要帮助的困难群众，坚持高扬理想、脚踏实地、甘于奉献，在服务他人、奉献社会中收获了成长和进步，找到了青春方向和人生目标，感到十分欣慰。值此中国青年志愿者行动实施20周年之际，我向你们以及全国广大青年志愿者，致以诚挚的问候和崇高的敬意！

当前，全国各族人民正在中国共产党领导下，全面贯彻党的十八大和十八届三中全会精神，满怀信心为实现中华民族伟大复兴的中国梦而奋斗。你们在信中表示，要勇敢肩负起历史赋予的责任，积极投身改革发展伟大事业，奉献社会，服务人民，说得很好。

历史和现实都告诉我们，青年一代有理想、有担当，国家就有前途，民族就有希望，实现中华民族伟大复兴就有源源不断的强大力量。希望你们弘扬奉献、友爱、互助、进步的志愿精神，坚持与祖国同行、为人民奉献，以青春梦想、用实际行动为实现中国梦作出新的更大贡献。

习近平

2013 年 12 月 5 日

2.保定学院西部支教毕业生群体

为响应国家西部大开发的号召，河北保定学院的 15 名毕业生于 2000 年毅然放弃多家用人单位的录用及继续深造的机会，带着户口选择到万里之遥的新疆且末县中学任教。截至 2013 年，这所学校已有 97 名毕业生在新疆、西藏、贵州、重庆、四川等地基层工作。虽然条件艰苦，但十几年来没有一人退缩，全部扎根在西部大地，参与见证了西部的改变和发展。他们的事迹经《光明日报》报道后引起广泛关注。2014 年，这批西部支教毕业生群体代表给习近平总书记写信，汇报了他们的工作和生活情况，表示一个人的选择只有契合时代要求、符合人民需要才会有意义、有价值，西部需要我们这样的普通劳动者，我们愿像一棵棵红柳、一株株格桑花一样，扎根西部、坚韧不拔、甘于吃苦、平实做人，为广袤的土地带去无尽的生命力。习近平总书记在回信中勉励广大青年以保定学院赴西部支教的青年为榜样，到基层和人民中去建功立业，让青春之花绽放在祖国最需要的地方，在实现中国梦的伟大实践中书写别样精彩的人生。

习近平总书记给河北保定学院西部支教毕业生群体代表回信

保定学院赴西部支教的青年朋友们：

你们的来信收悉。你们响应国家号召，怀着执着的理想，奔赴条件艰苦的西部和边疆地区，扎根基层教书育人，十几年如一日，写下了充满激情和奋斗的人生历程。你们的坚守、你们的事迹，令人感动。

我在西部地区生活过，深知那里的孩子渴求知识，那里的发展需要人才。多年来，一批批有理想、有担当的青年，像你们一样在西部地区辛勤耕耘、默默奉献，为当地经济社会发展、民族团结进步做出了贡献。

你们在信中说，一个人的选择只有契合时代的要求，符合人民的需求，才会有意义、有价值。同人民一道拼搏、同祖国一道前进，服务人民、奉献祖国，是当代中国青年的正确方向。好儿女志在四方，有志者奋斗无悔。希望越来越多的青年人以你们为榜样，到基层和人民中去建功立业，让青春之花绽放在祖国最需要的地方，在实现中国梦的伟大实践中书写别样精彩的人生。

在五四青年节到来之际，我向你们致以节日的问候！

习近平

2014 年 4 月 25 日

三、北京农业职业学院赴赤城县支教团介绍

本书编者所在的北京农业职业学院畜牧兽医系从 2011 年起每年都牵头组建学院赴赤城县支教团，组织 20 名左右师生前往河北省张家口市赤城县三道川乡中心小学、马营乡中心小学开展暑期支教活动，受到当地百姓和小朋友的欢迎和认可，为全校学生提供了一个新的受教育、长才干、做贡献的实践途径，已打造成为学校暑期社会实践品牌项目。

支教团授课内容以扎染、书法、素描、音乐、舞蹈、折纸、手工、趣味实验、素质拓展等新鲜有趣好玩的课程为主，让孩子们接受科学、艺术启蒙教育，弥补乡村教育短板。同时，还辅导孩子们写作业，陪伴他们聊天、玩游戏，共同度过愉快难忘、收获满满的一周（图 14-1 至图 14-12）。

图 14-1　孩子们展示压花作品

图 14-2　队员教孩子们书法绘画

图 14-3　孩子们展示树叶手工作品

图 14-4　素质拓展课之车轮滚滚

图 14-5　科学实验课成果展示

图 14-6　放飞航模课制作的飞机

图 14-7　孩子们表演学习的街舞

图 14-8　孩子们练习下棋

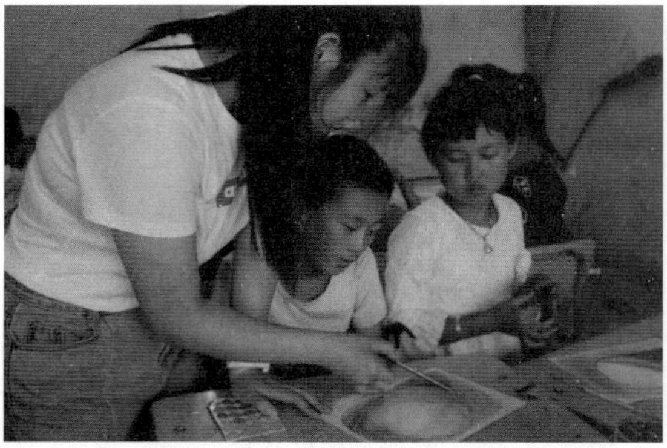

图 14-9　教孩子们素描

图 14-10　与孩子们聊梦想

图 14-11　与孩子们玩游戏

图 14-12　辅导孩子写作业

【拓展阅读】

“90后”女生5年支教20多所小学

她叫殷沙漫，湖南吉首大学学生，一位“90后”女生。她不顾生病的躯体，顽固地背起行囊，往来于湘西20多所山区小学，开展义务支教帮扶。她的事迹被新华社、人民日报、央视新闻、团中央学校部、新浪、搜狐等各大媒体进行了广泛深度宣传报道，在全社会引起了强烈反响。她化身冰心散文中的“小橘灯”，用镇定、勇敢、乐观的精神照亮了山区孩子们的心，用自己的青春赋予山区留守儿童无限光明。

缘起：因病与公益结缘

湖南的媒体对殷沙漫的报道这样写道：作为一名当代大学生，5年多来，殷沙漫用自己柔弱的身躯践行公益，深入多个贫困山区乡村小学支教、为多个贫困小学孩子筹集爱心物资，为贫困孩子拍摄全家福……她用自己的实际行动诠释什么是当代大学生的担当。

当问起殷沙漫怎么走上公益这条路时，她的回答简单却感情满满。殷沙漫自小身体弱，第一次接触公益还是在小学，那时她在医院里看到志愿者耐心地照顾毫无血缘关系的病人，细心如亲人般的照顾给她留下了深刻的印象，同时志愿者乐于助人的精神也在她小小的心灵里扎了根。

上了初一，12岁的殷沙漫加入学校志愿者协会，开始了她的公益路。在中学的6年时间里，尽管学业繁重，她依旧坚持利用课余时间组织和参与惠州市“地球熄灯一小时”、敬老爱老·关爱空巢老人、惠州市“文明伴我行”交通值岗等各类志愿服务活动共计120余次，因长期坚持志愿服务工作被评为惠州市实验中学“感动校园十大人物之一”。

选择：大学深入贫困山区支教

2013年，殷沙漫考上湖南吉首大学汉语言文学专业。湘西贫困山区的现实，使她在公益路上走得更远、走得更执着。

刚上大一，她就加入吉首大学麦田计划志愿者协会，并担任副会长一职。她开始关注贫困山区村小教育，或许源于家乡的落后。“我老家也是全国贫困县，每次回乡看到老家落后的面貌，总想做点什么。”殷沙漫说，“无奈当时自己还小，力不从心，上了大学，看到同样是全国贫困山区的湘西，自己既有能力也有责任去担当一些事情，所以她决定奉献自己的力量。”

在大学的四年时间里，殷沙漫带领团队走过湘西8市、县，到访了30多个贫困苗寨，实地调查了170余个家庭，通过发倡议、做公益项目为不同地区的困难学生组织帮扶，策划爱心物资募集活动，为10余所贫困小学的240多个孩子筹集了价值5万元的棉衣、围巾、文具、保温杯等物资。更重要的是，她发现贫困山区的孩子精神方面急需呵护，于是她开展“知识新窗·第二课堂”，开设音乐、美术、体育、心理健康课程，希望借此让孩子们得到应有的素质教育。

据统计，从上大学到现在的5年时间里，殷沙漫去过20余所山区小学开展教学活动。

欣慰：越来越多人参与公益

在公益路上，殷沙漫从开始的单打独斗，到现在有了一群志同道合的公益伙伴。

“刚开始没有人愿意花一下午的时间和我一起去支教上课，为了争取更多资源的支持，获得更人多的参与，我每次都将与孩子们上课的故事分享到朋友圈、QQ空间、微博。”殷沙漫说，通过她的发布，慢慢开始有人关注并开始支持、参与到支教活动中，也越来越多人主动捐赠物资，“也是在这个过程中，我强烈地感受到了人与人之间无名的温暖与爱，通过这些事情，我发现世界美好得不得了。”

在殷沙漫的公益行动的感召和影响下，全校 1 000 多人参与公益，更令人欣慰的是，社会上的爱心组织也纷纷联系她，如林德(中国)叉车有限公司苏州分公司、长沙芙蓉北路街道办事处、青宇粉丝公益站等，他们通过爱心物资捐赠、一对一资助的方式帮扶殷沙漫所到之处的孩子们。

“这是爱的力量啊。”殷沙漫说，用自己的行动和号召带给贫困山区孩子更多的温暖，这就是她最大的欣慰与幸福，而这些也是她继续努力的动力源泉。

坚守:为山区孩子留在湘西

2017 年 9 月，殷沙漫的身份从吉首大学本科生转换到研究生，她为了贫困山区的孩子们选择留在了湘西。

研究生的学习紧迫，能挤出的时间太少，但这并未阻止她继续行走公益的脚步。她利用学习之余，反思自己发起的“知识新窗 · 第二课堂”的课程设计，写下五万多字的公益手记，并且着手整理一套关爱山区留守儿童身心健康的教案。

2018 年 1 月上旬，殷沙漫发起了给留守大山的孩子拍张全家福的活动，并在网上发起了“全家福认领”的募集活动，不到一天的时间，便募集到了价值 2 030 元的 145 份相框和照片纸。而此次活动的照片打印机等器材，是殷沙漫用自己获得的“芙蓉学子 · 公益行动奖”的奖学金购买的。

新春佳节，殷沙漫和同伴在湘西土家族苗族自治州 5 位小学老师的支持和帮助下，带领志愿者们走进了苗寨，为 108 名留守儿童定格了与父母一起时的灿烂笑容，还送去了募集而来的手写春联。

在吉首大学榜样在身边优秀事迹报告会上，她向全体新生说：“鲁迅说过，无穷的远方，无数的人们，都和我有关。大概我和孩子们，也有着这样的关联，让我钟情于高山苗乡，去探访贫困儿童，去用尽一切关系给他们募集一点爱，去做所有我能做的，去选择留下。世界的改变不是少数人做了很多，而是每个人都做了一点点，我们种下一些种子，总有几颗能发芽，这就是我坚持的动力和意义。”

未来:公益之路会坚持走下去

很多人并不知道，在殷沙漫坚强的背后，是抱恙的身躯。原来，殷沙漫从小体质较差，曾在高三时有过低血钾，一直持续到大三，过度劳累会让她四肢乏力甚至晕倒。有一次，走在下山路上的殷沙漫忽然晕倒，而远在千里之外的父母得知这个消息也只能默默流泪。尽管十分心疼女儿，可殷沙漫父母还是支持女儿的决定。在殷沙漫看来，为了贫困家庭的孩子能改变命运，为了给山区孩子的内心播种快乐、健康、向上的种子，一切都是值得的。

惠州市实验中学高级教师李旭曾是殷沙漫高中时期的班主任，对这位学生印象深刻。李旭教语文，而殷沙漫曾是班里的语文课代表，对昔日爱徒，李旭老师如此评价：“我为有这样一个学生感到骄傲和自豪，按照她的性格，我相信她会在公益路上继续坚持下去，而且会做得更好。”

“公益这条路上，我一定会坚持下去。”说这话时，殷沙漫耿直而坚定。

【思考题】

为什么要参加支教？在支教中，能带给乡村孩子们什么？自己预期有哪些收获？

活动 15

马术赛事志愿者服务

【活动目标】

1. 了解马术赛事志愿服务的基本流程。
2. 了解、体验高水平马术比赛马房的日常工作。
3. 协助专业运动员、训练师、兽医，进行训练、马匹养护、防疫等工作。
4. 通过实践，学习马医专业英语。
5. 锻炼短期出差在外的生活自理能力。

【活动材料】

1. 生活用品，如衣物、药品、洗漱用品。
2. 马房相关工具（组织方提供），如推车、耙子、铁锹、水管、签到表等。

【活动准备】

1. 准备两周的在外生活必需品，如洗漱用品、换洗衣物、身份证件、通信工具、交通票据、少量现金、必要的药品等。

2. 查阅关于“上海浪琴环球马术冠军赛”的赛事相关资料，事先了解赛事历史。

3. 观看马术比赛视频，学习马术比赛规则、观赛礼仪。

4. 其他应注意的安全事项，对工作中受伤、中暑，证件丢失等情况提前做好应急预案。

视频学习 27　马房内部结构介绍

【活动内容】

一、抵达工作地点、熟悉工作环境

1. 熟悉场地环境

跟随赛事管理人员，对赛场、马匹训练场地、热身场地、马房、饲料房等相关地点的位置和路线进行熟悉，全面掌握场馆各区域的地理位置。

视频学习 28　马房外部结构介绍

2. 熟识各类马匹所需的饲料、草料、其他食物等

由于马匹来自世界不同的地方，可能会出现不习惯马料或者敏感的情况，因此应充分准备各种物料，保证食物的多样性，可以帮助它们适应环境、调整状态，这对马匹来说是很重要的（图 15-1）。

图 15-1 马匹饲料、草料

视频学习 29 草料搬运及工具认识

二、整理、清洁工具

每次马房清洁或饲料搬运都会用到多种工具，如手推车、耙子、铲子、麻袋等。由于赛事马匹数量多、种类多、规格高，因此对工具的清洁和环境的卫生情况要求更加严格，每一次使用完工具后，都需要清洁和整齐摆放（图 15-2、图 15-3）。

视频学习 30 清粪车的认识和使用

图 15-2 马房常用工具

图 15-3 推车的摆放

三、铺设马房垫料

一间马房需要 7 大包刨花垫料（图 15-4），垫料相当于松松软软的床铺，让马匹能够充分休息，为赛场上的精彩表现做准备。铺垫料看似简单，但其中也蕴涵着很多技术，如何铺得平整、厚实、美观，需要多多练习。志愿者铺设完垫料后，各代表队的饲养员往往会根据自己马匹的个

视频学习 31 垫料及其铺设

性特点对垫料再进行简单整理(图 15-5)。

图 15-4　垫料包样式

图 15-5　铺设垫料

四、协助饲养员洗马

马匹清洗是每匹马都要经常进行的常规护理,各专业队均有专业的饲养员和专业工具对马匹进行精心护理。作为赛事志愿者,需要负责准备好洗马区的公用工具,如水龙头、隔板、橡胶垫等,并保持洗马区的清洁。如有队员使用过洗马区后,要及时清洁(图 15-6、图 15-7)。

视频学习32
洗马区简介

视频学习33　刷马
工具的认识

图 15-6　清洁洗马区

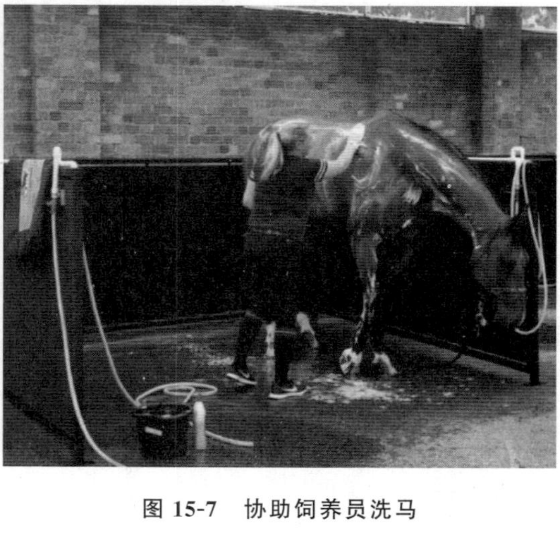

图 15-7　协助饲养员洗马

五、兽医急救演练

向兽医学习如何在场地使用黑色围布(图 15-8)及具体操作流程。围布一般会在马匹受重伤无法走路、需要救援车时使用,目的是在马匹现场救护时,防止观众看到血腥的场面而引发恐慌和混乱。人员受伤一般用担架抬出场地。打开围布将受伤的马匹围在中间,同时医疗人员可以在里面进行简单包扎处理,然后将马匹送出场地,途中围布跟随,直至撤出观众视线。每名志愿者面前的围布会用利器扎一个小孔(图 15-9),用来观察内部情况,便于指挥和移动围布。使用完毕后,将围布还原至最初状态,以便下次使用。

图 15-8　兽医急救演练——拉围挡

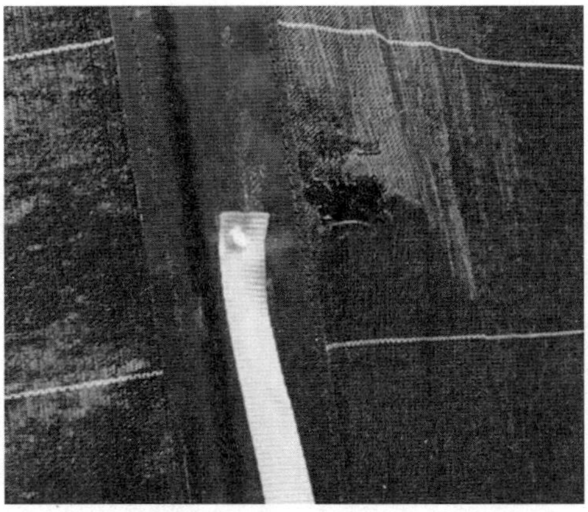

图 15-9　观察孔

六、草料搬运

随着参赛代表队陆续抵达和马匹训练开始,草料的使用量会激增,草料的搬运工作量也会随之加大(图 15-10)。每天每匹马的草料用量、种类,在搬运之前和接收时,都需要与参赛方进行沟通和确认。每次确认和草料

视频学习 34
饲料简介

交接，都需要和参赛方进行签字确认（图 15-11），这其中会涉及很多的沟通过程。参赛方来自不同的国家，有些选手不会说英语，这时还需要志愿者同各队的翻译官保持联系。

图 15-10　草料的搬运

图 15-11　草料的签收

【活动总结】

我的收获：

我的不足：

改进措施：

心得体会：

【活动评价】

以小组为单位进行成绩评定，包括自我评价、同学评价和教师评价三部分。评价内容及评价方式参见表 15-1。

表 15-1　马术赛事志愿者劳动评价表　　组别________

评价内容及分值标准		自我评价（占总分的 20%）	同学评价（占总分的 40%）	教师评价（占总分的 40%）
生活自理能力(20 分)	物品保管(5 分)			
	个人卫生(5 分)			
	个人安全(10 分)			
马术赛事(30 分)	了解赛事规则(15 分)			
	了解赛事文化(15 分)			
马匹养护技能(50 分)	整理、清洁工具(10 分)			
	铺设马房垫料(20 分)			
	洗马(10 分)			
	草料搬运(10 分)			
小计				
实际得分合计				

【知识链接】

一、国际马术联合会(FEI)简介

国际马术联合会(international equestrian federation)简称国际马联(FEI),1921 年 11 月 24 日在巴黎成立,总部设在瑞士洛桑,现有会员 130 个,创始国有比利时、丹麦、意大利、挪威、美国、法国、瑞典和日本,工作用语为法语和英语。国际马联是领导国际马术运动唯一的国际组织。所辖项目包括盛装舞步、骑术、超越障碍赛、三日赛、马车赛、耐力赛和跳跃等。国际马联是国际体育单项联合会总会成员。

国际马联的任务是举办国际比赛;确定、统一和公布比赛规则;确定和批准世界锦标赛、奥运会和地区性比赛的规程和项目;促进各会员国之间的接触。代表大会是最高权力机构,每年召开一次。每个协会会员可派 2 名代表与会,但只有 1 人有表决权。代表大会有权吸收和开除会员会籍,审议执行局提出的问题,做出纪律处分,选举官员,任命审计员,确定会费金额,审批秘书长、司库和审计员的年度报告,修改章程和规则。由代表大会选出的执行局负有领导责任,有权审议入会申请书;制订、修改和公布国际比赛规程;任命世界锦标赛、奥运会、地区性比赛和其他正式国际比赛的裁判员和技术代表;协调国际比赛日程,并呈交大会审批。执行局由主席、第一和第二副主席、司库、各技术委员会主任、各地区组织主任组成,法律与战略发展委员会主任以咨询人身份参与。

国际马联设有若干专门委员会,如各比赛项目技术委员会(超越障碍、盛装舞步、三日赛、马车赛、耐力赛等)、兽医委员会、道德委员会、财务委员会、战略发展委员会和仲裁委员会等。

国际马联秘书处设有 8 个部门,负责处理障碍赛、盛装舞步与跳跃、三日赛、奥运会以及矮

种马、发展、兽医、法律、通信和有关管理与财政方面的事务。

中国马术协会于 1983 年 6 月加入国际马联。

二、国际主要马术赛事

五星级赛事：马术世界杯(世界杯只有总决赛是五星级)、国际马术锦标赛、奥运会。三星级赛事：欧洲锦标赛、泛美锦标赛。一星级赛事：亚洲运动会。大师赛级别为二星至五星不等。

三、浪琴环球马术冠军赛

2006 年由荷兰前奥运金牌得主 Jan Tops 创办的浪琴环球马术冠军赛是全球最高级别的五星级马术障碍赛之一。上海浪琴环球马术冠军赛作为浪琴环球马术冠军赛全年分站之一，自 2014 年举办以来，每年吸引了世界排名顶级的骑手，以及在欧洲、美洲等地参赛的近百匹世界顶尖赛马悉数参赛。

四、赛事专业志愿者

参加志愿者服务是大众参与国际赛事的主要方式之一。国际奥委会主席罗格曾说过："奥林匹克运动会是运动员的盛会，也是志愿者的盛会"。志愿者是奥林匹克运动的重要组成部分。志愿者文化是国际重要体育赛事文化的重要组成部分。1992 年巴塞罗那奥运会举办时首次对奥运会志愿者的内涵做出界定：奥运会志愿者是在举办奥运会过程中，以自己个人的无私的参与，尽其所能，通力合作，完成交给自己的任务，而不收取报酬或其他任何回报的人。自此，各大赛事的志愿者群体和志愿者文化逐步发展开来。志愿者将在赛会期间为参与体育赛事的运动员、体育官员、媒体记者、赛场观众等，提供人性化、个性化、专业化的高水平志愿服务，包括语言翻译、应急救助和指路等，规模越大的赛事对志愿者的素养和要求也越高。

专业志愿者是体育赛事志愿者中比较特殊的群体，专业志愿者服务的对象主要是参加赛事的相关人员，并提供针对体育比赛最相关的服务。因此，赛事专业志愿者需要具备较高的专业水平，同时赛事专业志愿者岗位也是所有志愿者岗位中最直接接触参赛选手和相关人员的岗位。在我国的体育赛事中，专业志愿者通常从从事该项目的人员，或从事该项目学习的大学生中招募，再经过一段时间的专业知识技能、志愿者通识培训等，一系列的培训合格后才能上岗。对于所学相关专业的大学生而言，参与专业志愿者服务的机会，是难得的在专业领域增长见识、开阔眼界、向专业人士学习的机会，因此相关专业学生都会争先恐后报名参加。

【思考题】

请简要说明本次劳动活动对未来你在专业学习方面有何帮助。

第四部分

创新创业劳动

活动 16

学会开设网店

【活动目标】

1. 了解开设网店的流程及条件。
2. 学会开设和运营网店。
3. 培养学生创新创业意识和能力。

【活动材料】

电脑、网络、电话、数码相机、打印机、打单机等。

【活动准备】

1. 组建活动小组。根据班级情况及学生意愿进行分组，3～4 人为 1 个活动小组。
2. 准备好能上网的电脑等设备，思考网店开设与运营情况。

【活动内容】

视频学习 35
开设网店

一、开设网店平台

网店经营主要有淘宝、京东、拼多多、阿里巴巴、快手小店等平台。

1. 淘宝

淘宝作为最早成型的网店平台之一，其用户量非常庞大，受众人群广，经营方向及种类非常广泛，网店运营也较成熟，入驻门槛及费用比较低，但同时开店用户量也非常庞大，这意味着市场竞争也非常激烈，在开店初期将面临店铺流量及商品曝光率较低的情况，需要前期积累及优质的营销。

2. 京东

京东入驻门槛相对较高，入驻费用几千元。目标消费者消费能力相对较高，更倾向于注重产品质量，比较适宜做高质量产品，但如果是售卖电器，京东的消费者可能会更倾向于京东自营。入驻前需要做好产品调研。

3. 拼多多

需要保证仓储、物流费用降低至平均水平，或者拥有生产厂家资源，并且产品价格低廉，适用于“走量”型销售。

4.阿里巴巴

阿里巴巴是一个批发平台，可以在平台上寻找货源。如果是生产商，入驻阿里巴巴是非常好的选择。

5.快手小店

新兴网络电商平台，新兴起的一种营销方式。电商平台直播带货相对其他平台运营方式完全不同，店铺运营灵活性强，但需要积累粉丝量及直播互动。适合有一定量的定向受众，并有较优质的产品或资源的用户。

二、网店注册及认证流程

1.免费注册会员。注册电子邮箱，注册淘宝会员（本次活动以注册淘宝网店为例）。

2.支付宝认证。

3.店主需实名认证，身份信息要经过平台确认并公示。

（1）自然人开店需要提供居民身份证。

（2）个体工商户需要提供个体工商户营业执照。

（3）合伙企业需要提供合伙企业的执照。

（4）公司店铺设立需要提供涉及商标、专利等知识产权方面的证明文件。

4.开始注册网店。

（1）打开百度，搜索淘宝网（图 16-1）。

图 16-1　搜索淘宝网

（2）在卖家页面中点击免费开店（图 16-2）。

（3）点击个人店铺入驻（图 16-3）。

（4）输入账号密码登录（图 16-4）。

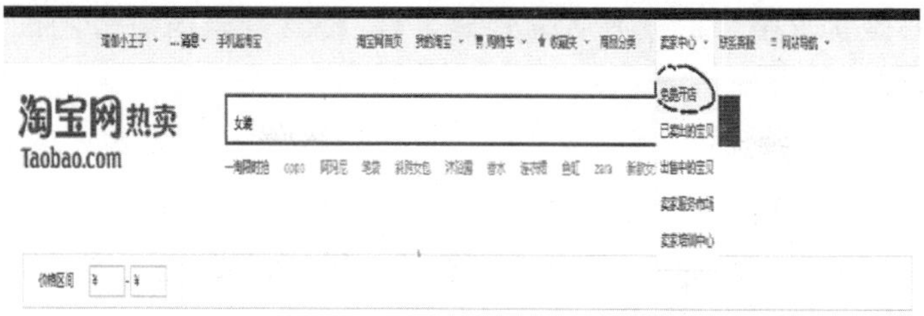

图 16-2　点击免费开店

图 16-3　免费开店界面

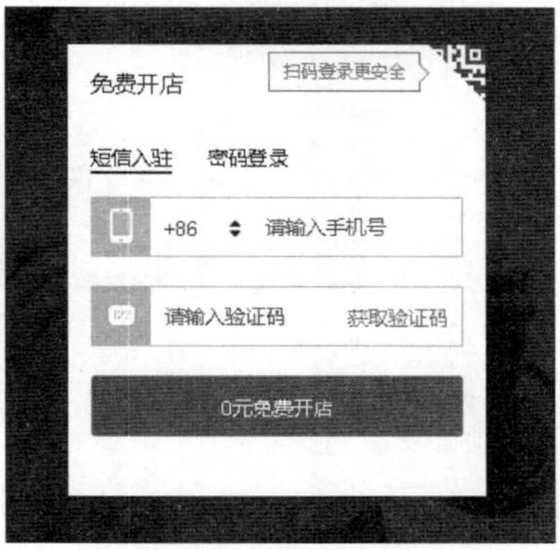

图 16-4　登录界面

(5)补充完整资料即可通过认证(图 16-5)。

图 16-5　认证界面

三、淘宝店铺管理软件与营销工具

1. 千牛工作台

千牛工作台的前身为阿里旺旺卖家版，是阿里巴巴官方出品的卖家一站式工作台，分为电脑版和手机版，核心是卖家整合。具有店铺管理工具、经营资讯消息等功能，能提升卖家的经营效率，实现高效、便捷的管理店铺。

2. 淘宝助理

淘宝助理是提供给卖家的一款免费、功能强大的客户端工具软件，它不登录淘宝网就能直接编辑商品信息，快捷批量上传商品，具有离线管理功能；数秒内建立专业的商品销售页面；能一次性快速成批上传大量货品等特点。

3. 店内营销工具

(1)淘宝旺铺促销(图 16-6)。

图 16-6　旺铺促销工具界面

(2)VIP 卡和抵价券(图 16-7)。

图 16-7　淘宝优惠券设置

(3)搭配套餐工具(图 16-8)。

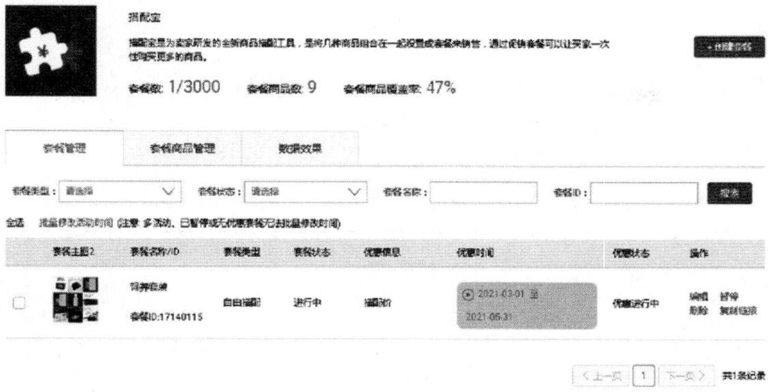

图 16-8　搭配套餐工具界面

(4)满就送服务(图 16-9)。

图 16-9　满就送服务界面

【活动总结】

我的收获：

我的不足：

改进措施：

心得体会：

【活动评价】

以小组为单位进行成绩评定，包括自我评价、同学评价和教师评价三部分。评价内容及评价方式参见表16-1。

表16-1　学会网店开设评价表　　组别________

评价内容及分值标准		自我评价（占总分的20%）	同学评价（占总分的40%）	教师评价（占总分的40%）
注册淘宝店（40分）	登录淘宝（10分）			
	注册淘宝卖家店铺（20分）			
	下载千牛（10分）			
店铺布置（60分）	店铺起名（20分）			
	店铺装修（20分）			
	店铺货品照片（20分）			
小计				
实际得分合计				

【知识链接】

一、开设网店的优势与劣势

1. 网络营销的优势

(1)网络浏览不受时间、地点限制，能够使消费的决策更具有便利性和自主性，消费者完全由自己做主，其灵活、快捷与方便是商场购物所无法比拟的。

(2)在网上发布信息成本较低，将产品直接向消费者推销，可缩短分销环节。发布的信息任何人都可以自由地浏览，因此有利于企业取得成本优势，可拓宽销售范围从而降低成本，使产品具有竞争力。前来访问的也大多是对此类产品感兴趣的顾客，受众准确，避免了许多无用的信息传递，也可节省费用。

(3)有利于企业和顾客的良好沟通。可以制作调查表收集顾客的意见，让顾客参与产品的设计、开发、生产，使生产真正做到以顾客为中心，从各方面满足顾客的需要，避免不必要的浪费。

(4)有利于企业提供更优质的服务。网络营销的一对一服务，留给顾客更多自由考虑的空间，避免冲动购物，可以多做比较后再决定。网上服务可以是24小时服务，而且更加快捷。

(5)有利于企业提高产品促销的多媒体效果。网络广告既具有平面媒体的信息承载量大的特点，又具有电波媒体的视听效果，可谓图文并茂、声像俱全。而且，广告发布不需印刷，节省纸张，不受时间、版面限制，顾客只要需要就可随时获取。

2. 网络营销的劣势

(1)缺乏信任感。人们多秉持眼见为实的观念，而且网上许多商家信誉度不好，虽是承诺多多，却说一套做一套。因此，网上购物要发展，保证质量和服务是一个重要的方面。

(2)缺乏乐趣。有时候，逛街的目的并不一定只是购物，它可以是一种休闲和娱乐，还是一种享受。网上购物还存在着试用不便，消费者没有实地的感受等缺点。所以，对许多人来说，网上购物缺乏足够的吸引力。

(3)价格问题愈加敏感。网上信息充分，使消费者不必再走东串西地比较价格，只需浏览网络即可货比三家。而对商家而言，则易引起价格战，使行业利润率降低。

(4)广告效果不佳。虽然网络广告具有多媒体的效果，但由于网页上可选择的广告位以及计算机屏幕等限制，其色彩、声音效果、创意有很大的局限。

二、网店营销策略

1. 增加流量及曝光率的办法

可选择开通流量直通车(前期购买流量)。这种办法其实并不适宜新开的店铺，因为店铺没有评价及客户积累，即使流量提升，也并不一定会提升购买率。直通车更适宜已经有一定积累的店铺，主要起到锦上添花的作用。

2. 店铺装修

可以根据自己售卖的产品类别，进行相应风格的装修，这是十分重要的。店铺的外表及内容可以直接影响用户对店铺的信任度，前期资金不充裕的情况下，可以自行简易装修。

3. 增强与粉丝的互动

增强粉丝互动可以有效加强粉丝对店铺的忠诚度及回购率，比如淘宝的店铺群、微淘等，可以发布各类动态、活动信息，以有效加强粉丝互动。

三、网店人群定位

网店人群定位就是确定商品销售的目标消费者群体，即搞清楚网店的消费人群是谁，是哪些群体，分析产品适用的人群。但需要注意的是，有些商品消费人群跟适用人群是同一个群体，有些商品消费人群跟适用人群不是同一个群体。比如买童装，一定是成年人买来给孩子穿的，一般情况下不会是10岁的孩子自己访问童装网店给自己买衣服。所以在网店建设之前必须认真仔细地分析目标客户与消费人群，确定网店的定位。消费人群和产品适用人群的分析可以从以下方面着手：

(1)消费人群的年龄段。

(2)消费人群的收入水平。

(3)消费人群的性别。

(4)消费人群的工作环境。

(5)消费人群的社交圈。

(6)消费人群的文化程度。

(7)消费人群所处的人生阶段。

(8)消费人群注重的产品细节、功能、整体外观等方面。

(9)消费人群的性格。

(10)消费人群的审美观。

(11)消费人群与适用人群之间的人际关系。

四、淘宝店铺运营

淘宝店铺运营是一个系统性的工作，店铺在不同的时期，会有不同的事情要去做。如果是一个成熟的店铺，工作重心主要会放在下面几个地方：

1. 浏览店铺数据，及时分析数据并得出结论

登录千牛卖家中心，观察生意参谋的近期数据，可通过数据分析有无异常情况。如果数据下滑严重，可移步到生意参谋—流量—店铺来源，通过分析详细数据寻找问题。

2. 找出店铺问题点，并寻求解决方案

店铺在运营工作中会出现各种各样的问题。如某淘宝店铺每天访客数据达到 500 多人，浏览量也很高，但咨询和成交量非常低。前期发现大部分数据正常，通过分析不同时段多次观察实时访客，发现店铺大部分的入店客源都来自我的淘宝，但几乎没有通过“手淘”搜索浏览店铺的。于是开始尝试通过“互粉”的形式提升主推产品的搜索轨迹，给老客户发优惠活动信息，通过一定的规则去搜索主推产品(旨在加强搜索轨迹和提升搜索深度)，最后完成购买就可获得大额红包奖励。一周左右，访客数回归正常，大部分流量重新回归到“手淘”搜索上。

3. 了解产品，做老板的最佳拍档

很多淘宝运营人员对运营的规则掌握得很好，但是对店铺的主推产品却知之甚少。一个店铺的产品可能非常多，什么产品是高毛利产品，什么产品可以给店主带来长期稳定的客户，都需要有明确定位。因此，在淘宝日常运营工作中会涉及具体店铺产品的分析，要更加深入地了解淘宝店铺的产品。

4. 狠抓细节，凸显产品实力

消费者通常会关注产品优点、品牌实力、售后服务等细节，这些都需要通过主图以及详情页来实现。主图部分一般都是放一个 30 秒的产品视频，以及 4 张不同角度的宝贝图片与 1 张白底图。

详情页可以从公司文案、产品展示、产品介绍、产品细节、荣誉证书、厂房实拍、售后服务几个部分去做。这不仅仅需要运营，还需要运营和美工的配合，以做出更有视觉冲击力的图片。

五、淘宝网店的经营模式

1. 实体店＋网店型

这种模式由统一渠道进货，批量进货成本低，具有竞争优势；货源充足，所有网店产品均有现货，发货及时，产品也方便管理，实体店和网店能相互反馈得到更充分的信息，线上、线下都能交易。

2. 专营店型

这种模式只做一个品牌的产品，产品的专业性强、质量有保证。专营店更容易形成自身的

品牌效应，能更好地留住消费者。但这类店铺需要品牌授权，开店门槛也比较高。

3. 超市型

这种模式就像商场一样，商品类型覆盖全面，消费者可在店铺一次购买多种物品，无须多店购买，但投资金额较大，并且不方便产品管理，需一定的规模。

【思考题】

1. 如何提升店铺粉丝活跃度？
2. 如何提升店铺流量？

活动 17

宠物用品店开设条件调研

【活动目的】

1. 培养学生做资金预算的能力。
2. 培养学生参与市场调研的能力。
3. 培养学生与人交流的能力。

【活动材料】

电脑,调研问卷,地图,纸张、铅笔、橡皮等绘图工具。

【活动准备】

1. 组建活动小组。根据班级情况及学生意愿进行分组,3～4 人为 1 个活动小组。

2. 确定大致的调研区域。根据学校或者学生所在的区域,以就近原则确定大致的调研活动区域。

3. 以小组为单位到宠物店调研。了解其投资比例、经营模式、经营项目等。

【活动内容】

一、投资预算

投资开设宠物用品店,需要考虑多个方面的预算,包括店面租金、装修、货品购置、工具设备购置以及人员工资等方面。一般来讲,租金约占 35%,装修约占 25%,货品购置约占 30%,设备工具购置约占 5%,其他约占 5%(图 17-1)。

二、市场调查及选址

市场调查及选址是影响宠物店能否在所在市场中快速赢得客户、保障业务长期稳健发展的重要因素。

1. 市场调查

通过市场调查等明确经营定位及经营项目。市场调查包括以下几个方面:行业发展状况;本地区适合经营的项目;哪些地段、哪些项目有拓展的空间。

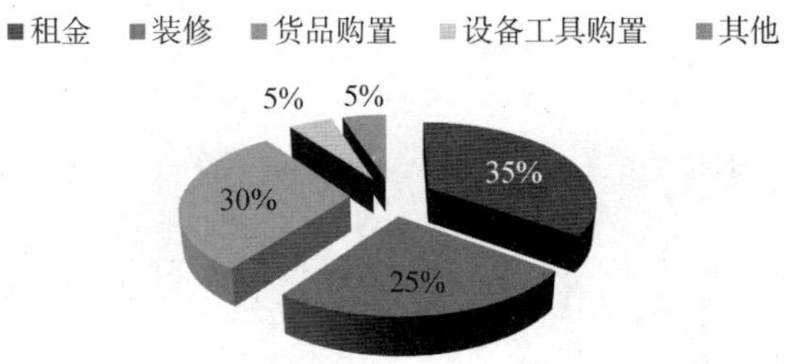

图 17-1　宠物店开设资金预算图

2. 选址

宠物店的位置宜选择在闹市区、居民社区或专门的动物市场，并要综合考虑以下多种因素：

(1)商圈(拟选址地半径 6 000 m 区域)的人口情况和目标客户的收入水平。

(2)商圈内现在养宠的和计划养宠的人群数量。

(3)周边同行业的竞争情况。

(4)周围商家特点、房屋租金、合同期限、人口流动趋势及有关的法律法规等。

(5)周边交通条件是否便利，是否方便停车，周围设施对店铺是否有影响等。

三、确定经营项目

1. 服务类

(1)洗澡美容。洗澡是宠物犬、猫最普遍也是最主要的日常护理项目。美容是宠物美容店的招牌服务项目，美容技术的好坏可直接影响店铺的经营。

(2)宠物寄养。需要与宠物主人签订寄养合同，提供让顾客放心、满意的寄养环境与日常护理。

(3)宠物摄影。可根据不同犬只个体设计拍摄写真、艺术照、家庭生活照等。

(4)宠物“婚丧嫁娶”。主要包括宠物殡葬与配种业务。宠物美容店可在动物检疫部门或卫生部门许可的前提下开展殡葬业务，如土葬、火葬及网上设置灵堂等形式。

2. 销售类

(1)宠物用品销售。宠物用品种类繁多，大致可以分为衣、食、住、行、玩五大类。包括宠物食品、宠物保健品、牵引绳、运输箱、各种宠物服饰及玩具等。

(2)活体销售。可利用丰富的客户资源和销售渠道，给顾客提供不同犬、猫的活体买卖交易。

3. 选择经营模式

可以根据自己的情况选择依附宠物医院开店、加盟宠物连锁机构开店、独立经营开店和开设网店。

4. 店面的功能区划分及装修

根据所确定的经营项目，可将店面划分为货品区、休闲区、活体展销区、寄养区、美容区等。

不同的装修风格会吸引不同群体的客户，进而影响产品及服务的价格。如具有高档消费群体的店铺装修要温馨时尚；要有醒目、美观的门面设计；门厅处展示美容师的工作照或获奖照片，会起到很好的宣传作用。宠物店的门面及服务台设计见图 17-2。

图 17-2　宠物店的门面设计

注：图片拍摄于全心全意连锁动物医院

四、安全防护

1. 在做问卷调查过程中，要做到文明礼貌，切记不能发生语言及肢体冲突。
2. 接触犬、猫等宠物时，一定要用正确的方式，以防被抓、咬。

【活动评价】

以小组为单位进行成绩评定，包括自我评价、同学评价和教师评价三部分。评价内容及评价方式参见表 17-1。

表 17-1　宠物用品店开设条件调研考核表

评价内容及分值标准		自我评价（占总分的 20%）	同学评价（占总分的 40%）	教师评价（占总分的 40%）
资金预算（10 分）	资金预算全面（5 分）			
	预算比例合适（5 分）			
市场调研（30 分）	调研表设计合理（10 分）			
	调研对象选择正确（10 分）			
	与调研对象沟通顺利（10 分）			
选址（10 分）	选址正确（10 分）			
经营项目选择（20 分）	经营项目选择合适（20 分）			

续表17-1

评价内容及分值标准		自我评价 （占总分的 20%）	同学评价 （占总分的 40%）	教师评价 （占总分的 40%）
店面功能区划分（30 分）	店面进行了功能区划分（10 分）			
	功能区划分合理（20 分）			
小计				
实际得分合计				

【活动总结】

我的收获：

我的不足：

改进措施：

心得体会：

【知识链接】

一、如何挑选宠物

宠物是现代人很重要的朋友，养宠物的人越来越多，常见的宠物有猫、犬、乌龟、鱼类及鸟类等。比较受欢迎的宠物有布偶猫、金毛犬、鹦鹉、美国短毛猫、哈士奇犬、折耳猫等。有的人选择宠物会看宠物的饲养难度，像是中华田园犬、中国狸花猫、乌龟、金鱼、仓鼠等比较好养。下面介绍宠物挑选方法和一些比较受欢迎的宠物。

1. 宠物犬常见种类（表 17-2）

表 17-2　宠物犬常见种类

品种	价格/元	身高/cm	体重/kg	性格	寿命/年
哈士奇犬	2 000～4 000	51～60	16～27	聪明机灵、热情、神经质	9～15
秋田犬	1 500～1 000	66～71	45～55	沉着、温顺、勇敢	11～12
拉布拉多	1 000～3 000	54～57	25～34	友善、脾气好	12～15
金毛犬	1 000～1 500	55～61	27～34	活泼、忠诚、憨厚、友善	10～15

续表17-2

品种	价格/元	身高/cm	体重/kg	性格	寿命/年
贵宾犬	1 000～8 500	20～38	4～8	聪明、易训练、安静	13～19
博美犬	1 000～3 000	24～29	2～3	友善、活泼、聪明	10～16
比熊犬	1 000～3 000	24～29	＜5	聪明、温和、友善	12～15
萨摩耶犬	1 000～1 500	48～59	23～30	聪明、机警、活泼	12～15

(1)宠物犬选择注意事项。选择自己喜欢的品种，尽量挑选3周龄或经过调教的犬；犬要活泼，有精神，眼睛亮，眼结膜粉红、无分泌物和眼泪，鼻端湿凉无黏液，口腔无异味，舌鲜红无舌苔，牙齿洁白，毛色新鲜，皮毛温而不热，蓬松整洁，无虱虫；肛门紧缩，清洁无异物。

(2)宠物犬喂养要注意犬的类型及年龄。皮肤敏感的犬选择鸡肉含量高的狗粮，肌肉型的犬选择牛肉含量高的狗粮。幼犬选择营养价值非常丰富的狗粮，成犬选择附加多种功能的狗粮，老年犬选择含更多维生素的狗粮。

2. 宠物猫常见种类(表17-3)

表17-3　宠物猫常见种类

品种	价格/元	毛长	体重/kg	性格	寿命/年
暹罗猫	500～2 000	短毛	2.5～5.0	机警好动、好奇心强、善解人意	12～20
异国短毛猫	3 500～1 200	短毛	3～6.5	好静、可爱、温纯、甜美	10～15
英国短毛猫	5 000～10 000	短毛	4～8	甜美可人、亲近人类	10～15
缅因猫	1 200～8 000	长毛	＞10	性情温顺、对人亲近、聪明独立	10～18
布偶猫	8 000～1 800	长毛	4.5～9	温顺好静、对人友善	12～15
波斯猫	4 000～2 000	长毛	3.5～7	温文尔雅、反应灵敏、善解人意	12～15
折耳猫	1 000～3 000	短毛	2.5～6	平和爱玩、生命力强、感情丰富	10～16
金吉拉猫	3 000～5 000	长毛	3～8	温顺高贵、善解人意、灵性十足	12～18

(1)宠物猫选择注意事项。宠物猫要选择好奇心强、活泼的；眼睛有神、无眼屎，耳朵竖立、无污物，牙龈粉红，鼻子微湿，无鼻涕；肛门干净，皮肤无霉菌和伤口；抱起来比预感重。

(2)宠物猫喂养方法。1天至45天奶猫选猫咪专用奶粉、无糖的羊奶粉、婴儿第一阶段奶粉、低脂舒化奶等；45天至8个月幼猫选择羊奶和酸奶，不要选择牛奶，可喂自制猫饭、猫罐头和天然粮；8个月至10年成年猫喂自制猫饭、主食罐头、猫粮和生骨肉都可以。10年以上老年猫喂猫饭或者主食罐头，减少脂肪、蛋白质，增加钙和维生素。

3. 其他常见的宠物

(1)宠物鼠。罗伯罗夫斯基仓鼠、坎氏毛足鼠、加卡利亚仓鼠、黄金仓鼠、豚鼠、毛丝鼠。

(2)宠物龟。猪鼻龟、大鳄龟、红腿陆龟、地图龟、缅甸陆龟、辐射陆龟、地龟。

(3)宠物兔。巨型安哥拉兔、垂耳兔、海棠兔、暹罗兔、荷兰兔、波兰兔、喜马拉雅兔。

(4)宠物鱼。金鱼、锦鲤、龙鱼、热带鱼、刀鱼、虾虎鱼、恐龙鱼、灯鱼、鲷鱼、鲽鱼。

4. 热门宠物排行榜

(1)最受欢迎宠物。布偶猫、金毛犬、鹦鹉、美国短毛猫、哈士奇犬、折耳猫、兔子、贵宾犬、橘猫、仓鼠。

(2)热门小型宠物。乌龟、刺猬、仓鼠、豚鼠、栗鼠、八哥、宠物貂、蜜袋鼯、比熊犬、兔子。

(3)热门大型宠物。边境牧羊犬、布偶猫、拉布拉多犬、美国短尾猫、金毛犬、波斯猫、英国短毛猫、哈士奇犬。

(4)最受欢迎宠物狗。玩具贵宾犬、博美犬、萨摩耶犬、拉布拉多犬、金毛寻回犬、哈士奇犬、柯基犬、比格猎犬、边境牧羊犬、卷毛比熊犬。

(5)最受欢迎宠物鸟。百灵、画眉、绣眼鸟、靛颏、虎皮鹦鹉、八哥、金丝雀、太平鸟、七彩文鸟、相思鸟、玄凤鹦鹉、金青鸟。

(6)最受欢迎宠物蛇。球蟒、玉米锦蛇、赤链蛇、白化球蟒、黄金蟒、奶蛇、乌梢蛇、翠青蛇、黑眉锦蛇、玉斑锦蛇。

5. 不同人群养宠物

(1)适合单身男士的宠物。巴哥犬、边境牧羊犬、柴犬、英国短毛猫、异国短毛猫、毛丝鼠、真鳄龟、苏卡达象龟、玉米锦蛇、哈士奇。

(2)适合单身女士的宠物。博美犬、萨摩耶犬、金毛寻回犬、英国短毛猫、布偶猫、毛丝鼠、迷你垂耳兔、豚鼠、仓鼠、蜜袋鼯。

(3)适合上班族养的宠物。贵宾犬、宠物猫、乌龟、巴哥犬、仓鼠、毛丝鼠、虎皮鹦鹉、豹纹守宫、玉米锦蛇、红玫瑰蜘蛛。

(4)适合老年人养的宠物。贵宾犬、巴哥犬、北京犬、中华草龟、虎皮鹦鹉、橘猫、英国短毛猫、懒人鱼、鹩哥、金毛寻回犬。

(5)适合小孩养的宠物。贵宾犬、宠物龟、巴哥犬、仓鼠、栗鼠、兔子、豚鼠、宠物貂、茶杯猪、花枝鼠、金鱼、哈士奇犬。

6. 宠物购买技巧

(1)购买宠物的方式。网上购买宠物可以带来不少便利,价格也便宜,但是在宠物店和花鸟市场购买会更稳妥一点,因为你可以现场判断宠物的情况,就算是出现了问题,维权也比较方便,相对来说有保障。

(2)买宠物应注意的事项。看宠物的呼吸是否正常,测量宠物的体温(37.7～39 ℃),看宠物的牙齿是否健康,检查宠物的排泄物(呈软固态状的黄至棕色),摸宠物的皮肤(没有疙瘩和伤口),看宠物的鼻子(皮软带点湿润),看宠物的毛发(色泽是否均匀、有无过氧化氢气味),看宠物的肚子(宠物消瘦肚子却鼓起说明可能有寄生虫)。

二、犬零食的选择方法

1. 零食分类

(1)肉干类。包括牛肉干、羊肉干、鸡肉干、海产品肉干等。

(2)饼干类。一般以淀粉等谷物配方为主或是掺杂少量鸡肉或薯条混合制作的零食,犬饼干能帮助保持其牙齿的健康。

(3)混合肉类。这类产品通常选择水分含量比较高的肉干和别的东西搭配制作。

(4)乳酪制品。乳酪类的零食,对于调解犬的肠胃也有好处,但如果犬对牛奶过敏的慎用。

(5)咬胶类。通常用猪皮或者牛皮制成,专门为了犬消磨时间用的。

(6)洁齿类。这类产品通常为人工合成。

2.零食选择技巧

(1)品牌选择。我们选择犬的零食,首先要注意的是零食必须是专业制作的,这样的零食犬吃起来才健康,如果买一些不合格的零食,很可能会出现问题,大家选择时要谨慎。

(2)功能选择。选择任何一款零食,一定要注意其功能性,也就是你有什么样的目的,那么就选择什么样的零食,千万不要混淆。有些商家为了赚钱会经常混淆这些零食的功能。

(3)选择天然新鲜。购买时看清配方,特别注意是否新鲜,是否有色素添加。

三、宠物美容工具介绍

宠物美容的工具种类很多,不同工具用途各异,主要包括以下几种。

(1)鬃毛刷。主要以兽毛制品、塑料制品为主,形状分为带柄的及椭圆形刷子,按犬只大小,分不同型号,用于短毛犬的日常护理,可去除皮屑及杂毛,经常使用可使被毛变得光滑亮泽。

(2)木柄针梳。多为木制的,也有有塑料的。底部是气垫,气垫上分布金属针,这种金属钢针不仅持久耐用,而且可以避免梳子与毛发之间摩擦时产生静电。主要用于长毛犬的日常护理,如玛尔济斯犬、约克夏犬。

(3)钢丝梳。又称针梳,有些是塑料的,有些是木制的,有些是金属的,还有些梳面是金属,梳柄是木制的,材质比较多。他们的结构都是相同的,底部是气垫,气垫上排列钢丝。配合犬的大小,有小号、中号、大号三个型号,可以根据犬的大小来选择针梳。主要用于去除死毛、毛球、拉直毛发。适合贵宾犬、比熊犬及梗类犬腿部使用。

(4)标准型美容师梳。美容师通用的梳子,也称宽窄齿梳,一半是宽的,一半是窄的,或是全宽齿。全宽齿我们又叫贵宾专用梳。材质一般有三种:铁、不锈钢、铝。用于梳理刷过的被毛,以及挑松毛发,便于修剪整齐,是全世界专业宠物美容师最常用的美容工具。

(5)面虱梳。外形小巧,梳齿间距较密。虽然有一个“虱”字,但它是用于面部毛发梳理的,能有效去除眼部周围或是嘴巴周围粘的脏物。

(6)极密齿梳。梳齿更为紧密的梳子。用于身体带有体外寄生虫的犬只,有效剔除毛发中隐藏的跳蚤和蜱虫等。

(7)分界梳。一般是塑料的,也有齿的部分是塑料,下半部分是金属的。主要用于长毛犬的背部分线以及包毛、扎辫子。

(8)开结梳。又称奥斯特垫子梳或开结刀。梳面由优质的不锈钢材质制成,柄部由塑料制成,主要用于打开毛结。

(9)止血钳。采用金属材质制成,分直头、弯头两种,拔耳毛用,清理耳道的时候,把止血钳的头用棉花包起来,可用来掏耳朵。

(10)指甲钳。用于修剪犬、猫的趾甲,有“人”字形、断头台形,可配合犬的大小选择型号。

(11)拔毛刀。用于梗类犬拔除绒毛使用,一般用于赛场美容。

(12)刮水耙。去掉底部绒毛的。

(13)止血粉。给犬剪指甲时必备的用品,以便流血时迅速止血。

(14)包毛纸。用于长毛犬护理毛发使用。

(15)犬用皮筋。长毛犬梳辫子时使用。

(16)剪刀包。对剪刀起保护作用,内有多个隔层可以放置剪刀等工具。

(17)剪刀油。对剪刀起保护的作用,经常使用可延长剪刀寿命。

(18)刀头清洗剂。用于清洗电剪刀头,可起到保养的作用。

(19)刀头冷却剂。可对过热的刀头起到迅速降温的作用,有效防止因刀头过热而烧毁电剪。

(20)染色膏。用于犬只染色造型,多色可选。

(21)耳粉。对犬耳朵起到消炎止痒作用,在清洁耳毛时起止痛作用。如果耳朵潮湿,耳粉会吸收湿气,起到祛湿作用。

(22)洗眼液。用于清洁眼部周围,不可用于治疗。

(23)洗耳液。清洁宠物耳道分泌物时使用,不可用于治疗。

【拓展阅读】

福建"80后"小伙开宠物店追逐梦想的创业故事

出生在福建的林锦捷从小喜欢小动物,上小学时就当起"宠物爸爸"的他,养过的宠物已经数不清了,种类从最初的小金鱼到最常见的猫、狗,再到较个性的蜥蜴、大型鹦鹉。"宠物爸爸"的经验非常丰富,也萌生了开店的想法。

离开学校两年后,他带着第一笔创业基金开了第一家宠物店。第一家小店在塔头附近,沿街,却只要 1 000 元左右的月租,由于资金有限,林锦捷的第一家宠物小店可以用简陋来形容——店面比较旧,里面没有任何区域分割,一进门就是浓浓的动物气味。

初次创业的林锦捷没有任何经营的经验,一切的出发点都是为了省钱。为了采购有营养又能让宠物毛色发亮的食物,他每天一大早就上市场,雇不起员工的他不仅负责了宠物的美容,还要做育种、接生。在犬的生产期临近的时候,他还得 24 小时吃喝睡在店里,以保障安全生产。虽然小店环境不吸引人,但是年轻老板的投入与认真为小店带来了回头客。在经营了几个月后,小店基本能保持每月上千元的盈余。

背负生活的压力,林锦捷的宠物小店无法纯粹,盈利变成了经营的第一目标。一年半后,虽然小店经营稳定,但是位置和环境受限让经营无法做出突破。再三思量,林锦捷选择了关门。

关掉第一家店后,林锦捷没有再仓促重开宠物店。正巧这时他的表哥从深圳回来,在表哥的鼓动下,他加入了表哥的创业项目。这三年中,林锦捷不断学习提升,充实自己。三年后,他有积蓄了,心中开一家宠物店的梦想依然还在,与第一次不同的是,这一次关于这间店的方方面面,他都有了全面的规划。

(1)选址明确。林锦捷将店址选在了五四北的"富人区",这边大多数人家都养宠物,而且不止一只。在与福州的"遛狗群"的交流中,他也得知这附近有一块极好的遛狗场地,可以说这附近的"顾客"很多,而且具有消费能力。

(2)主打温馨牌。这一次林锦捷手头有相对充分的资金,能将心中的设想一一实现,走进他的"旺财小宠"就会发现有一层玻璃将宠物隔离在另一个区域,这使得店内的空气质量大大提升。在等候区摆上了沙发、茶几，让主人在等待自家“小宝贝”的时候能够更加惬意。

(3)只做专业的事。与第一次的瞎忙不同，这一次林锦捷对小店的定位更清晰。他熟悉宠物相关品种，擅长宠物美容，他就只做这些，将能做的事情做到极致。

宠物店一直是林锦捷的梦想，从三年前的“向钱看”到现在“求品质”，他完成了从逐梦到圆梦的转变，梦想跟现实的距离有多远，仰望星空，脚踏实地，或许就能一步步地拉近。

【思考题】

开设宠物店需要考虑哪几个方面的影响因素？

活动 18

爬行动物孵化技术创新与实践

【活动目标】

1. 了解爬行动物的相关法律法规。
2. 了解并掌握爬行动物饲养场所的卫生清洁及环境消毒。
3. 了解爬行动物饲养设备，掌握饲养设备的使用方法。
4. 了解爬行动物的常见种类(图 18-1 至图 18-3)。

图 18-1 豹纹守宫

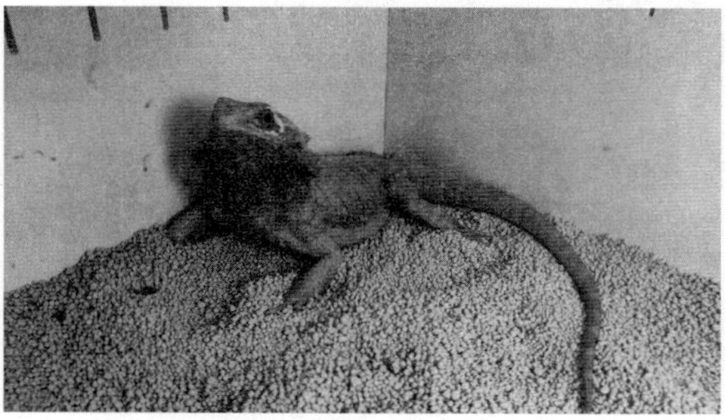

图 18-2 鬃狮蜥

图 18-3 双冠蜥

【活动材料】

1. 爬行动物活体(如豹纹守宫、鬃狮蜥、蛇等)。
2. 饲养设备(如饲养盒、温控器、加热垫等)。
3. 饲料(如蟋蟀、面包虫、钙维粉等)。
4. 孵化设备(如产盒、孵化盒、孵化基质等)。
5. 消毒用品(如新洁尔灭、高锰酸钾等)。

【活动准备】

1. 组建活动小组。根据班级情况及学生意愿进行分组,3～4 人为 1 个活动小组。
2. 准备好需孵化的爬行动物。
3. 做好卫生防护。

【活动内容】

一、工作环境布置

1. 饲养环境清洁

定时开窗通风,保证良好的工作环境(图 18-4)。

图 18-4　工作环境

2. 工作台清洁及准备工作

(1)清理工作台杂物,擦拭干净。
(2)用配比好的新洁尔灭喷洒并擦拭。
(3)将提前准备好的垫材、食盆、水盆、饲料等摆放整齐。
(4)将杂物桶提前套袋备用。
(5)戴好手套、脚套、口罩等防护工具。

二、饲养注意事项

1. 根据当天的喂食情况，进行饲料分装(杜绝饲料浪费)。

2. 实行“一屋一台一组”(一个房间、一个工作台、一个小组)制度。

3. 未经允许，禁止随意抓取活体爬行动物(增强自我保护意识)。

4. 定期更换垫材、饲料及饮用水(严禁使用自来水等未经过处理的水源)。

5. 严禁将消毒好的食盆与脏盆混放，容易引起爬行动物的疾病传播。

6. 严禁将活体随意带出饲养区域。

7. 严禁在饲养区域追跑打闹，未经允许禁止拍照及录像。

8. 蜥蜴与哺乳动物的身体构造和生理机制有着十分巨大的差异，在操作过程中要十分注意，不要将哺乳动物的概念套用在蜥蜴身上。

三、爬行动物孵化的要点

1. 准备孵化前检查孵化盒是否完好，有无破损情况(图 18-5)。

2. 选择珍珠岩、花泥、蛭石等合适的孵化基质，保持孵化环境湿度。

3. 每天定时检查孵化设备是否正常运行及孵化盒湿度是否合格(图 18-6)。

视频学习 36
孵化盒制备

图 18-5　孵化盒

图 18-6　孵化设备

4. 每天定时检查蛋的健康状况，如蛋内发育情况、表面是否发霉、是否出现异味等(图 18-7，图 18-8)。

5. 守宫破壳后分苗时需提前准备好相关器械，并检查是否有内脏外露的情况发生(图 18-9，图 18-10)。

视频学习 37　检查
卵发育状况

四、爬行动物动物福利实践

1. 使用正确的抓取方法，禁止拉扯尾部、头部等行为(图 18-11)。

图 18-7　孵化健康的蛋

图 18-8　未发育的蛋

图 18-9　孵化的豹纹守宫

图 18-10　内脏外露的个体

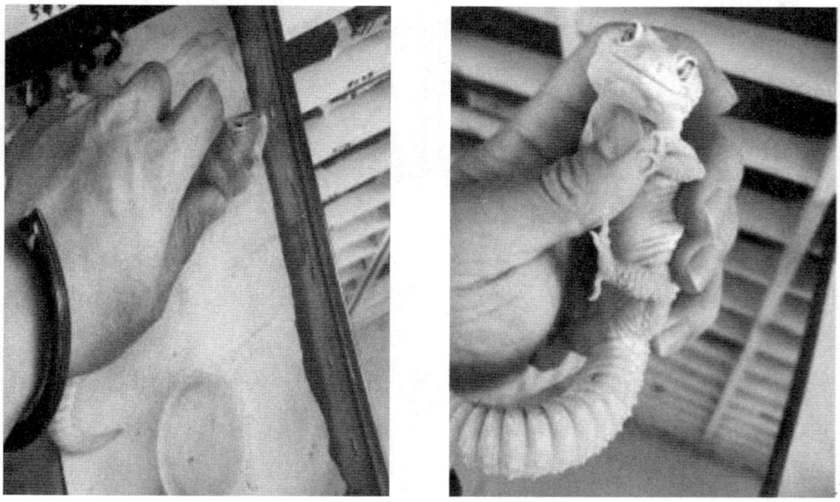

图 18-11　守宫的抓取方法

2. 根据爬行动物体形及所需环境及时更换饲养盒(箱)的大小。
3. 有效区分夜行动物和日行动物,及时提供光照条件,严格控制光照时长。
4. 严禁给爬行动物喂除饲料外的其他类型食物及饮品。

五、活动实践要求

1. 遵守法律、法规。
2. 具有良好的品行。
3. 具有正常履行职责的身体条件。
4. 热爱动物。

六、饲养员职责要求

1. 认真学习养殖理论知识和基本饲养技术,不断提高饲养技能。
2. 保持饲养室内清洁卫生、通风干燥、温度适宜。
3. 按时给动物添饲加水,保证动物安全健康。
4. 发现动物存在异常及时隔离观察处理。
5. 协助防疫技术员做好驱虫、防疫、消毒工作。

【活动总结】

我的收获:

我的不足:

改进措施:

心得体会:

【活动评价】

以小组为单位进行成绩评定,包括自我评价、同学评价和教师评价三部分。评价内容及评价方式参见表 18-1。

表 18-1　实验室常用器皿的清洗与摆放评价表　　组别________

评价内容及分值标准		自我评价（占总分的 20%）	同学评价（占总分的 40%）	教师评价（占总分的 40%）
消毒工作（45 分）	自身消毒（15 分）			
	环境消毒（15 分）			
	用品消毒（15 分）			
饲养工作（30 分）	饲养环境布置（10 分）			
	正确抓取豹纹守宫（20 分）			
繁育鉴别工作（25 分）	性别鉴定（10 分）			
	检查发情情况（15 分）			
小计				
实际得分合计				

【知识链接】

一、概述

蜥蜴属于爬行纲有鳞亚纲有鳞目蜥蜴亚目，这个次分类可以将蜥蜴与蛇类、喙头蜥、蚓蜥等区分开，目前全球已知的蜥蜴已超过 4 000 种，蜥蜴是世界上存活至今的分布范围最广的爬行类，包括树栖（如变色龙、树蜥、树栖守宫等）、陆栖（巨蜥、鬣蜥等）、水生（鳄蜥、海鬣蜥等）以及穴居（如石龙子、盲蜥、穴居守宫等）等多种栖息型，无论在沙漠、平原、高原、雨林，都有它们的身影。它们为了适应自己赖以生存的环境，也进化出不同的身体特征和身体机制。

二、皮肤系统

1. 皮肤构成

所有的原生蜥蜴的表皮都附有鳞片，他们的外表皮由角质层构成，没有活细胞，所以蜥蜴的最外层外表皮是无法随着自身躯体的生长而生长的，当蜥蜴个体随着自身的生长长到一定大小的时候，外表皮也会随之逐渐老化，并出现开始脱落现象（蜕皮现象），而生长出新的表皮以适应自身不断长大的躯体。蜥蜴的蜕皮形式也与蛇类及节肢动物的不同，蛇类及节肢动物蜕皮时会一次性完整蜕下，而大多数蜥蜴蜕皮时则是呈片状的方式分多次将皮蜕下，甚至有一些物种为了隐匿踪迹，在蜕皮的同时将皮吃掉，这也意味着大部分蜥蜴蜕皮时需要寻找湿度较高的地方将皮蜕下，否则可能出现卡皮的现象。

2. 交流方式

有一些蜥蜴的皮肤，可以有多变的颜色，如变色龙、古巴骑士安乐蜥，曾经有学者认为它们的皮肤颜色变化是由色素细胞所致，但据最新资料查看，变色龙变化颜色并非由于色素细胞所致，而是变色龙的表皮覆满了细小的晶体，这些晶体可以通过收缩或是舒张，以达到对光产生不同的折射，从而使视觉上产生不同的颜色。并且变色龙变化颜色也不单单是为了进行自我保护，变色龙也可以根据自身情绪、身体状态或者与同伴进行交流而变化体色，根据对部分变色龙个体进行观察，发现变色龙在低温，或是身体状况出现异常的情况下，体色会比较暗淡，甚至呈墨绿色，发情时体色会更加亮丽，并会出现条状纹路。在与不同物种接触时，如果受到威胁，变色龙会通过变化体色威慑敌人，如高冠变色龙的体色变为暗淡的墨绿色，而七彩变色龙会将体色变得十分艳丽。

3. 适应性

一些蜥蜴，可以通过皮肤的衍生物，展现出适应环境的特征，如棘刺、肉垂、嵴突及皮肤褶皱、疣粒等，以鬃狮蜥为例，鬃狮蜥的表皮两侧覆满棘刺，起到威慑猎食者的作用，而最奇特的是他们的表皮有着很多褶皱，十分粗糙，如同砂纸，这是由于在沙漠地区，白天炎热干燥，水资源十分匮乏，而夜间寒冷潮湿，鬃狮蜥为了适应这种极端环境，使粗糙的皮肤在夜间的吸附更多的水分，来补充自身所需，这种皮肤构造也可以有效防止体内水分流失，大部分沙漠蜥也是如此（如豹纹守宫、瘤尾守宫等）。

4. 性别鉴别

这些特征除了可以展现适应环境的特征，还可以明显区分出它们的性别，如绿鬣蜥，雄性的绿鬣蜥会有较大的肉垂，更突出的嵴突，而雌性绿鬣蜥则没有明显的肉垂和嵴突。并且蜥蜴的皮肤没有很大程度的腺体存在，只有部分品种的雄性个体，会在后腿腹侧皮肤或者肛门上方有股孔（腺体）的构造。

三、生殖系统

视频学习 38　守宫抓取、性别分辨、发情分辨视频

1. 性别鉴定

不同蜥蜴物种，性别的鉴别也有很大差异。有些物种，具有外观特色的雄性会明显与雌性有所差异，在其亚成年或是成年后，可通过其外观鉴别性别。比如雄性绿鬣蜥具有较大的头部以及较大的肉垂、腮鳞以及背部的棘等，而这些特征在雌性上则相对不明显，不论是体色、嵴冠、棘刺、盔以及其他夸张的外部特征等，都是鉴别雌、雄蜥蜴的特征。但是这种鉴别方式并不可以在每一种蜥蜴身上得到印证，如豹纹守宫、鬃狮蜥，其性别很难从外观上进行区分。因此，另一种鉴别方式是观察肛门的上下两侧，一般雄性蜥蜴在肛门上方会有明显的股孔，而在尾根部则会观察到明显的半阴茎凸起（图 18-12）。雌性豹纹守宫性别特征见图 18-13。

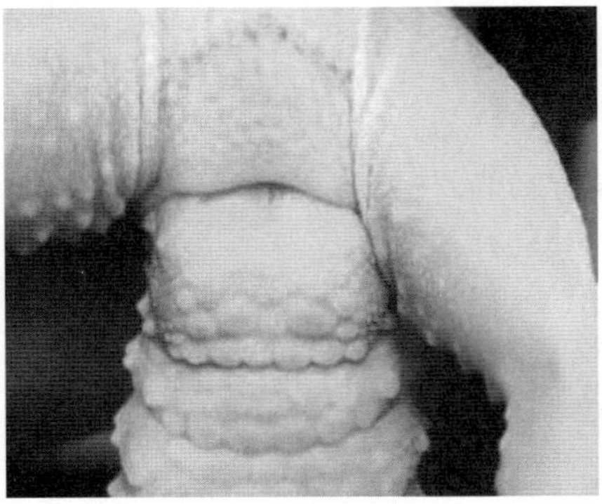

图 18-12　雄性豹纹守宫特征

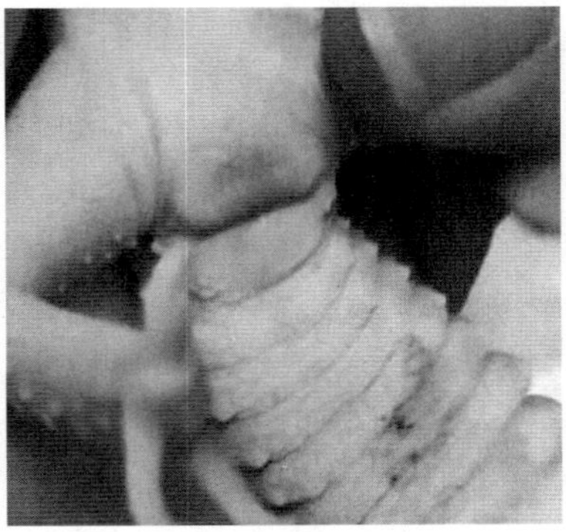

图 18-13　雌性豹纹守宫特征

2.半阴茎

半阴茎为蜥蜴的交配器官，每种蜥蜴都会有两个半阴茎，平时会收在尾根部的皮内侧，交配时才会裸露；半阴茎是纯粹的交配器官，与泌尿系统无关。在豹纹守宫的繁殖中，发现部分个例，会在交配后出现脱肛现象，如果长时间无法收回，可以直接将其截取，由于蜥蜴有两个半阴茎，在截取后依然有交配能力，这种构造很可能是为了更有效地提高繁衍能力（图 18-14）。

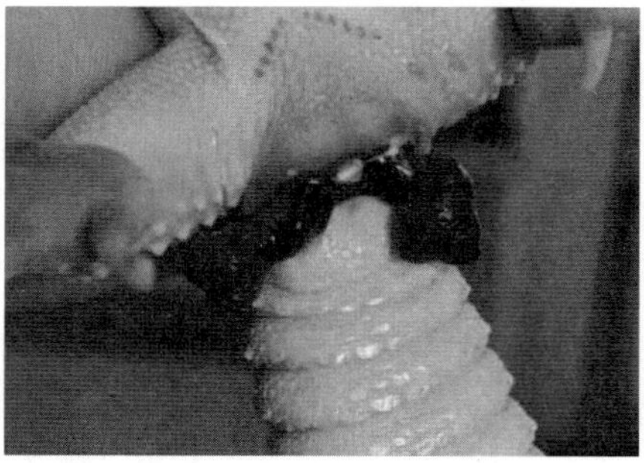

图 18-14　豹纹守宫的半阴茎（此为脱肛个体，正常个体不会 2 个交配器同时外露）

3.发情特征

雌性蜥蜴在卵泡生成之前，可能会大幅度降低进食量，厌食行为常是雌性蜥蜴即将发情的特征；雌性蜥蜴有成对的卵巢，在繁殖季时会有明显增大；而部分雄性蜥蜴在发情期也可能会出现睾丸增大，甚至有部分物种会产生抖尾行为。蜥蜴在发情期间，性情也可能会变得暴躁，具有攻击性，但并不绝对。

4.生殖条件

蜥蜴的生殖行为会受到环境的刺激所影响，如温度、湿度以及光照等，甚至包括环境中是否存在土壤，这些条件都可以对雌性起刺激生殖的效果。如豹纹守宫，由于其属于夜行动物，在生育期时，如果环境过于明亮，甚至环境中缺少土壤等生产基质，或是生产基质湿度过低都会影响其生育行为，严重者甚至可能会难产；而鬃狮蜥则是需要足够的光照，才能更好地刺激其生育行为。

雌性蜥蜴可以在没有雄性蜥蜴的情况下产下未受精的卵。大部分蜥蜴的卵并不是硬壳蛋，而是韧皮蛋，是具有弹性的，并且其内部的胎盘是附在蛋内壁上的，在发育过程中，血丝会从胎盘向蛋的四周包裹，胎儿逐渐发育；在孵化过程中，并不需要像禽类的蛋一样进行翻蛋，反而对蜥蜴卵进行翻蛋会十分容易造成胎儿发育畸形，压迫心脏、呼吸，死胎等致命的后果。

在蜥蜴即将孵化时，会用鼻前尖锐的骨头划破蛋壳，尖骨在蜥蜴第一次蜕胎皮时脱落。在饲养的豹纹守宫个体中，经常出现卵在卵巢粘连、滞留，或是输卵管缠绕问题，目前尚未完全了解其原因。

5.蜥蜴的生育形式

不同品种的蜥蜴间，其产出后代及繁育方式会有非常大的差异，主要分为三种：卵生、卵胎生、孤雌生殖。

（1）卵生。卵生蜥蜴种会将卵产下，并需要适宜的环境孵育，直到幼体孵化出壳，许多蜥蜴会在卵周围做巢穴，以便保护自己的卵。如鬃狮蜥、豹纹守宫等。

（2）卵胎生。其生育形式非常像哺乳动物的胎生，但却有本质区别，卵胎生不需要将卵排出，其卵只有一层卵膜，会在体内进行发育，从而可以直接产出具有活动力的幼体蜥蜴。此种生育形式可以有效保护卵不受猎食者侵害，并且可以大大提升孵化率，但产量会比较低，如蓝舌石龙子。

（3）孤雌生殖。也称为单性生殖，这种生育形式可以在没有产生任何交配行为的情况下进行，无须受精，可以通过自身 DNA 复制进行繁殖，其产下的卵依然可以正常孵化；这种生育形式常见于比较原始的动物种类，如巨蜥，以知名度最高的科莫多巨蜥为例，虽然科莫多巨蜥可以孤雌生殖，但由于巨蜥中雌性携带的是 WZ 染色体，而雄性的则是 ZZ 染色体，并不存在 WW 性染色体，所以孤雌生殖产下的皆为雄性，但是这样的生殖形式，如果在巨蜥远离原有群体后，可以保证后续的巨蜥种群在基因上不会持续出现退化。以目前收集的观察数据，孤雌生殖的孵化率并不高，并且可以健康成长的个体更是极少，孤雌产下的卵经常出现畸形、死胎、卵黄吸收不全等。还有一些蜥蜴个体，如鬃狮蜥，在极端环境下也会进行孤雌生殖，但其孵化的子代在生理上为雌性，而性染色体却为雄性，其子代无法进行孤雌生殖，但是与雄性交配后依然可以正常生殖。

在收集豹纹守宫的个例中，曾出现过外观为雄性，其性格也与雄性一样，但其既可以进行与母体交配受精，还可以出现排卵现象，被其他雄性交配受精；还有一案例则豹纹守宫也是具有雄性外观，会产生交配行为，但无法受精，而自身可以通过与其他雄性交配，产下受精卵。学者推测这些个体极有可能为孤雌生殖的个体。

四、蜥蜴的孵化(以豹纹守宫为例)

1. 豹纹守宫性成熟时间

豹纹守宫 8 个月就可以达到性成熟，一般 6～8 个月就会发情，但最好满 8 个月再进行交配，雄性过早交配容易造成脱肛；雌性过早交配则会造成产蛋的质量不好，经常会出现未受精的蛋，而且非常容易造成难产。

2. 豹纹守宫的发情鉴别

豹纹守宫大多在春季开始发情，一直可以发情到当年的 9—10 月，雄性豹纹守宫在发情期会大幅度减少进食量，甚至不进食，在交配时发生抖尾行为，而雌性守宫则需要拿起来观察肚子，可以观察到粉红色的卵，雌性守宫也会随着体内卵发育的大小而不同程度地影响食欲(图 18-15)。

3. 豹纹守宫的交配

先将雄性豹纹守宫和雌性守宫合笼。如果雌性豹纹守宫不反抗，它们会很快(2 min 内)完成交配过程，如果母豹纹守宫躲开或者反咬，需立刻把雄性移出，第二天再次尝试。交配成功后，需将雄性移出(图 18-16)。

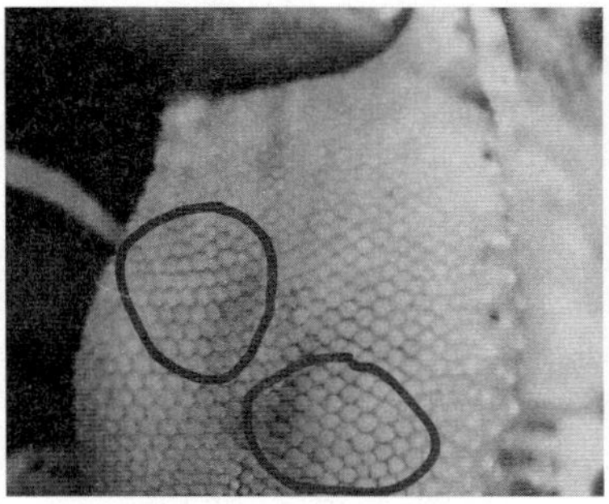

图 18-15　雌性发情特征

图 18-16　豹纹守宫交配

4. 豹纹守宫的孕期及生产量

雌性豹纹守宫的孕期大多数在 14～25 d，极少数个体为 7 d，单次产卵量为 1～2 颗，一年产 2～11 次卵，平均产量为每年 12 颗(图 18-17，图 18-18)。

视频学习 39　产盒制备以及守宫卵的找寻

图 18-17　即将出壳的守宫卵

图 18-18　新生的豹纹守宫

【思考题】

1. 简述温度对爬行动物孵化时间的影响。
2. 如何提升爬行动物孵化率？
3. 如何利用温度控制豹纹守宫在孵化期内的性别？

参考文献

1. 金正连.劳动教育与素质养成.北京:中国人民大学出版社,2020.

2. 曾天山,顾建军.劳动教育论.北京:教育科学出版社,2020.

3. 赵鑫全,张勇.新时代大学生劳动教育.北京:机械工业出版社,2020.

4. 王官成,徐飙.劳动教育和职业素养训练.北京:中国人民大学出版社,2020.

5. 方艳丹,韦杰梅,卢民积.劳动教育实践活动设计.北京:电子工业出版社,2020.

6. 赵爱云,齐萌,井波.动物保护与福利.北京:中国农业科学技术出版社,2019.

7. 赵兴波.动物保护学.北京:中国农业大学出版社,2011.

8. 曹授俊,钟耀安.宠物美容与养护.北京:中国农业大学出版社,2010.

9. 王艳立,马明筠.宠物美容与护理.北京:化学工业出版社,2020.

10. 李康.大学生社会实践三十六计.天津:南开大学出版社,2015.

11. 陈源泉.大学生社会实践手册——走进乡土乡村 50 问.北京:中国农业大学出版社,2018.

12. 周东霞,王哲慧,王春燕.食品微生物检验实训手册.北京:中国轻工业出版社,2015.

13. 万国福,郝涤非,李西腾.微生物检验技术.北京:化学工业出版社,2018.

14. 冯淑琴,侯玻,边凤根.化学分析技术.北京:化学工业出版社,2016.

15. 渡边真纪.家的样子,你的样子:今天也要用心生活.张旭,译.北京:北京时代华文书局,2017.

16. 日本文化出版局.收纳全书.游韵馨,译.北京:北京联合出版公司,2015.